RENEWALS 458-4574
DATE DUE

CASAS, VIVIENDAS Y HOGARES
EN LA HISTORIA DE MÉXICO

CENTRO DE ESTUDIOS HISTÓRICOS

CASAS, VIVIENDAS Y HOGARES EN LA HISTORIA DE MÉXICO

Rosalva Loreto López
coordinadora

EL COLEGIO DE MÉXICO

```
331.833
C335
        Casas, viviendas y hogares en la historia de México / Rosalva Loreto López,
        coordinadora. -- El Colegio de México, Centro de Estudios Históricos,
        2001. 378 p. : il., gráf., mapas ; 22 cm.

        ISBN 968-12-0999-0

        1. Vivienda -- México -- Historia. 2. Ciudades y pueblos -- México. 3.
        Hogar. I. Loreto López, Rosalva, coord.
```

Library
University of Texas
at San Antonio

Portada de Irma Eugenia Alva Valencia

Primera edición, 2001

D.R. © El Colegio de México, A.C.
　　　Camino al Ajusco 20
　　　Pedregal de Santa Teresa
　　　10740 México, D.F.
　　　www.colmex.mx

ISBN 968-12-0999-0

Impreso en México

ÍNDICE

Presentación — 9

Introducción — 11

Hipotecar la casa: el crédito en la historia de la ciudad de Puebla a principios del siglo XVII
Francisco J. Cervantes Bello — 25

El escribano en la ciudad: entre solares y casas (Guadalajara, siglo XVIII)
Thomas Calvo y Guadalupe Briseño — 49

Familias y viviendas en la capital del virreinato
Pilar Gonzalbo Aizpuru — 75

La vivienda en una zona al suroeste de la plaza mayor de la ciudad de México (1753-1811)
Guadalupe de la Torre V., Sonia Lombardo de Ruiz y Jorge González Angulo A. — 109

La casa, la vivienda y el espacio doméstico en la Puebla de los Ángeles del siglo XVIII
Rosalva Loreto López — 147

La vivienda novohispana en Zacatecas
Francisco García González — 207

La casa como protagonista en la vida cotidiana de México (1750-1856)
Sonya Lipsett-Rivera — 231

Viviendas y espacios domésticos en la Sonora colonial
Cynthia Radding — 249

Los caseríos de peones de las haciendas en el estado de Tlaxcala
Guadalupe de la Torre Villalpando — 261

Caracterización, distribución y valor de la propiedad
  en la ciudad de Oaxaca a partir del padrón de casas de 1824
    Carlos Lira   297

Viviendas, casas y usos de suelo en la ciudad de México, 1848-1882
    Ma. Dolores Morales y *María Gayón*   339

PRESENTACIÓN

En el mes de febrero del año 2000 se llevó a cabo en El Colegio de México el coloquio "La vivienda urbana en la historia de México". Culminaba así una etapa de trabajo colectivo y se daban a conocer los avances en las investigaciones realizadas a lo largo de más de un año de comunicación permanente, de discusiones y de propuestas analizadas y revisadas.

Este libro es resultado del encuentro público convocado por el Centro de Estudios Históricos y del trabajo previo de depuración de hipótesis y resultados. Desde un principio se propusieron directrices básicas de investigación y temas de interés preferente, que evolucionaron a medida que la confrontación de avances sugería nuevas posibilidades. Nos enfrentamos a problemas metodológicos como la equiparación de datos procedentes de diferentes padrones, aunque relativos a un mismo lugar, que mostraban el cambio de criterio de los empadronadores. También fue necesario aceptar criterios generales aplicables tanto a las viviendas de ciudades populosas como a las incipientes poblaciones que habrían de convertirse en capitales con el transcurso de los años.

Cada momento histórico y cada tipo de documentación empleada han exigido dar preferencia a determinados aspectos relacionados con la vivienda urbana; cada autor ha seleccionado determinados problemas como punto de partida para su exposición. Pero todos coinciden en el interés primordial por presentar un panorama de la vida cotidiana en el espacio de la casa-habitación. La casa no es solamente el decorado sobre el cual transcurría la vida de los vecinos de las ciudades, sino que adquiere una dimensión viva y dinámica desde el momento en que se adapta la construcción al ambiente, se seleccionan los materiales, se definen los espacios y se establece una diferenciación por categorías socioeconómicas, es decir, se convierte en reflejo de cambios y continuidades en la vida cotidiana.

El eje de todos los artículos es la casa, la casa como objeto material susceptible de convertirse en dinero mediante censos e hipotecas, la casa como símbolo de distinción, evidente en fachadas suntuosas o en escudos heráldicos, la casa como refugio de indigentes, aglomerados en cuartos y covachas, la casa en evolución permanente, desde los provisionales albergues de paja o madera hasta los edificios de varias plantas y sucesivos patios. También sus habitantes, en busca de la comunicación o del aislamiento, de la intimidad o de la convivencia. Los grupos domésticos, formados por familias o por individuos solitarios; con una ambigua actitud hacia las diferencias étnicas y sociales, con la pretensión contradictoria de separar a grupos que, sin embargo, vivían muchas veces en promiscuidad. Permanecen latentes las mentalidades de quienes eligieron un determinado modo de vida y de quienes nunca tuvieron la opción de elegir algo más que la forma de sobrevivir. Y, desde luego, la vida misma de las ciudades, en condiciones recurrentes de crisis y desarrollo, de penuria y esplendor. Todo esto puede verse en los capítulos que conforman este volumen y todo ello estuvo en el proyecto original de Rosalva Loreto, que lo planeó, coordinó y llevó a cabo en su forma actual.

PILAR GONZALBO AIZPURU
Centro de Estudios Históricos
El Colegio de México

INTRODUCCIÓN

En las últimas tres décadas los estudios de la historia urbana novohispana se desarrollaron rápidamente como una especialidad plenamente justificada. Investigaciones sobre la fundación y la forma de las ciudades, sobre los servicios urbanos y sobre las actividades y los grupos sociales han sido temas recurrentes en la historiografía.[1] La historia de las ciudades cada vez encuentra más aspectos indisolublemente ligados al problema social del espacio y de la vida cotidiana en las urbes. Un aspecto sin duda interesante, polifacético y difícil de tratar es el de la vivienda. Los pocos estudios históricos existentes sobre la casa habitación nos animaron a reunir a un grupo de investigadores —algunos pioneros en historia urbana— para discutir este tema. Así surgió el presente volumen, que muestra la variedad de enfoques y problemáticas a las que la casa estaba vinculada en los diversos medios sociales en la historia de México. Una cualidad de este acercamiento histórico es que bajo diversas metodologías y temporalidades se abordan diferentes perspectivas y realidades sociales de ciudades del norte como Sonora, Zacatecas y Guadalajara, que pueden ser comparadas con las ciudades del centro, México, Puebla y Tlaxcala y, finalmente, con la Oaxaca decimonónica, lo que presenta resultados contrastantes y nos conduce a reflexionar sobre la naturaleza de este tema.

La relación propuesta entre la ciudad, los habitantes y su entorno puede mostrar una variedad de acercamientos. En este sentido se presentan cinco posibilidades de análisis. Francisco Javier Cervantes, para el caso de Puebla, y Thomas Calvo y Guadalupe Briseño, para el de Guadalajara, comparten su objeto de estudio:

---

[1] La ciudad de México ha sido el caso más estudiado. Para la época colonial basta ver la valiosa bibliografía recopilada por el grupo pionero del Seminario de Historia Urbana del INAH. María Dolores Morales, María Amparo Ros y Esteban Sánchez de Tagle (coords.), *Ciudad de México. Época colonial. Bibliografía*, México, Departamento del Distrito Federal/Dirección de Estudios Históricos del INAH, 1993, 388 pp. Para casos de la provincia mexicana, el conjunto de trabajos coordinado por Carmen Blázquez Domínguez, Carlos Contreras Cruz y Sonia Pérez Toledo aporta a la problemática urbana de manera significativa la utilización de padrones de población; véase *Población y estructura urbana en México, siglos XVIII y XIX*, México, Universidad Veracruzana, 1996, 401 pp. De manera específica sobre la vivienda, el trabajo de Eduardo López Moreno, para el caso de Guadalajara, abre la problemática de la vivienda a la historia urbana: *La vivienda social: una historia*, México, Programa Editorial Red Nacional de Investigación Urbana/Centro de Estudios Metropolitanos/Centro Universitario de Arte, Arquitectura y Diseño-Campus Huentitán, 1996. Al respecto también debe considerarse el estudio de Enrique Ayala Alonso, quien imprime a la casa como objeto la dinámica de sus adaptaciones, *La casa de la Ciudad de México, evolución y transformaciones*, México, Conaculta, 1996.

el papel del crédito en los avatares de la conformación de la propiedad inmobiliaria. Pilar Gonzalbo A., Guadalupe de la Torre V., Sonia Lombardo de Ruiz, Jorge González Angulo y Rosalva Loreto López abordan formas similares en que la vivienda define la organización social y geográfica del espacio basándose en el análisis microgeográfico de secciones de la ciudad. Esta aproximación se sustenta en el trabajo de padrones de 1777, 1753, 1790 y 1811 para la ciudad de México y en el caso del primer padrón también se trata para Puebla. La habitación vista hacia dentro, los comportamientos y simbolismos que les atañen a sus moradores, y los mecanismos mediante los cuales se apropian para definirla y asimilarla como parte de su identidad son tratados en los trabajos de Francisco García González y Sonya Lipsett-Rivera. Un acercamiento a conjuntos habitacionales organizados bajo formas distintas y necesidades locales y regionales de urbanización son el objeto de estudio de Cinthya Radding, para el caso de la Sonora colonial, y de las tlalpanerías de las haciendas de Tlaxcala analizadas por Guadalupe de la Torre V. Finalmente, un acercamiento a las estructuras habitacionales de ciudades decimonónicas, ya constituidas y sujetas a dinámicas secularizantes que dieron formas diferenciadas de concentración de la propiedad y del sistema de arrendamiento, fueron estudiadas por María Dolores Morales y María Gayón, para la ciudad de México en 1848 y 1882, y para el caso de Oaxaca por Carlos Lira. Este panorama general se enriquece si esbozamos de manera particular el aporte que cada autor hizo al estudio de la vivienda.

Cervantes, tomando el caso de la ciudad de Puebla a principios del siglo XVII, muestra la gran importancia que tuvieron las casas como garantía hipotecaria, y el papel prioritario de la ciudad en la organización del crédito regional. Su estudio resalta la importancia de poseer una casa y la relevancia de la decisión de hipotecarla, así como el surgimiento de los rentistas, entre los cuales destaca la Iglesia. Finalmente, ubica las casas hipotecadas mostrando las partes más rentables de la ciudad para ese tiempo y hace una interesante reflexión sobre el sentido de ubicación urbana de la época. Cabe hacer notar que desde este trabajo se muestran algunos de los problemas que también abordarán algunos investigadores: la importante vinculación de las casas con un entorno urbano, la relevancia de la casa para el prestigio familiar y las crecientes hipotecas urbanas y sus consecuencias para la economía y para los grupos sociales.

Siguiendo la tónica del trabajo anterior, Thomas Calvo y Guadalupe Briseño estudian el movimiento de apropiación del suelo y de las casas en Guadalajara en el siglo XVIII, haciendo dos cortes cronológicos, uno en 1725-1726 y otro en 1799-1800. Los autores se proponen analizar la percepción del espacio urbano y el papel que tuvo la casa en las estrategias familiares y patrimoniales. Miden también la dinámica de la mancha urbana y la transformación del territorio a partir de su idea de *humanización- urbanización*. Al respecto, es curioso que en este proceso detectan una feminización de algunos nombres intraurbanos. Analizan tres problemas distintos: la relación de la casa y la geografía urbana, las estrategias de propiedad y finalmente, la definición de los límites de la vida privada que caracterizaba la casa.

Calvo y Briseño logran percibir la dinámica de los cambios en la apropiación del suelo urbano en una etapa de acelerado crecimiento para la Guadalajara del siglo XVIII, donde el número de casas crece incluso a un ritmo más acelerado que el de la población y que en este desequilibrio, la pasividad del crédito hipotecario para el siglo XVIII desempeñó una función importante. Otro indicador del proceso de crecimiento urbano y poblamiento fue la organización interna del espacio doméstico, que dependió en gran medida de la cantidad de varas cuadradas disponibles. En Guadalajara se podían encontrar solares de buenas dimensiones (1 000 varas cuadradas), sin embargo, 96% de las casas estudiadas fueron de un solo nivel y muchas de ellas de adobe. No obstante, las descripciones internas son minuciosas y hacen suponer la tendencia futura hacia el uso privado de las piezas, ligada a la especialización de sus nominaciones.

Entrando a la problemática de la ciudad de México, Pilar Gonzalbo Aizpuru trata la relación de las familias y sus viviendas hacia 1777. La autora centra su análisis en la feligresía de la parroquia de la Asunción, comprendida dentro del Sagrario, donde se encontraba la mayor parte de los principales edificios religiosos y civiles, los más lujosos y de mayor valor. Este trabajo cobra una dinámica particular gracias a la información obtenida por el rastreo de operaciones de compraventa, arrendamientos, testamentos, hipotecas, censos, cartas de dote e inventarios de bienes que proporcionan un cuadro vivo de la vivienda y los diversos grupos sociales que las habitaban.

Las construcciones del centro de la ciudad de México en 1777 presentaban un mosaico de posibilidades de organización del espacio doméstico, ligado a una variedad de diferentes niveles de vida y de comodidad. Un conjunto de economías familiares más o menos homogéneas estaban vinculadas a la intensa actividad artesanal desarrollada en modestas viviendas. En ese mismo paisaje, pintado por los levantadores del padrón, quedó incluido un moderado número de ricos que habitaban en casas palaciegas y muchos hogares pobres en torno a patios en casas de vecindad, con vida semicomunal y escasos negocios en calles, en las que la presencia de indigentes era constante.

Una de las propuestas más relevantes del trabajo está planteada en relación con la organización doméstica interna, basada en el acceso a los niveles de comodidad e intimidad que podían alcanzar sus moradores. En un primer término estarían comprendidos la casa grande, la casa propia, las viviendas principales y las casas sencillas. Éstas correspondían a los propietarios más ricos y de mayor prestigio que las utilizaban para el alojamiento de grupos domésticos amplios. Comprendían por lo regular dos o tres plantas con aprovechamiento del entresuelo y disponían de un piso principal para vivienda de los propietarios o de los arrendatarios más pudientes, destinándose la planta baja para alquiler. La disposición interna muestra el más alto grado de especialización, ligada a la comodidad y al prestigio de las familias multinucleares que las habitaban. En consonancia, y guardando las debidas proporciones, las casas unifamiliares de la parroquia compartían similares condiciones de alojamiento, modificándose el número y la calidad económica de sus habitantes.

En las vecindades constituían un lugar aparte los pisos intermedios o entresuelos, con el equipamiento de acceso desde los zaguanes hasta las escaleras, los pasillos, y los pasadizos que daban entrada a las covachas. En los patios se encontraban cuartuchos de ínfima categoría. Estas edificaciones carecían de servicios y usaban el patio para el desarrollo de sus actividades cotidianas. Estos pequeños sitios servían de alojamiento a gente solitaria o a familias nucleares o de pocos miembros. Finalmente, el jacal en el centro de la ciudad de México no hacía alusión a una construcción semirrural, sino al material deleznable de las precarias construcciones.

La categoría de las viviendas estaba en consonancia con la calidad de sus ocupantes y era proporcional al número de habitantes. Existen diferencias tanto en las características de las viviendas como en la ocupación de sus vecinos, calidades y organización familiar. Las condiciones materiales de la construcción imponían esquemas de convivencia y sociabilidad. La autora concluye que el estudio de las casas de la parroquia muestra la tendencia histórica hacia la segregación social, que en principio se limitaba a establecer la separación por pisos o patios y que ya a finales del siglo requería mayor distanciamiento, adaptando o construyendo vecindades destinadas a grupos domésticos de similar categoría.

El trabajo conjunto de Guadalupe de la Torre V., Sonia Lombardo de Ruiz y Jorge González Angulo permite tener una visión complementaria del trabajo de Pilar Gonzalbo, al remitirse al análisis de la vivienda en una zona al suroeste de la plaza mayor de la ciudad de México (1753-1811). Sus fuentes también son padrones, y la variedad se presenta en las fechas y los objetivos de sus respectivos levantamientos: 1753, 1790 y 1811, obteniéndose de ellos datos que permitieron reconstruir aspectos funcionales, como uso del suelo de las viviendas, así como sociales, como ocupación y composición étnica. El área estudiada forma parte de la zona céntrica que tuvo su origen en la primera traza de la ciudad española y comprende el análisis de 12 manzanas. Las calles eran rectas y las casas en su mayoría tenían dos pisos, conformando manzanas regulares construidas en su totalidad, y estaban ocupadas en su mayoría por gente que declaró su calidad de español, llamando la atención el decrecimiento numérico de castas. Los autores atribuyen ese descenso a la suspensión de la trata de esclavos.

El objetivo de este capítulo fue hacer un estudio comparativo que permitiera tipificar la vivienda y describir procesos de permanencia o transformación en los últimos años del virreinato. En el periodo de su análisis, el contexto demográfico presenta un crecimiento notable de la población; sin embargo, el incremento de las viviendas habitadas no fue proporcional. La población creció más que las viviendas, lo que sugiere un uso más intensivo del suelo para habitación. Esta presión poblacional sobre la ciudad de México entre 1790 y 1811 permite pensar que la sobrepoblación del centro urbano un factor de tensión social y política. La selección metodológica de 12 manzanas permite percibir cambios y matices dentro de una misma zona, lo que hace posible confirmar la existencia de procesos de crecimiento diferenciados, pues en una sección el incremento poblacional fue absorbido por las viviendas ya existentes, mientras que en la parte sur el incremento se tradujo en un aumento proporcional de la vivienda por subdivisión o por nueva construcción, lo cual permitiría un balance en la citada tensión social.

Durante los casi 60 años que comprende este análisis se advirtió también una tendencia a cambios en el uso del suelo, que conllevaron a largo plazo a la especialización y separación de las funciones habitacionales y de las funciones productivas y comerciales dentro de las casas. Con el inicio de esta segregación, al mismo tiempo comenzó un proceso de zonificación diferenciada. La actividad productiva disminuyó en la territorialidad estudiada en beneficio de la comercial, ya que muchos comercios se instalaron en espacios antes utilizados para labores productivas o exclusivamente para habitación así, se generaron zonas o corredores de talleres al sur y comercios al norte.

La comparación entre los padrones permitió acercarse al problema del acceso a la propiedad. El hecho de que poco más de la mitad de las casas de la zona se encontrase en manos de diversas corporaciones eclesiásticas sugiere que un alto porcentaje del suelo estaba destinado a la renta, elemento urbano sin duda necesario dada la gran movilidad interna de los habitantes de las casas. La renta del suelo varió de acuerdo con la zona, la amplitud y el tipo de espacios (comodidad y especialización), y el estado físico de la construcción, incrementándose en relación directa con la cercanía de la plaza mayor y por consiguiente variando de una calle a otra. La organización espacial interna de las casas de esta zona era lo suficientemente flexible para permitir jerarquizar los espacios de renta y habitación en casas, viviendas, entresuelos, cuartos, covachas y accesorias, cobijando bajo sus variadas modalidades unidades domésticas simples y complejas.

En continuidad con el análisis de la casa basado en los padrones, Rosalva Loreto López se aproxima al estudio de la vivienda en la Puebla del siglo XVIII. Esta investigación se basó en el padrón de 1777 y se centró en el estudio de la población y su composición étnica, complementándose con el análisis descriptivo de 114 casas localizadas a partir de otras fuentes. El objetivo fue tratar de definir los modelos de relaciones entre los habitantes y la ciudad a través de la vivienda, percibir las variantes de la interacción establecida entre la población, las calles y las casas, buscando conocer los diversos factores que propiciaron la diversidad de patrones de asentamientos poblacionales intraurbanos.

El análisis microgeográfico consistente en la selección de seis manzanas por cada una de las seis parroquias, incluyendo el barrio del Carmen, mostró distintos modos de habitar la casa urbana y vivir la ciudad. De manera notable, el altísimo porcentaje de población que buscaba identificarse por elementos diferentes a los étnicos hizo su aparición en el centro de la urbe, permitiendo desde fines de 1680 la adecuación de espacios habitacionales a través del arriendo en amplias casas, continuando con la tendencia del uso multifuncional del espacio.

El estudio de la casa y de sus ocupantes ayudó a definir cambios y continuidades en los patrones sociales del asentamiento urbano. La tendencia racial segregacionista, como característica de las sociedades de antiguo régimen, mostró sus propias limitantes en las zonas más céntricas y pobladas de la Angelópolis y planteó la posibilidad de sobrevivir estamentalmente en los barrios periféricos. El caso concreto del abasto de agua dulce a las casas de la ciudad sirvió para mostrar que la jerarquización espacial coincidió con la poblacional: dulce y salobre en el centro, y sulfurosa al poniente, situación que coincidió con las dimensiones, los usos y las funciones del espacio doméstico.

La función de la casa fue un factor importante en la definición de los variados y heterogéneos patrones residenciales. La relación entre la ocupación de los espacios urbanos destinados a la habitación, comercialización o producción artesanal o animal proporcionó una primera aproximación al estudio de las unidades domésticas. De manera más detallada, ya hacia el interior de las casas, el análisis de la distribución entre los espacios de circulación y habitación contribuyó a definir formas culturales de apropiación del espacio tales como privacidad, sociabilidad, individualidad, intimidad y prestigio. Ambas perspectivas sugieren factores definitorios de niveles de consumo y habitabilidad en esta ciudad novohispana. El valor, la renta y el uso de la casa variaban en función de su ubicación, medidas, servicios y del estado de la construcción, el cual dependió de la técnica, desde el uso de cal y canto en el centro urbano, hasta piedra y lodo con cerramientos de ladrillo, piedra o adobe y madera en la periferia.

A la desigual dinámica de las transacciones y mensuras se puede añadir otro elemento diferenciador del valor de la propiedad inmobiliaria de la ciudad, la distribución espacial interna de los conjuntos habitacionales. El estudio de estos elementos y las interacciones sociales que en ellos se propiciaban permitieron hacer un acercamiento al universo particular de las casas de cada parroquia, atendiendo a las funciones espaciales internas.

Los dos trabajos siguientes nos acercan a la dinámica del universo doméstico. Sonya Lipsett-Rivera se aproxima al estudio de la casa como protagonista en la vida cotidiana de México (1750-1856) y habla del espacio doméstico en conexión con las percepciones que los individuos tenían de ésta y la forma en que interactuaban en ella. La autora aborda la representación de la vivienda como un complejo sistema de espacios, para así acercarse al significado de cada uno de ellos dentro del esquema del honor en los siglos XVIII y XIX.

Para descubrir cómo se concebía el espacio doméstico, Lipsett-Rivera recurre a las ideas que regulaban el comportamiento de las personas. En concordancia con la tradición historiográfica de la autora, ésta centra parte de la problemática en la relación que se genera entre la casa y el honor. Sostiene que la organización espacial interna de las casas de manera vertical forma parte del simbolismo ligado a lo que llama "geografía del honor", donde el binomio alto-bajo define parte de la dinámica de las habitaciones. Por otro lado, en continuidad con la tradición moral española, la casa se entiende como una clausura ligada al aislamiento femenino, sexualizando y adjetivando negativamente los espacios externos.

Las casas estudiadas por Lipsett-Rivera se adecuan a la relación honor-espacio, la mayoría eran de dos pisos y contaban con un patio central al que daba entrada un zaguán. Este tipo de construcciones formaba en sí mismo la separación entre clases de personas a través de los pisos y los muros de la casa misma. La jerarquización social hacía patentes los niveles de comodidad y habitabilidad de los niveles superiores, en los que sobresalía la especialización interna de sus habitaciones que incluían cuartos de uso específico como oratorios y estrados, sitios femeninos por excelencia donde el ambiente de pinturas y libros connotaba la importancia de sus habitantes.

En continuidad con la geografía del honor, la autora propone que todos los cuartos se clasificaban por su relación con la entrada; los cuartos interiores, los más alejados de la entrada, eran los más íntimos y su acceso, además de ser restringido, reclamaba rituales de comportamiento. La puerta se cargó de un simbolismo moral, depositando en ella los atributos del honor familiar. Las puertas formaban parte importante de las metáforas de la virtud y la vergüenza. En contraste, los valores del honor que manifestaban las clases altas tenían su versión en la vida cotidiana de toda clase de personas así, también los plebeyos tenían su propio concepto del honor.

Por otro lado, Francisco García González presenta la vivienda en Zacatecas a fines de la era colonial, aproximándose al análisis histórico de las casas a partir del estudio de sus formas y funciones, de sus habitantes y de su integración con la topografía del lugar. Al estudiar el papel de la casa en la organización social del espacio zacatecano, se aproxima a analizarla desde fuera tomando en consideración la forma en que se articulan el espacio, la calle y la fachada de la casa; estudia la estructura arquitectónica que media o sirve de puente entre lo de dentro y lo de fuera, y tiene presente que el punto de contacto entre lo público y lo privado proporciona claves para entender las actitudes de los habitantes de la casa. El espacio se integraba orgánicamente a través de plazas, plazuelas y calles. Las casas importantes eran de doble altura y se ubicaban hacia las plazuelas centrales, distinguiéndose por la cantera rosa de sus portadas; las casas pobres desembocaban en callejones, eran de pequeñas dimensiones y estaban construidas con adobe y tapias de madera.

Francisco García hace objeto de su estudio el cuartel central de la ciudad para aproximarse al estudio de las relaciones intervecinales. Uno de los resultados más sobresalientes fue la notable presencia de las mujeres en la ciudad de Zacatecas, un fenómeno que se acentuó a principios del siglo XIX; como muestra, en el cuartel central había 38 hombres por cada 100 mujeres en el marco de una ciudad en plena crisis demográfica, en donde éstas asumieron el papel de jefas de familia debido, entre otras razones, a la movilidad poblacional y a conflictos poblacionales que originaron familias de solitarios o familias desintegradas. En este contexto, la familia extensa era casi inexistente. Cabría preguntarse si la feminización de ciertos nombres urbanos a los que se refieren Calvo y Briseño para la Guadalajara del siglo XVIII tiene una base similar a la de este fenómeno.

Al referirse a la organización espacial doméstica, García González resalta el papel visual y morfológico de zaguanes, puertas y ventanas como elementos de distinción entre las casas, sus valores y sus habitantes. Los detalles ornamentales y funcionales como rejas, cerrojos, bocallaves, llamadores de hierro y postigos adquirieron otra dimensión al considerarse necesarios para el resguardo y la seguridad familiares, dadas las características sociales de la población minera laboral.

Las casas de una planta y de cara a los callejones de la ciudad disponían de una sola puerta de acceso; la austeridad de la fachada estaba relacionada con la seguridad, que dependía totalmente de que los habitantes cerraran la puerta por dentro mediante trancas. La puerta en ambos casos se muestra como la diferenciación entre el mundo público y el privado.

Nuevamente se asienta que el valor de la casa residía en relación con la proximidad del centro y de la especialización interna; a mayor número de piezas mayor valor. En promedio, y dadas las condiciones topográficas y accidentadas de Zacatecas, una casa sencilla se construía sobre una superficie pequeña que variaba entre los 50 y los 100 metros cuadrados, dimensiones fuertemente contrastantes para otras ciudades. En estas pequeñas fincas se percibe ya la tendencia a una separación mínima entre los espacios, diferenciando entre ellos sala, recámara, cocina y corral. Esbozando una tipología de la casa zacatecana, García González la define en función de la autonomía y la especialización de las habitaciones. La existencia de espacios de circulación en las casas bajas sugiere una mayor necesidad de diferenciación asociada a un uso más intensivo del suelo.

A lo largo de los textos hemos constatado el papel reiterativo de determinados elementos urbanos cohesionantes, como las parroquias-barrios o las plazas-ayuntamientos. El trabajo de las dos siguientes autoras permite conocer dos propuestas de asentamientos habitacionales que salen de los parámetros de urbanización tradicionales. Cynthia Radding analiza en "Viviendas y espacios domésticos en la Sonora colonial" los espacios domésticos creados por las comunidades indígenas e hispanas, en el ámbito rural de las provincias de Sonora en los siglos XVIII y XIX. Su hilo conductor es lo que llama la "domesticación del espacio", haciendo hincapié en los procesos de cambio y adaptación de influencia recíproca entre la naturaleza y la cultura. Sus fuentes documentales, históricas y etnográficas se enriquecen con la observación directa de vestigios materiales de origen prehispánico y colonial. Analiza la supervivencia y adaptación de modelos de vivienda rural al medio ambiente, y el impacto de estructuras de origen ibérico en la urbanización del paisaje mediante el análisis de tres subregiones. Una de ellas corresponde a las comunidades del desierto organizadas en rancherías indígenas dispersas, con distintos grados de sedentarismo. Éstas conformaban núcleos de viviendas ligadas a las estructuras hidráulicas, habitadas por familias extendidas, donde la casa estaba unida a la dinámica estacional de sus pobladores. En la construcción de sus casas se aprovechaban materiales de poco peso —una mezcla de tierra con ramas y distintas fibras vegetales— y fácil transporte; la forma era circular, de poca altura. En estas precarias habitaciones se presentaba ya una inicial subdivisión espacial a través de una puerta que diferenciaba el lugar de habitación del de la preparación de los alimentos.

Los pueblos de la sierra y de los ríos, los opatas y los eudeves, con marcadas diferencias lingüísticas, ocupaban los valles en asentamientos más permanentes. Sus casas estaban estructuradas de piedra y tierra en concordancia con comunidades sedentarias. Los pimas con los que convivían eran más sedentarios. Estableciéndose en asentamientos más permanentes, juntos proveían la estructura poblacional necesaria para la construcción del sistema misional, haciendo uso de instalaciones hidráulicas prehispánicas. Se organizaron en pueblos y en la edificación de sus casas emplearon elementos constructivos de origen natural como piedras y horcones de madera para establecer las bases de los muros; canalizaban las aguas y alteraban el paisaje fluvial usando cercos vivos de álamos.

Las misiones jesuíticas se adaptaron con más éxito a las rancherías en los valles del Yaqui y Mayo; ahí los pobladores construyeron sus casas en torno a los establecimientos misionales, adaptándose a los nuevos emplazamientos espaciales como plazas, rutas procesionales, atrios de iglesias y barrios. Sus casas conservaban la forma y los materiales tradicionales de carrizo y petate, elaborados con su propia vegetación. A la liturgia católica se unían los espacios domésticos, con los caminos sagrados que atravesaban pueblos y se extendían hasta el bosque.

Finalmente, mediante la implantación de los presidios como el de San Pedro de la Conquista de Pitic, tres comunidades se unieron con distintas categorías y orígenes culturales: un destacamento militar, una villa y una misión, dando lugar al asentamiento urbano que contaba con servicios controlados por una institución hispánica. En presidios, villas y ranchos, los españoles adaptaron sus modalidades de asentamiento y vivienda a las exigencias del clima desértico.

La autora señala la importancia de considerar otros puntos de partida para el establecimiento de vecindarios, como lo fueron los reales de minas y los presidios militares. Éstos se levantaban en núcleos compactos sobre las mesas o terrazas que guardaban los valles aluviales y las planicies de bosque desértico. Las casas construidas de adobe se encontraban extramuros, fuera del núcleo principal, pero disfrutando de las acequias que casi todos los presidios tenían para regar las suertes de tierra.

Guadalupe de la Torre Villalpando presenta otras posibilidades de aproximación a la vivienda rural en los caseríos de los peones de las haciendas tlaxcaltecas, y trata de mostrar cómo en estos sistemas productivos el proceso de reclutamiento de mano de obra desde la época colonial orilló al arraigamiento de los trabajadores, generando formas habitacionales (calpanerías) y relaciones sociales internas muy particulares.

Por medio del análisis de la variabilidad de la permanencia de la fuerza de trabajo y de los posibles modelos-tipo de organizaciones habitacionales que surgen de esta relación, De la Torre plantea la evolución espacial de estas unidades residenciales, ligada al proceso y a la especialización del complejo arquitectónico de la hacienda. Esto fue perceptible en los testimonios documentales que describen los lugares de descanso, que eran desde simples galeras apenas diferenciadas por el estado civil de sus ocupantes, hasta caseríos o casillas en espacios bien definidos y delimitados, contenidos dentro del casco de la hacienda que, a manera de cuartos particulares, se convirtieron en cobijo de los gañanes y sus familias. Estos caseríos no sólo cambiaron las dimensiones sino la concepción del espacio habitacional de los trabajadores acasillados.

Las calpanerías funcionaron como parte del sistema productivo y espacial, adquirieron fisonomías diferentes dependiendo del modo en que se articulaban las casas y de cómo se organizaban en su conjunto (en calles y en hilera). Cada subsistema residencial otorgó formas, dimensiones y sociabilidades diferentes en torno a corredores, galerías o circunvalaciones. En este sentido, la organización interna de cada casa habitación del conjunto de las calpanerías varió desde las más elementales formas del modelo de casa rural, con cimientos de piedra y muros de adobe —consistente en un cuarto sin ventanas donde la única fuente de luz era la puerta—, hasta alcanzar combinaciones sencillas donde ya se esbozaba un primer intento de privacidad; en éstas sus habitantes compartían los servicios colectivos de lavaderos, pilas, fuentes y temascales.

En algunas haciendas estos conjuntos habitacionales llegaron a tener dos cuartos, donde uno de ellos era una amplia habitación de uso múltiple, destinándose el otro espacio más pequeño para el fogón. La disposición de estos cuartos varió, lo que fue sinónimo de cambios en la concepción espacial doméstica. En un primer plano, ésta se advirtió en la diferenciación entre una habitación y la cocina; otro elemento ya más evolucionado vincularía la cocina con la vivienda a través de una puerta interior, hasta alcanzar una mayor diferenciación.

En la última sección del libro se hace referencia a dos propuestas clásicas de análisis urbano basadas en el trabajo de padrones del siglo XIX. Carlos Lira aborda el valor y la distribución de la propiedad urbana en la Oaxaca decimonónica, planteando que en la definición de la forma urbana parecen coexistir varios factores a considerar: por una parte, los recursos naturales derivados de su geografía y, por otra, los humanos, pues todos los cuarteles de la ciudad tuvieron como límite el propio paisaje, y las características naturales de éste influyeron en su uso, expansión y valor de los predios, la calidad de la construcción y el monto de las rentas.

Al factor natural se añade la función que plazas y edificios significativos desempeñaban al jerarquizar el resto del espacio. Esta propuesta es por demás interesante ya que a lo largo de los otros capítulos hemos visto surgir el elemento ambiental como factor de definición de lo urbano para ciudades de temprano surgimiento, como Puebla, como para otras en plena expansión como Guadalajara, Sonora o Hermosillo, y el mismo elemento vuelve a sobresalir como articulador en urbes plenamente consolidadas como es el caso de Oaxaca, lo que redimensiona su papel en la función, la nomenclatura y la jerarquización interna de las ciudades novohispanas.

Con el análisis completo del padrón de casas, otro factor que vuelve a cobrar importancia es la estructura de la propiedad inmobiliaria. En este caso, 36.58% de las casas empadronadas pertenecían a la Iglesia, 61.6% a los particulares y 1.76% a la noble ciudad. Esta distribución es notablemente diferente de la concentración registrada en 1811 para la ciudad de México y en 1832 para la de Puebla, donde más de 50% de las casas pertenecía a la Iglesia. Según Lira, una posible explicación de este comportamiento está ligada a los alcances reales de la secularización y al respecto esboza algunas propuestas: por un lado, la venta real de algunas propiedades eclesiásticas para frenar la propia inestabilidad económica y política de la Iglesia y la del naciente imperio mexicano, y por otro, la venta simulada de algunas propiedades ante el temor de la expropiación real. Esta última aseveración permitiría entender la existencia de propietarios como Casimiro Hernández Ramo, que tenía a su nombre 159 propiedades (33% de las propiedades particulares). La desigual distribución de la propiedad se traducía en que más de las tres cuartas partes de las casas de la ciudad de Oaxaca se arrendaban y sólo una cuarta parte eran ocupadas por sus propietarios. Cabe destacar que, entre inquilinos y propietarios, 27.69% eran mujeres.

El papel de la casa en la organización referencial de la ciudad obligó a Lira a hacer una caracterización geográfica y topográfica de las calles y de los cuarteles, afirmando que no sólo es la existencia o ausencia de cierta infraestructura lo que distinguía a las diferentes zonas de la ciudad, sino que el medio definió también los usos habitacionales, comerciales y de cultivo que caracterizaron a cada barrio.

El caso de la ciudad de México durante el correr del siglo XIX fue analizado por María Dolores Morales y María Gayón, quienes realizaron una tipología de las viviendas, las casas y los usos del suelo de 1848 a 1882, basándose en una comparación de los padrones de población respectivos. Aunque estas fuentes proceden de diferentes intenciones, permiten homogeneizar información y presentar una problemática concreta al tratar de definir los términos utilizados y los elementos definitorios de los variados tipos de vivienda y su nominación, la distribución de la población en relación con la composición de las casas hasta llegar a una tipología de la vivienda y su distribución en el contexto de toda la ciudad de México.

Las autoras consideran la casa y la vivienda en dos niveles: atendiendo a su funcionalidad y a los tipos específicos de construcción. En el primer nivel, la casa contiene a su vez a las viviendas, lo que expresa ya una subdivisión del espacio interno. En el segundo nivel, casa y vivienda hacen referencia a un tipo de construcción definido formalmente, así, se registran casas solas, accesorias, viviendas, cuartos y jacales. Los términos casa y habitación se utilizan de manera diversa por los censores en ambos momentos.

El contexto histórico que enmarca a la ciudad en las fechas que comprende este trabajo es el cambio fundamental originado por la aplicación de las leyes de desamortización y nacionalización, lo que incidió en modificaciones espaciales, como la restructuración de calles, proceso que acompañó el inicio del crecimiento urbano al norponiente y poniente de la ciudad. En esos años el número de casas, viviendas y población se incrementó de manera significativa, dándose una relación de crecimiento y desarrollo urbano más o menos regular entre estos tres elementos. Sin embargo, el estudio detallado de Morales y Gayón permite ver matices hacia el interior, pues de manera paralela al crecimiento edilicio se percibía un proceso de densificación en el interior de las casas, ligando este fenómeno a una mayor presión poblacional. En este sentido, los datos muestran la permanencia en el número de individuos que componen una familia o unidad doméstica y refuerza la idea de la subdivisión de viviendas en el interior de las casas.

El uso del suelo en la ciudad de México comprendía cinco categorías: habitación, comercio, producción, venta y servicios, y agropecuario, presentándose una distribución de estos usos de manera más o menos homogénea por toda la ciudad, incluyendo el centro, y dejando las construcciones más frágiles, como los jacales, a zonas de potencial crecimiento posterior.

La distribución espacial de los tipos de vivienda entre 1848 y 1882 muestra la mayor parte de la población de la ciudad de México (48 y 60%) viviendo en 20% de las casas que se subdividían entre 10 y hasta 105 viviendas. Estos datos muestran la inercia de la tendencia a la cohabitación de diferentes clases sociales en una misma finca. Uno de los datos más relevantes de estas dos autoras respecto a la tipología de la vivienda es el gran número de cuartos registrados y el alto porcentaje de la población que habitaba en ellos (aproximadamente 40%), lo cual convierte al cuarto en el tipo de vivienda predominante en la ciudad, ocupándose como dormitorios con servicios colectivos de lavaderos y sanitarios. Este tipo de ocupación precaria de la casa se complementaba con las accesorias y viviendas que daban cabida también a otra gran parte de la población.

Pueden resaltarse varios elementos del material aportado por cada uno de los autores. A manera de reflexión, conviene resaltar algunas líneas generales. En primera instancia, el papel sin lugar a dudas decisivo del medio ambiente en la definición de lo urbano desde el punto de vista funcional, morfológico y social; la marcada jerarquización del espacio habitacional y la tendencia, en asentamientos urbanos y rurales, a la especialización del espacio doméstico, ligado esto a la ubicación y al valor de los bienes inmobiliarios, y por otro lado, el papel protagónico que desempeñó la Iglesia, que, como mediana o gran propietaria, definió y marcó los ritmos del sistema crediticio e inquilinario novohispano. Llama la atención la tendencia en ciertas zonas del virreinato a la feminización de la sociedad, fenómeno ligado a los avatares demográficos y a los continuos ajustes migratorios entre una zona y otra. Finalmente, la relación entre el crecimiento de la población y el crecimiento urbano fue variable, en algunos casos, la población creció al igual que el número de casas, en otros, se presentaron ciertos desequilibrios; lo notable es que, en ambas situaciones, esta relación trajo siempre aparejada una mayor presión poblacional sobre el casco urbano original, la intensificación en el uso del suelo se tradujo en una tendencia a subdividir espacios internos, lo que permitirá pensar en la propia evolución del suelo urbano.

Esperamos que estos variados avances de investigación den lugar a una mayor cantidad de cuestionamientos y sugieran nuevas vías de interpretación. Finalmente, agradezco al doctor Javier Garciadiego y a la doctora Pilar Gonzalbo su constante apoyo. De la misma manera, a los miembros del Seminario de Historia de la Vivienda en México les agradezco su entusiasmo, confianza y buena voluntad para que este texto colectivo saliera a la luz. También quiero hacer un reconocimiento a Pilar Martínez López-Cano, Óscar Mazín y Ariel Rodríguez Kuri quienes contribuyeron con atinados comentarios a nuestros trabajos durante el citado coloquio.

ROSALVA LORETO LÓPEZ
Puebla de los Ángeles, 31 de mayo de 2000

HIPOTECAR LA CASA: EL CRÉDITO EN LA HISTORIA DE LA CIUDAD DE PUEBLA A PRINCIPIOS DEL SIGLO XVII*

Francisco J. Cervantes Bello
*Instituto de Ciencias Sociales y Humanidades,
Universidad Autónoma de Puebla*

La casa, en la sociedad novohispana, era uno de los bienes principales sobre los que se fincaban la riqueza y el prestigio familiar. Tener una casa bien edificada en la planta central de una ciudad significaba la consolidación y el arraigamiento de una familia. Pocos bienes podían llegar a ser tan importantes en la conformación de la fortuna y el reconocimiento social. La casa, con sus características específicas, era uno de los factores principales que determinaban no sólo la comodidad sino también el lugar social de una familia en el mundo urbano. Conservar una posición y lograr una estabilidad que durara varias generaciones no era fácil en la sociedad colonial, pero era sin lugar a dudas un objetivo al cual la propiedad urbana estaba ligada.

Desde la conformación de la ciudad, tener una casa bien fincada creaba una identificación no únicamente familiar, sino con el entorno en la que estaba situada. Esta singular importancia quedó reflejada en el hecho de que antes de terminar la primera mitad del siglo XVI, al menos a 21 "calles" se les asoció con el nombre de algún propietario urbano: calle de Alonso Martín Partidor, calle donde vive Luis de Córdoba, calle de Gómez Paniagua, calle de Alonso Valiente, etcétera. Las casas podían adquirir elementos singulares inconfundibles. Desde el siglo XVI encontramos algunos de los ejemplos en la ciudad de Puebla como la casa del Deán, famosa por las pinturas murales en sus interiores y muestra máxima del valor cultural que una casa podía llegar a tener, o la casa "del que mató al animal", famosa por sus jambas labradas. Durante la era novohispana hay un sinnúmero de casas cuyos propietarios se esforzaron por darle cierta identidad tanto por la fisonomía externa como por algunos rasgos interiores. A pesar de la importancia de la casa se ha abordado poco el uso y los riesgos de su utilización económica como hipoteca, no obstante el peso que el endeudamiento inmobiliario adquirió en la Nueva España. En la constitución y el uso de la propiedad urbana, el crédito tuvo una gran influencia y sus resultados saltan a la vista en las características de la ciudad a fines de la época colonial: una importante concentración de la propiedad urbana, los gravámenes de una gran proporción de las casas y la conformación de grupos rentistas urbanos.

* Agradezco los amables comentarios de Pilar Martínez López-Cano.

En este capítulo exploraremos el origen de este proceso histórico en Puebla y algunas de las características importantes para la ciudad y para los grupos urbanos y sus casas en las primeras décadas del siglo XVII.

EL CRÉDITO HIPOTECARIO EN LA CIUDAD DE PUEBLA

Fernando de Espinosa era un pequeño comerciante que se había establecido en la ciudad de Puebla a fines del siglo XVI. Casado con Inés Fernández, había logrado comprar una casa modesta, de regular tamaño, que fue construida en medio solar. La casa era su bien más importante y preciado. La compró en un barrio populoso e importante. Estaba ubicada en la calle que iba de la plaza pública a la iglesia parroquial de san José, segunda en importancia después del Sagrario, en un camino de procesiones y de casas bien labradas. Espinosa habitaba el interior de la casa y se había cuidado de dedicar una de sus accesorias para llevar a cabo sus ventas. Es probable que haya comprado ese inmueble por su bien ubicada accesoria, ideal para una tienda, ya que formaba una esquina. En ese pequeño espacio expendía como tendero y levantó dentro de él un tapanco de madera que le sirvió de bodega. Frecuentemente se abastecía de mercancías a crédito y, aunque no dejó registro alguno de muchas de sus deudas, en el caso de las más importantes se vio en la necesidad de reconocer ante notario el adeudo e hipotecar su propiedad. En octubre de 1613, escaso de recursos monetarios, Espinosa acudió a Antonio González para que le prestara 100 pesos en efectivo. El tendero, de común acuerdo con su esposa, tuvo que reconocer a cambio un censo sobre su casa y tienda.[1]

En los años siguientes pagó cumplidamente al acreedor los réditos, pero a partir de 1620 las dificultades financieras se agudizaron para el tendero y cuando Espinosa murió, en 1635, sus herederos declararon que sus deudas eran impagables. Había llegado el momento que el principal bien familiar y forma de sustento, la casa con su tienda, tenía que ser vendido. El principal acreedor, Antonio González, fue el más interesado en adquirir el inmueble, pues la deuda acumulada hacía que prácticamente la propiedad pasara a ser suya con un mínimo desembolso en efectivo; en marzo de 1626 la casa cambió de dueño.[2]

Para cualquier grupo urbano, la casa representaba un bien de capital importancia, tanto por dar un carisma especial a su presencia urbana como por ser también el lugar de sus negocios y comercios. Arriesgarse a perderla mediante una hipoteca era un compromiso muy serio que podía llevar a un desenlace desafortunado para unos y sumamente ventajoso para otros. Lo curioso es que este tipo de transacciones comenzó a multiplicarse rápidamente a partir del siglo XVII. Aunque

---

[1] Archivo General de Notarías del Estado de Puebla (en adelante AGNEP), 16 de octubre de 1613, ante Juan de Zamora.
[2] AGNEP, 16 de octubre de 1626, ante Alonso Corona.

hay muestras de que los censos se iniciaron desde el establecimiento de la sociedad urbana, sólo a partir de fines del siglo XVI su relevancia comenzó a ser notoria.³ Con los censos, el número de hipotecas, especialmente urbanas, creció; muchas personas en el transcurso de la era novohispana hipotecaron sus casas. Algunos de ellos, como Fernando de Espinosa, las perdieron. A su lado se fueron constituyendo importantes grupos rentistas urbanos. El papel de la ciudad y de la vivienda en el crédito ha sido poco investigado a pesar de su importancia, por lo cual creemos de interés mostrar cómo se gestó y se desarrolló este fenómeno. Para esto hemos abordado —como parte inicial de ese estudio— el análisis de las hipotecas urbanas en Puebla de los Ángeles de 1613 a 1620. Consideramos este periodo por varias razones. En primer lugar, a principios del siglo XVII el sistema crediticio había efectuado ya sus cambios más importantes: la tasa de interés, después de diversas variaciones, había alcanzado un nivel de estabilidad que conservaría durante el resto de la etapa colonial.⁴ En segundo término, los sistemas regionales de crédito se vieron decididamente favorecidos a partir de que las instituciones eclesiásticas, después de tener una presencia mínima en el siglo XVI, comenzaron a figurar cada vez más entre quienes compraron o se hicieron de censos. Por último, las hipotecas sólo pudieron desarrollarse una vez que la propiedad estuvo suficientemente valorizada (tanto en el ámbito predial como constructivo) y la ciudad había crecido lo necesario para constituir un mercado para los bienes inmuebles. En el siglo XVII, Puebla alcanzaba uno de sus mayores brillos y era considerada sin lugar a dudas la segunda ciudad del virreinato.

Los mismos contemporáneos tuvieron conciencia de la importancia creciente de los censos y a fines del siglo XVI consideraron indispensable crear un registro especializado que concentrara los resúmenes de las hipotecas, a fin de que se tuviera una fiscalización *espacialmente organizada*. Se dictaron disposiciones para que en los cabildos más importantes se llevara un resumen de las actas notariales de censos, en primer lugar para evitar que una propiedad fuese vendida con gravámenes ignorados por el comprador y, en segundo término, para cuidar que las hipotecas no se multiplicasen sobre una misma propiedad y que ésta dejase de ser una garantía confiable. En 1546, en la ciudad de México, se insistió en la importancia de que el escribano de cabildo llevase un libro de registro de hipotecas para prevenir fraudes. En la sesión de cabildo del 12 de abril de ese año "se mandó a pregonar una provisión real que manda los censos de casas y heredamientos se registren ante escribano, para evitar que se vendan más de una vez los censos". La provisión real aparece transcrita en el acta y en ella se mandó que fuese el escribano de cabildo

---

³ Sobre la importancia de otros mecanismos crediticios en el siglo XVI, véase Pilar Martínez López-Cano, *El crédito a largo plazo en la ciudad de México (1550-1620)*, México, UNAM, 1995.

⁴ "Los intereses de los censos durante el siglo XVI y principios del siglo XVII fueron variables, con una tendencia a la baja. De 10% hasta 1563, se pasó a 7.4% entre 1563 y 1608, para estabilizarse, a partir de esta fecha y en lo que restaba del periodo colonial, en 5%". Pilar Martínez, *op. cit.*, p. 49.

quien llevara el libro de registros mencionado.[5] Sin embargo, no fue sino a partir de 1584 que en la ciudad de Puebla se estableció el registro de los libros de censos, por lo que es probable que no haya sido sino hasta entonces que las hipotecas hayan tenido relevancia para la Angelópolis. Lo que contienen estos libros es en realidad un pequeño resumen de las actas notariales ya registradas ante escribano. Reunía los datos fundamentales de la transacción, ya que tenía validez legal si llegase a perderse el protocolo o acta original del censo, además que trató de *ubicar* las propiedades hipotecadas de la manera más precisa de acuerdo con la concepción del espacio de aquella época. Los censos acumulados hasta entonces ya eran numerosos, por lo que el primer volumen se constituyó con las hipotecas de 1584 a 1589, pero incluyendo contratos anteriores. Ya sin tanto rezago, el siguiente volumen se formó con la toma de nota de una década y los siguientes ocuparon por lo general menos de cinco años. La hipótesis de que alrededor de 1580 los censos comenzaron a ser más utilizados también se sustenta en el hecho de que a partir de esta fecha el cabildo de la ciudad de Puebla comenzó a hacer un uso sistemático de ellos.[6] Al iniciarse el siglo XVII era del todo evidente la importancia de los censos en la vida económica regional.

Los libros de censos representan una fuente muy importante para el estudio del crédito y pocas ciudades han conservado un registro tan seriado como éste.[7] A pesar de ello, muy lamentablemente se han perdido los primeros tres volúmenes por lo que el libro cuarto comienza en 1613, fecha con la que comienza nuestra investigación.

En el análisis sobre los censos resalta la gran importancia de la ciudad de Puebla en la organización del crédito hipotecario. Como capital económica regional, en la ciudad radicaban los personajes con mayores posibilidades económicas para comprar censos. Como punto de realización mercantil, en ella confluían los circuitos más importantes del entorno. Este hecho estaba reforzado por las funciones po-

---

[5] *Guía de actas de cabildo de la ciudad de México. Siglo XVI*, México, FCE, 1970, p. 226. Esta disposición tenía sus antecedentes. Desde los reinados de Juana y Carlos I, y nuevamente durante el de Felipe II, por las pragmáticas de Toledo y Valladolid, de 1536 y 1558, se ordenaron disposiciones similares. En particular la ley 3, del título 15, del libro 5 de la Recopilación de Castilla dispuso: "Por cuanto nos es hecha relacion que se encausarian muchos pleitos sabiendo los que compran censos y tributos, los censos e hipotecas que tienen las casas y heredades que compran, lo cual encubren y callan los vendedores; y por quitar los inconvenientes que en esto se siguen, mandamos que en cada ciudad, villa o lugar donde hubiere cabezas de jurisdicción, haya una persona que tenga un libro donde se registren todos los contratos de las cualidades susodichas; y que no registrandose despues de seis dias que fueren hechos, no hagan fe..." La problemática sobre el tiempo que se tenía para registrar la hipoteca se abordaría en repetidas ocasiones durante el siglo XVIII. Al respecto, véase Juan Rodríguez de San Miguel, *Pandectas hispano-mexicanas*, tomo II, México, UNAM, 1980, pp. 631 y ss.

[6] Véase al respecto Francisco J. Cervantes, "La ciudad en la organización del crédito regional: Puebla a principios del siglo XVII", en: Francisco J. Cervantes (coord.), *Las dimensiones del espacio en la historia de Puebla*, Puebla, UAP (en prensa).

[7] Ésta es la fuente principal para el proyecto en curso "El crédito hipotecario en Puebla, siglos XVII-XIX".

líticas y administrativas de la ciudad, ya que era sede del poder civil y eclesiástico. Al absorber las funciones de llevar el registro de los libros de censos, el cabildo poblano consolidó la función urbana de ordenar, fiscalizar y legitimar las deudas de un área que sobrepasaba los límites de la urbe y delimitaba su zona de influencia. Varios acreedores exigieron que, aunque los censos a su favor estuviesen otorgados en una notaría foránea, el resumen del acta hipotecaria quedase registrado en los libros de censos de la ciudad de Puebla. Otros cabildos regionales llevaron este tipo de registros, pero no cabe duda de que el de la ciudad de Puebla fue el más importante. A ciencia cierta, sólo el cabildo de Atlixco llevó también sus libros de censos pero nunca alcanzaron las proporciones de la capital regional. El dominio de la ciudad de Puebla sobre su entorno quedó expresado por la multitud de hipotecas de haciendas, ranchos y estancias de ganado que quedaron registradas por el escribano de cabildo, y en la facultad que tenía éste de expedir certificados sobre el grado de endeudamiento de una propiedad.

El espacio de control que sobre el crédito hipotecario tenía la ciudad era mucho más reducido que el área del obispado. A partir de los libros de censos se pueden distinguir tres ámbitos de influencia urbana. En primer lugar la ciudad misma, con una alta densidad de valores hipotecados en un área muy reducida. En segundo lugar estaba lo que podemos llamar el entorno inmediato de la ciudad: un área a la cual se podía ir y venir en un día y que corresponde a las localidades de Cholula, Huejotzingo, Teotimehuacán, Acajete, Amozoc y la parte sur de Tlaxcala. Por último, estaba un perímetro externo que aunque era importante en términos agrícolas, no registraba hipotecas de un gran peso en los libros de censos de la ciudad. Estas haciendas comprendían algunas de Tepeaca (o valle de San Pablo), San Juan de los Llanos y Atlixco (plano 1). Excepcionalmente, la ciudad de Puebla llegó a ejercer un registro de hipotecas sobre propiedades más lejanas. Por ejemplo, la viuda de Francisco Pinto, doña Isabel de Guevara, hipotecó cuatro haciendas de ganado mayor, seis sitios de ganado vacuno y 54 esclavos a favor de Juan Torijano, comerciante de la ciudad de Puebla que le adelantó 4 000 pesos. Estas propiedades fueron las más alejadas encontradas en los libros de hipotecas de la ciudad, ya que se trataba de haciendas ubicadas en Tututepec, al sureste del actual estado de Hidalgo.[8]

¿Qué tan importantes llegaron a ser los censos al comienzo del siglo XVII? Tan sólo entre 1613 y 1630 hubo 1 273 censos registrados en esta fuente, es decir, un promedio de casi 71 actas de hipotecas anuales. Los valores de estos censos oscilaron entre 100 000 y 200 000 pesos cada año. Sólo en 1616 y 1622, las hipotecas fueron de valor inferior a los 100 000 pesos, pero en 1620, 1626 y 1630 se superaron los 200 000 pesos. En estos 18 años, el valor de estos censos fue de 2.6 millones de pesos, una cifra considerablemente alta si la comparamos con otros pará-

---

[8] Archivo de Registro Público de la Propiedad de Puebla (en adelante ARPPP), Libro de censos (en adelante LC), 4, 12 de marzo de 1613.

metros. En efecto, el valor del diezmo líquido *de todo el obispado*, de 1613 a 1624, fue de 1 853 127 pesos, mientras que el valor de las hipotecas en los libros de censos de la ciudad para esos mismos años fue de 1 555 810 pesos, lo que representa 84%.[9] Esto sugiere que el valor invertido en crédito inmobiliario con respecto al valor de la producción mercantilizada era excepcionalmente alto.

Fuente: Ursula Ewald, "Nueva España", *Historias*, 12, 1986.

Plano 1. La ciudad de Puebla y su entorno.

El hecho de que los censos aumentaron lo sugiere la gráfica 1, donde se encuentran los valores anuales de las hipotecas registradas en los libros de censos de la ciudad de Puebla entre 1613 y 1630.[10] ¿Qué representan estos censos? No hay que

---

[9] La única serie en pesos de oro común del diezmo es "Cuentas y Divisiones de los Reales Novenos de su Magestad, 1602-1624", reproducida por Arístides Medina Rubio, *La Iglesia y la producción agrícola en Puebla, 1540-1795*, México, El Colegio de México, 1983, cuadro 3, p. 180. El autor señala que "la renta decimal en el periodo 1602-1624, se mantiene en el umbral de los 100 000 pesos". En 1608 y 1628 superaron los 200 000. Debe considerarse que aunque el valor de diezmo bruto sea mayor, sólo los estamos comparando con las hipotecas registradas en los libros de censos de la ciudad de Puebla, y que si incorporáramos censos registrados en otros registros, el valor de las hipotecas crecería también. Este hecho podría sugerir que el crédito hipotecario de esta época posiblemente haya alcanzado 80% del valor del diezmo bruto.

[10] Por desgracia, no hay otras series que permitan ponderar finamente este aumento. Como no

perder de vista que no estamos frente a una serie de préstamos sino de hipotecas. Se podía reconocer un censo por el reconocimiento de la deuda de una compra, por una simple obligación de cubrir un compromiso monetario (como legados a la Iglesia) o por algún otro concepto. Si bien los libros de censos dejan en claro cuando la hipoteca se hace como producto de una venta, su redacción es ambigua, sobre todo en el caso del origen de los censos eclesiásticos. A reserva de realizar una investigación más profunda a partir de los protocolos notariales, nos atrevemos a señalar que un alto porcentaje de los censos tuvo su origen en un préstamo en efectivo.[11]

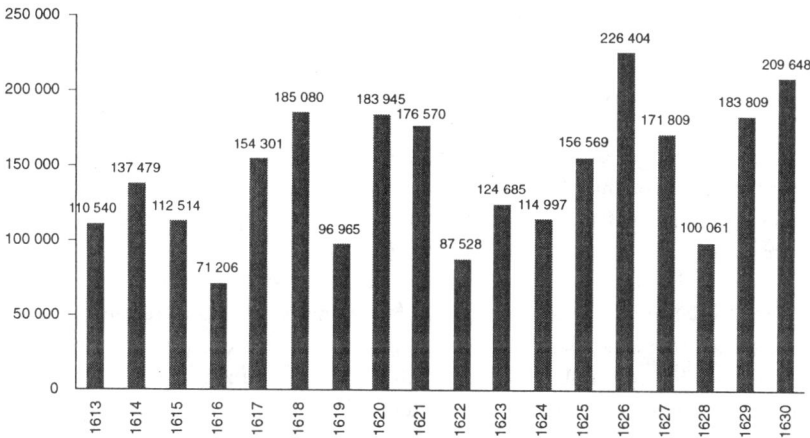

Gráfica 1. Valor de las hipotecas registradas en los libros de censos de la ciudad de Puebla, 1613-1630.

Debe considerarse también que las hipotecas con que trabajamos no representan todos los censos, sino únicamente aquéllos donde la ciudad de Puebla tenía un ámbito de influencia. Además, las variaciones no deben interpretarse literalmente. Al registro en los libros de hipotecas del cabildo se acudía después de haberse levantado el acta frente al escribano público. ¿Qué tiempo pasaba entre el acta notarial y el asentamiento de su resumen en los libros de censo de la ciudad? Aunque

hay rastro de que haya ocurrido un incremento en los precios, suponemos que esta tendencia moderada a la alza en la inversión en censos no fue nulificada por la inflación.

[11] Tres hechos sugieren esta hipótesis: los libros de censo señalaban cuando el origen del censo era una venta y estos casos fueron muy pocos; cuando se realizaba un legado a alguna institución eclesiástica, se puede detectar fácilmente que no hay donación de dinero cuando la donación se establece a través de un censo que recae sobre las mismas propiedades del donante, sin embargo, estos casos también fueron mínimos en la serie de hipotecas; por último, llama la atención que hay una importante proporción de redenciones, fuente de préstamos en efectivo.

la legislación marcaba un plazo de seis días para hacerlo, el hecho es que este plazo prácticamente no se cumplía. Hubo casos en que este intervalo fue de más de tres años —lo que refleja una extraordinaria confianza en el sistema crediticio—, pero en su gran mayoría el acreedor tardó menos de un año en acudir ante escribano de cabildo, así que en las series de los libros de censos hay un desfase de cerca de un año con respecto a la realización real de la hipoteca.

EL ESPACIO URBANO Y LAS CASAS

El peso que tenía la ciudad en la organización del crédito regional era de primer orden. Además de asumir la función administrativa que implicaba llevar los libros de censos en la ciudad, se concentró una buena parte de los bienes hipotecados. Centralizar el registro de estas hipotecas en la ciudad representó una parte importante de los censos. Algunos datos sugieren que el movimiento hipotecario comenzó principalmente con hipotecas de bienes urbanos y posteriormente se fue extendiendo a propiedades agrícolas. Esta inercia en los patrones de imposición de los censos es todavía claramente visible a principios del siglo XVII.

Para analizar el peso específico del inmueble urbano con respecto a la garantía que ofrecieron las haciendas y los ranchos, tomaremos los valores de los censos que estuvieron respaldados con bienes inmuebles dentro de la ciudad de Puebla durante los años 1613 a 1620 (véase cuadro 1). El valor de todos los censos —incluyendo los rurales— en estos años fue de 1 052 030 pesos, de los cuales 727 736 estaban respaldados por hipotecas en la ciudad de Puebla, es decir 69.2%. Estos datos muestran el peso espectacular que tuvieron las hipotecas urbanas.

¿Qué tipo de propiedades se hipotecaban? Aunque esta serie expresa las hipotecas de varias clases (casas, solares, huertas, molinos y obrajes), un análisis más de-

Cuadro 1. Valor y número de propiedades urbanas hipotecadas en la ciudad de Puebla de acuerdo con el tipo de acreedor, 1613-1620

Año	Particular	Eclesiástico	Total
1613	46 225 (22)	22 860 (18)	69 085 (40)
1614	36 499 (18)	37 750 (27)	74 249 (45)
1615	38 500 (14)	52 970 (28)	91 470 (42)
1616	39 980 (12)	20 900 (17)	60 880 (29)
1617	27 020 (11)	82 312 (44)	109 332 (55)
1618	54 675 (25)	74 330 (43)	129 005 (68)
1619	38 315 (17)	37 150 (21)	75 465 (38)
1620	62 200 (30)	56 050 (31)	118 250 (61)
Total	343 414 (149)	384 322 (229)	727 736 (378)

Fuente: ARPPP, 1613-1620.

tallado por tipo de propiedad muestra que se trataron fundamentalmente de casas-habitación, muchas veces con alguna función anexa como "casa y tienda" o algún otro uso, como accesorias que daban a la calle. El registro hipotecario muestra que los deudores la definieron en la gran mayoría de las veces como "casas de su morada", por lo que consideraron otras funciones secundarias. La valorización de los bienes censados fue en su función de casa-habitación y poco añadió al valor del inmueble otra actividad. Esto nos indica la gran importancia que tuvo la vivienda como garantía hipotecaria. Frente al peso de las casas, los solares, huertas, obrajes o molinos no tuvieron un peso significativo en esta época.

En el cuadro 1 figura entre paréntesis el número de escrituras otorgadas. Una escritura podía hipotecar varias propiedades para respaldar un censo. Aunque la gran mayoría de las actas notariales contiene un solo bien hipotecado, especialmente se llegó a hipotecar más de un bien urbano en una misma escritura.[12] Por consiguiente, el número de casas hipotecadas fue mayor que el de escrituras, y tenemos que en estos 18 años fue de 445 casas-habitación. Este número de casas nos parece también extraordinariamente alto si tenemos en cuenta las dimensiones que podía tener la ciudad de los Ángeles en 1620.[13]

El cuadro 1 también permite realizar un análisis por acreedores. Hemos distinguido entre Iglesia y particulares. El 52.9% del valor de las hipotecas urbanas estaba en manos de diversas instituciones eclesiásticas, lo que muestra ya el perfil de la Iglesia como rentista. En general, se puede decir que fueron a parar a las manos de la Iglesia más hipotecas urbanas que rurales, en tanto que los censualistas particulares tuvieron más créditos a su favor en el campo.

Hubo algunos particulares que comenzaron a destacar también como censualistas. Entre los principales acreedores que se reflejan en los registros de hipotecas de fines del siglo XVI y principios del XVII figura la familia Pérez de Salazar. El primer censualista importante de esta familia fue Jerónimo Pérez de Salazar, hijo de Andrés Pérez de México —comerciante sevillano— y de Isabel Pérez de Salazar. Andrés vino a la Nueva España para establecer, junto con sus hermanos Antón Carmona y Francisco de Mancilla, una compañía para exportar grana e importar mercancías. Se dice que posiblemente Andrés cambió su apellido Carmona por Pérez en México, para evitar las sospechas judaizantes que recaían sobre su apellido.[14] Le sucedió en los negocios su hijo Jerónimo Pérez de Salazar, quien llegó a la Nueva

---

[12] El caso más notorio al respecto ocurrió cuando el ayuntamiento de la ciudad tuvo que hipotecar 41 tiendas de los propios para respaldar un préstamo.

[13] No hay cifras sobre el número de casas que podría haber en esa época. Pero un cronista de fines del siglo XVIII dice que el número de casas labradas en esa época era de 3 000. Es difícil pensar que ya se habían edificado más de 2 000 para principios del siglo XVII, lo cual podría llevar a suponer que para 1620 ya se habían hipotecado alrededor de 20% de las casas. Aunque se podía hipotecar una casa más de una vez, cruzando los datos de la serie de hipotecas tenemos pocos de estos casos.

[14] Arturo Córdova Durana, "Presencia en los cleros secular y regular", *Semblanzas e historia de una... op. cit.*, pp. 28-29.

España aproximadamente en 1560 y se asentó en Puebla uniéndose a María Carvajal. Jerónimo fue uno de los mercaderes más exitosos en la pequeña pero próspera ciudad de los Ángeles durante la segunda mitad del siglo XVI. Durante 15 años fue mayordomo del convento de santa Catalina de Siena; en 1587 se le cita como mayordomo de la catedral y participó en varios créditos contra el ayuntamiento poblano, donde fue alférez. Además, ocupó el cargo de juez de grana en 1601, el de escribano de la ciudad y a la vez tesorero y contador de las reales alcabalas.[15] Tan sólo en el periodo de 1590 a 1600 hay referencias de que registraron en los libros de hipotecas 47 escrituras de censo a su favor, lo que lo ubica como uno de los principales censualistas de la ciudad.[16] El valor total de estos créditos fue de 91 900 pesos, los cuales fueron garantizados por 82 casas y 14 haciendas.[17] Parte de este crédito fue destinado para fundar uno de los mayorazgos que estableció. Además, este personaje también utilizó los censos como medio para hacerse de propiedades, ya que dejó como herencia algunos bienes que adquirió como resultado de la insolvencia de sus deudores. Quizá el ejemplo más notorio fue la adquisición de la hacienda El Lencero. Hacia 1592 adelantó a Álvaro Baena, vecino de la ciudad de Veracruz, 6 600 pesos sobre esa hacienda y otros bienes. Posteriormente, al no poder pagar los intereses, El Lencero pasó a manos de Pérez de Salazar.[18] Según parece, este acreedor presionaba fuertemente a sus deudores morosos. En 1589 prestó 2 000 pesos al canónigo Alonso Fernández de Santiago y al tesorero de la catedral Juan de Cervantes sobre bienes del primero. Al no pagar los intereses puntualmente, Jerónimo los presionó de tal forma que el canónigo Fernández tuvo que vender sus bienes a alguien con la solvencia suficiente para afrontar la deuda. Tan conocidas eran este tipo de actitudes que hizo que se levantara sobre él la sombra de la sospecha de judaizante, pero Pérez de Salazar se cuidó muy bien de estar cerca de la Iglesia y rechazó con éxito cualquier acusación.[19] Al morir Jerónimo le sucedió como cabeza

[15] *Ibid.*, p. 30.
[16] Véase Francisco Pérez de Salazar Verea, "Los mayorazgos", *Semblanzas e historia de una... op. cit.*, p. 90.
[17] Como Jerónimo Pérez de Salazar falleció después de 1600, es seguro que a esta lista haya que añadir otros como por ejemplo los 1 000 pesos que prestó a Alonso Ximénez el 12 de agosto de 1610 y que fue registrado en los libros de censo hasta 1613.
[18] Francisco Pérez de Salazar y Verea, "Los mayorazgos", *Semblanzas e historia... op. cit.*, p. 91. Otros cinco casos más son descritos en las pp. 92-94.
[19] En 1608 el canónigo deudor de Pérez Salazar, Alonso Fernández, acusó: "vive en esta ciudad un hombre muy caudaloso de hacienda que se dice Hyeronimo Pérez de Salazar, natural de Sevilla, tenido por hombre confeso y esta muy notado que jamas se le ha oydo dezir Jesus ni Maria, en ningun acontecimiento y que cuando entra a la yglesia y se hinca de rodillas no se persina ni santigua y tiene los ojos bajos puestos en la tierra y tanbien me han dicho que a el altar del Santisimo Sacramento no levanta los ojos a mirarle", Archivo General de la Nación, Ramo Inquisición, vol, 282, f. 297, citado por Arturo Córdova Durana, "Presencia en los cleros secular y regular", *Semblanzas e historia de una... op. cit.*, p. 29, nota 14. La acusación no prosperó. Como se ha señalado, Pérez de Salazar estuvo muy cercano al convento de Santa Catalina y posteriormente su mujer, María de Carvajal, daría una muestra de devoción al mandar fabricar el altar y los retablos con advocación a la imagen de Santa Ana, *ibid.*, p. 31.

de la familia y de los negocios su hijo Francisco Pérez de Salazar, quien continuó utilizando los censos como una de las bases de la fortuna familiar. En 1612 era ya regidor y posteriormente llegaría dos veces a ocupar el cargo de alcalde de segundo voto. Francisco casi siempre compró censos garantizados por propiedades urbanas. Parece haber seguido los mismos pasos de su padre, pues en 1613 otorgó un préstamo sobre un molino que adquiriría tres años después.[20] Tan sólo entre 1613 y 1614 registró 10 escrituras de censo a su favor con valor de 11 175 pesos. Tuvo muy buenas relaciones con la alta jerarquía eclesiástica local, pues además de tener un hermano presbítero, le prestó dinero a varios eclesiásticos, como por ejemplo 2 100 pesos al racionero Alonso Gamboa Parra. Este dinero provenía de la testamentaría del padre de su padre y años después éste traspasó el censo a favor del convento de Santa Teresa.[21] Además de los de su padre, Francisco manejó censos de la testamentaría de Esteban Carvajal, probable pariente cercano de su madre.[22] Todas las escrituras a favor de Pérez Salazar se redimieron, la mayoría entre 15 y 20 años después del registro del censo. Las actas registradas durante estos años son apenas la punta de un iceberg, pues hemos localizado 33 censos a su favor entre 1613 y 1630.

Otro caso similar fue el del presbítero Lucas Pereyra, que en 1613 y 1614 prestó 8 000 pesos, todo sobre casas. Después decidiría que 2 000 pesos se le deberían adjudicar para fundar una obra pía, la de Bartolomé Paz. En el periodo de 1613 a 1630, el padre Pereyra acumularía 42 actas de censo a su favor en tanto aparecería como censuario en siete.

Por último, tenemos los casos de varios regidores que figuraron como censualistas como Nicolás de Villanueva, Melchor de Cuéllar y Domingo Machorro, que bien ilustran la proclividad de la elite urbana a la compra de censos.

¿Quiénes eran las personas que hipotecaban sus casas? Sin duda encontramos tanto personajes ricos, miembros de la burocracia civil y religiosa, como modestos comerciantes y propietarios. El obispo Alonso de la Mota y Escobar hipotecó una de sus casas, "del altos bajos, de su morada con accesorias a ella en donde tiene la cárcel eclesiástica", por 1 400 pesos a favor del hospital de San Juan.[23] El racionero Francisco Alonso había también reconocido dos censos sobre sus casas.[24] Tam-

---

[20] ARPPP, Libro de censos 4, f. 9 v., 12 de mayo de 1613. Se trató de "una hacienda de molino de cuatro paradas, tierras, puertas y demás bienes", lindaba con el molino de Macario de Anzures, con el de Cristóbal de Pastrana y con el río Atoyac.

[21] ARPPP, Libro de censos 4, f. 9, 12 de octubre de 1613. El racionero se asoció con Juan López de la Cruz para hipotecar sus casas, que estaban en la calle de Herreros. Para 1634 el censo ya pertenecía a Santa Teresa pues lo canceló Alonso Camacho, entonces poseedor de las propiedades, dando el dinero al convento.

[22] ARPPP, Libro de censos 4, f. 4, 8 de junio de 1613. Prestó dinero de esta testamentaría que fue garantizado con la hipoteca de una casa que estaba en la calle que iba del convento de Santo Domingo al río San Francisco. Esta propiedad lindaba con una del capitán Alonso Hidalgo Dávalos, quien redimió en 1615 el préstamo como nuevo propietario.

[23] ARPPP, 4 de julio de 1613.

[24] ARPPP, 2 de enero y 9 de octubre de 1618.

bién el maestrescuelas de la catedral poblana reconoció un censo sobre su vivienda. Entre los particulares, el regidor Nicolás de Villanueva y su mujer, Catalina Vélez de Orduña, hipotecaron su casa a favor de la cofradía de las Ánimas del Purgatorio. El regidor Pedro de Uribe dio su casa como garantía cuando recibió un préstamo, así como el también el regidor Domingo Machorro.[25] El regidor Melchor de Cuéllar, a la sazón "ensayador mayor de la Casa de Moneda de la ciudad de México", hipotecó "tres pares de casas" al recibir 20 000 pesos como préstamo.[26] Igualmente, el cabildante Gaspar Gómez Vasconcelos vendió dos censos sobre sus casas en 1617. Al lado de estos personajes hubo un amplio número de pequeños y medianos propietarios urbanos que hipotecaron su sencilla casa, de una sola planta y a veces construida en la mitad o incluso en un cuarto de solar.

EL ESPACIO URBANO DE LAS CASAS HIPOTECADAS

Una función esencial de los libros de censos es que se pudieran ubicar las propiedades hipotecadas. Para ello, los libros de censos ordenaron de una manera espacial las propiedades gravadas a fin de identificarlas. El esfuerzo de definir un sistema referencial que las permitiera localizar fue el más importante hasta el levantamiento de los padrones en las últimas décadas del siglo XVIII. Las hipotecas fueron el único fenómeno urbano que exigió tal sistematización y su contribución al ordenamiento espacial urbano no ha sido valorado.

Para saber dónde estaban localizadas las propiedades hipotecadas dentro de la ciudad pretendimos utilizar el sistema referencial que los mismos contemporáneos definieron, pero nos encontramos con que la forma de ubicar los espacios internos de la ciudad era sustancialmente diferente a la que se instauró a partir del siglo XVIII y de la cual somos herederos. Para exponer el significado y el aporte de la nomenclatura de los libros de censos examinaremos los principales rasgos del sistema referencial urbano hasta antes de 1584, el aporte de la sistematización que introdujeron los libros de hipotecas y, finalmente, intentaremos mostrar dónde estaban ubicadas las casas gravadas a principios del siglo XVII.

Aunque las ciudades rápidamente diferenciaron sus espacios internos, esta diferenciación y denominación de los lugares obedeció muchas veces a la heterogeneidad del medio natural donde estaba emplazada una ciudad, de tal manera que había lugares que se caracterizaban por estar cerca de un río, de un ojo de agua, de un monte, de una sabana, etcétera. Sin duda alguna, la designación de una plaza principal fue uno de los primeros hechos que determinó la jerarquización de los lugares urbanos. La plaza generalmente no sólo le daba un sentido de orientación a la ciudad, sino que también representaba el lugar de asentamiento del poder y del

---

[25] ARPPP, 18 de marzo y 29 de junio de 1614.
[26] ARPPP, 8 de agosto de 1615.

ejercicio de la justicia. La diferenciación del espacio interno de la ciudad obedeció tanto a características naturales como sociales y su jerarquización correspondió a las diferentes funciones sociales dentro del mundo urbano. De esta manera, el rostro urbano se fue definiendo y los diferentes espacios intraurbanos fueron adquiriendo una función y conformando un hábitat.

La formación de los espacios urbanos se esbozó desde el tipo del trazado de las calles. La plaza y las calles conformaron la primera estructura sobre la cual se estableció el interior de un espacio urbano diferenciado. Sin embargo, esto no fue suficiente para definir claramente la localización de los espacios internos, ésta se dio mediante un proceso donde fueron surgiendo puntos ordenadores que constituyeron la clave para establecer redes de conexiones de espacios. De esta manera, determinados lugares como iglesias, ríos, ojos de agua, plazas, barrios se fueron articulando para conformar áreas o secciones identificadas por uno o más elementos que hicieron que un espacio de la ciudad difícilmente fuese igual a otro, incluso en aquellas ciudades con un trazado de damero casi perfecto, como el caso de la ciudad de Puebla. El proceso por el cual se establecieron estos puntos fue importante porque, además de ser parte esencial de la diferenciación urbana, permitió a la población poseer un sentido de la ubicación. La ubicación urbana no obedeció exclusivamente a los puntos cardinales, sino a un proceso social de construcción de los espacios sobre los cuales los individuos formaron sus referencias. Esto les permitió orientarse, saber dónde se estaba y hacia dónde se iba. Formaba parte de su propia *identidad*. La propia vivienda de cada familia, haya sido morada humilde o palacio, ocupa en el espacio urbano un lugar determinado y conocido. Es la morada, tanto por su ubicación como por su aspecto, uno de los indicadores que expresa la *posición que le está asignada a una familia en el seno urbano*. La ciudad es su área de existencia, una área que conoce íntimamente y que *recorre sin esfuerzo*. La ubicación está ligada además a otro proceso inherente a la ciudad: el establecimiento de la propiedad urbana. Era indispensable poder definir el lugar donde estaban localizadas las propiedades para un claro ejercicio de su derecho, además, la ubicación constituyó un elemento sustancial del valor de la casa.

Para entender la designación de los lugares intraurbanos analizaremos brevemente cómo se constituyó el sistema de referencia espacial. Para la etapa entre 1531 y 1547 hemos localizado 55 nombres de calles diferentes. Llama la atención que muchas de ellas van a algún lugar *fuera de la ciudad*, por ejemplo la calle que va a Cholula, la que va a Tlaxcala, la que va a Atlixco, etcétera. Esto sugiere la concepción de la calle como continuidad de un camino. Hay otro hecho característico de este periodo: el importante número de calles que se identifican porque en ellas vivía alguien en particular. Encontramos en esta etapa, tan corta, al menos 21 calles con nombres de particulares, por ejemplo, se nombran la calle de Alonso Partidor, la calle "donde vive Luis de Córdoba", la calle de Gómez Paniagua, la de Alonso Valiente, etcétera. Finalmente, hallamos el nacimiento de la concepción de la calle que predominará en etapas posteriores: la concebida entre dos puntos intramuros de la ciudad, por ejemplo la calle que "va al molino" o la que "va a las pedreras".

Un cambio en la referencia se encuentra cuando se definió a la calle como un eje entre dos puntos a veces distantes y que abarcaban varias cuadras. Ya desde 1535 se hizo referencia a un solar que estaba en "la calle que va de Santo Domingo al Tianguis", pero es probable que no haya sido sino hasta 1548 cuando esta concepción comenzó a imperar. Esto se debió posiblemente a la rapidez con la que establecieron las instituciones eclesiásticas y con la que se iniciaron las actividades productivas intramuros en la ciudad. Aproximadamente a partir de mediados del siglo XVI comenzamos a percibir cierto tipo de cambio ya que aumentaron las calles definidas por un lugar: calle de la portería de San Agustín, la de la iglesia de Veracruz, la de San Pablo, la de San Agustín, la del Señor Obispo, la de Nuestra Señora de los Remedios, entre otras. Los nombres de este tipo de calles, cuya nomenclatura correspondía por lo general a algún establecimiento eclesiástico, sugieren que algunas de ellas se concibieron rápidamente como parte de una cuadra, adquiriendo una identidad propia. Sin embargo, aún persistió la ambigüedad entre el nombre de la calle eje, una línea recta que contenía varias cuadras, y el de la calle que simplemente forma parte del perímetro de una manzana. Los nombres que daban a las calles los particulares siguieron existiendo en el periodo de 1548 a 1588, pero en menor proporción en relación con el periodo de 1533 a 1547. La ubicación que nos parecería hoy tan inexacta y confusa, para los contemporáneos era lo suficientemente clara, pues la ciudad abarcaba unas cuantas cuadras alrededor de la plaza y, dado su trazo de damero y la división en solares por manzana, casi no había ambigüedades en una sociedad tan pequeña y en donde muchos se conocían (véase el plano 2).

A partir de 1589 comenzó justamente a definirse con más claridad la ubicación de los predios, pues es la fecha en que se inauguraron los libros de censo[27] o de hipotecas, registro que llevó el cabildo poblano. La expresión más clara de la nueva designación se dio en los encabezados de la sección topográfica de estos libros. En ellos, para una mejor y rápida ubicación de las propiedades hipotecadas, el escribano de cabildo fue ordenando los censos de acuerdo con lo que consideraban como "calles". Ésta es la sección topográfica de los libros de censo y muestra el sentido de la ubicación que se tenía. Esta designación (1584-1612) tuvo las siguientes características: se definieron de una manera clara y unívoca las calles en un sistema simple de 27 ejes que atravesaban la ciudad; esta nomenclatura se basó en el nombramiento de casi siempre dos puntos intramuros, haciendo de la ciudad un sistema autorreferencial y prácticamente independiente del entorno no-urbano. Finalmente, se otorgó un sentido a las calles: éstas corrían de oriente a poniente y de norte a sur.

A pesar de la larga denominación de las calles (al menos contenían un punto de salida, otro de llegada y puntos intermedios) algunas de ellas ya podían ser identificadas por un nombre propio (calle del Alguacil mayor, de Herreros, del Deán,

---

[27] Se llamaba censo a un crédito garantizado generalmente con hipoteca de un bien inmueble.

de la Carnicería, etcétera). Como el río San Francisco atravesaba por el linde oriente de la ciudad, se convirtió en un punto de referencia esencial, pero el hecho de tener una larga trayectoria implicó que se designaran otros puntos intermedios para evitar dudas. Estos puntos intermedios, dados para casi la totalidad de las calles, constituyeron puntos de referencia básicos. De esta manera tenemos "la calle del Alguacil mayor que parte del río San Francisco, pasa por la plaza y la audiencia, y por la cima de la portezuela del camino a Cholula hasta llegar a lo último del barrio de San Sebastián". Un nombre que hoy nos parece definitivamente largo para

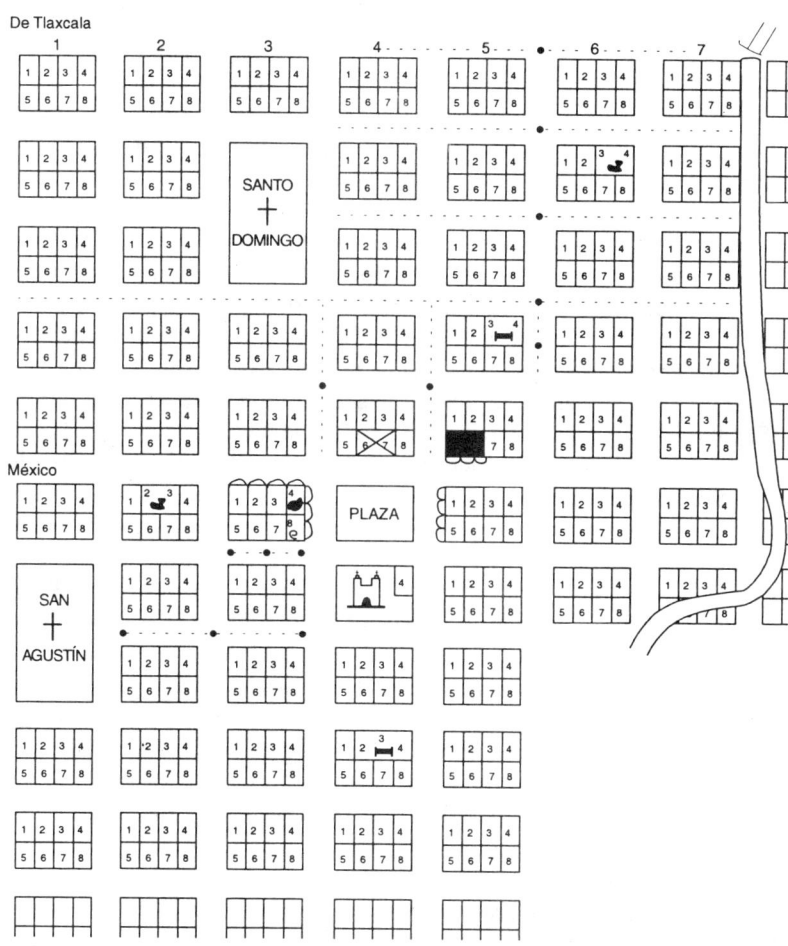

Detalle del plano reconstruido por Boyd-Bowman, *Índice y extractos del archivo de protocolos de Puebla (1538-1556).*

Plano 2. Principales calles de la ciudad de Puebla en 1544.

designar a un espacio como una "calle". Resalta que entre los puntos intermedios de las 27 calles hay 16 referencias a particulares (pila de Carrasco, casas de Malpica, molino de Formicedo, etcétera) y el resto son de instituciones principalmente eclesiásticas. Los nombres de las calles donde intervienen los particulares fueron en mayor proporción en los límites de la ciudad. Para tomar una muestra de cómo se nombraba la ubicación de las casas a principios del siglo XVII recolectamos poco más de 350 referencias de localización de propiedades urbanas entre 1613 y 1620. Estas casas y solares se localizaron en una planta de la ciudad que prácticamente no cambió durante el siglo XVII (véase plano 3). La muestra se extrajo en los resúmenes de las actas de censos que se registraban. Esta selección tiene un sesgo ya que se trata únicamente de las propiedades urbanas que fueron hipotecadas para recibir un censo durante esos años, pero la consideramos válida y suficiente ya que incluyó propiedades por diferentes rumbos de la ciudad. Aunque entre estas propiedades figuraron huertas y solares, la mayoría eran de casas perfectamente fincadas en la traza.

Las calles nombradas en los censos de 1613 a 1620 fueron 103. La gran mayoría de ellas, 78, se designaron por el modelo de dos puntos intramuros de la ciudad. El número de calles fue tan grande debido a que, la gran mayoría de las veces, las propiedades urbanas se ubicaban en un espacio (el eje que conforma la "calle") entre dos puntos conocidos. No se citaban los puntos distantes del eje de la calle tal como estaban definidos en la parte topográfica de los libros de censo, por ejemplo, "calle del arroyo de los molinos al barrio de San Sebastián que pasa por San Pedro", sino únicamente los dos puntos que fueran a la vez los más conocidos y los más cercanos que se querían ubicar, por ejemplo, "calle que va del Hospital de San Pedro a la pila de Carrasco", es decir, un tramo del eje original. En la práctica se retoma la concepción de los ejes pero éstos ya no se citaron de una manera unívoca, sino de acuerdo con el tramo que contiene a la propiedad que se quería situar. A pesar de estar en un mismo eje, se designaron como dos calles diferentes la que "va de la plaza pública al convento de Santo Domingo" y la que "va de la plaza pública al colegio de San Luis". El concepto de la calle como una referencia de lugar no es fijo, sino de acuerdo con el lugar que ocupa la casa y sus puntos contenedores más cercanos. La calle se convierte en una designación *móvil* ya que depende de la propiedad que se pretende ubicar. Al parecer, ésta fue la manera más común de lograr la identificación de un lugar.

En el plano 4 hemos tratado de ubicar las casas hipotecadas en los años de 1613 a 1617. Debemos apuntar que dado el sistema de referencias que hemos señalado, el mapeo de la información es básicamente interpretativo ya que a partir de esta fuente no se puede ubicar de una manera exacta el lugar que ocupó cada casa. Tenemos una claridad en la ubicación del eje, pero la altura a la que se encontraba la propiedad es la que hemos extrapolado. De este plano podemos deducir que las casas gravadas estaban en su gran mayoría en el primer cuadro, la parte central que ocupaban las parroquias del Sagrario y San José, principalmente al norte

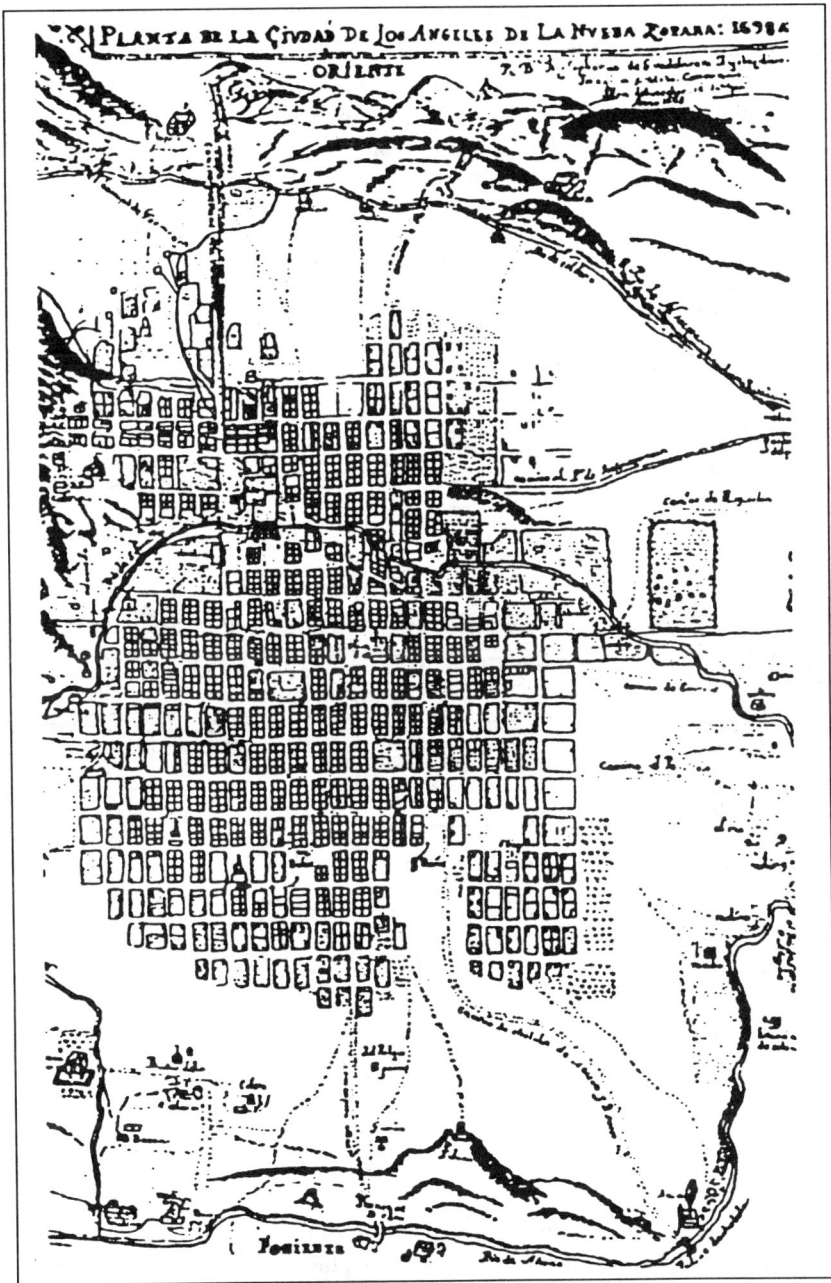

Plano 3. Planta de la ciudad de Puebla en 1698.

de la catedral y de la plaza, lugar donde el abastecimiento de agua dulce era común. Pocas eran las casas en barrios más alejados. En suma, estamos hablando de inmuebles suficientemente valorizados como para soportar una hipoteca. La parte más densamente gravada de la ciudad estaba en el triángulo que forman la catedral, el convento de San Agustín y el de Santo Domingo. Destaca el nivel de endeudamiento de algunos ejes como la calle de Mesones o la calle de Herreros.

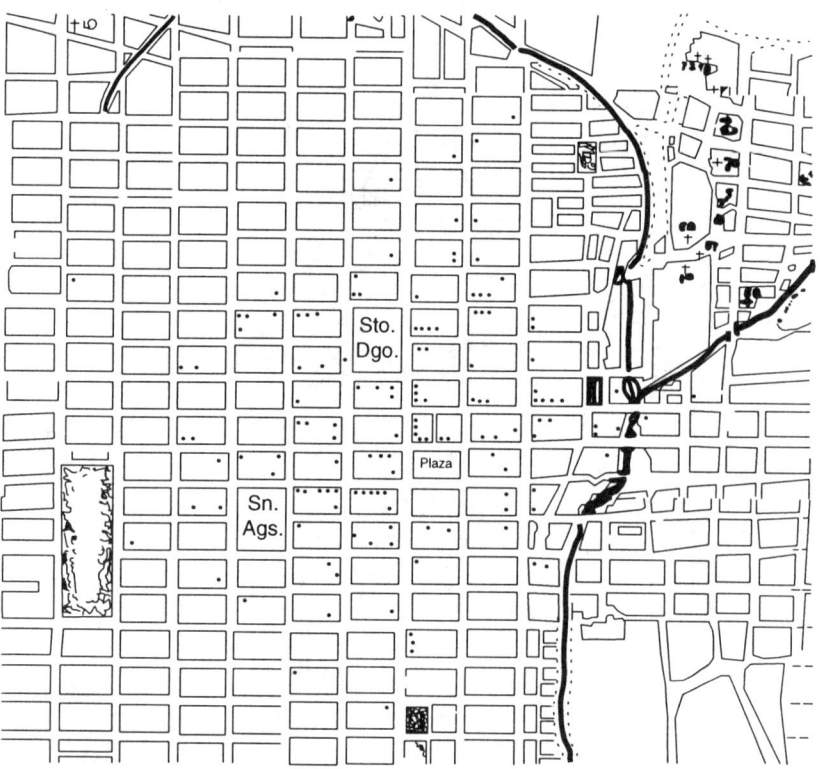

Plano 4. Ubicación de las propiedades urbanas hipotecadas en Puebla, 1613-1617.

CONSIDERACIONES FINALES

El dinero y la propiedad inmueble fueron los dos polos de las formas de la riqueza. Con cualidades opuestas, son la expresión de un mismos fenómeno. Mientras la liquidez monetaria permitió una fluida movilización de la riqueza, la propiedad expresó su estabilización. El crédito fincó un puente entre ambas formas. Éste fue un hecho importante en la conformación y el funcionamiento de una economía colonial, es decir, cuyo eje central era el traslado de excedentes monetarios de un espacio colonial a la metrópoli. Varios estudios sobre la economía novohispana han subrayado la relevancia del crédito en su funcionamiento. Uno de los autores contemporáneos que más ha destacado la dualidad social y económica entre propiedad y propietarios, por una parte, y liquidez y comercio, por la otra, fue Richard Lindley en su tesis sobre el crédito en la región de Guadalajara. Sin embargo, este autor se centró básicamente en el siglo XVIII, cuando la forma de propiedad más relevante era la rural, lo que llevó a plantear, en éste como en otros estudios, los binomios hacendados-comerciantes como parte del paradigma social y económico de la colonia.

El panorama que brinda Puebla en el siglo XVII es un tanto[28] diferente. En este trabajo se trata de resaltar el preponderante papel urbano que tuvo el crédito en sus primeras etapas y en particular el de la propiedad urbana. El papel que las casas y el hecho urbano tuvieron en el origen y el ordenamiento crediticio fue de primer orden. De hecho, el fenómeno hipotecario nació casi a la par que el de la ciudad, con las implicaciones que en esta comunicación hemos subrayado. Sin duda alguna, las cualidades de la economía poblana (donde no figuraba la minería y las grandes propiedades rurales no tenían un peso abrumador) hacen más notorio este hecho de lo que quizá se pueda hallar en otras regiones novohispanas, pero el caso de la ciudad de Puebla y su región nos puede llevar a repensar la importancia de la ciudad y sus casas en la formación social de la época.

Esta comunicación ha tratado de mostrar que la ciudad y el hecho urbano influyeron en el sistema crediticio en más de un sentido. En la organización del crédito, lo urbano fue un elemento esencial. En primer lugar, el crédito se organizó a través de las ciudades. Los flujos crediticios fueron relaciones financieras organizadas desde alguna ciudad. Por medio de las capitales regionales, el crédito se institucionalizó, centralizó sus recursos y organizó su distribución. En este sentido, las ciudades principales comandaron la organización crediticia regional, jerarquizaron el espacio que las circundaba y, a través de los lazos crediticios, organizaron el espacio regional. Este hecho correspondió a dos principios. El modelo económico colonial implicó una concentración espacial de los recursos monetarios en las urbes. Es ahí donde confluyeron las cantidades de metálico disponibles para su redistribución. La gran cantidad de transacciones crediticias y financieras que implicó el hecho colonial —que volcaba sus recursos y organizaba su producción en función del vínculo colonial y de los efectos multiplicadores que de él se derivaban— fue el requisito para hacer de las ciudades las capitales financieras. En la medida que hubo verdaderas capitales regionales en las que se concentraron funcio-

---

[28] La tesis después adquirió forma de libro traducida al español: Richard B. Lindley, *Las haciendas y el desarrollo económico. Guadalajara, México, en la época de la independencia*, México, FCE, 1987, 176 pp.

nes administrativas de primer orden, las principales instituciones que hicieron uso del crédito, la principal de ellas la Iglesia, favorecieron decididamente esta función urbana.

Además de contribuir a la organización regional por medio del crédito, resalta un hecho fundamental: la ciudad fue, en las primeras etapas de la formación del sistema crediticio, la principal absorbente del crédito, y los bienes inmuebles, la preponderante garantía hipotecaria. La casa fue el eje central del endeudamiento urbano. Ésta fue la primera base del patrimonio familiar. Además de ser un bien que en cierta medida estaba asociada a la identidad familiar y a su lugar dentro de la ciudad, tener una casa era lo que prácticamente otorgaba el estatuto de vecino y fue el principal factor que determinó los niveles de vida. La propiedad sobre una casa garantizaba además el acceso al crédito.[29] La casa no fue un valor inmovilizado. A través de las hipotecas, las propiedades urbanas pudieron trasladar parte de su valor al aceptarse como garantía hipotecaria. La importante proporción de número de redenciones demuestra que esta labor fue cumplida con éxito y la casa recuperaba su valor original en unos cuantos años después que había servido como aval.[30] Dada la importancia de poseer una casa, tanto simbólica como materialmente, sólo pudo hipotecarse un gran número de ellas porque existió un marco institucional relativamente seguro con una tasa de interés baja y prácticamente fija, sobre todo a partir de 1620.

El valor que una propiedad urbana podía adquirir dependía, entre otros factores, de su ubicación dentro de la ciudad. Para la pequeña ciudad que Puebla era a principios del siglo XVII, unas cuantas cuadras alejadas del centro y los caminos principales podía significar que una casa quedara excéntrica de las principales actividades urbanas y su valor fuese menor, tal como ocurrió con los asentamientos periféricos y fuera del área central de la ciudad. La ubicación de una casa estaba en relación íntima con el nombre de su propietario y ella era la que definía el espacio donde se localizaba. Las propiedades urbanas y los propietarios identificaban el espacio urbano. Como hemos visto, *el espacio urbano se definía entonces por su contenido,* es decir, de acuerdo con la propiedad urbana que albergaba. Aún no se instauraba la medida abstracta del espacio por medio de calles (en el sentido de cuadras), concepto del espacio urbano que sólo emergería sistemáticamente a partir de

---

[29] En una segunda fase, cuando el mercado inmobiliario urbano quedó establecido, se complementó el círculo ya que a través del crédito se pudo tener acceso a la casa.

[30] El papel de las redenciones o cancelaciones es de primer orden para comprender el funcionamiento del crédito. Un análisis posterior a la presentación de esta investigación en las jornadas del coloquio nos ha mostrado que las redenciones a las que nos referimos no fueron simples formalizaciones para continuar el contrato crediticio con la misma garantía hipotecaria, pero bajo otras condiciones. Por el contrario, fueron verdaderos movimientos de crédito. Tal fue la importancia de las cancelaciones en esta época que hemos localizado varios "Libros de cancelaciones" que llevaron varios escribanos independientemente de los protocolos. Estamos preparando una investigación específica sobre estas valiosas fuentes.

la elaboración del padrón de 1777 y faltaría todavía mucho más tiempo para que una casa se identificara con un número. Una vez que el mercado inmobiliario urbano quedó plenamente establecido, el desarrollo del crédito tuvo como uno de sus resultados la constitución de un grupo urbano que hizo de las rentas una de las bases de sus mecanismos de enriquecimiento y acumulación. La ciudad no sólo absorbió un flujo de réditos considerable de su entorno, sino que el endeudamiento de las casas fue aumentando. Los beneficiarios de este proceso fueron algunos particulares y las instituciones eclesiásticas. El endeudamiento de la propiedad urbana permitió, con el tiempo, el acceso a su adquisición. Algunos rentistas pudieron adquirir casas que estaban endeudadas a su favor en inmejorables condiciones o compraron con poco capital efectivo, bienes que cargaban con altas hipotecas. Especialmente, las instituciones eclesiásticas hicieron también uso de su derecho como acreedores para adquirir en remates propiedades de insolventes. El resultado fue que el crédito se constituyó en una forma de acceso a la propiedad. Hacia fines del siglo XVIII, la Iglesia era ya propietaria de casi 50% del valor de los inmuebles urbanos, y la familia que hizo del crédito una de sus formas de enriquecimiento, los Pérez de Salazar, llegaría a acumular 18 casas en la ciudad de Puebla. Este proceso histórico de concentración de la propiedad urbana fue en gran parte resultado de un hecho que era ya característico a principios del siglo XVII: hipotecar la casa.

46 CASAS, VIVIENDAS Y HOGARES

Jamba izquierda de
la "Casa del que mató al animal".

Jamba derecha de
la "Casa del que mató al animal".

Balcón esquinado de la "Casa de la China Poblana".

Patio de "El mesón de Cristo", en la llamada calle de Mesones.

Balcón frontal de la "Casa de las bóvedas".

Detalle de la fachada de la casa del deán Tomás de la Plaza.

EL ESCRIBANO EN LA CIUDAD: ENTRE SOLARES Y CASAS (GUADALAJARA, SIGLO XVIII)*

Thomas Calvo y Guadalupe Briseño
Universidad de Nanterre-París

No hay ninguna poesía en este título: se advertirá rápidamente al leer la serie de cifras que siguen. Es simplemente la expresión de una fuente (notarial) que registró, a través de actos de venta, donativos, censos, incluso alquileres, el movimiento de apropiación del suelo y de la edificación en Guadalajara. Hemos efectuado dos cortes: uno en 1725 y 1726, el otro en 1799 y 1800. De ahí las continuas preguntas: ¿por qué esta fuente?, ¿por qué esos años?

En Guadalajara los archivos de escribanos constituyen un rico terreno de investigación ya muy transitado. Al igual que E. López Moreno, hemos utilizado las transacciones de inmuebles para el siglo XVII; en este caso, nuestra principal intención es prolongar y sobre todo profundizar dichos preliminares. Queremos exprimir todavía más vigorosamente el material, extraerle no solamente información social, incluso económica, sino también descubrir espacios, su percepción, estrategias familiares cotidianas. En otros términos, se trata de ver cómo se construyeron los patrimonios, pero también de desplazarse, de vivir en la ciudad, a través de una fuente privilegiada, rica en dos momentos distintos del siglo XVIII. He aquí nuestra principal ambición.

Se añadirán otras intenciones: evidentemente acompañar la extensión de la "mancha urbana", de otra forma que no sea superponiendo los primeros planos conocidos de la ciudad. Éste último paso es lógico, necesario, pero sigue siendo descriptivo. ¿Según qué procesos, con qué segundas intenciones se edifica un patrimonio inmobiliario, metro por metro, adobe sobre adobe? Aquí nuestra fuente es indudablemente irremplazable. En el otro extremo, ¿qué decir de la lenta degradación de algunos bienes considerables a pesar de ello? ¿Es necesario atribuirlo a las circunstancias personales, algunas provocadas? Y no olvidemos —tenemos tendencia a juzgar con demasiada rapidez— que las manzanas insalubres son también una llaga del centro de nuestras ciudades.

En el dominio de la propiedad urbana, la plaza de la Iglesia —institución e individuos— es imbordable. Para el siglo XVIII será necesario volver al tema y quizás matizarlo: ya no estamos en la época de predilección de los censos. Pero cole-

---

* Traducción de Carmen Chalamanch.

gios religiosos, conventos y clero están presentes más que nunca: con sus efectos sobre el dinamismo y la diferenciación geográfica de la ciudad. Hay barrios más "clericales" que otros, pero de manera diferente: a las iglesias del centro les sucede el cinturón de los complejos conventuales, más externos. ¿Cómo lo percibe la fuente? ¿Más precisamente hacia la periferia (geográfica y social); el escribano está siempre presente, cuando se trata de arreglos entre personas comunes, incluso de ocupaciones irregulares? A veces tarde, como lo veremos.

Todo este conjunto de incógnitas no es exclusivo de Guadalajara: aquí se impone la comparación. Pero cada organismo tiene su propio ritmo de evolución y Guadalajara no es la excepción. Ahora bien, nuestros dos sondeos se justifican: se sitúan en puntos de inflexión. Hacia 1725 la ciudad acababa de concluir su primera gran etapa de formación, salía de una larga "adolescencia" que duró todo el siglo XVII. Después de un breve periodo de reajustes (hacia 1700) entre ciudad y campo, capital regional y capital virreinal, Guadalajara recupera su desarrollo alrededor de 1720 (en el siglo XVIII su población se triplicó). Durante las siguientes décadas, los primeros planos de la ciudad miden acompasadamente dicho progreso.[1]

De 1720 a 1800 el cinturón de la ciudad se expande: su población prácticamente se duplica (pasa de 12 000 a 25 000 habitantes), su superficie se extiende de 100 a 200 hectáreas, de 143 a 334 manzanas de casas (según el plano aproximado de 1732). Un detalle significativo (incluso inquietante) en la segunda mitad del siglo, es que la construcción se anticipa al crecimiento de la población: 1 541 casas en 1738 y 4 487 en 1791.[2] La consecuencia es previsible y se localiza en el centro de nuestra interrogante: a finales de siglo, cerca de la quinta parte de las casas están deshabitadas.[3] ¿Cómo se explica esta expansión incontrolada? ¿Qué se deduce de ella? Nuestros dos sondeos enmarcan dicha expansión, permitiendo restituir finamente sus espacios en la vida cotidiana, pero también, y es la principal razón de la elección de la fuente, sus selecciones y circunstancias individuales.

DEL ESPACIO ANTE NOTARIO AL ESPACIO VIVIDO

El hombre vive inmerso en el espacio, de ahí la dificultad que frecuentemente enfrenta para comprenderlo. Es tanto como decir que aquí se aborda un vasto (y delicado) problema. Incluso si el de la apropiación y el dominio de los pedazos de territorio (solares, inmuebles…) es determinante —le otorgaremos una buena parte de nuestra atención posteriormente—, no puede tener la misma importancia en la

---

[1] Reproducción en A. Jiménez Pelayo, J. Olveda, B. Núñez Miranda, *El crecimiento urbano de Gadalajara*, Guadalajara, 1995.

[2] M. de la Mota Padilla, *Historia del reino de Nueva Galicia en la América septentrional*, Guadalajara, 1973, p. 504; C. Castañeda, *Vivir en Guadalajara, la ciudad y sus funciones*, Guadalajara, 1992, pp. 48-49.

[3] C. Castañeda, *ibid.*.

ciudad que en el medio rural. En el marco urbano, el espacio y la propiedad de bienes están parcialmente desconectados: unos metros cuadrados bastan para instalar un puesto de zapatero, una tienda: de ahí el interés que puede despertar incluso "un cuartito redondo con puerta a la calle", vendido por la atractiva suma de 110 pesos.[4] En la ciudad, el espacio envuelve, cubre, domina (calles bordeadas de casas, portales, balcones, torres de iglesias...): ya no está destinado a la explotación como tal, sino que está destinado a percibirse, a vivirse. Es eminentemente humano.

En todo caso es la primera conclusión a la que llegamos si reconstruimos todas las piedras blancas dejadas por nuestros notarios, cuando se trata de situar las diversas piezas del gigantesco rompecabezas. No existe referencia alguna de los accidentes mayores de la orografía (el *valle*, la *Gran Barranca* cercana, los volcanes circundantes). Se presentan solamente los accidentes y los actores menores, porque ejercen presiones sobre la vida cotidiana. Es decir, los diversos *ríos* (más bien riachuelos) que al sur y al este separan la ciudad de los suburbios ("de la otra banda del río"), las *barrancas* que se extienden a lo largo de los *solares* (hacia Mexicalzingo, hacia el Convento de Santa María de Gracia), que los paseantes deben rodear y los puentes que deben salvar. Dichos puentes, lugares de paso más o menos obligados (¿son siempre de un material duradero?), llaman la atención, pero también atraen las implantaciones: el *puente* de las Damas, en 1799-1800, que conecta la ciudad con su suburbio meridional de Mexicalzingo, es una referencia obligada en cuatro ocasiones. Los riachuelos están ampliamente integrados a las realidades urbanas, por medio de zanjas, acequias o "tenerías".[5] En cuanto al "río del Molino de San Miguel", recuerda muy oportunamente que durante mucho tiempo, El Molino fue para los indígenas de la región (los rurales), el epónimo de la ciudad.

Y sin embargo, el agua, en cuanto fuente de vida, no está presente en nuestras fuentes. Nos llegan únicamente algunas vagas menciones, a través de la presencia del *tanque*, al sur de la ciudad, de la *presa*, al este,[6] de una *fuentecita* llamada "la Fuente Quebrada".[7] Y sobre todo, de los pozos presentes en algunas casas. Esto demuestra que los esfuerzos de equipamiento emprendidos a lo largo del siglo XVIII dieron lentamente sus frutos. En todo caso, no son visibles en el área que, más bien periférica como veremos, abarca nuestra documentación. Ahora bien, sabemos que la naturaleza permeable del suelo es aquí una desventaja difícil de superar. Donde corre el agua, alrededor del puente de las Damas, alrededor de la Alameda, existe una precipitación por la compra, por la construcción, por saborear la frescura de los espacios arbolados (vergeles). Y no se olvida mencionarlo: así, un pequeño terreno (16 × 50 varas) frente a la Alameda, está "cercado de adobe, con arboles frutales".[8]

Así, se humaniza el espacio urbano. No temamos a las redundancias: a través

---

[4] APIG, protocolos de T. de Sandi, 1799, t. 4, fol. 115v-116.
[5] Véanse fichas 19b, 42b, 43b.
[6] Véase 98b, 8ª.
[7] 88b.
[8] 19b.

de nuestra fuente, es sobre todo... urbanizado. Existen pocas referencias en relación con los extramuros, salvo cuando la *Calle Real* se convierte en *Camino Real* (de Zapopan, de Huentitlán), o una muy rara notación en 1726, al norte del barrio de Santo Domingo, de una "tierra yerma y despoblada".[9] Incluso cuando el notario coteja el campo, le cuesta separarse de su vocabulario (sus reflejos) urbano: así, hacia la salida occidental de la ciudad (*barrio* de San Felipe Neri), se describen las *huertas*, los *ranchos* situados en los *propios* de la ciudad, pero sus terrenos, con inclinación rural, están aún surcados por *calles*.[10] permanecemos intramuros.

Analco, Mexicalzingo, San Juan de Dios, son evidentemente suburbios llamados extramuros e insidiosamente la ciudad gana terreno al campo. La percepción más clara de dicha expansión gira alrededor del Quemadero (en actividad hacia 1800), relegado hacia el oeste en el extremo de la calle que parte de Santa Mónica.[11] Nos imaginamos dicha calle a través de los documentos, convertida progresivamente en el *camino* de Zapopan al poniente,[12] recorrida por los carros de basura.[13] A fines de siglo, en las afueras de la ciudad, principia en este punto una colonización bajo los humos que escapan a su descarga.[14] Es una de esas verrugas extraurbanas que resalta poco la "literatura clásica", pero cuyas funciones (e inconvenientes) son de gran importancia. El carácter seco del oeste tapatío debió verse acentuado frente al este industrioso y el sur sonriente. Aun ahí, la toponimia puede ayudarnos: al olor acre del Quemadero responde la sonrisa del puente de las Damas, al sur.

El espacio urbano se humaniza. Se socializa. En una ciudad donde sólo había dos parroquias, la del Sagrario, intramuros, y la de San Francisco, extramuros, los barrios constituyen las referencias. Éstos se reconocen y se reúnen alrededor de los campanarios de las iglesias, según modalidades que deben ser mejor delimitadas. En el oeste de la ciudad, en 1725, se superponen dos puntos de reunión: el barrio llamado de San Sebastián, se convierte, bajo la pluma de nuestros notarios, en el de Jesús María. En otros términos, la vieja capilla dedicada al santo taumaturgo, y cuya memoria se perdía en los orígenes de la ciudad, cede su lugar al flamante convento nuevo (se remonta a los años 1700-1720). Así, el espacio puede encerrar, preservar memorias antiguas, pero también privilegiar rápidamente la novedad.[15]

"La mentalidad pueblerina", que en 1725 parece animar todos los barrios —eran once bajo el báculo de once iglesias— garantiza la cohesión social a través

---

[9] 66ª. Véase también 10b y 14b, se trata de dos «solares eriazos para fabricar», del barrio de San Juan de Dios y que constituyen el límite más oriental de la aglomeración, puesto que al norte y al sur están rodeados de «tierras».

[10] 41b.

[11] 73b.

[12] 77b.

[13] Quizás desde 1764, véase A. Jiménez, J. Olveda, B. Núñez, *op. cit.*, p. 97.

[14] Venta en 1800 de un solar, «linda por el oriente con el quemadero...», y otras propiedades (*solares*), 77b.

[15] Sobre estos dos edificios, véase M. de la Mota Padilla, *Historia del reino de Nueva Galicia, en la América septentrional*, Guadalajara, 1973, pp. 413-417.

de los santos patronos y de otras imágenes santas, así como las actividades que de ello se desprenden (fiestas, caridad, actividades hospitalarias, devociones particulares). Hubiera sido sorprendente que los notarios de 1800 nos dejaran otra imagen. Se agregan sencillamente nuevos barrios alrededor de nuevos templos (sobre todo el santuario de Guadalupe, en el extremo nordeste). Aunque tímidamente, pero como signo de los tiempos, se superponen barrios con referencias laicas: el *barrio* de la Alameda, del Mesón de las Ánimas.[16] ¿Se trata de simples descuidos, de abuso del lenguaje? Pero estamos al este de la ciudad, en la periferia: tomar como referencia la Alameda, zona intermedia —entre ciudad y campo—, el *mesón* que es el núcleo animado, implica extraer símbolos simples, nuevos y fuertes.

¿Está la geografía urbana recubierta en conjunto por esta topografía de identidad? En 1725-1726, el 27% de las localizaciones de nuestras actas escapan a dicha trama; en 1799-1800, el 26% de los parajes no están unidos a barrios. ¿Es una simple negligencia de los notarios? Si así fuera, dicha negligencia sería selectiva. De hecho, la mayoría de los lugares e inmuebles a los que no se hace referencia se localizan en el extremo centro o en el extremo periférico. Es decir, ya sea en un espacio invadido por referencias (Catedral, San Agustín, Santa María de Gracia, sin olvidar el Palacio Real...), donde se revela imposible fijar una selección, donde todo son puntos relevantes (de la prisión al seminario tridentino), ya sea en zonas que están en espera de ser definidas, precisamente como la que se une al Quemadero.

¿Podemos, de empalme en empalme, bajar al fondo del barrio, esperar todavía un tejido de referencia más cercano al individuo? ¿Las calles? Por medio de nuestra fuente, estas no tienen aún nombres propios: con excepción, en 1799 de la "llamada de escritorios".[17] Las calles no tienen más identidad que su geografía, que guía el desplazamiento físico, corporal de los paseantes ("baja al río", "jira...(sic)"). Están inscritas en el sello de las construcciones que fijan su origen, las bordean.[18] Se definen por su propia realidad: calle cerrada, calle empedrada... Finalmente, los notarios no juzgaron útil mencionar la calle que bordea solares e inmuebles (cuando existen) en 18% de los casos. Sin embargo, sería demasiado presumir de nuestra fuente concluyendo que toda verdadera sociabilidad escapaba al microcosmos de la calle, que ésta se situaba exclusivamente en el nivel superior del barrio. ¿Qué sucede, asimismo, con la plaza, la *plazuela*, como lo escribe frecuentemente la fuente? En realidad, había tantas (o más) como barrios.[19] Pero aquí están en retroceso: la plaza mayor, no obstante esencial para la vida cívica, en nuestras referencias se ve ampliamente eclipsada por el Palacio Real, las otras plazuelas (San Agustín, San Francisco...), son apenas evocadas. ¿Se trata, aunque en menor medida, como sucede con las calles, de espacios demasiado exactos, planos, que no poseen ni la envergadura ni la legibilidad de una iglesia, de una torre, de un pala-

---

[16] 34b, 46b, 104b.
[17] 27b.
[18] «Sale de la portería del convento de Santa Teresa», 15ª.
[19] Según el plano de la ciudad de 1813, hay 22 «plazas y plazuelas».

cio o de una barranca: cielo y tierra? ¿Encontraríamos inconscientemente, bajo la pluma de nuestros prudentes escribanos, los más antiguos mitos ligados al espacio?

¿Pero, no es más sencillamente la ocasión de recordar que a través de estos viejos papeles las miradas se pasean por la ciudad? Miradas que se topan con la construcción —volveremos a ellos posteriormente—, pero que también rozan realidades, reconstituyen palmos de espacio urbano. Dichas miradas se anticipan al gesto: la calle que gira, la *zanja* que lo detiene, el puente que los hace cambiar de rivera. Pero sobre todo, son como la lanza del Quijote, siempre topando en la iglesia: en la *calle cerrada* por el colegio de San Diego,[20] en el cementerio de San Francisco, en la veintena de iglesias (a espaldas de San Francisco, detrás del hospital de Belem...), y en las *tapias*, de un convento a otro... Miradas que despiertan viejos recuerdos: en 1725, se conserva presente en la memoria lo que en un tiempo, en el siglo XVII, fue el "Palacio Viejo";[21] en 1800, el *mesón* llamado de José de Salazar conserva el nombre de aquel que lo construyera hacia 1700-1720.[22] Y nada se imprime mejor en las viejas piedras que los mitos: en 1800, el caserón de Medrano conservaba el nombre —y la trágica leyenda— de la familia que la habitó cerca de dos siglos antes.[23] Ya hemos descendido al nivel microscópico, al del átomo (el *solar*, la casa, la familia); mejor aún, el de la molécula (tal como la definen los límites —*linderos*— del lugar). Se trata de un descenso transversal que esta fuente nos ha permitido, a través del tejido urbano.

PAISAJES Y GEOGRAFÍA URBANA

En el seguimiento de nuestros notarios y de sus clientes, nos saciamos de sensaciones. Hagamos más objetiva nuestra aproximación. Tratemos de restituir los diversos dinamismos (los paisajes), tal como los brinda la fuente. Partamos sin embargo, de la mirada que el notario lanza cuando describe el solar (vendido o donado) y sus alrededores (los linderos).

El cuadro 1 destaca que incluso los solares están rodeados de espacios muy urbanizados: en las dos terceras partes de los casos, las futuras construcciones ya están rodeadas de casas. Pero en este siglo tiene lugar una evolución sensible que algunos índices ya nos hacían suponer más arriba. Los solares (fenómeno urbano), invaden cada vez más el campo circundante. Las referencias al paisaje extramuros son insignificantes en 1725 y 1726 y muy presentes en 1799 y 1800: caminos, tierras agrícolas, *quemadero*... Pero, primero, fue necesario atravesar toda la zona intermedia, donde la ciudad y el campo se mezclan con las huertas, la Alameda, los ríos, algunos accidentes menores de la geografía a los cuales debe acomodarse la ciudad (barrancas).

[20] 91b.
[21] Prot. M. de Mena, 1726, t. 14, fol. 33-35v.
[22] 14a, 53a, 104b.
[23] 94b.

Cuadro 1. Elementos de linderos de los solares

	Solares	Casas	Geografía intramuros*	Tierras y geografía extramuros**
1725-1726	15	70	1	2
1799-1800	12	55	10	17
1725-1800	27	125	11	19

Fuente: AIPG, diversos protocolos.
* Alameda, huertas, puente, río, barranca.
** Camino, campo, tierras, quemadero.

¿El crecimiento está repartido de igual manera sobre todos los márgenes y no hay, por otro lado "frentes de colonización interior", a partir de los barrios hasta entonces con baja densidad? Para responder, es necesario cambiar de escala, pasar a una visión del conjunto, a partir de la repartición de los bienes intercambiados, según los 14 *cuarteles* de la ciudad (véase el cuadro 2). Esto nos lleva a dos series de comentarios. En primer lugar: ¿por qué haber escogido como elemento de cuadrícula el *cuartel* y no el barrio? El corte de la ciudad en *cuarteles* se remonta a 1790.[24] Medida de racionalización y urbanización del espacio, no es aún parte de las costumbres; diez años más tarde (al igual que los nombre de las calles): los escribanos no hacen referencia de ello. Pero esta división ofrece la inmensa ventaja sobre los barrios de haber sido fijada con gran precisión. Proporciona pues una red de lectura estable y cómoda, incluso retrospectivamente.

La segunda pregunta es más difícil: ¿qué significado —espacial— debe otorgarse a las diferentes transferencias de solares y de casas? Para los solares, la respuesta es bastante cómoda: como lo veremos, están inscritos, a mayor o menor plazo, en un proyecto de incremento del patrimonio personal, más allá de la edificación urbana. Su localización es pues aquella de los "frentes de expansión de la ciudad": muy claramente al oeste (sobretodo hacia 1725 y 1726), pero también el sudeste extramuros (hacia final de siglo). Lógicamente, el "viejo centro" (cuarteles de I a V) no está incluido: ahí la edificación se generalizó desde principios del siglo XVIII. Esta colonización central no es muy antigua, además: hasta finales del siglo XVII había *baldíos*.[25]

Para las transacciones relacionadas con las casas, existe más ambigüedad: ya no se trata de dinamismo, salvo al evocar el fruto de tal operación de formación de lotes en 1725 y 1726, con la venta de tres casas del barrio de la Parroquia del Pilar,[26] que emergía en esa época. Evidentemente, éstas son el reflejo de una urbanización

---

[24] Páez Brotchie, «Los cuarteles», en J.M. Muriá y J. Olvedo (comp.), *Demografía y urbanismo, lecturas históricas de Guadalajara III*, Guadalajara, 1992, pp. 319-322.

[25] Así, al lado del convento de Santa María de Gracia, se encuentra aún en 1693 «un pedazo de tierra que se nombrava el tianguez», con límites mal definidos, BPEJ, *Bienes de difuntos*, siglo XVII, leg. 4, exp. 14.

[26] Fueron contabilizadas en una sola transacción, Prot. M.N. de Mena, 1725, t. 2, fol. 117v-120v. El ejemplo se desarrollará ulteriormente.

ya realizada, de una madurez de diversas zonas en la ciudad: el centro encuentra su lugar, pero también el norte, donde las operaciones de formación de lotes se producen a lo largo del siglo, alrededor del Convento de Santo Domingo en un primer tiempo, después principalmente alrededor del Santuario de Guadalupe (cuartel X).

Cuadro 2. Transacciones de solares e inmuebles en Guadalajara (1725-1899)

Cuarteles	Solares 1725-1726	Solares 1799-1800	Casas 1725-1726	Casas 1799-1800
I centro-sur			11	
II centro-norte				1
III centro-sudoeste			3	4
IV centro-oeste	3		3	3
V centro-este				7
VI centro-nordeste		4	3	1
VII sudoeste	3		2	3
VIII oeste	13	5	13	4
IX noroeste		5		3
X norte	4	4	9	12
XI San Juan de Dios	1	7	3	8
XII Analco		1	6	5
XIII sur sudoeste				2
XIV sur		1	6	5
Mexicalzingo	1	7	3	6
Indeterminado	1	4	3	8
Total	26	38	67	69

Fuente: AIPG, diversos protocolos.

Está claro que la pretensión del cuadro 2 oculta un elemento de diferenciación esencial: el carácter más o menos aristócrata, o popular, de las diversas partes de la ciudad. Dicha diferenciación geográfica se muestra en los cuadros 3 y 4. Como siempre, algunos casos vienen a interferir en la claridad de la demostración. Aquí la única casa vendida en el segundo cuartel, el más noble de todos, "la casa del deán", por la cantidad de 6 380 pesos no presenta realmente problema, es perfectamente representativa (está en lo alto) del paisaje inmobiliario de esta parte central. Tiene dos fachadas (este y sur), cada una de una extensión de 26.5 y 39.5 varas con "zaguán, un corredor de dos tramos, patio, sala, recámara, otra recámara, segunda sala, puerta al corredor, un comedor, su portador a la cocina, un pasillo, un cuarto de criadas, segundo pasillo seguido del otro, una despensa, una cocina, un patio de esta, en él un pozo, un corral, una caballeriza, dos piezas comunes contiguas, un cuarto y sus paredes en soleras, una cochera, un pajar encima, su escalera en el segundo pasillo con escalones, balaustre o pasamano de cantera labrada, una pieza al corredor, otra seguida que nombran oratorio, ventanas con reja de fierro, la esquina portadas, ventanas vasas (*sic*), cañones, capiteles, arcos, cornisas, canales de piedra especial por su solidez y color que es encarnada".[27] No cabe duda alguna de que realmente vale sus 380 pesos y de que está perfectamente en su lugar, entre el Palacio Real y los conventos de Santo Domingo y de las Capuchinas.

Cuadro 3. Número de piezas por casa, según los cuarteles (1725-1800)

Cuarteles	Número de casas observadas	Número de piezas por casa*
I	5	10
II	1	27
III	5	12
IV	5	8
V	9	7
VI	4	5
VII	5	6
VIII	13	7
XIX	2	4
X	17	9
XI	6	4
XII	5	3
XIII	1	8
XIV	10	4
Mexicalzingo	4	4
Total**	110	6

Fuente: véase el cuadro 1.
   * Incluyendo patios y corrales.
  ** Incluyendo casas no localizadas.

Finalmente, el único *cuartel* que exigiría un punto de discusión sería el VI, enclavado al este, entre el río, Santa María de Gracia y la Alameda. No tiene nada de aristócrata y sin embargo, el valor de los edificios es muy elevado. Es la "calle industrial" de Guadalajara. También sobre las cuatro ventas, una se refiere a la *tenería* (7 800 pesos), la otra a un *mesón* (1 700 pesos): aquí el precio promedio de venta no tiene relación directa con el valor de los alojamientos, pero traduce perfectamente la actividad. El valor promedio de las únicas dos casas inventariadas es apenas de 270 pesos, reflejo de un barrio tan popular como activo.

Para el resto, aunque parece establecerse una jerarquía, hay que mantener ciertos matices: la ciudad no es una yuxtaposición de guetos. Así, en el cuartel X (esencialmente barrios de Santo Domingo y del Santuario de Guadalupe), diez casas valen 300 pesos y menos, y tres valen más de 900 pesos: esto no impide que aquí el tono siga siendo popular.

[27] Prot. J.A. Mallén, 1800, t. 6, fol. 133-135.

Cuadro 4. Valor unitario de las casas (en pesos) por cuarteles (1725-1800)

Cuarteles	Número de casas*	Precio por unidad
I	8	2 129
II	1	6 380
III	6	2 210
IV	5	507
V	13	818
VI	4	2 510
VII	7	487
VIII	10	586
IX	3	80
X	19	449
XI	10	177
XII	6	190
XIII	2	390
XIV	10	351
Mexicalzingo	8	432
Total**	119	756

Fuente: véase el cuadro 1.
* Hemos tenido en cuenta que podría tratarse de varias casas por acta.
** Incluyendo aquellas cuya localización es incierta.

El estudio de los linderos viene a confirmar puntualmente el conjunto. En un sector en esa época en expansión (barrio de la Parroquia de Nuestra Señora del Pilar —cuartel VII—),[28] Francisco Xavier Camarena compró "un pedazo de solar", de buen tamaño (46 × 37 varas) —lo que prueba que la formación de lotes no es aún muy antigua—. El acta nos muestra que

> linda por el oriente con casa que llaman de María la bellosa; por el norte con las de los herederos de Miguel alias Madre Nuestra, paredes de por medio; por el poniente con casas de las Aguirre; y por el Sur con casas de Gertrudis que llaman la Aguateca.[29]

La multiplicación de los alias es característica de un mundo de plebeyos. Saquemos de este ejemplo, decididamente rico, una última lección: la feminización del medio es notoria y deberá volverse a ella más allá de este ejemplo. ¿Tiene que extrañarnos? Conocemos la hiperfeminización de Guadalajara en el siglo XVII, y ésta no se

---

[28] En otra acta de 1725, se trata de una casa «en el barrio del convento de San Francisco, inmediato a la nueva parroquia de nuestra señora del Pilar de Zaragoza», Prot. de J. García de Argomaniz, t. 23, fol. 48v-51. Estamos al sur de la ciudad, en un sector cuya extensión fue bloqueada, hasta aquí, por el cinturón que constituye San Francisco y sus espacios (atrio, cementerio, vergel...).
[29] AIPG, Prot. M.A. de Mena, t. 2, fol. 116-117v.

desmiente en el siglo XVIII. Se nos repite que la mujer es el elemento estable de la familia: ¿es de extrañar que la casa, la otra piedra angular, se asocie ampliamente a ella?[30]

Otro ejemplo: en 1726, se vendió una casa, "calle que sale de la iglesia y plazuela del Convento de las religiosas de Santa María de Gracia, para el río". Nada extraño, en un contexto de carácter tal, a la vez aristócrata, femenino y clerical del vecindario: la vendedora es doña Andrea de Messa Cervantes, la compradora es otra doña, la residencia es medianera de la de una viuda (doña por añadidura) y de dos bachilleres (de los cuales al menos uno es sacerdote).[31]

Es muy real una geografía diferencial.[32] Escojamos al azar, en la fractura primaria, entre ciudad criolla y *barrios* indígenas (Mexicalzingo y, sobre todo, Analco). Dicha fractura está cada vez menos definida a medida que la "mancha urbana" invade sus alrededores. Es evidente que otras fuentes permitirían llegar a la misma conclusión,[33] pero el hecho de que nuestra documentación, en el siglo XVIII, evoque invariablemente los *barrios* (y ya no los *pueblos*) de Analco y Mexicalzingo, es un buen indicio de la integración de dichos espacios en el tejido humano y urbanístico de la ciudad; también es un indicio revelador que el plano de la Guadalajara de 1800, por primera vez, representa gráficamente este mismo sector oriental. Un ejemplo preciso permite aclarar (también) una exclusión de la presencia indígena: en 1800, el administrador general de las alcabalas vende una casa (sin duda de descanso), que construyó en tres solares comprados ("con anuencia de sus alcaldes y principales") a tres indígenas del barrio de Mexicalzingo. El comprador es un canónigo.[34] Nótese sin embargo que en lo que se califica de barrio, las autoridades indígenas no pierden su derecho de vigilar las transferencias de tierra, incluso cuando en éstas ya no intervienen los indígenas, puesto que compradores y vendedores pertenecen al grupo criollo.[35]

UNA ESTRATEGIA: ¿PROPIEDAD O ARRENDAMIENTO?
EN LOS LÍMITES DE LA FUENTE

Pero corrijamos un equívoco que hemos creado. De hecho, la mirada que se pasea, más que del tapatío del siglo XVIII, es la nuestra. Estamos obsesionados por experiencias vividas que ya no tenemos, él estaba guiado por estrategias económicas, fami-

---

[30] Otro ejemplo de esta feminización de los *linderos* es pues la propiedad urbana, Prot. M. de Vargas, t. 2, fol. 193-194.

[31] Prot. de A. Morelos, t. 7, fol. 84v-87v.

[32] Para proseguir el estudio, véase R.D. Anderson, *Guadalajara a la consumación de la Independencia: estudio de su población según los padrones de 1821-1822*, Guadalajara, 1983, sobretodo pp. 24 y siguientes.

[33] Véase Th. Calvo, *op. cit.*, pp. 88-90.

[34] Prot. J.T. de Sandi, t. 5, fol. 149-150. Otros ejemplos, fol. 147-148; Prot. de J.A. Mallén, t. 5, fol. 397v-398v.

[35] En 1789, aun en 1798, la venta de una casa, de un cura a un administrador de hacienda, pasó ante el «alcalde, común y principales del barrio de Mexicalzingo», Prot. J.A. Mallén, t. 6, fol. 207v-208v.

liares, de poder o simplemente de supervivencia. Para descubrirlas, necesitamos (todavía) recurrir a nuestra fuente. Con la condición de que aceptemos sus límites. Porque éstas aparecen rápidamente: en el marco hispánico (y más aún en el colonial) la fuente notarial es elitista, por más que pueda decirse además sobre el formalismo del carácter español.[36] ¿En este marco se pueden aproximar hacia abajo, estas estrategias —de supervivencia— evocadas? ¿Cómo proceder a la protección de un techo?

Para comprender mejor las dificultades con las que tropezamos, señalemos primero que en nuestro tamiz no recogemos más que dos contratos de alquiler entre un total de dos centenas de actas (1%). Entonces aceptemos colocarnos en un contexto totalmente diferente (geográfica, humana y también jurídicamente). Partiendo de una fuente diferente pero más segura desde este punto de vista (los inventarios después del fallecimiento). A. Pardailhé-Galabrun comprueba que en París, en los siglos XVII y XVIII, 14% de los habitantes son propietarios, 77% arrendatarios, el resto se reparte entre viviendas de función (4.5%), viviendas comunitarias (2.5%), la pensión amueblada o de familia (2%).[37] ¿Cómo tener en cuenta esta información para nuestro estudio?

Primero hay que aceptar la diferencia de perspectiva que introducen las fuentes sin gran similitud (si no es su origen: los registros de notarios). Es innegable que para las tres últimas categorías determinadas por el autor, si se pudiera, en el contexto mexicano, utilizar inventarios yendo tan profundamente en las estructuras sociales, encontraríamos más viviendas comunitarias (eclesiásticas),[38] y viviendas de función (domésticos, esclavos albergados en casa de los patrones), y al menos igual cantidad de agregados (padres viejos, hijos recogidos...). En cuanto al concepto "amueblado" (cuarto amueblado alquilado de manera más o menos precaria), es una realidad presente en México (principalmente en la ciudad de México), pero difícil de medir, sobre todo en el marco de Guadalajara. Queda el problema de las *vecindades*, que podría ser similar. Son comunes en México desde la época colonial, pero todavía raras aquí, incluso inexistentes hasta finales del siglo XVIII.[39] ¿En qué medida las "*casas asesorías*", que se reúnen progresivamente alrededor de la *casa principal*, como un juego de mecano, son asimilables a las *vecindades*? Esto amerita discusión, al menos aquí su origen, es muy anterior al siglo XVIII.[40]

---

[36] Precisamente las garantías de la ley, sus coacciones (por ejemplo de sucesión) evitaban más frecuentemente el recurso a un hombre de ley que en el norte de Francia, país dicho de "derecho no escrito".

[37] Annick Pardailhé-Galabrun, *La naissance de l'intime, 3000 foyers parisiens XVIIe-XVIIIe siècles*, París, 1988, pp. 195-210.

[38] Sin embargo, hay que considerar que el autor no toma en cuenta más que a los seculares que vivían colectivamente, no a los regulares, lo que modifica profundamente las perspectivas en el marco hispánico.

[39] Aquí, la primera iniciativa correspondería, en 1779, al obispo Alcalde, promotor de una formación de lotes popular, las cuadritas, al norte de la ciudad, a proximidad del santuario de Guadalupe; E. López Moreno, *La vivienda social: una historia*, Puebla, 1996, pp. 112-113; A. Jiménez *et al.*, *op. cit.*, p. 109-110.

[40] En esto no compartimos la opinión de E. López Moreno, *op. cit.*, p. 114: «a finales del siglo

De hecho, todo el debate gira en torno de las dos primeras categorías que se refieren a la propiedad y el arrendamiento. Según nuestra fuente, el mercado arrendatario parece muy secundario en Guadalajara. Aquí, el punto de debate es esencial: ¿es real esta diferencia o procede de la elección de las fuentes (inventarios en París, contratos en Guadalajara)? Es verdad que en un estudio anterior, habíamos revelado en el siglo XVII más contratos de arrendamiento, pero se relacionaban preferentemente con tiendas, sobre todo en el centro de la ciudad. Esto tenía su lógica: dichos comercios constituían un mercado forzosamente limitado que permitía cierta especulación del arrendamiento y de cualquier forma marginal con relación al ambiente mismo. Esto pone de relieve otra pregunta: ¿por qué en el siglo XVIII incluso este tipo de contrato (arrendamiento de tiendas, locales comerciales) desaparece? ¿Problema de fuente? ¿Cambio de prácticas? Además, dichos comercios pertenecían, con fines de arriendo, a instituciones en decadencia en el siglo XVIII (los mayorazgos, incluso los *propios* de la municipalidad), o que se volvieron hacia otras especulaciones (como hicieron los conventos). La difusión de los comercios los vuelve relativamente accesibles para la venta: ¿son de alguna forma menospreciados? Recordemos ese "cuartito redondo", con una puerta a la calle y localizado al lado de una *botica*: podía convertirse en un punto de venta modesto, pero no sin interés. Más aún estando unida a la casa del nuevo propietario.[41]

Existe la posibilidad (además muy probable) de que habiéndose reducido las cantidades invertidas en arrendamientos, éstas se refirieran a estratos sociales populares, también este tipo de vivienda escapa al tamiz notarial. El uso de fuentes judiciales puede revelar esta presencia de arrendatarios en condiciones de amontonamiento y de difícil convivencia.[42] En nuestra documentación sólo pueden aparecer algunos indicadores de esas situaciones: así los herederos venden una casa (barrio de Jesús María), "con excepción de un cuartito pegado a dicha casa, que éste lo dejó reservado dicho Matías Patiño para que se arrendase, y se hiciese con lo que produjese bien por su alma".[43] Más seguro aún, revelándose una tal permanencia, cuando el arrendatario se vuelve epónimo de la casa en la que vive: "la llaman la casa del bajonero de catedral, por habitarla ese mismo como inquilino".[44]

Dicho esto, y si se pone a un lado la propiedad institucional (principalmente de la Iglesia), a través de nuestra fuente no son raros los casos de multipropiedad de viviendas: en total, para 1725-1726, son diez propietarios que compran (o

XVIII, se empiezan a adaptar viviendas unifamiliares como viviendas comunitarias, por medio de la construcción de cierto número de casas junto a la principal», pueden citarse algunos ejemplos del siglo XVII: en 1630, AIPG, Prot. de Orendain, 1630, fol. 82, o aun 1633, *op. cit.*, 1633, fol. 7v-8, y en 1697, Prot. N. del Castillo, t. 6, vol. 84.. Véase Thomas Calvo, *Guadalajara y su región en el siglo XVII, Población y economía*, Guadalajara, 1992, pp. 25-26 y p. 88.

[41] 21b.
[42] Véase E. López Moreno, *op. cit.*, p. 114.
[43] Prot. M. de Vargas, 1725, t. 2, fol. 185-193.
[44] Prot. M.F. Ortea, t. 2, fol. 487-488.

venden) en tales condiciones, o sea 7.4% de las personas involucradas;[45] para 1799-1800 esto implica únicamente 2.8% de los casos. Son cifras modestas. Si se estima en términos de "parque inmobiliario", dichas multipropiedades cuentan, 1725-1726, un total de 25 viviendas anexas, retenidas por unos u otros, para 67 ventas (y escrituras de censo) y únicamente ocho para 67 actas a final de siglo. Simplifiquemos apoyándonos en este sondeo: ¿En el siglo XVIII, las tres cuartas partes de las viviendas estaban habitadas por sus propietarios, y sólo un cuarto por arrendatarios? ¿Con un claro descenso del arrendamiento en el siglo? Y estas proporciones deben tenerse por estimaciones, en la perspectiva de una "especulación arrendataria", incluso si puede apostarse que Pedro García alquilaba total o parcialmente las siete casas que poseía en los dos extremos de la ciudad.[46] Lo mismo sucedía con las cuatro pertenecientes al presbítero José Antonio Bravo de Gamboa.[47] Pero analizados de cerca, los dos casos nos sitúan en perspectivas contrarias al arrendamiento: García vende una de sus "casitas", para aligerar su deuda, el legatario universal (albacea) del sacerdote dona a varias mujeres sus viviendas. ¿Pero, cuántas compras de una segunda casa, unida a la "principal" no tenían como fin el albergar parientes o el crecer?[48] Al menos en un caso, estas multipropiedades son bienes aún no divididos, habitados por sus propietarios, como el solar hipotecado por tres hermanas, "en que tenemos fabricado cada una casa en que vivir! (de hecho dos casas).[49]

El único contrato de arrendamiento que aparece para fines de siglo nos ubica en otro universo. Se refiere a una casa principal y "dos que a ella se hallan contiguas", muy céntricas (frente a la *cárcel real*), por 320 pesos anuales.[50] Sin embargo, incluso estas elevadas sumas para casas muy respetables por el tamaño, no parecen rentables: en 1800 el cabildo se decide a vender la magnífica casa que pertenecía al deán don Juan de Arriola y Rico por 6 350 pesos. Vemos en documento que el arrendamiento hasta ahí era de 200 pesos anuales (una relación de 3.1% inferior al interés acostumbrado de un censo), y "salían los reparos, costos del recaudador, y otros indispensables" más elevados. Así, también en su escala, este ejemplo tiende a probar que el arrendamiento no es un buen cálculo. ¿Pero, entonces, el mercado de la venta es fluido, el acceso a la propiedad suficientemente fácil para que los arrendatarios potenciales (la masa de la población, excluyendo a los indígenas) dieran la espalda al arrendamiento? ¿Es posible, es deseable convertirse en propietario en el cuadro urbano de Guadalajara en el siglo XVIII?

Hemos determinado que cerca de dos tercios de la población de Guadalajara

---

[45] Esto se refiere únicamente a las actas de las casas y al conjunto vendedor-comprador.
[46] Barrio de Santo Domingo y de Mexicalzingo, Prot. M. de Mena, 1726, t. 14, fol. 40v-43.
[47] Prot. J.T. de Sandi, 1799, t. 4, fol. 141v-144v.
[48] Juan de Medina compra «un pedazo de solar», con algunas construcciones, «paredes en medio con una casa» que le pertenece, Prot. J. García Argomaniz, 1726, t. 24, fol. 433 a 435v.
[49] Prot. M. de Vargas, t. 2, fol. 251-254.
[50] Prot. J.T. de Sandi, t. V, fol. 102v-103.

a finales del siglo XVII era pobre (incluso indigente en 20%).⁵¹ En el siglo XVIII la ciudad duplicaría (al menos), su población, y en el siglo XIX sus *léperos* se volverían célebres... Indudablemente una evolución tal no aboga por el acceso de todos a una plena propiedad del suelo (ni tampoco a un alquiler sin problemas). Tampoco permite prever soluciones lógicas al estilo "occidental" (división más o menos equilibrada entre propiedad y simple arrendamiento). Nuestro reto consiste en descubrir soluciones quizás torcidas, originales, a través de una fuente muy clásica, incluso "burguesa", las ventas de bienes inmobiliarios. Razón de más para estar atentos a todo lo que pueden ser desviaciones, una "malversación" de los procedimientos (por ejemplo, regularizaciones tardías de situaciones de hecho).

Fuera de la herencia, analizada posteriormente y más ligada a fenómenos de estabilidad (familiar) que de adquisición, la posibilidad de acceso al suelo, forma primaria de constitución de un bien inmueble ("para fabricar casa"), puede revestir diversas formas: donativo, ocupación irregular y compra. Tratándose del acceso por el medio del censo, el valor de un simple solar era generalmente muy débil para implicar dicho procedimiento: en todo caso no se pone de relieve ningún ejemplo claro en nuestra documentación.⁵² Los donativos son de dos formas: privado y municipal. Según el primer caso, en 1725 un mercader, don Agustín de Gochi, donó "un cuarto de solar de cuadra entera" a los carmelitas descalzos:⁵³ tenemos ahí el origen del Convento del Carmen. Pero estas actas son raras, únicamente dos (frente a unas sesenta actas de venta) dieron lugar a una escritura notarial. Con frecuencia, dichas donaciones se hacían en un marco familiar, por partición o formación de lotes de la parcela paterna, escapando directamente a nuestra mirada.

En cuando a las *mercedes* otorgadas por la municipalidad, a partir de los *propios*, nuestros testimonios son indirectos: revendiendo en 1725 un pedazo de solar, Joseph de Reinaga afirma haberlo recibido "por merced que le hizo el cabildo" en 1723.⁵⁴ Sin embargo, aquí la fuente está demasiado fragmentada como para que se puedan sacar conclusiones claras: ¿cuál fue la política de la municipalidad (sus prácticas y favoritismos)? ¿Tiene realmente peso en el mercado del suelo por una política liberal? ¿Se servía de ella para orientar la expansión, según ciertas normas? Amerita hacerse el estudio partiendo de otras fuentes.⁵⁵ A pesar de todo, no se puede seguir la huella de dicho favoritismo en la venta de un solar (30 × 40 varas) del regidor don Miguel de Torres y Daza: "lo heredó en mayor número de va-

---

[51] Véase Th. Calvo, *Poder, religión y sociedad en la Guadalajara del siglo XVII*, Guadalajara, 1992, pp. 249-254.

[52] Cuando se impone un impuesto a un solar, según nuestros sondeos, hay siempre una construcción aunque sea modesta.

[53] Prot. M. de Mena, 1725, t. 14, fol. 92v-94v.

[54] Prot. M. de Mena, t. 14, fol. 51v-53v.

[55] La privatización del suelo municipal, con todos sus problemas y sobretodo un fenómeno del siglo XIX, bien analizado por E. López Moreno, *op. cit.*, pp. 135 y siguientes.

ras, por parte de su abuelo[…] quien lo adquirió por merced que le hizo el cabildo, justicia y regimiento".[56]

La ocupación irregular del suelo sólo podía dejar escasas huellas en nuestra documentación: es sobre todo un asunto de justicia, cuando un propietario se declara legal. ¿Puede pensarse que dichas prácticas se referían sobre todo a los *baldíos* y otros terrenos sin real atribución? ¿Puede calcularse aproximadamente que la importancia de las casas vacías, más o menos abandonadas (volveremos a ello), favorecían al mismo tiempo el laxismo y la inestabilidad de dicha ocupación irregular? En todo caso, los registros de escribanos prueban que incluso la propiedad territorial privada no estaba a salvo de tales usurpaciones. Cuando las hijas de Prado venden una casa "y corral con árboles frutales" en el barrio llamado "del mesón de las Ánimas inmediato al río", hacen añadir una nota del escribano que dice "que de una rinconada de la huertita se ha tomado un pedazo Andrés Vizcarra, sin consentimiento de ellas, pero que no quisieron reclamarle para evitar problemas", y que corresponde al comprador reclamar su deuda.[57] Es posible que a lo largo del siglo el riesgo se haya incrementado: el número de solares cercados aumenta considerablemente en relación con el periodo anterior. Algunos exigieron trabajos casi faraónicos, descritos con precisión: en 1799 un solar "cercado de pared de adobe de 2/3 y 3 varas de alto con perímetro de más de 180 varas".[58]

Queda la compra, la forma más difundida al menos en el siglo XVIII en el mercado urbano. ¿Pero está al alcance de todos los bolsillos? (véase el cuadro 5). En el siglo XVIII, en el mercado urbano una fanega de maíz costaba aproximadamente dos pesos: se necesitan entre 20 y 30[59] para procurarse un solar de buenas dimensiones (600 a 800 m^2). E incluso mucho menos, si se toma como base (además más realista) la mediana (entre 16 y 22 fanegas). Dicho de otra forma: para un buen artesano (carpintero, herrero) que puede ganar un peso diario, le bastarán de uno a dos meses para adquirir tal bien. Entonces el suelo urbano sigue siendo de fácil acceso en la Guadalajara del siglo XVIII. Esta tensión es aún sensible en la débil diferencia existente en 1725 y 1726 entre el precio promedio y la mediana: no es posible para el vendedor poner en juego ciertas circunstancias para ejercer presión y rebajar el precio y extender la gama de los extremos. Sin embargo, dicha gama, es más amplia a final de siglo (si nos referimos a la misma diferencia). Entonces, la mayor irregularidad de los precios puede sin embargo tener causas no ligadas a una presión del mercado: el tamaño de los *solares* es más vasto y la presencia de las *cercas* ya evocadas establece una jerarquía más amplia de precios.

A pesar de todo, debe hacerse constar un aumento de los precios, incluso para un terreno estandarizado de mil varas cuadradas: su precio promedio pasaría entre 1725 y 1800 de 48 pesos a 63 pesos. ¿Pero es un simple acompañamiento de la

---

[56] Prot. J.T. de Sandi, 1799, t. 4, fol. 152.
[57] Prot. J.A. Mallén, 1800, t. 6, fol. 188-190.
[58] Prot. J.T. de Sandi, t. 4, fol. 163-164.
[59] Una fanega equivale a 46 kilogramos; es pues entre una y una y media tonelada de maíz.

inflación secular? De hecho, tenemos un primer indicio: contra toda previsión, la superficie promedio de los solares se incrementó, lo que se concibe difícilmente en un periodo de penuria y de enrarecimiento del mercado. ¿Puede incluso considerarse que la evolución de los precios es benéfica para el comprador, que éstos no siguen la misma curva secular? (véase el cuadro 6).

Cuadro 5. Precio de compra de los *solares*

	Precio promedio (pesos)	Precio mediano (pesos)	Superficie promedio (varas cuadradas)
1725-1726*	39	32	813
1799-1800**	68	44	1 078
Conjunto	57	34	965

Fuente: véase el cuadro 1.
* 23 actas de venta.
** 38 actas de venta.

Cuadro 6. Índices de precios de los solares en Guadalajara, y de precios en San Luis de la Paz y México (siglo XVIII)

	Promedio de precio de los solares*	Precio de un solar de 1 000 varas^{2*}	Precio mediano*	Precio agrícola en SLPaz**	Precio del maíz en México***
1725-1726	68	86	84	103	89
1799-1800	119	113	116	186	123

Fuente: véase el cuadro 1; C. Rabell, *Los diezmos de San Luis de la Paz*, México, 1986, p. 237; E. Florescano, *Precios del maíz y crisis agrícolas en México (1708-1810)*, México, 1969, pp. 232-234.
* Base 100 = 1725-1800.
** Base 100 = 1673-1802.
*** Base 100 = 1721-1813.

Hemos dicho que la cifra más realista, la más próxima del grupo de compradores modestos es el precio mediano, porque en todos los casos es inferior, en su evolución, a los dos índices de referencia a pesar de una relativa extensión de la superficie: los *solares* eran baratos en Guadalajara. Y se volvieron cada vez más baratos a lo largo del siglo. Sin duda alguna, debido a que, como veremos, se aceptaba extenderse hacia el exterior.

Pero un *solar*, incluso bajo el clemente cielo de Guadalajara, no es un techo. ¿Se encuentra la misma facilidad de acceso a la propiedad edificada? (véase el cuadro 7).

El promedio aritmético es aún más aleatorio que anteriormente: la distancia entre una casa modesta del barrio (y pueblo) de Analco, valiendo 35 pesos, constituida "de una salita, aposento y patio con el solar que le toca",[60] y cualquier vi-

---
[60] Prot. J. García de Argomaniz, 1725, t. 23, fol. 278v-181.

vienda aristócrata del centro dificulta toda amalgama. Pero eso no es lo esencial: dos comentarios se imponen.

En primer lugar, de cualquier manera y en todo momento la compra de una casa es pesada, rebasa —sin aventurarse a dar demasiadas cifras— los medios financieros de la mayoría de la población, incluso en situación acomodada, salvo a rebajarse a una casucha en la periferia cuyo único valor lo constituye el *solar*, lo que nos remite al caso precedente. Además este peso se refuerza con una segunda circunstancia: las facilidades de crédito (particularmente por los censos eclesiásticos) permitían en el siglo XVII convertirse en propietario a buen precio (con un aporte muy limitado),[61] ahora bien, al menos en este dominio en el siglo XVIII, si no se puede decir como los franceses "el crédito está muerto", al menos está muy enfermo. Entre 1635 y 1698, para una muestra de 84 casas vendidas, el censo (crédito a largo plazo) representaba 60.1% del total del valor (véase el cuadro 8). En 1799 y 1800 censamos 60 casas vendidas, pero aquí el censo no representa más que 14.5% del valor. El periodo de 1725 a 1726 se sitúa en una posición intermedia (48.8%). Veremos que la Iglesia está masivamente desligada del mercado del crédito inmobiliario, bajo su forma tradicional de los censos, a lo largo del siglo XVIII:[62] es necesario que el comprador asuma todo el peso durante más tiempo, sostenido por el vendedor, bajo la forma de un crédito a mediano plazo (generalmente dos años, más raramente cuatro años). La elasticidad del mercado de los inmuebles que subrayamos para el siglo XVII ya no existe un siglo más tarde. Es una de las razones de esta paradoja: en una ciudad en pleno crecimiento demográfico, de 4 488 casas contabilizadas en el padrón de 1791, están vacías 981.[63]

Cuadro 7. Pago y valor unitario de las casas a la compra (en pesos)

	Pago en efectivo	Pago en efectivo + crédito del vendedor	Valor total (incluyendo el censo)
1725-1726*	Promedio 309	Promedio 321	Promedio 628
	Mediana 225	Mediana 240	Mediana 300
1799-1800**	Promedio 709	Promedio 843	Promedio 986
	Mediana 450	Mediana 400	Mediana 450

Fuente: véase el cuadro 1.
* 49 actas de venta.
** 60 actas de venta.

Ya conocemos otra explicación a esta paradoja: como el valor del dinero "en efectivo" a desembolsar es cada día más prohibitivo, y como el precio de los solares permanece muy accesible, más vale construir que comprar "viejo". Es el cálcu-

---

[61] Th. Calvo, *Guadalajara y su regió^n en el siglo XVII, población y economía*, Guadalajara, 1992, p. 324.
[62] De hecho, su desprendimiento comienza a finales del siglo XVII, véase Th. Calvo, *op. cit.*, p. 333.
[63] C. Castañeda, *Vivir en Guadalajara. La ciudad y sus funciones*, Guadalajara, 1992, p. 48.

lo que Francisco Xavier Camarena (ya referido) hace rápidamente. En una fecha anterior a 1725 compra, sin pasar por el notario, un solar (46 × 37 varas), en el barrio entonces en expansión de la Parroquia del Pilar (sudoeste de la ciudad), por la módica cantidad de 20 pesos. Se lanza entonces en una operación de formación de lotes: construye 4 "casas pequeñas" en el terreno (véase nuestra reconstrucción). Para lograrlo, la operación de construcción está revestida por otra operación financiera: obtiene a censo 325 pesos de una capellanía, 403 pesos de una tutela (las cuatro casas más la que él habita servirán además de garantía). En 1725 vende por 1 150 pesos tres de las viviendas (y regulariza la compra informal del terreno).[64] Innegablemente, aquí el crédito eclesiástico aún mantiene su lugar pero aparece reducido, siendo el elemento motor la gran facilidad ofrecida para un acceso al terreno casi sin presión. No olvidemos también la esperanza, sin decepción, de una operación económicamente muy benéfica.

Cuadro 8. Venta de casas y formas de crédito (en pesos)

	Número de ventas	*Pago en efectivo*	*Crédito de vendedor*	Censo	*Valor total*
1635-1698	84	37 156		56 184	93 340
1725-1726	49	15 184	550	15 046	30 780
1799-1800	60	42 541	8 079	8 593	59 213
1725-1800	109	57 725	8 629	23 639	89 993

Fuente: Th. Calvo, *Guadalajara y su región...*, p. 324; cuadro 1.

No todas las transacciones se conocen con el mismo lujo de detalles, pero está claro que muchas siguen el mismo camino, con fines tanto personales como especulativos. A veces lo podemos notar a partir de los linderos: así, en 1725 se vende una casa (barrio de Santo Domingo), medianera de otra "que está labrando don Juan Fernández...".[65] A veces se tiene el sentimiento de que la iniciativa dio un giro apenas empezada: en 1725, se vende también por 150 pesos "un pedazo de solar, una sala por techar y cocina fabricada".[66] Otras veces, muy modesta, la operación es un éxito a pesar de todo: una pareja compra un solar en 1721, lo dona en 1726, mientras tanto construyó un "aposentillo" y un "patiecito".[67] Entre 1797 y 1799 el administrador de las alcabalas compra tres solares a indígenas de Mexicalzingo, los vende en mayo de 1800, pero mientras, construye una casa de 4 "piezas techadas y las demás al descubierto".[68]

Esta propensión a "ir labrando", a compactar (urbanizar) progresivamente el espacio es un rasgo importante. Retenemos sin sorpresa que alcanza a todos los es-

[64] Prot. M.N. de Mena, 1725, t. 2, fol. 116-120.
[65] Prot. J. García de Argomaniz, t. 23, fol. 133-135.
[66] Prot. J. García de Argomaniz, t. 23, fol. 433-435v.
[67] Prot. M. de Mena, t. 14, fol. 139-142.
[68] Prot. J.T. de Sandi, t. 5, fol. 149-150.

tratos, incluso a los más modestos, como lo demuestran algunos ejemplos precedentes. Puede incluso adelantarse la hipótesis según la cual esta actitud es primeramente característica de los menos favorecidos, que encuentran el medio de invertir su propia fuerza de trabajo (y de tiempo), a falta de capital... Como es evidente, esto da un aspecto inconcluso, de perpetuo sismo (o cantera, como se quiera), unido a la ciudad, particularmente en los suburbios. Dos testimonios: en 1725, cerca del convento de Santa Mónica, existía una edificación "muy arruinada y casi en solar": en 1800 se vende un solar en el barrio de Mexicalzingo que tuvo un tiempo una casa "de zacate" que después se había quemado.[69]

SOCIOLOGÍA Y (OTRAS) ESTRATEGIAS

Mediante el estudio de los paisajes, de algunas estrategias de acceso al suelo y a la edificación, nos aproximamos insensiblemente a un estudio sociológico de los propietarios de los inmuebles urbanos. ¿Puede hacerse mucho más, particularmente conducir un estudio fino, según criterios socioeconómicos o étnicos? Difícilmente: nuestros datos siguen siendo fragmentarios, divididos entre ventas, donativos y censos sobre solares y casas. Se corre el riesgo de alcanzar lo aleatorio. En primer lugar, algunos grupos (de la elite) como los clérigos, están bastante bien circunscritos. Pero saber que hemos tomado en nuestras redes a un *oidor*, algunos *mercaderes*, algunos abogados o funcionarios, no permite dibujar más que la parte aparente del iceberg.

Sin indígenas (salvo cuando venden solares en Mexicalzingo), sin mestizos, nos acercamos *in extremis* a una esclava a quien su amo le lega una casa...[70] Pero sabemos, según el padrón de 1791, que había 1 419 casas ocupadas por mulatos.[71] ¿No tenían que hacer un acta notarial? Cierto número pasó por nuestra muestra sin poder identificarlos. En el siglo XVIII la referencia étnica se convierte cada vez más en un arcaísmo que únicamente los encargados del padrón, el Estado colonial (y algunos obsesionados con la taxonomía) cultivan aún con dilección. De cierta forma, el otro marcador social, eficaz hasta el siglo XVII, el "don", signo de respeto, pierde también su carácter afiliado: tal como no se beneficiaban con las actas de venta anteriores, los recibía cuando trataba con un miembro auténtico de la elite.[72] ¿Es indispensable un estudio tal, con sus sofisticaciones? Nos mostraría que los ricos intercambiaban entre ellos bellas casas, que los otros se dividían el resto...

Aceptemos limitarnos a las cinco grandes categorías que rodean los cuadros

[69] Prot. J.T. de Sandi, t. 5, fol. 126v-127.
[70] Prot. J.T. de Sandi, 1799, t. 4, fol. 144.
[71] C. Castañeda, *ibid.*.
[72] Es el caso de Tranquilino del Muro, véase Prot. de J.T. de Sandi, t. 4, fol. 51 y t. 5, fol. 146-147 y Prot. de J.A. Mallén, t. 6, fol. 116-117.

9 a 11. Son indiscutibles. ¿No sorprenden los resultados? Sí, si explicamos un poco: las familias corresponden la mayor parte del tiempo a herederos que intentan salir de una situación de indivisión. Es pues del todo normal percibirlos principalmente en posición de vendedores. En cuanto a la Iglesia, ésta no tiene vocación para construir (o administrar) para el mercado público, también está prácticamente ausente de la circulación de los *solares*, y se deshace fácilmente de la propiedad de casas (véase los cuadros 10 y 11), lo que impide encontrarla por medio del censo...

Cuadro 9. Propiedad en linderos de los solares vendidos

	Hombre	Mujer	Familia	Eclesiástico	Iglesia	Total
1725-1726	34	27	15	2	3	81
1799-1800	46	13	8	2	7	76
Total	80	40	23	4	10	157

Fuente: véase el cuadro 1.

Cuadro 10. Transacciones sobre los solares

A. Vendedores y donadores

	Hombre	Mujer	Familia	Eclesiástico	Iglesia	Total
1725-1726	12	9	4	1		26
1799-1800	23	9	4	1		38
Total	35	18	8	2		64

B. Compradores y beneficiarios

	Hombre	Mujer	Familia	Eclesiástico	Iglesia	Total
1725-1726	11	13		1	1	26
1799-1800	32	5		1		38
Total	43	18		2	1	64

Fuente: véase el cuadro 1.

¿Qué más pedirle al cuadro 9? Reúne la información que nos aporta la mirada circular del notario en el momento de la venta de los solares. Es más amplio que el concentrado sobre los únicos bienes vendidos. ¿Por qué limitarse aquí únicamente a los solares? Dijimos que es ahí donde las estrategias son más claras (se compra para construir, para ampliar una propiedad...), donde la evolución (y primero de los aires y de los paisajes) es la más clara. De ahí la muy sensible diferencia notada entre los dos sondeos: hacia 1800, en los confines de la ciudad, la apropiación de un *solar*, la perspectiva de una operación de construcción, es en primer lugar un asunto de hombres. Por el contrario, la presencia de la Iglesia se refuerza. Es necesario volver a la característica urbanística de las ciudades coloniales, rodeadas de conventos: es esta zona de *tapias*, de vergeles conventuales, de hospitales y otros edificios religiosos periféricos que alcanzan, y después, hacia 1800, rebasan, el "frente pionero urbano".

Cuadro 11. Transacciones sobre las casas

A. Vendedores y donadores

	Hombre	Mujer	Familia	Eclesiástico	Iglesia	Total
1725-1726	13	16	13	7	8	57
1799-1800	26	19	8	11	3	67
Total	39	35	21	18	11	124

B. Compradores y beneficiarios

	Hombre	Mujer	Familia	Eclesiástico	Iglesia	Total
1725-1726	23	22	2	9	1	57
1799-1800	33	19	4	10	1	67
Total	56	41	6	19	2	124

Fuente: véase el cuadro 1.

Innegablemente, los cuadros 10 y 11 aportan confirmaciones. El poco interés de las mujeres en materia de solares, sobre todo en 1799 y 1800, es un hecho establecido: en ese momento no conforman más que 13% de los compradores (pero sí 28% para las casas). ¡Tratándose de los hombres laicos, es 84 y 49% respectivamente! Claro está que encontraremos excepciones, como esta mujer (casada) que en 1794 compra un solar extramuros y revende una parte para poder edificar una casa (que cede a buen precio en 1799).[73] O aun, doña Antonia Vidal, mujer de iniciativa que hace construir una casa comprando otra adyacente por mil pesos.[74]

Porque las mujeres heredan, porque una vez viudas se encuentran a la cabeza de un patrimonio, porque se sienten sin embargo más cómodas en materia de posesión de inmuebles (33% de los compradores frente a 45% para sus homólogos masculinos). Pero podría ponerse en duda este resultado oponiéndolo al valor de los bienes según uno y otro sexos: es verdad que es menor tratándose de las mujeres. Las casas que ellas compran valen 635 pesos en promedio, frente a 922 para los hombres. Pero a lo largo del siglo se opera un reajuste: la diferencia es del doble en 1725 y 1726 (398 pesos frente a 817), 16% más a final de siglo (844 frente a 1 003). ¿Desinteresándose de la construcción y de su suerte sobre los márgenes, las mujeres consolidan su posición en el centro? Es posible, pero en esta zona deben compartir con la Iglesia (la institución y los individuos).

Vayamos hasta la caricatura: hacia 1800 los hombres dominan el mundo de

[73] Prot. J.T. de Sandi, 1799, t. 4, fol. 107v-108v.
[74] Prot. A. Morelos, 1725, t. 6, fol. 27-29.

la formación de lotes, de la construcción sobre los márgenes, pero en el centro, donde la perspectiva es más rentable, la posición de la Iglesia y de las mujeres está mejor establecida. No necesariamente más confortable: repetimos que el crecimiento periférico conduce a una agravación de la plaga bien conocida en las ciudades, la de la devaluación y del rápido deterioro del parque inmobiliario. Tomemos un ejemplo vívido en nuestra documentación que se relaciona con una casa respetable, frente al convento de San Francisco (tiene 15 piezas). A pesar de los deseos del convento, ésta se vuelve de su propiedad hacia 1725 ya que detenta un censo de 2 800 pesos sobre la propiedad (estimada entonces en 4 200).[75] A los franciscanos les estorba este bien y lo ceden por 3 000 pesos a dos hermanos, que no hicieron más que reconocer los censos depositados. En la operación, San Francisco pierde ya 800 pesos (su censo es efectivamente fijado en 2 000 pesos). Consecuentemente, los hermanos se ven ante la imposibilidad de honrar sus compromisos, "las dichas casas han venido a casi total deterioro, por hallarse como de ellas se hallan algunos cuartos destechados y todos ellos sin puertas, ventanas ni suelos". Es urgente encontrar otro comprador: esta vez por 2 000 pesos. A la luz de esta experiencia, que no es la única, se entiende la creciente reticencia a lo largo del siglo, frente a la inversión inmobiliaria, en los medios clericales y de los cuales nuestros datos se hacen eco (véase principalmente los cuadros 8 y 11).

Estas casas abandonadas a veces, "casi en solar", pesan indudablemente en el mercado urbano, sin embargo, hay que permanecer prudentes: vimos que éstas no ocasionaron un desplome de los precios (véase el cuadro 7). A pesar de todo, hay una disminución en relación con el siglo XVII.[76] Inversamente, en un mercado quizás lánguido, se tiende a conservar cada vez más y por mayor tiempo el bien. En 1725 y 1726, 32% de los vendedores había adquirido su casa por herencia, en 1799 y 1800 era 38%. Más claramente significativo: en el primer cuarto de siglo, un comprador conserva su inmueble antes de venderlo un promedio de 5.7 años (con una mediana de 1.8 años), frente a 1800, el promedio es de 8.2 años (y una mediana de 5.6 años).[77] Desde luego, sin tratarse de mayorazgos, algunas casas podían permanecer por generaciones en la misma familia hasta por setenta años según la fuente,[78] en promedio 31.1 años según los cálculos realizados.[79]

Esta permanencia permite establecer y realizar verdaderas estrategias destinadas a constituir macromoléculas familiares. Algunas son modestas —pero son el principio, como cuando en 1726 una viuda, cargada de niños (seis), dona a su hija mayor "un pedazo de solar para que construya en el corral [de su propia casa]

---

[75] Hay otros impuestos, de atrasos de crédito a favor principalmente de Santa María de García, Prot. J. García de Argomaniz, 1726, t. 24, fol. 520-527.

[76] 1 111 pesos en promedio, frente a 825 pesos en el siglo XVIII (véase cuadro).

[77] Estadísticas sobre los vendedores de casas de los cuales se sabe que las compraron anteriormente: 22 casos conocidos en 1725 y 1726 y 21 en 1799 y 1800.

[78] Ficha 70a.

[79] Para los dos periodos, este promedio se refiere a 18 casos observados.

una casa contigua". ¿Repetirá la operación con sus otros hijos hasta constituir una verdadera colonia?.[80] Todas estas operaciones no sólo tienen pensamientos solidarios: en una cohabitación a veces difícil, otorgar una vivienda autónoma y próxima, puede ser una solución elegante. Como cuando una pareja dona a la madre (y suegra) un "aposentito en dicha casa (y) un patiecito".[81]

La familia Portillo Gallo posee más medios y mayores perspectivas. En 1725 don Gil Portillo Gallo compra una casa en el centro ("a la vuelta de la principal de San Francisco").[82] Analizando los *linderos*, se descubre que posee ya dos casas que son medianeras de la nueva (heredadas de su padre), y que un simple muro la separa de la de su hermana (sin duda tan heredera como él mismo), y donde parece vivir. Una vez la transición terminada, nos encontramos frente a un bloque (¿reconstruido?) de cuatro viviendas pertenecientes a tres hermanos. Nótese que el hermano y la hermana no habitan (al menos por el momento) más que una. Nos encontramos aquí en presencia de aristócratas que poseen los medios para una estrategia espacial coherente, aglutinante. Se encuentra la misma preocupación en familias más populares. ¿Qué mejor garantía que ofrecer un techo común a un grupo de familias frágil (femenino) para unirlo y asegurarle estabilidad? Es el cálculo de Francisco Nuño, quien compra a sus tres hijas una casa (modesta, no vale más que 330 pesos), con el dinero de la herencia materna, y la expresa voluntad de la madre difunta.[83]

Pero frente a esta solidaridad, esta preocupación de atarse a lo edificado, queda el futuro de la fortuna, las exigencias implacables del derecho de sucesión. ¿Las familias numerosas son la tumba de las viviendas, incluso grandes? La propuesta es seductora pero demasiado simplista: no tiene en cuenta las astucias de la realidad. Así, uno de los herederos podía reconstituir para su provecho un "derecho de exclusividad" que la ley no le reconocía comprando simplemente las partes de sus hermanos: fue lo que hizo en 1725 doña Micaela Sánchez Bañales frente a sus tres parientes.[84] No obstante, la sucesión es la mayoría de las veces un despedazamiento, incluso una operación de formación de lotes: tres hermanas que heredan un solar, aun de tamaño modesto (12 × 5 varas) lo dividen, "en que tenemos fabricado cada una casa que vivir".[85]

Es necesario exponer otra propuesta del todo verificada: los gastos de entierro (de funeral) son frecuentemente la sepultura de las casas modestas. Así, la familia Sánchez Bañales tiene una necesidad urgente de dinero fresco para pagar los gastos de sepultura materna —costaron 351 pesos—, así que los 500 pesos que reci-

---

[80] Prot. M.N. de Mena, t. 2, fol. 12-14.
[81] Prot. M. de Mena, 1726, t. 14, fol. 139-142.
[82] AIPG, Prot. J. García de Argomaniz, t. 23, fol. 22v-26.
[83] Prot. J. García de Argomaniz, t. 23, fol. 275-277 y 456-457v.
[84] Prot. J. García de Argomaniz, t. 23, fol. 275-277. Otro ejemplo, Prot. M.N. de Mena, 1725, t. 2, fol. 128.
[85] Prot. M. de Vargas, 1725-1726, t. 2, fol. 251-254.

birán de doña Micaela (descontados los 200 que corresponden a una hipoteca), serán bienvenidos. Podrían multiplicarse los ejemplos para buena cuenta.

ENTRE ZAGUÁN Y CORRAL: LA VIDA PRIVADA DE LOS TAPATÍOS

Las estrategias pueden a veces responder a lógicas muy diferentes: dan seguridad cuando se trata de acercar a los diversos miembros de una familia, de redondear una propiedad, son especulativas cuando se trata de vender con beneficio un bien al que se ha dado forma. No podemos profundizar más de lo que la fuente nos permite, es decir, de manera muy vaga.

Se tendrá la misma frustración si se desea limitarse a describir la vida privada de los tapatíos únicamente a partir de las descripciones, la mayoría de las veces elípticas, de las casas. Sin embargo, no puede evitarse. Además, la documentación ya nos ha enseñado que existe —a través de la duración, a través de la solidaridad, la protección esperada— una real atadura a la vivienda, sobre todo cuando con el tiempo se convierte en la "casa familiar".

Empero, no puede olvidarse la dimensión profesional. De un total de 103 descripciones confiables de casas (1725-1726 y 1799-1800), se nota la presencia de 18 *tiendas* (de las cuales dos para el mismo inmueble): casi una para cinco edificios. Guadalajara es una ciudad terciaria, donde consumo y redistribución fueron siempre importantes.[86] El atractivo por las tiendas es real. Se transforma incluso una antigua vivienda en local comercial, en el lugar de una "sala (y) cuarto dormitorio".[87] Pueden establecerse matices que van del simple *tendajón*,[88] arrinconado en la extremidad de una casa, a la auténtica tienda, flanqueada por sus dependencias. De 18 locales, seis disponen de una *trastienda* (o *tapancito*, en el interior), pero todavía hay que agregar dos, una *salita* (o *aposento*) pudiendo servir como bodega: al menos un comercio sobre dos es digno de dicho nombre. En cuanto a la localización, depende de una doble lógica: los viejos barrios del centro (cuarteles I y II) están bien provistos, pero es sobre todo en el oeste donde el crecimiento es mayor (cuarteles VII y VIII), y su presencia es más marcada a través de nuestra fuente.

En su conjunto, la casa colonial es bien conocida y nuestra muestra no falta a la norma. Un *zaguán* filtra polvo, visitantes y miradas exteriores. Después, una sala sirve de espacio semipúblico, de lugar de recepción y de vida común; después los cuartos (aposentos y otras recámaras) se disponen alrededor del patio, aseguran la intimidad. Más allá, el corral, con la cocina, sirve de repliegue para un cierto número de funciones utilitarias: en casa de los más ricos, se encuentran también caballerizas y el pajar, a veces los pozos.[89]

[86] Véase Th. Calvo, *Guadalajara y su región*, capítulos X y XII.
[87] Prot. M. de Mena, 1726, t. 14, fol. 30v-32v.
[88] Prot. M.F. Ortea, 1800, t. 2, fol. 487-488.
[89] Siete casas de 103 poseen uno.

¿Cuáles son las variantes y sus implicaciones a partir del modelo? Poseer *altos*, como en el caso de la casa del *deán*, ya presentada, sigue siendo todavía una circunstancia rara, como en todos lados en el universo urbano mexicano. Apenas 6% de los casos, según nuestra muestra, y la mayor parte del tiempo estas partes altas tenían una superficie y una función modesta (tapanco, pajar). Aun ahí, el caso de la casa del *deán*, con un *oratorio* en el piso alto, es único. Así, el crecimiento de vida privada que habría podido aportar el piso está ausente en este universo: esta parte del edificio está rara vez presente, pero aún no se sabe utilizarla con buen propósito.

¿Puede medirse, a pesar de todo, el espacio privado en esta centena de casas? Tomemos un primer criterio, el *zaguán*, cuya presencia es signo de posición acomodada, pero que constituye también una parte detrás de la cual puede replegarse la familia. Dicho vestíbulo aparece en 57% de las casas, lo que asegura a la vez una cierta calidad de las casas y de la vida privada que en ellas se desarrolla. En el interior de las casas, el patio permitía cierta distribución y separación de las piezas comunes y privadas: está aún más presente (79% de los casos). Es una justificación, a posteriori, del precio elevado de estas construcciones durante este periodo, pero también la garantía, en buena medida, de una división del espacio, y del acceso a una cierta vida privada.

A esta realidad, objetiva, es necesario añadir otra, subjetiva: ¿sabe el contemporáneo reconocer (y nombrar) los espacios reservados a las funciones privadas? El aposento, con atributos imprecisos, domina ampliamente, 72 casas fueron descritas en detalle, y con dos piezas teniendo un destino que no puede suponerse privado. Entre ellas, cerca de la mitad tienen *aposentos* (45%), 37% *cuartos* (la especificación se afina), un tercio (32%) *recámaras*, donde el grado de intimidad es mejor enunciado. El término *dormitorio* es aquel que implica la más fuerte conciencia de la especificidad de este espacio privado, pero no interviene más que en 7% de las descripciones.[90] En gran medida aún debe aprenderse, la vida privada, así como la higiene: solamente dos casas hacen mención a los lugares de aseo (lugares, baños).

---

[90] Pueden encontrarse muchos de estos términos en la misma descripción, los porcentajes no son acumulativos.

FAMILIAS Y VIVIENDAS
EN LA CAPITAL DEL VIRREINATO

Pilar Gonzalbo Aizpuru
Centro de Estudios Históricos,
El Colegio de México

La vida urbana en el México colonial se caracterizó por su dinamismo y variedad; la capital del virreinato reunió, más que cualquier otra ciudad, una abigarrada población de diferentes orígenes y procedencias, una intensa actividad comercial y artesanal, y una vida cultural propiciada por la existencia de escuelas, colegios, imprentas, librerías y la Real Universidad. Al finalizar el siglo XVIII se habían consolidado las formas de convivencia propias de cada grupo social, que se reflejaban en las actividades cotidianas y en la disponibilidad de los espacios domésticos.[1] Aunque incompleto, el padrón de la parroquia del Sagrario del año 1777 proporciona una imagen muy detallada de la vida en el corazón del virreinato. No se trata de un registro de administración de sacramentos y tampoco de un recuento de tributarios o de individuos hábiles para el ejército, de modo que aunque siempre suponemos que pudo haber errores, omisiones y voluntario ocultamiento de datos, la información que proporciona parece ser bastante confiable.

A fines de 1776 se recibió en la Nueva España la real orden que demandaba a los obispos de cada diócesis el levantamiento del padrón de sus feligreses. El visi-

---

[1] Algunos trabajos importantes relacionados con el tema: Silvia Marina Arrom, *Las mujeres en la ciudad de México, 1790-1857*, México, Fondo de Cultura Económica, 1988; Eduardo Báez Macías, "Planos y censos de la ciudad de México en: 1753", en *Boletín del Archivo General de la Nación*, vol. VII:1-2, 1966, pp. 408-484; David Brading, "Los españoles en México hacia 1792", en: *Historia Mexicana*, vol. XXIII:1, núm. 89, julio-septiembre 1973, pp.126-144; Pedro de Estala, *El viajero universal. La Nueva España al finalizar el siglo XVIII*, México, Bibliófilos Mexicanos, 1959; Pilar Gonzalbo Aizpuru, *Familia y orden colonial*, México, El Colegio de México, 1998; Ignacio González Polo, "La ciudad de México a fines del siglo XVIII. Disquisiciones sobre un manuscrito anónimo", en: *Historia Mexicana*, vol. XXVI:1, número 101, julio-septiembre 1976; Sonia Lombardo de Ruiz, *Antología de textos sobre la ciudad de México en el periodo de la Ilustración (1788-1792)*, México, INAH, 1982; de la misma autora, *Atlas histórico de la ciudad de México*, México, INAH; Alejandra Moreno Toscano (coord.), *Ciudad de México. Ensayo de construcción de una historia*, México, INAH, 1978; Josefina Muriel, "La habitación plurifamiliar en la ciudad de México", en: *La ciudad y el campo en la historia de México. Memoria de la VII Reunión de historiadores mexicanos y norteamericanos*, México, UNAM, 1992, pp. 267-282, Hipólito de Villarroel, *Enfermedades políticas que padece la capital desta Nueva España*, México, Bibliófilos Mexicanos, 1937, 517 pp.

tador José Bernardo de Gálvez dio a conocer, con fecha 10 de noviembre, el texto del comunicado:

> Su Magestad el Rey quiere saber con puntualidad y certesa el número de Vasallos y habitantes que tiene en todos sus bastos dominios de América y felipinas, a cuyo fin ha resuelto que todos los Arzobispos y Obispos de Yndias y de dichas Yslas hagan formar exactos padrones, con la devida distinción de clases, estados y castas de todas las personas de ambos sexos, sin excluir los Parbulos.[2]

Nada se mencionaba en cuanto a la ubicación o las características de las viviendas, pero si se esperaban "exactos padrones" quedaba implícito que las personas registradas deberían identificarse por su residencia en determinadas calles y edificios. En 1772, por decisión del arzobispo Francisco Antonio de Lorenzana y Butrón, se había establecido la distribución parroquial territorial, a la vez que se ampliaba el número de parroquias.[3] Hasta esa fecha habían sido cuatro de españoles y seis de indios; a partir de entonces fueron 14, sin distinción étnica en la demarcación, aunque con la pretensión de que se llevasen escrupulosamente los diferentes libros de indios, españoles y castas. La división topográfica de la arquidiócesis facilitaba la realización del conteo demandado por el rey, si bien no fueron precisamente los párrocos, sino funcionarios civiles y militares quienes llevaron a cabo la tarea. Ignoro si llegaron a levantar el padrón en las restantes feligresías; en esta ocasión, voy a referirme al de la parroquia de la Asunción Sagrario, dividida para el efecto en cuatro "ramos". La documentación completa del censo recoge tan sólo la información correspondiente a tres de las cuatro zonas, y tal parece que la faltante (la tercera) nunca se completó.

El número de personas consignadas en los tres ramos del padrón fue 24 260, distribuidas de tal modo que al primer ramo le correspondieron 12 394, al segundo 6 131 y al cuarto y último 5 735. Los datos recopilados por los empadronadores muestran una imagen de las formas de convivencia propias de la vida en el corazón de la capital del virreinato. A partir de estos datos se pueden reconocer las calles de la parroquia, las viviendas y los grupos familiares que las ocupaban.

[2] El texto del documento reproducido en el expediente del padrón del Sagrario, en la colección de micropelículas de la Sociedad Mexicana de Genealogía y Heráldica, Archivo General de la Nación de México (AGNM), rollos 34 y 35.

[3] Algunos mapas parciales de la división propuesta por José Antonio de Alzate y aprobada por Lorenzana se encuentran en el Archivo General de Indias (Méjico n. 247 o 277) "División parroquial". El expediente de inconformidad de algunos párrocos y la decisión real a favor de la división, junto con el plano completo, en el Archivo Diocesano Arzobispal de Toledo, S III. Citados por Luis Sierra Nava-Lasa, *El cardenal Lorenzana y la ilustración*, Madrid, Fundación Universitaria Española, 1975, pp. 136-145. También referencias en: Roberto Moreno de los Arcos, "Los territorios parroquiales de la ciudad arzobispal: 1524-1974", en: *Gaceta Oficial del Arzobispado de México*, México, 7a. época, vol. XXII, septiembre-octubre, 1982, pp. 151-182, p. 169.

UN RECORRIDO POR LAS CALLES DE LA PARROQUIA
(en compañía de los empadronadores)

La labor de levantamiento del censo se encomendó a diferentes personas a quienes se adjudicaron determinadas cuadras o bloques de casas distribuidas en cuatro sectores. A juzgar por un borrador que se conserva integrado a las listas definitivas, no hubo un cuestionario previo, por lo que se desecharon algunos materiales para volver a elaborarlos en distinta forma.[4] Es indudable la actuación de varios empadronadores, que se aprecia en los diferentes criterios en cuanto a la forma de nombrar las viviendas, en cuanto a los datos que deben ser registrados y aun en el formato empleado para el registro. Entre los ramos 1 y 2 no son muy notables las diferencias, pero ya en el 4 tropezamos con variaciones tan importantes como la desaparición de la calidad *castizo* y de la categoría *soltera*.

No conocemos el criterio utilizado para delimitar las zonas a las que llamaron ramos, que por otra parte es un término inusual. La primera dificultad para su identificación estriba en que no coincide el recorrido de los empadronadores con la distribución parroquial vigente, a la que debería haberse ajustado. Porque la zona considerada "territorio" del Sagrario estaba rodeada por vicarías igualmente dependientes de la catedral, pero la delimitación del padrón no coincide con ninguno de ambos criterios: ni la parroquia ampliada con sus vicarías ni la zona de jurisdicción inmediata.[5] Tampoco se identifican ordenadamente las calles que integran cada ramo. En ocasiones hay una clara mención como primer cuadro, segundo o tercero (en el padrón del segundo ramo), y también los nombres de las calles, como de Arzobispado, Moneda o Santa Teresa. Pero inmediatamente, al dar vuelta a cada esquina, empiezan las ambigüedades como: donde está el banco del herrador, atrás de la tocinería o a la izquierda de la velería. También se señalan como referencia las casas del convento de la Concepción o de San Bernardo o de la Encarnación, pero esto dice muy poco en una época en que gran parte de las propiedades urbanas pertenecían a congregaciones religiosas.[6] El desorden en los recorridos y la arbitrariedad en la división no eran novedades, pues con el mismo carácter informal se habían levantado durante décadas los padrones de comulgantes encargados a los párrocos.

---

[4] El borrador del brigadier don Josef Suares, iniciado el 11 de marzo de 1777, no coincide con ninguno de los tres ramos conservados, aunque las referencias de sus calles corresponden parcialmente al ramo 1.

[5] En la lámina 1 se reproduce la parroquia del sagrario con sus vicarías, según el plano elaborado por José Antonio de Alzate, de acuerdo con instrucciones del arzobispo Francisco Antonio de Lorenzana. Sobre él se indican las calles mencionadas en el padrón.

[6] No tengo cifras de propietarios hacia 1777, pero las que se han analizado para 1813, ya en decadencia el poder económico de los conventos, muestran que las corporaciones religiosas eran propietarias del 36.5% de los inmuebles, con un valor equivalente a 47% del total. María Dolores Morales, "Estructura urbana y distribución de la propiedad de la ciudad de México en: 1813", en Alejandra Moreno Toscano (coord.), *ciudad de México. Ensayo de construcción de una historia*, México, INAH, Colección Científica, 1978, pp. 71-96.

Las referencias proporcionadas nos permiten dibujar sobre el plano unas líneas más o menos precisas que abarcan un número variable de cuadras en cada ramo, con 18 el primero, 14 en el segundo y 17 en el cuarto, si bien esta cuenta no es muy rigurosa porque hay cuadras grandes y otras fragmentadas. El borrador que comprende partes de los ramos 1 y 2, y que no se integró al listado final, menciona 19.

El espacio al que se refieren los datos de los empadronadores, en la parte más céntrica y aristocrática de la capital, corresponde a las zonas reproducidas en planos de 1753, 1760 y 1764, en los cuales hay que tener en cuenta la indefinición de los territorios parroquiales, pues coinciden las jurisdicciones de parroquias de indios y españoles, con sus límites entrecruzados[7] (véase el apéndice 1). Los planos de José Antonio de Alzate para la restructuración de las parroquias muestran el mismo espacio que los empadronadores recorrieron[8] y que Juan de Viera describió precisamente en el mismo año.[9]

El primer ramo, un poco más extenso en superficie que los restantes, corresponde a la parte más densamente poblada. Según el trazado resultante de las calles citadas, se aprecia que estaba constituido por el rectángulo central en torno al zócalo, abarcando tres a cuatro cuadras de sur a norte y siete a ocho de oriente a poniente, entre las que quedaba incluido el amplio espacio de la plaza mayor. El segundo ramo ocuparía una superficie más reducida y de forma irregular, trapezoidal, aproximadamente de tres por cuatro a cinco cuadras, precisamente al norte del anterior, bordeando los límites de la contigua parroquia de Santa Catarina en el este, desde el antiguo colegio de la Compañía de Jesús hasta el convento de Santo Domingo al oeste. El cuarto ramo formaba un rectángulo que se extendía de dos a tres cuadras de oriente a poniente, según la superficie ocupada por los edificios y las calles que los atravesaban, y de seis a siete en sentido norte-sur. Habría correspondido al tercer ramo, el que no aparece en el expediente, la sección sur paralela a las dos primeras, que completaría la zona de jurisdicción de la parroquia, limitando con la parroquia antes exclusivamente de indios de San Sebastián.

La mención de las calles es apenas orientadora, puesto que no se repite sistemáticamente cuando las casas se encuentran sobre una misma calle, ni tampoco se advierte el cambio cuando se menciona que se dio la vuelta a la derecha, a la izquierda, al costado o a la espalda de tal o cual convento o tienda.

En los datos del ramo 1 se puede apreciar casi siempre la secuencia en el paso de una calle a otra, lo que ayuda a la identificación. En el segundo ramo se estableció otra

---

[7] El plano de 1753, en el primer intento por dividir la ciudad en cuarteles, fue descrito, con la identificación de sus calles y edificios notables, por Eduardo Báez Macías, "Planos y censos de la ciudad de México, 1753", en: *Boletín del Archivo General de la Nación*, 2a. época, tomo VII, números 1 y 2, 1966, pp.407-484.

[8] AGNM, ramo Padrones, vol. 52, padrón de 1753; la descripción (sin plano) de la parroquia, en ramo Templos y conventos, vol. 8/exp. 4, de 1773. Apéndice 1.

[9] Juan de Viera, *Breve y compendiosa narración de la ciudad de México*, manuscrito del año 1777, en edición facsimilar de la de Gonzalo Obregón, en 1952; México, edición del Instituto Mora, 1992.

rutina, pero también pueden identificarse, con suficiente aproximación, las 12 cuadras en que se distribuyeron los vecinos. Más complejo es el itinerario del ramo 4, que no sigue una ruta definida sino que comienza el recorrido en la parte central y pasa posteriormente de una cuadra situada al norte a otra varias calles hacia el sur y viceversa. Para colmo de desconcierto, al rodear la esquina de la calle de Vergara, entre Coliseo y Factor, en la esquina de San Andrés, se consigna escuetamente: "Casa del Sr. Conde de Santiago con su familia". Puesto que la casa de los condes de Santiago de Calimaya está bien identificada, a no menos de nueve calles de distancia, quizá dentro de los límites del desaparecido ramo 3, esta referencia resulta enigmática.

Otro problema se deriva de la ausencia de algunos edificios que deberían quedar incluidos en uno u otro ramo. En los que tenían colindancia con el desaparecido ramo 3, podemos suponer que se mencionarían en él. Tal es el caso de los conventos de la Merced, Balvanera, Capuchinas y San Bernardo; pero no tiene aparente explicación en el caso de Santa Clara y la Profesa, limítrofes entre los ramos 2 y 4, que no aparecen en ninguno de los dos.

Desde luego hay que advertir que la mención de los conventos sirve solamente como referencia topográfica, puesto que no se censaron en este padrón, lo cual seguramente es una deficiencia del mismo, puesto que la real orden no puntualizaba que se hicieran exenciones en el conteo. Pero es más desconcertante cuando echamos de menos el registro de algunas casas que sin duda quedaban comprendidas en la zona censada. O bien faltan los padrones de las familias de alcurnia o han quedado confundidos entre los datos generales porque al empadronador no le pareció relevante precisar que los jefes de familia de ciertas casas eran el marqués de Aranda (en la calle del Relox), la condesa de Oploca (en Donceles) o el conde de San Bartolomé de Xala (en la calle de Ortega), por citar algunos de los faltantes. Falta igualmente el padrón de la casa de los condes de Heras y Soto, dentro del ramo 2, o las casas de Borda, de los marqueses de Prado Alegre, del mayorazgo de Guerrero de Luna o de los condes de Miravalle, que corresponderían al ramo 1. Por cierto, los empadronadores fácilmente cambiaban marquesados por condados, dejaban incompletos los títulos nobiliarios y no especificaban el parentesco de los miembros de la familia, muy numerosos en las casas de la aristocracia.[10]

Si en el caso de los nobles podemos detectar algunas de estas fallas, no cabe duda de que se producirían con similar o mayor descuido cuando se referían a las familias comunes. Por ello cualquier afirmación relativa a las formas de convivencia familiar, basado en la información de parentesco proporcionada por este pa-

---

[10] Las referencias relativas a los personajes de la nobleza se han podido confrontar con varios textos: en primer lugar el trabajo de Eduardo Báez Macías (citado en nota 1); como importante complemento el de Guillermo S. Fernández de Recas, *Mayorazgos de la Nueva España*, México, Instituto Bibliográfico Mexicano, 1965; además las referencias de cronistas de la ciudad como José María Marroquí, Antonio García Cubas y Gonzalo Obregón; y, con precisiones relativas a algunos de los nobles citados, el estudio de Doris M. Ladd *La nobleza mexicana en la época de la independencia, 1780-1826*, México, FCE, 1984.

drón, carecería de base sólida. En cambio, la información parece confiable cuando se refiere al número de personas, adultos y párvulos que habitan en una misma casa, cuarto o vivienda. Si eran parientes o no y si las uniones de pareja eran legítimas o irregulares, son datos que no aparecen en el documento.

Los conventos y establecimientos públicos daban su nombre a muchas de las calles, ya que no sólo se localizaban por su fachada principal sino también por la parte trasera (o puerta falsa) y las rejas (en costados del edificio). A diferencia de los conventos, en los que sin duda no entraron los empadronadores, los hospitales, cuarteles y cárceles se censaron, dando como resultado la descripción de una población que constituía verdaderas familias (en el cuerpo de inválidos) o familias truncadas en las que la madre se incorporaba al hospital con sus hijos.

CIUDAD DE PALACIOS, DE TEMPLOS... Y DE JACALES

Dentro de los límites de la parroquia del Sagrario se encontraba la mayor parte de los principales edificios religiosos y civiles, desde el real palacio hasta las cárceles y hospitales. Los vecinos de la capital se sentían orgullosos por la abundancia y suntuosidad de sus construcciones religiosas y los viajeros manifestaban similar admiración hacia lo que consideraban una síntesis de la opulencia de los novohispanos y de su devoción y generosidad.[11]

Mencionados, aunque no censados, los conventos incluidos en los tres ramos de la parroquia fueron ocho femeninos y cuatro masculinos. El siguiente listado los incluye, junto con los 17 edificios públicos comprendidos en su respectivo ramo.

Conventos	*Otros edificios públicos*
Ramo 1	*Ramo 1*
Santa Teresa la Antigua	Cementerio
Santa Inés	Palacio arzobispal
Santísima Trinidad	Casa de Moneda
Jesús María	Real Palacio
	Cuarteles
	Hospicio de pobres
	Hospital del Amor de Dios
	Real Universidad
	Colegio de San Ramón
	Diputación

[11] Subrayaron la cantidad de establecimientos religiosos y su riqueza, cronistas como José Antonio de Villaseñor y Sánchez, *Suplemento al Theatro americano (la ciudad de México en 1755)*, editado en México, UNAM, 1980, y viajeros como Francisco de Ajofrín, *Diario del viaje que hizo a la América, en el siglo XVIII el padre fray Francisco de Ajofrín*, 2 vols., México, Instituto Cultural Hispano-mexicano, 1964.

Conventos	Otros edificios públicos
Ramo 2	*Ramo 2*
Santa Catarina	Cárcel de la ciudad
Encarnación	Cárcel del arzobispado
Santo Domingo	Colegio de Cristo
	Inquisición
	Hospital Real
Ramo 4	*Ramo 4*
San Andrés	Casa de los Azulejos
San Lorenzo	Hospital de naturales
Betlemitas	
San Francisco	
Concepción	

Éstas eran las construcciones de mayor prestigio y lucimiento, junto a las cuales, y con frecuencia dentro de sus propios muros, se habían instalado tiendas y talleres. Sabemos que a un costado del palacio de gobierno, sobre la calle de Arzobispado, se habían habilitado 50 tiendas a partir de 1572. Podemos deducir que muchas de ellas seguían abiertas, pero el padrón no menciona todas sino sólo aquellas en las que residía habitualmente alguien y que incluso eran alojamiento de familias completas.

Con casas vacías que no se mencionan, lotes baldíos intercalados, algunas tiendas censadas y otras no, es evidente que el padrón no es un documento idóneo para estudiar las actividades laborales y comerciales desarrolladas en la zona, asunto sobre el que nada mencionaba la real orden; pero sí muestra, en cambio, la peculiar forma de vida generalizada de permanente relación entre el mundo laboral y doméstico. Dada la frecuencia con la que el hogar se instalaba en el lugar de trabajo, o viceversa, lo que sí apreciamos es el tipo de convivencia y el grado de comodidad al que los vecinos de la parroquia podían aspirar.

Muchas imprecisiones se derivan de los diferentes criterios de los empadronadores. Por ejemplo: en dos de los ramos se emplean con bastante regularidad las denominaciones de zaguán, patio, altos y bajos. Tales términos desaparecen en el llamado ramo 4. No es arriesgado advertir que no se trata de que las casas de este ramo ya no tuvieran zaguán (¡!) o carecieran de un segundo piso, sino que el empadronador decidió englobar como cuartos o como viviendas todas aquellas puertas que se abrían directamente sobre el zaguán y las que tenían acceso desde un patio o de las escaleras.

También se aprecia que rara vez, en cualquiera de los casos, se menciona el primer patio, como si su existencia fuera tan obvia que no ameritase información. Que debía existir no tiene duda, ¿por qué, si no, la diferencia entre cuarto en el zaguán y cuarto simplemente? y ¿hacia dónde abrirían las puertas de 18, 24 o 30 cuartos, que aparecen en varias ocasiones? En cambio se señala, en pocos casos, que una vivienda, generalmente miserable (jacal o cuartucho), se encuentra en el segundo patio. Es lógico suponer que las caballerizas, en las que habitaban algunas personas, estaban en patios interiores.

La calidad de las construcciones puede deducirse, al menos por aproximación, de la forma en que se identificaron las viviendas. En algunas escrituras notariales de operaciones de compraventa y en expedientes de donaciones o proyectos de construcción aparecen planos y descripciones de inmuebles comprendidos en las calles del padrón, aunque difícilmente podemos identificar con exactitud a cuál de las viviendas censadas se refieren. Dado que se trata de documentos de la misma época, incluso algunos del mismo año 1777, podemos suponer que los empadronadores aplicarían los mismos criterios al clasificar las viviendas. Las referencias sugieren que las casas principales y vecindades de reciente construcción podían tener la fachada y la base de los muros construidos en piedra, mientras que las paredes interiores, techos y tabiques exteriores a partir de uno o dos metros de altura eran de adobe. No es extraño que se hiciera resaltar esta característica como un mérito de la construcción, en una ciudad en que las frecuentes inundaciones deterioraban en poco tiempo el adobe que estaba en contacto con la humedad. Por la misma razón se apreciaban las casas entresoladas, elevadas algunos palmos del suelo.

Casa grande, casa propia y vivienda principal correspondían a los propietarios más ricos y de mayor prestigio, en cuyo hogar se alojaban los grupos domésticos compuestos por mayor número de personas; estas tres categorías, junto a las sencillas casas unifamiliares, quedan resumidas en el cuadro 1 como construcciones de primera. Se designaban simplemente como viviendas las que disponían de varias piezas en un edificio compartido con otros alojamientos más modestos. Junto con las llamadas viviendas "de altos", entresuelos y zaguanes, las he considerado medias. Las accesorias, en las que alguna vez se advierte que vive un artesano o comerciante, constituían un alojamiento modesto, de una o dos habitaciones (sala y cámara), muy semejante en superficie y ventilación a los cuartos de las vecindades, con la ventaja de disponer de puerta y ventana a la calle, pero con el inconveniente de no tener acceso inmediato a las áreas comunes. Invariablemente, los cuartos estaban abiertos a los patios interiores, en donde se cocinaba, se lavaba y se ocupaba buena parte del día[12] (véase el apéndice 2). Escaleras, pasadizos, pasillos, covachas, cuartuchos y patios interiores podrían describirse como las habitaciones de ínfima categoría, construidas generalmente de adobe y con el inconveniente adicional de la promiscuidad, puesto que cualquiera que fuera el número de personas que compartían la habitación y su parentesco, te-

---

[12] Una visión general de las vecindades de la ciudad se encuentra en Josefina Muriel, "La habitación plurifamiliar en la ciudad de México", en: *La ciudad y el campo en la historia de México. Memoria de la VII Reunión de historiadores mexicanos y norteamericanos*, México, UNAM, 1992, pp. 267-282.

nían que acomodarse en el pequeño espacio disponible. Otros documentos sugieren que la pobreza de los jacales era, en cambio, compatible con cierta mayor amplitud de espacio. Aunque no muy numerosos, los jacales representaban todavía una opción de vivienda en las calles céntricas de la ciudad, ya fuera que ocupasen un lote baldío, como en la calle de Santa Teresa, precisamente a un costado del palacio de gobierno, o ya, lo más frecuente, que se encontrasen en patios interiores de edificios que disponían de viviendas y cuartos en la fachada y primer patio.

Cuadro 1

Tipos de vivienda	Ramo 1	Ramo 2	Ramo 4	Total
1a. categoría Casa grande, propia principal	72 (3%)	49 (4%)	160 (12%)	281 (6%)
2a. categoría Vivienda, entresuelo, altos, zaguán, bajos	750 (32%)	359 (29%)	205 (15%)	1 314 (26%)
3a. categoría Cuartos y accesorias	1 000 (42%)	642 (52%)	902 (66%)	2 544 (51%)
Negocios	278 (12%)	143 (12%)	47 (3%)	468 (10%)
Ínfima categoría Covachas y jacales	274 (11%)	44 (3%)	49 (4%)	367 (7%)
Totales	2 374	1 237	1 363	4 974

Cuando el empadronador registró talleres o tiendas no especificó en qué tipo de alojamiento estaban instalados, pero no parece arriesgado suponer que la totalidad de los que tenían venta o servicio al público, y la mayoría de los talleres, se encontraban en accesorias. Esto significa que, prescindiendo del uso del espacio, la suma de accesorias con negocios daría una cantidad más alta.

La superficie que ocupaban los alojamientos de los empadronados no se menciona nunca, como tampoco el número de piezas que las componían. De las escrituras notariales y de los planos para construcción o remodelación, podemos deducir las características de viviendas, vecindades y casas "principales", que hasta cierto punto pueden generalizarse como pauta de los criterios de comodidad y habitabilidad. Cierta regularidad en la distribución de los terrenos y, sin duda, la fuerte concentración de población en el que se denominó primer ramo, están relacionadas con su ubicación, ya que precisamente se trata de las calles más céntricas y antiguas de la capital, aquellas que se trazaron por orden de Hernán Cortés y según el proyecto de Alonso García Bravo.[13] Aunque finalizando el siglo XVIII apenas quedaban vestigios de las primeras casas que construyeron y habitaron los conquistadores y primeros pobladores españoles, la disposición de los predios se había conservado en transacciones sucesivas; los reformadores lamentaban la pérdida del orden primitivo, que atribuían al "abandono y torpeza" de quienes habían descuidado la "hermosura material y salubridad" de la ciudad, "torciendo o angostando las calles".[14]

Sabemos que los solares adjudicados por el ayuntamiento de la ciudad desde su fundación tuvieron determinadas medidas, con variaciones según los méritos de los solicitantes, la época y la disponibilidad de espacio. Inicialmente se medían los terrenos por varas y pies, hasta que se unificó y simplificó en 1543, al disponer que todos los solares fueran de 150 pies en cuadro ("sin perjuicio de terceros o de la ciudad", lo que disminuyó casi siempre la donación), pero los conquistadores tuvieron derecho a dos solares.[15] Estos terrenos, en el centro de la capital, se convirtieron pronto en parte sustanciosa del patrimonio familiar, con el cual se negociaba, se fragmentaba, se vendía o se alquilaba.[16] Las casas antiguas, que combinaban viviendas, cuartos y accesorias, en construcciones de adobe, tenían entre 14 y 20 varas de frente, con fondo mucho más variable, pero no más del doble de la fachada. En casas señoriales o vecindades se encuentran espacios mucho más amplios, correspondientes a la antigua división. Los solares podían alcanzar hasta 1 500 o 2 000 metros cuadrados, pero no se construyeron viviendas que los ocupasen íntegramente; patios, corrales y cocheras e incluso callejones interiores completaban el aprovechamiento del suelo. Rincones deleitosos en el interior de propiedades privadas se convertirían años después en plazas públicas por decisión del gobierno.[17] Los duques de Monteleone, herederos de Hernán Cortés y propietarios de la plazuela del Volador, debían percibir una renta del ayuntamiento por permitir su uso público. Y

---

[13] Las referencias al trazado original de la capital son abundantes. Habla de ello Motolinía en los *Memoriales* y ha sido precisado por Manuel Toussaint, *Relación de méritos y servicios de Alonso García Bravo, alarife que trazó la ciudad de México*, México, 1956, y Guillermo Porras Muñoz, *El gobierno de la ciudad de México en el siglo XVI*, México, UNAM/IIH, 1982, p. 20.

[14] Manuscrito anónimo del siglo XVIII, citado por Ignacio González Polo, "La ciudad de México a fines del siglo XVIII. Disquisiciones sobre un manuscrito anónimo", en: *Historia Mexicana*, vol. XXVI:1, número 101, julio-septiembre 1970, pp.29-47.

[15] También ha revisado el procedimiento de distribución de solares en los primeros años Ana Rita Valero de García Lascuráin, *Solares y conquistadores. Orígenes de la propiedad en la ciudad de México*, México, INAH, 1991.

[16] El pie, en el antiguo sistema de medidas castellano, equivalía a un tercio de vara, 12 pulgadas, o sea 0.278 metros. En la ordenanza de 1543 se determinaron las condiciones para el otorgamiento: que fuera sin perjuicio de tercero y de las calles reales y del agua, que lo edifique, o al menos lo cerque, dentro de un año, que la fachada a la calle real sea de cal y canto, y que lo habite durante 5 años. La distribución de solares y sus medidas se mencionan en: Porras Muñoz, 1982 (pp. 20-23).

[17] La plazuela de Mixcalco pasó a manos del gobierno el 16 de noviembre de 1836, por escritura de cesión de bienes ante el notario Antonio Pintos, Archivo Histórico de Notarías de la ciudad de México. Las del Volador (del duque de Monteleone) y del Zopilote lo harían en 1837, escrituras de 31 de octubre ante Francisco Miguel Calapiz, y de 16 de diciembre ante Antonio Pintos.

otros nobles, como los condes del Valle de Orizaba y los marqueses de Guardiola, renunciaron gustosamente a los derechos de propiedad sobre las plazuelas situadas frente a sus casas, con lo que eludieron el pago del empedrado que se les exigió.[18]

No sólo las grandes mansiones señoriales de los nobles ocuparon estos amplios terrenos, sino también las vecindades, sobre todo las construidas en el siglo XVIII, ya diseñadas para una numerosa población, con miras al mejor aprovechamiento del espacio. Y no fueron menos espléndidos los terrenos en que construyeron sus casas los criollos acomodados que se establecieron en terrenos menos céntricos, a un costado de la Alameda y junto al paseo de Bucareli.[19]

La mayor parte de los inmuebles de la parroquia del Sagrario y sus proximidades, vendidos durante los años 1776 a 1778, contaban con 11, 14 y hasta 17 varas de frente, siempre con algo más de fondo. En cambio, las construcciones multifamiliares recientes, en calles algo retiradas, abarcaban terrenos de hasta 40 o 50 metros de lado y en ellas se mencionaban viviendas, accesorias y cuartos. También hay referencias de obras de acondicionamiento de grandes casas antiguas subdivididas en numerosas piezas independientes destinadas al alquiler.[20]

Conocemos por los censos de 1788 y 1794 la importante presencia de artesanos en casas y accesorias de los barrios céntricos; y no hay duda de que la situación era semejante unos años antes, en la fecha del padrón de 1777. La concentración en el primero y segundo ramos es notable, pese a que la información de nuestro padrón se refiere solamente a los dueños de los talleres, sin especificar la ocupación de quienes residían en el mismo taller o en otros lugares y que bien podían ser oficiales o aprendices.[21] Al menos fueron numerosas las panaderías, zapaterías, herrerías, tocinerías, carpinterías, sombrererías e imprentas. Y, por tratarse de la parte más distinguida de la ciudad, todas las platerías estaban allí.[22] También había es-

---

[18] El virrey marqués de Croix, en su empeño por hermosear la ciudad mediante un moderno empedrado, se enfrentó al cabildo de la ciudad, que no le proporcionó los recursos para el elevado gasto previsto. En vista de ello determinó cargar los costos a los propietarios de los inmuebles aledaños. Esteban Sánchez de Tagle, *Los dueños de la calle. Una historia de la vía pública en la época colonial*, México, INAH/Departamento del Distrito Federal, 1997, p. 133. Se basa en documentos del ramo Empedrados del Archivo Histórico de la ciudad de México.

[19] La vara equivalía a 0.835 m aproximadamente, de modo que las 18 167 varas cuadradas que se atribuyen a la casa del arquitecto Ignacio Castera, en la actual calle Independencia, esquina con Luis Moya, equivaldrían a 15 169 metros cuadrados.

[20] Escrituras notariales de compraventa de inmuebles en el Archivo Histórico de Notarías de la ciudad de México.

[21] Muchos artesanos trabajaban como rinconeros, de modo que frente al total de artesanos, 12 019, había, en 1788, 6 731 agremiados (56%) y 5 288 rinconeros (44%); Sonia Pérez Toledo, *Los hijos del trabajo. Los artesanos de la ciudad de México, 1780-1853*, México, El Colegio de México/UAM Iztapalapa, 1996, pp. 73 y 229. El censo de 1794 registró 6 731 artesanos y el de 1811 aproximadamente 12 000. Es probable que se deba al registro de los rinconeros, que no se registraron en 1794; Jorge González Angulo, *Artesanado y ciudad a finales del siglo XVIII*, México, SEP/FCE, 1983, p. 18.

[22] Jorge González Angulo, *Artesanado y ciudad a finales del siglo XVIII*, México, SEP/80-FCE, 1983, p. 18.

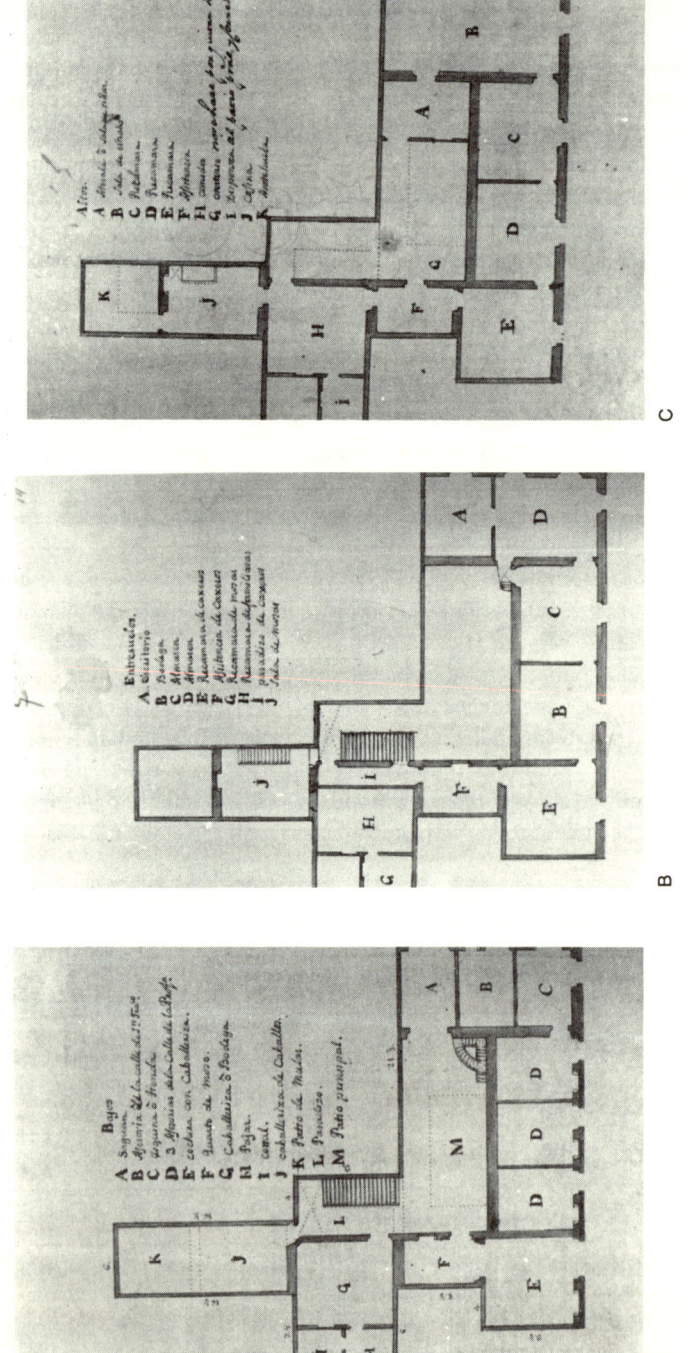

Fotos 1A, B y C. Plano de una casa propiedad del Marquesado del Valle. AGNM, Ramo Hospital de Jesús, leg. 388/exp. 55 (Inventario de las propiedades del Marquesado del Valle).

cuelas en las calles de Mesones, Escalerillas, Plateros, Santo Domingo (3), Indio Triste, Santa Catarina (3), Chavarría y San Andrés, todas ellas dentro de los límites de los ramos censados. Sin embargo, sólo se mencionó una, dentro del primer ramo, en el padrón.[23] La categoría de las viviendas estaba en consonancia con la calidad de sus ocupantes y también era proporcional el número de sus habitantes. Las casas señoriales, casi todas a cargo de un jefe de familia varón y español, representaban menos de 5% del total. Los planos de estos edificios muestran la distribución en dos o tres plantas, con aprovechamiento del entresuelo para las oficinas y alojamiento de cajeros y mozas de servicio. Perteneciente al Marquesado del Valle, una de estas casas incluye, como de costumbre, algunas tiendas y accesorias en la planta baja (véase las fotos 1A, B y C).

Menos ostentosas y simplemente calificadas como casas propias, unos cuantos edificios disponían de una planta principal para vivienda de los señores y varios espacios en la planta baja para alquiler. Estas viviendas disponían a veces de dos diferentes salas: sala de sillas y sala de estrado, y una pieza designada como comedor. Las antiguas, aunque fueran igualmente espaciosas, denominaban asistencia a la pieza en la que podrían servirse los alimentos (véase las fotos 2A y B).

Una categoría intermedia de viviendas estaba constituida por las casas unifamiliares (ni grandes, ni propias, ni señoriales) y las viviendas principales en edificios compartidos con otros alojamientos más modestos. Una casa chica era de una sola planta, con sala, una o dos recámaras, cocina y corral (véase la foto 3). Entresuelos, "altos" y viviendas con entrada por el zaguán y vista a la calle, estaban ocupados por familias relativamente acomodadas, mientras que las piezas de menor tamaño, o sea las accesorias y los cuartos, reunían el mínimo de comodidades (véase las fotos 4A y B, y 5A y B).

La mayor parte de los feligreses del Sagrario se alojaban en cuartos de vecindad. Ya que según podemos confirmar en varios de los planos conocidos éstos no tenían cocinas ni lavaderos ni tampoco contaban con servicios higiénicos, gran parte de las actividades cotidianas debían realizarse colectivamente en el patio, con la vía pública como desagüe de inmundicias. Afortunados serían quienes al menos en los patios tuvieran letrinas o "comunes", que se llamaban así por ser de uso común y no porque fueran tan usuales que pudieran encontrarse en todas las casas. La ubicación de la vivienda junto a una acequia se valoraba como una comodidad adicional que, naturalmente, encarecía el precio de venta o de alquiler. Otro aliciente no muy frecuente era la disponibilidad de los "derrames" de agua sobrante de la vivienda principal, cuando ésta tenía tal concesión, que se dejaban escurrir al patio para el uso común de los vecinos de los cuartos. Ya en plena época ilustrada, los virreyes se preocuparon por el aseo de la ciudad y culparon a los propietarios y constructores de los inmuebles de no haber dispuesto las "piezas necesarias" para que los inquilinos desahogasen sus necesidades fisiológicas, por lo que se veían

---

[23] Dorothy Tanck de Estrada, *La educación ilustrada*, México, El Colegio de México, 1977, p. 199.

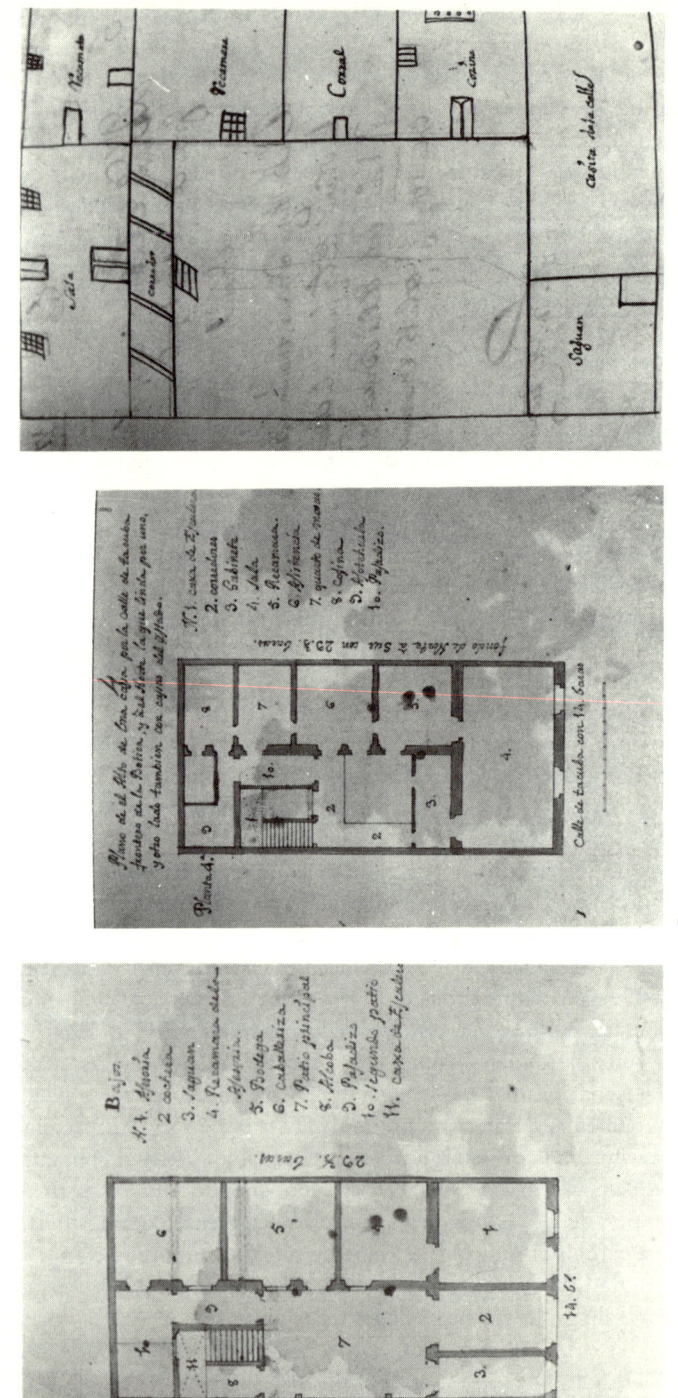

Fotos 2A y 2B. AGNM, Ramo Hospital de Jesús, casa en la calle de Tacuba, leg. 388/exp. 55). Foto 3. AGNM, Ramo Bulas, vol. 7/exp. 9. Año 1745. Sobre una superficie relativamente pequeña, de 14 por 29.5 varas, y una vivienda amplia en el piso alto, esta casa podría considerarse unifamiliar, pero también en ella se aprovechó para alquiler el espacio de la fachada en la planta baja.

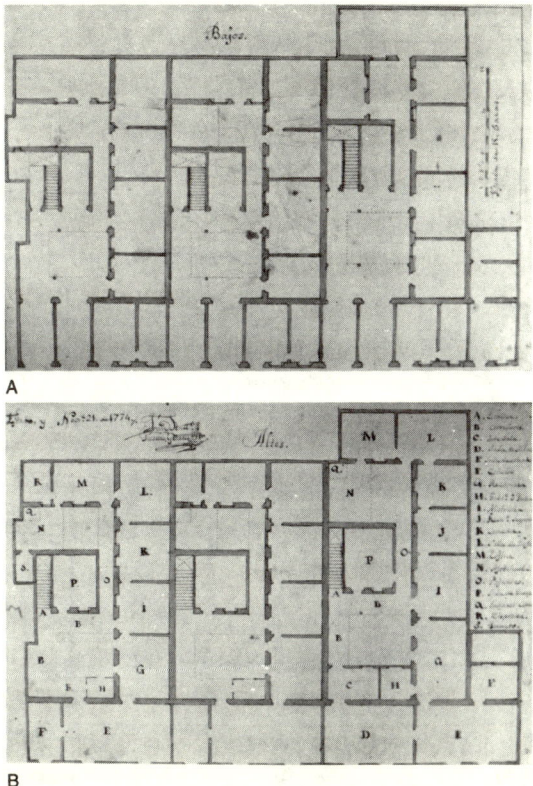

Fotos 4A y B. AGNM, ramo Real Fisco de la Inquisición, vol. 147/exp.15, ff. 474-475. Remodelación de casas en la calle de la Perpetua, en 1766.

obligados a verter en la calle los desperdicios de toda índole.[24] En el último cuarto del siglo, los proyectos de "obra nueva" ya tomaron en cuenta los mínimos requerimientos de higiene e incluyeron drenaje con desagüe a las acequias (véase las fotos 6A y B).

Aún más restringidos eran los baños o "placeres" privados, que sólo se encontraban en las casas de quienes efectivamente podían darse el lujo de disfrutarlos. En cambio, no faltaban baños o temascales como negocio para uso público. Aunque el padrón no los menciona, sabemos que existía un pequeño temascal en el callejón del Amor de Dios, en el segundo patio de la casa en que funcionaba el hospital. En la misma parroquia, pero en la calle de Mesones, al parecer perteneciente al ramo tres, del que no hay padrón, tenían las monjas del convento de San José de

---

[24] Bando emitido por la Junta de Policía, según instrucciones del virrey marqués de Croix, en 4 de junio de 1769. Parcialmente reproducido por Sánchez de Tagle, 1995, pp.114, 116-117.

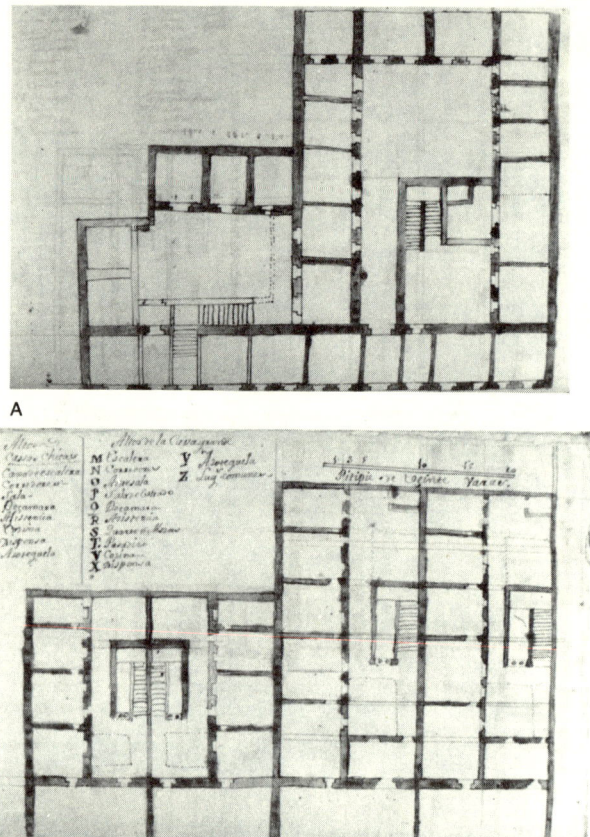

Fotos 5A y B. Estas dos casas pertenecientes al Marquesado del Valle, corresponden al criterio antiguo de viviendas "principales" en los altos y cuartos, bodegas, cocheras, caballerizas y accesorias en los bajos. AGNM, Hospital de Jesús, leg. 388/exp 55.

Gracia una casa de baños con "su vivienda, placeres, lavaderos, temascal y dos cuartos", que alquilaban por 365 pesos anuales.[25] Es evidente que las religiosas no tenían reparos de orden moral en cuanto al uso que se diera a la casa de baños. Un testimonio algo posterior, elaborado por el notable arquitecto Ignacio Castera en respuesta a las denuncias por probable inmoralidad e inseguridad de las instalaciones de un temascal, confirma esta opinión; en síntesis subraya el beneficio de los baños de vapor "declarados por medicina, y aun sin este motivo la usan con fre-

---

[25] Escritura de arrendamiento firmada por el mayordomo del convento y el arrendador, ante el escribano público Andrés Delgado Camargo, en 6 de octubre de 1776. El contrato se firmó por cinco años. Archivo Histórico de Notarías de la ciudad de México, escribano núm. 206, vol. 1370.

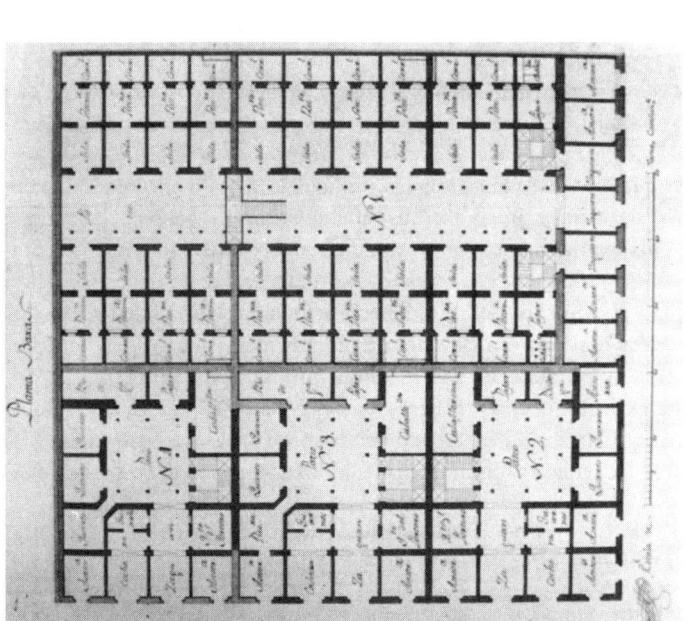
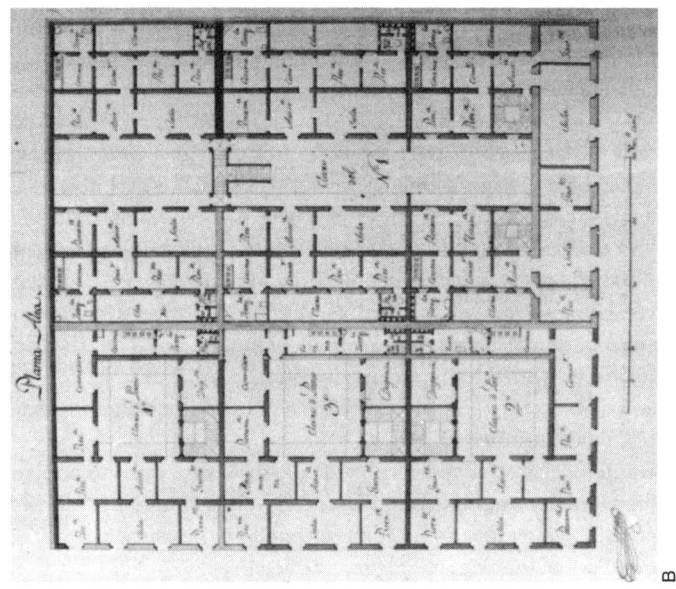

Fotos 6A y B. Construidas de "obra nueva", las cinco vecindades en la esquina de las calles de San Francisco y la Profesa muestran el criterio pragmático de aprovechamiento del espacio inferior con cuartos pequeños y viviendas más espaciosas en la planta alta. AGNM, ramo Monte de Piedad, vol. 2, ff. 338-338 bis. Proyecto de construcción en el terreno del colegio de San Pedro y San Pablo. Diseño del arquitecto Ignacio Castera en 1788.

cuencia las gentes que tienen esa costumbre".[26] Es probable que también existieran ya en esta época los baños y lavaderos de los que tenemos noticia en las primeras décadas del siglo XIX, en los callejones de Betlemitas y de San Miguel.[27]

Covachas, pasadizos y cocheras fueron alojamiento de solitarios más que de familias completas, y en todo caso miserables. Los jacales no tenían el carácter folclórico de vivienda indígena semirrural, sino la connotación de incomodidad y pobreza que acompañaba a construcciones de materiales endebles, arrinconadas en los patios y baldíos. También servían los jacales como albergues precarios de los vendedores del mercado. En ninguno de los tres ramos del padrón hay referencias a los jacales que todavía por esas fechas ocupaban gran parte de la plaza mayor, en donde se congregaban los vendedores de frutas, verduras y carnes, y que serían suprimidos años más tarde por decisión del virrey Segundo Conde de Revillagigedo.[28] En promedio, los 88 jacales mencionados alcanzaron apenas 1.76% de los hogares y en ellos vivían sobre todo indios y castas, pero también algunos españoles y españolas (véase el apéndice 3).

Aunque las diferencias en el género de vida de una a otra calle no podían ser muy notorias, hay indicios que sugieren diferente nivel de comodidad doméstica de uno a otro ramo, y acaso este criterio influyó cuando se fragmentó la parroquia en cuatro sectores. Podrían distinguirse algunas características en cada uno de ellos: el primero, con economías familiares relativamente homogéneas, intensa actividad comercial, un moderado número de ricos criollos o peninsulares, y presencia de indigentes en viviendas paupérrimas que alcanzaban 11% del total; el segundo, que también muestra una importante actividad artesanal y comercial, con muchas viviendas modestas, sin llegar a la miseria, y el cuarto, el de los fuertes contrastes, con numerosas casas palaciegas, muchos hogares pobres en patios que imponían la vida semicomunal y escasa presencia de locales de negocio.

Los talleres y tiendas en que residía la familia del dueño o encargado se censaron como viviendas y no se precisaron sus características. En consecuencia, no se puede saber si tenían varias habitaciones para diferentes ocupaciones ni si se trataba de un local abierto a la calle. Las accesorias con tapanco tenían con frecuencia esta doble utilidad. En muchos de los establecimientos no podría señalarse la distinción entre locales destinados a la venta de objetos manufacturados y aquellos que se ocupaban de su producción. Y al igual que producción y venta, podía considerarse la venta y consumo, como era costumbre en las vinaterías. Entre los locales de negocio en que no se realizaban actividades productivas se encontraban las tiendas, vinaterías, lecherías y estanquillos, que alcanzaban 37% del total de las vi-

[26] Inspección realizada por el arquitecto Ignacio Castera, como Maestro Mayor, en el temascal del Amor de Dios, en 2 de junio de 1792. Archivo Histórico de la ciudad de México, Policía, Baños y lavaderos, vol. 3621 exp. 3, p fs.
[27] Otros expedientes sobre baños en las calles céntricas corresponden a los años 1790, 1793 y 1830, en el mismo archivo y en el del Tribunal Superior de Justicia.
[28] Esteban Sánchez de Tagle, *Los dueños de la calle*, México, INAH, 1997, pp.185-187.

viendas empadronadas como centros de actividad económica. Las barberías y peluquerías llegaban a constituir 17% y eran espacios dedicados exclusiva o preferentemente a la prestación de servicios, pues también se vendían algunos ungüentos, tintes o perfumes, aunque no era su actividad principal. El resto de los negocios empadronados integraba talleres con elaboración y venta de sus productos; 46% de los locales reunían ambas actividades.

En ninguno de los tres ramos faltaron las tiendas y estanquillos en los que se expendería gran variedad de artículos para el hogar y que no consideraron pertinente definir su especialidad. Les seguían en número las barberías y peluquerías. Siempre presentes, las vinaterías, el negocio más generalizado entre los expendios de un solo producto, seguido de las chocolaterías, confiterías, almuercerías, pastelerías (para la elaboración y venta de pasteles de carne), panaderías, tocinerías y lecherías, que podían encontrarse en muchas de las calles de todos los rumbos.

Aparte de los productos alimenticios, accesibles en los tres ramos, trabajaban

Cuadro 2. Viviendas con actividades artesanales o comerciales

	Ramo 1	Ramo 2	Ramo 3	Total
Alimentos				
Tiendas	37	24	9	70
Estanquillos	7	2	0	9
Vinaterías	26	15	9	50
Chocolaterías	15	4	2	21
Confiterías y bollerías	11	7	0	18
Panaderías	6	8	3	17
Almuercerías	10	6	0	16
Lecherías	6	2	1	9
Pastelerías	3	1	0	4
Servicios				
Barberías y peluquerías	38	15	6	59
Vestido y accesorios				
Sastrerías	17	15	0	32
Zapaterías	16	8	0	24
Sombrererías	3	3	0	6
Platerías	15	0	0	15
Herrerías y hojalaterías	5	5	2	12
Carpinterías	3	6	1	10
Total	218	121	33	372

en sus casas los artesanos dedicados a la orfebrería y al vestido. Se concentraban en su propia calle los plateros, abundaban las sastrerías y, en menor número, las zapaterías, sombrererías, sederías y bordadurías. En varias calles se registraron herrerías, hojalaterías, amoladurías y caldererías, y se contaron 10 carpinterías, cuatro carrocerías, tres pajerías y seis imprentas y encuadernaciones. Artesanos especializados tenían taller de espadería, guitarrería, relojería y cohetería.

La gran mayoría de los establecimientos de negocio pertenecían a varones españoles (330 de los 468 registrados, o sea 70.5%). Considerados números absolutos, las mujeres españolas eran propietarias de sus negocios en una cantidad no muy inferior a la de los jefes de castas (50 de ellas y 73 ellos), lo que en términos relativos significa muy reducida presencia femenina, puesto que ellas sumaban al menos tres veces más que ellos. Tan sólo 15 mujeres de las castas se registraron como cabezas de familia y propietarias de talleres y tiendas.

Así como es probable que muchos carpinteros, sastres, zapateros o sombrereros trabajasen en sus casas y no lo declarasen, los herreros o carpinteros, que requerían de instalaciones y herramientas voluminosas tenían necesidad de trabajar precisamente en los talleres de los maestros agremiados.

LOS FELIGRESES DE LA PARROQUIA: LA CONVIVENCIA DOMÉSTICA

En una misma ciudad y en la misma parroquia, en calles contiguas y en la misma fecha, podría esperarse que existiera homogeneidad en la organización de las comunidades domésticas; pero esto sólo si se tienen en cuenta las diferencias sociales dentro de los límites de la parroquia. Efectivamente, a partir del padrón de 1777 podrían definirse rasgos característicos de las formas de convivencia de varios de los grupos que integraban los 24 260 feligreses del Sagrario y obtendríamos ciertos patrones de convivencia compartidos por familias de la misma calidad y de capacidad económica semejante. De modo que un promedio global nos daría una falsa impresión, mientras que el desglose por grupos proporciona una imagen variada, a partir de la cual podemos comprender las diferencias entre uno y otro "ramo".

Entre españoles y castas, propietarios y trabajadores, artesanos y sirvientes, había diferencias que se reflejaban en el tipo de habitación que ocupaban y en la composición familiar. La presencia más o menos numerosa de alguno de estos grupos determinó diferencias considerables entre los tres ramos. Tanto en características de las viviendas como en ocupación de sus vecinos, calidades y organización familiar, existen diferencias en cuanto a índices de masculinidad, tipo de negocios establecidos, jefatura familiar y formas de convivencia predominantes. En líneas generales podríamos decir que en el primer ramo residían muchos artesanos y comerciantes, que por tener trabajo fijo podían permitirse mantener familias de unos cuatro o cinco miembros, y cuyas viviendas eran decorosas. Este grupo numeroso permitía contrarrestar el peso de los más miserables que vivían en jacales, covachas o pasadizos en los patios traseros de las casas y vecindades. El segundo ramo, también con algunos negocios establecidos, pero con mayor presencia de mujeres como cabezas de familia, da un promedio de familias menos numerosas y formas de convivencia elementales. En el cuarto ramo se encontraban varios palacios de nobles y muy pocos talleres o tiendas, de modo que los contrastes aparecen más marcados en la composición familiar de españoles y castas.

A la vista de los datos aportados por el censo, podemos acercarnos a ese mundo de lo cotidiano en el que las condiciones materiales imponían formas de convivencia y de sociabilidad. A las familias acomodadas les correspondían amplias casas, con gran número de piezas, utilizadas como sala, recámaras, estrado, oratorio, despensa, cocinas, comunes y placeres, además de las caballerizas, cocheras y bodegas de la planta baja. Según se desciende en rasgos de comodidad y amplitud, los vecinos de las viviendas, accesorias y cuartos no sólo disponían de menor espacio para la convivencia familiar, sino que formaban familias de pocos miembros. Estas familias pequeñas y de escasos recursos habitaban sobre todo los cuartos de vecindad. Las vecindades habían proliferado durante el siglo XVIII y había varias en el ramo 4, algunas conocidas por sus nombres propios como las de la Palma, Jerusalén, San Juan de Dios y la Tortuga.

Ya que el llamado primer ramo era mucho más populoso que los otros dos, es lógico que las cifras totales se inclinen hacia las aportadas por éste. Al separarlas, se aprecian las variaciones en varios terrenos. Con 10 530 hombres y 13 730 mujeres, el índice de masculinidad de la parroquia es de 76.7; al calcular separadamente cada uno de los ramos resultan cifras muy diferentes: 82 en el primero, 74 en el segundo y 68 en el tercero. De este primer dato se derivan otros relacionados con la situación de inferioridad de las mujeres en el terreno económico y en el laboral.

Bastante menos claras resultan las diferencias de nivel social en los espacios habitacionales derivadas del desglose por grupos étnicos en los tres ramos, lo que quizá pueda atribuirse a la facilidad con que cualquier individuo podía registrarse como español, mientras que sería identificado como mestizo, indio o mulato si era su amo quien proporcionaba la información al empadronador. Sin olvidar que muchos españoles, sin duda la mayoría, carecían de propiedades o bienes de fortuna, y algunos eran pobres. El hecho es que los signos de mayor comodidad en la vivienda familiar correspondientes al primer ramo, no coinciden con una proporción similar de individuos registrados como españoles. Aunque sin gran diferencia, el mayor porcentaje de españoles se mencionó en el cuarto ramo, en el que predominaban las residencias más modestas. Lógicamente, en las calles en que las mujeres alcanzaron una mayoría más notable, también les correspondió encabezar sus propios hogares con mayor frecuencia, y, dado que pocas de ellas tenían suficientes recursos económicos para sostener una numerosa familia, los grupos domésticos resultaron menos numerosos.

Cuadro 3. Número de personas por cada grupo doméstico según calidad y sexo del jefe de familia

Calidad-sexo	Total jefes	Total personas	Personas/grupo
Jefe español	2 564	15 835	6.15
Jefe casta	869	3 414	3.9
Jefa española	1 038	3 564	3.4
Jefa casta	503	1 447	2.9
Totales	4 974 hogares	24 260 feligreses	

La composición de los agregados domésticos estaba en relación con la categoría de las viviendas, con la calidad y con el sexo de los cabezas de familia. Como es previsible en cualquier época y lugar, la forma más común de convivencia era la familia nuclear en cualquiera de los tres ramos; lo notable es que junto a ellas se dieran altas proporciones de solitarios y dos peculiares formas de residencia: las familias complejas o polinucleares y las familias con agregados. Como el promedio del número de hijos era bastante bajo, tampoco eran frecuentes las familias numerosas entre las nucleares, que se componían de tres a cuatro personas en promedio. Las extensas integraban a hermanos, sobrinos, y con cierta frecuencia, yernos y cuñados. Hay un equilibrio en la proporción de familias extensas de los tres ramos, lo que parece explicarse porque en los hogares acomodados, los parientes menos afortunados formaban cierta clientela que rendía pleitesía al señor, mientras que en los más modestos, el mutuo apoyo era un recurso de supervivencia. Ya se ha demostrado cómo la carencia de familia iba asociada a la depauperación.[29]

He considerado solitarios no sólo a los que vivían solos sino también a quienes no tenían lazos de parentesco con otras personas con las que convivían, ya fueran sirvientes o no. Algunos clérigos vivían en estas condiciones, aunque los mejor acomodados tenían consigo a numerosos servidores, personas sin relación y parientes que formaban familias extensas. También se registraron muchas mujeres sin familia que compartían la vivienda con otras en sus mismas circunstancias.

El padrón informa con razonable precisión del carácter de sirvientes de algunos de los corresidentes, pero es algo menos preciso cuando se trata de allegados, cuyo parentesco no determina. En ocasiones menciona "de la familia" o "pariente" y, en tales casos, hemos considerado que se trataba de una familia extensa. También aparece la mención "a su cargo" y "sin relación", lo que identificamos como individuos agregados. No es raro que los sirvientes constituyan familias en el interior del grupo doméstico de los patrones. Estas familias de mozos o criadas no se han desglosado del total.

---

[29] Silvia Arrom, "Desintegración familiar y pauperización: los indigentes del Hospicio de Pobres de la ciudad de México, 1795", en: Pilar Gonzalbo Aizpuru y Cecilia Rabell, (coords.), *Familia y vida privada en la historia de Iberoamérica*, México, El Colegio de México, 1996, pp. 119-132.

Cuadro 4. Formas de convivencia

	Ramo 1	Ramo 2	Ramo 4	Total
Nuclear con/sin criados	935 (39%)	510 (41%)	600 (44%)	2 045
Solitarios uno o varios	256 (11%)	244 (20%)	271 (20%)	771
Extensas	210 (9%)	71 (6%)	102 (7%)	383
Nuclear con agregados	360 (15%)	176 (14%)	196 (14%)	732
Extensa con agregados	93 (4%)	39 (3%)	31 (2%)	163
Complejas*	520 (22%)	197 (16%)	163 (12%)	880
Total	2 374 (100%)	1 237 (100%)	1 363 (100%)	4 974

* Varias familias en cada grupo doméstico.

Las diferentes proporciones entre una y otra modalidad de composición familiar son indicadoras de la distinta situación social de los vecinos de los tres ramos. El primer ramo, en el que apreciamos cierto bienestar generalizado, tiene la más alta proporción de familias extensas y complejas así como la mayor presencia de agregados. En los otros dos ramos, y más marcadamente en el cuarto, abundan los hogares de pocas personas, matrimonios con un solo hijo o ninguno, viudas y solteras sin compañía. Pese a que en el mismo se encontraban amplias y lujosas residencias de algunos miembros de la nobleza, su presencia no modifica sensiblemente la imagen de penuria y estrechez que se trasluce.

Si bien las familias complejas sólo representan menos de una quinta parte del total, su impacto es realmente mayor puesto que en estos hogares convivían al menos dos familias y en ocasiones tres, de modo que el número de familias que vivía en estas condiciones era superior a 30% del total. Sumadas las que disponían de su propio hogar y las que compartían vivienda ajena, sin tomar en cuanta las familias de sirvientes, eran 5 990, frente a las 4 977 viviendas censadas, lo que significa que más de 1 000 familias carecían de hogar propio y vivían como "arrimadas" y muy probablemente en régimen de cierta subordinación en otros hogares.

Cuadro 5. Familias en convivencia

	Ramo 1	Ramo 2	Ramo 3	Total
Hogares unifamiliares	1 854 (63%)	1 086 (71%)	1 200 (77%)	4 140 (69%)
Familias en hogares complejos familiares	1 090 (37%)	452 (29%)	350 (23%)	1 892 (31%)
Total familias	2 944 (100%)	1 538 (100%)	1 550 (100%)	6 032 (100%)

Los grupos domésticos con mayor número de personas se registraron en el ramo 1, en donde varios prebendados de la catedral y oidores de la Real Audiencia tenían entre 14 y 26 personas en su casa. Los marqueses de Aguayo convivían con su yerno, el conde de San Pedro del Álamo, y varias hermanas y sobrinas. Sumaban 14 miembros de la familia, además de 34 personas sin parentesco, entre sirvientes y allegados. El marqués de Jaral de Berrio vivía con su esposa, su hija y su yerno, el marqués de Branciforte, y dos nietas. Asistían a estos seis miembros de la familia 23 esclavos y mozos, y otras 13 personas de ambos sexos, entre ellos un capitán y un cadete del ejército, de quienes no se indican lazos de parentesco o dependencia. La marquesa de Salvatierra se empadronó en la calle de San Francisco (y no en la casa conocida de la esquina de Relox y Monte Alegre) con tres personas de su familia (no nuclear), tres esclavas y otras 23 personas entre mozos y agregados. Inmediata a ésta debió estar la residencia del marqués de Prado Alegre, Francisco Marcelo Fernández de Tejada, a quien al parecer no empadronaron y cuya casa conocemos con todo detalle porque en la misma fecha hizo una detallada enumeración de sus bienes con motivo de la transmisión del mayorazgo familiar a su hija Ana María Francisca Fernández de Luna y Sarmiento.[30]

En el ramo 2, un español nombrado Gabriel Terán (¿Gutiérrez de Terán?), a quien no se identifica por ocupación o título y que pudiera ser el destacado miembro del Consulado de comerciantes, vivía con ocho miembros de su familia, 19 mozos de ambos sexos y ocho allegados no identificados. El marqués del Valle de la Colina, Mariano Ignacio de Madrazo, vivía con su segunda esposa, una señora viuda recogida y 14 sirvientes.

En el ramo 4 estaban las casas del marqués de Uluapa, con 30 personas, de la mariscala de Castilla, con 18, de la condesa del Valle de Orizaba, del marqués de Guardiola y del marqués de Rivas Cacho. Todos ellos alojaban entre 25 y 30 personas en sus casas. Y también estaban pobladas por gran número de personas las viviendas que eran al mismo tiempo obrajes de panadería, como la de la calle del Relox, en la que residían el patrón con su esposa y dos hijos, un mayordomo, dos oficiales y otras 26 personas de ambos sexos.

EL PRESTIGIO DE LA CASA PROPIA

El último cuarto del siglo XVIII en la Nueva España fue un periodo de euforia constructiva y modernizadora, reflejo del mismo afán renovador de la metrópoli y equiparables ambos, en algunos aspectos, al entusiasmo urbanizador del Renacimiento español. En el siglo XVI se había dado una preocupación creciente por disponer

---

[30] Transmisión de mayorazgo ante el escribano público Andrés Delgado Camargo, fecha 1777-1778 (no se precisa día y mes); Archivo Histórico de Notarías de la ciudad de México, notaría 206, vol. 1372.

de una vivienda individual o familiar, ya fuese propia o alquilada, en la que gozar de cierta intimidad y autonomía. Tan alejada de la ostentación palaciega como de la rusticidad campesina, la casa-vivienda de las ciudades castellanas podía construirse de materiales endebles, podía tener dimensiones reducidas y escasas comodidades, pero proporcionaba a sus ocupantes la seguridad de un recinto propio en el que reposar o convivir con parientes y allegados.[31] En la ciudad de México como en las capitales europeas, el constante aumento de la población urbana impulsó a propietarios, autoridades y constructores a buscar fórmulas para el mejor aprovechamiento del espacio; se multiplicaron las accesorias en las fachadas, se abrieron cuartos interiores, se habilitaron como viviendas caballerizas y covachas, y se diseñaron vecindades en las que los cuartos abrían sus puertas directamente sobre patios. El buen funcionamiento de los servicios urbanos y la limpieza de las calles fueron preocupaciones permanentes de las autoridades. El objetivo de las reformas era lograr comodidad, salubridad, orden y belleza.[32]

La aspiración general de disfrutar de la propia vivienda se veía frustrada con frecuencia por la falta de recursos, por lo que muchas familias de la parroquia del Sagrario no pudieron disponer de un hogar independiente. A ellos se unían las muchas personas, hombres y mujeres, que, carentes de familia propia, se acogían a la hospitalidad de familias con las que no les unían lazos de parentesco ni tampoco una relación claramente de servidumbre; incluso los cronistas de la época se refirireron a "mucha gente vulgar que no tiene habitación fija, pasa el día en las calles y se aloja donde puede, en las casas de parientes y amigos...".[33] Estos visitantes ocasionales ni siquiera fueron censados; sí se tomaron en cuenta los agregados habituales que contribuían a la complejidad de las relaciones domésticas y al hacinamiento en algunos casos; el promedio de ocupantes de los cuartos, que podían ser de una o de dos piezas, era de 3.8 personas.

Estos cuartos, en vecindades o en patios interiores de casas particulares, ofrecían una posibilidad de alojamiento barato. Por su escaso valor, no ameritaban la elaboración de una escritura de arrendamiento ante escribano público, que habría costado más que el alquiler anual. Pero no es arriesgado calcular el valor de la renta cuando conocemos el precio de venta del inmueble y el número de cuartos disponibles. En los protocolos notariales de los años 1776 a 1778 he podido encontrar 135 inmuebles urbanos mencionados, en operaciones de compraventa (50%), arrendamiento (13%), testamentos, hipotecas, censos, cartas de dote, inventarios de bienes y fundación de un mayorazgo. La mayor parte corresponde a la zona centro, en el Sagrario o sus alrededores. Eran pocos los vecinos de la capital propieta-

---

[31] José Antonio Maravall, *Estudios de historia del pensamiento español*, Madrid, Instituto de Cooperación Iberoamericana, 1984, pp. 317-330.

[32] Regina Hernández Franyuti, (comp.), *La ciudad de México en la primera mitad del siglo XIX*, México, Instituto Mora, 1994, p. 157.

[33] Francisco de Sedano, *Noticias de México*, 3 vols., México, Departamento del Distrito Federal, 1974, p. 49.

rios de su propia vivienda (aproximadamente 2%), de modo que accesorias y cuartos quedaban incluidos en las correspondientes operaciones.

Los conventos y corporaciones religiosas aparecieron como propietarios de 18 construcciones descritas como casas principales, vecindades de obra nueva y casas de mampostería. Ochenta y ocho casas, de calidad desigual, pertenecían a particulares, así como otras 29 propiedades entre casillas, sitios, cuartos, pulquerías, tocinerías y panaderías. La Real Universidad fue compradora de una casa principal con cuartos y viviendas para alquiler. Aparece, pues, la Iglesia como propietaria de un modesto 13% del total de las fincas urbanas, si bien se trataba de las mejores y más valiosas. Esta proporción es con seguridad inferior a la realidad, pero los protocolos notariales no pueden dar una información fidedigna de los propietarios, puesto que se consideran muy diversos tipos de documentos.

Una vecindad en Santo Tomás, a dos cuadras del convento de Jesús María, se evaluó pocos meses antes de la elaboración del censo en 380 pesos; los 13 cuartos que la componían no podrían producir una renta superior a los 20 pesos anuales, o habría sido motivo de grave acusación de usura, de modo que cada uno de los cuartos debería pagar un peso y cuatro reales por año.[34] Dos casas entresoladas en Santa Catarina medían 1 260 varas cuadradas, en las que se distribuían sendos patios con 20 cuartos en total, 14 de ellos con sus corrales y se vendieron en 1 700 pesos.[35] Los planos de otras vecindades parecidas nos permiten calcular que, en esta vecindad, poco más o menos un tercio correspondería al patio y el resto a los cuartos y su respectivos corrales. Es decir, que los vecinos contaban con una pieza cubierta de aproximadamente 20 metros cuadrados y un área semejante, sin techo ni paredes, para sus animales o cualquier otro uso. El alquiler que deberían pagar era cuatro pesos y dos reales por año. Se vendieron algunas casas y "casillas" con pocas piezas construidas y destinadas aparentemente a alojamiento de una sola familia, pero casi todas, y en especial las que se calificaron de modernas, altas o principales, contaban con accesorias, viviendas, cuartos y, en algunos casos, comercios.

Las diferencias más notorias en precios de venta y alquiler se aprecian según el tipo de construcción. El cálculo de espacios y monto de las rentas puede hacerse según la descripción y la cantidad en que se valoraron las casas. El marqués de Prado Alegre encomiaba la excelente calidad de la obra moderna de la casa en que tenía su residencia y en la cual había además cinco accesorias con sus tapancos, una de ellas con recámara adicional y otra con cocina, tienda con trastienda, una pequeña vecindad y otras tres viviendas en el patio posterior.[36] Todo ello correspon-

---

[34] Escritura de partición de bienes de los herederos de Joseph Verguera, en 23 de agosto de 1776, ante el escribano Ignacio Javier Alba. Archivo Histórico de Notarías de la ciudad de México, notario número 31, vol. 264.

[35] Escritura de compraventa, en 15 de julio de 1777, ante el escribano público Antonio de la Torre; AHNCM, protocolos del notario número 669.

[36] Documento mencionado. Constitución de mayorazgo ante el escribano Andrés Delgado Camargo, fechado en 1777-1778. AHNCM, notario número 206, vol. 1372.

día a la planta baja, ya que en las dos superiores se alojaba su propia familia y servidumbre. El valor de este edificio fue 40 253 pesos. También se consideraba "bien acondicionado, tratable y habitable" el conjunto de obra moderna que se vendió junto al Puente del Cuervo, a un costado del colegio de San Pedro y San Pablo. Esta casa ocupaba 1 323 varas y comprendía una vivienda principal y otra de vecindad; la principal, en el piso alto, contaba con sala, recámara, asistencia y cocina. Los nueve cuartos del patio tenían sala y recámara; también contaba con recámara la tienda y trastienda de la esquina; no se menciona que las dos accesorias tuvieran recámara independiente, por lo que es presumible que no la tuvieran.[37] Esta casa se vendió en 6 922 pesos. Por la diversidad de sus componentes, es arriesgado calcular cifras de alquiler que, globalmente no debería sobrepasar los 700 pesos anuales, distribuidos entre vivienda principal, cuartos, tienda y accesorias.

En contraste con la estrechez y pobreza de los cuartos estaban las grandes mansiones, que pagaban alquileres muy altos lo que justificaba su registro notarial. Varias casas en Santa Clara, Espíritu Santo, Balvanera, San Lorenzo y Santa Catarina pagaban rentas entre 400 y 830 pesos. La diferencia no sólo residía en el espacio sino también en la calidad de la construcción: las viejas vecindades solían ser de adobe y las casas "altas" de mampostería. Era frecuente que las construcciones modernas tuvieran partes de piedra en ambos casos, para afirmar la solidez de muros inferiores, y también eran de piedra algunas de las fachadas principales. Los carmelitas descalzos del Santo Desierto pagaron 32 000 pesos por las tres casas de mampostería situadas junto al Colegio Mayor de Todos los Santos, con cuartos, accesorias y tiendas para alquiler.[38]

En las escrituras notariales se mencionan pocas casas exclusivamente de vecindad, pero en casi todas se alojaban varios grupos domésticos. Pulquerías, tocinerías y panaderías incluían junto a las "oficinas", cuartos para los trabajadores y viviendas para los patrones. Por lo regular eran modestas construcciones de adobe, de una sola planta, que se vendían entre 400 y 800 pesos, pero algunas alcanzaron precios muy elevados, como la panadería situada en el Parque de Palacio, que se vendió en 9 000 pesos y la pulquería de la calle que "va del Arco de San Agustín al tianguis de San Juan", que se vendió en 8 788 pesos, importante cantidad que incluía mobiliario, aperos y existencias del negocio, además del inmueble.[39] Una casa de mampostería, con viviendas altas y bajas, en la cerrada del Parque del Real Palacio, se vendió en 9 000 pesos. Y la condesa de Tepa vendió una casa grande, de 20 por 53 varas (alrededor de 1 000 metros cuadrados) en la calle de la Cadena, cerca del Colegio de Niñas, por la cantidad de 20 600 pesos. Además de la vivienda principal, la construcción tenía, de acuerdo con la costumbre, accesorias, cuartos, bodegas, caballeriza, covacha y entresuelo.

---

[37] Escritura de compraventa, en 19 de junio de 1777, ante el escribano José Antonio Paz; AHNCM, notario número 516, vol. 3432.

[38] Escritura de compraventa ante el escribano Diego Jacinto de León, en 30 de junio de 1777; AHNCM, escribano número 350.

[39] Escritura ante el escribano José Antonio Morales; AHNCM, notario 415, vol. 2723.

La mayoría de los feligreses de la parroquia, como ya hemos visto, se alojaban en cuartos. En ellos se alojaban sobre todo familias nucleares, aunque también era importante la presencia de solitarios en los cuartos. Como es lógico suponer, la mayor parte de las familias extensas y complejas se agrupaban en las llamadas viviendas, siempre con mayor amplitud que los cuartos. Los planos conocidos permiten confirmar el promedio de 24 varas cuadradas por cuarto, equivalente a unos 20 metros cuadrados. Aproximadamente iguales eran cada una de las dos piezas en los casos en que había sala y cámara; sumadas daban un espacio total algo más amplio.

ALGUNAS REFLEXIONES

El padrón parroquial del Sagrario de la capital en 1777 sólo puede proporcionar una instantánea incompleta de la forma en que vivían los feligreses de la parroquia en un momento determinado; pero ya que en él aparecen hombres, mujeres, ancianos, adultos, jóvenes y niños, trabajadores, funcionarios y propietarios, nos permite vislumbrar el curso de la vida de quienes compartieron prosperidad y penuria de una ciudad llena de contrastes. Precisamente son los contrastes lo que destaca en los resultados finales del censo, con grandes mansiones y cuartuchos miserables, grupos domésticos de varias decenas de personas y otros de solitarios, piezas que se alquilaban por un peso al año y residencias por las que se pagaban 800 pesos. Nos muestra también las diferencias de sexo y calidad, que se reflejan en la situación de inferioridad de las mujeres en relación con los hombres de su grupo y de los miembros de las castas comparados con los que se identificaron como españoles. Y una vez más, en esta declaración de calidad, hay que considerar la inseguridad de las referencias, tanto o más confusas que las aportadas por los registros parroquiales.

La complejidad y el dinamismo, la movilidad social y la heterogeneidad de grupos en convivencia, son rasgos peculiares de la capital del virreinato, que claramente se sugieren a partir de las referencias del padrón y que ya se han mencionado en relación con unas cuantas cuadras pertenecientes a la misma parroquia en un lapso de dos décadas al finalizar el siglo XVIII.[40]

Viviendas suntuosas o mezquina101s, opulentas o insalubres, ocupadas por potentados o pordioseros, las casas de la parroquia muestran además la tendencia histórica hacia una segregación social que en un principio se limitaba a establecer la separación por pisos o patios y que ya para finales de siglo requería de mayor distanciamiento, con vecindades destinadas a grupos domésticos de similar categoría social, para definir la cual era más importante el nivel socioeconómico que el origen étnico.

[40] Linda Arnold, "Sobre la deducción de evidencia: estratificación en un barrio de la ciudad de México, 1777-1793", *Estudios de Historia Novohispana*, vol. 15, 1995, pp. 87-111.

APÉNDICE 1

Las calles de la parroquia

"Curato del sagrario comienza en la calle de Arzinas y corriendo al poniente coja por la calle de las moras, de allí tuerce a la de Santo Domingo hasta el puente de donde vuelve a corroer la línea de división por la Acequia que va por detrás de Santo Domingo hasta el puente de Amaya, sigue por el mismo rumbo a el puente de la Misericordia y termina en el puente del zacate, estos serán sus términos por la parte norte; por la del occidente comenzara en el puente del Zacate y seguía la misma línea que tiene la Acequia, que va a dar a San Juan de Letrán, corriendo por las rejas de la Concepción de la Maríscala, calle de Santa Isabel de las Brigidas, puente del hospital real y terminara en la esquina de dicho hospital en que dando vuelta para el oriente seguirá por la calle de Ortega, de Tiburcio, de San Agustín, Don Juan Manuel Balbanera, puente fierro, hasta terminar en el puente de Santiaguito, estos serán sus términos por la parte del sur de donde dando vuelta para el norte correrá por Acequia Real, puente de la leña, calle de la Santísima Trinidad hasta la plazuela de donde volverá a correr a el occidente por la calle del dicho Palacio de San Nicolás, esquina de Indio triste, calle de San Pedro y San Pablo, calle del Carmen, hasta la esquina de Animas[?] que fue donde empezó la línea de división de este curato aun para el caso en que se señalen otras iglesias a los curas del sagrario".

Archivo General de la Nación, Templos y conventos, vol. 8/exp. 4. Año:1773.

Primer ramo*
(Los cortes [/] corresponden a los movimientos del empadronador)

Cementerio, Relox, Palacio arzobispal, esquina Santa Teresa (/).
Sta. Teresa Antigua, Indio Triste, Casa de Moneda (/).
Real Palacio, Callejón del Torno, Cuarteles Cuerpo de Inválidos (/).
Relox y Santa Teresa, Hospicio (/).
Mayorazgo caído y Santa Inés, Santa Inés, Amor de Dios (/).
Santísima Trinidad, banco del herrador, esquina de la Tocinería (/).
Esquina Amor de Dios, frente Amor de Dios, por la izquierda (/).
Esquina del Parque, Hospital del Amor de Dios, esquina de Jesús María (/).
Esquina de Sta. Ifigenia, Puente de Jesús María, Acequia (/).
Real Universidad y banco del herrador, San Ramón (/).
Puente de Santiaguito, esquina Tlapaleros (/).
Portal de Mercaderes, Palma, Plateros, Callejón Bilbao (/).

* Con algunas irregularidades difíciles de precisar, los límites identificables en las calles actuales son: República de Guatemala y Tacuba al norte, Dieciséis de Septiembre y Corregidora al sur, Santísima Trinidad hacia oriente e Isabel la Católica hacia el poniente.

Palma frente al refugio, callejuela, Diputación (/).
2a. de San Francisco, Esquina de San Francisco y Cereros (/).
Tacuba, cárcel de la ciudad, Regimiento de Granada, Cárcel del Arzobispado, Real cárcel de corte (/).
Hospital Amor de Dios, de hombres y de mujeres (/).

Segundo ramo**
(En este ramo se señalaron con precisión los cuadros, pero no las calles)

1er. cuadro: esquina de Escalerillas, Colegio de Cristo.
2o. cuadro: esquina de la botica, Tacuba.
3er. cuadro: Chaverría.
4o. cuadro: Torrecilla.
5o. cuadro: Relox.
6o. cuadro: Esclavo, esquina botica.
7o. cuadro: Santa Catarina, a la izquierda.
8o. cuadro: Encarnación, Rejas de la Encarnación, plazuela de Santo Domingo, esquina cajón de fierro.
9o. cuadro: esquina de Medinas con la velería a la izquierda.
10o. cuadro: Santa Inquisición y Perpetua.
11o. cuadro: Cerca de Santo Domingo e Inquisición.
12o. cuadro: Relox, a mano izquierda, calle de las Moras.

Cuarto ramo***
(En desorden, de norte a sur y de oriente a poniente)

Real de Chapultepec, esquina Alcantarilla, Pañeras, Polilla (/).
San Juan, Puente Quebrado, Hospital Real, Zuleta (/).
Ortega, Puerta de San Andrés, Capilla de los Dolores, Rejas de San Lorenzo (/).
Vergara, San Andrés, Betlemitas (/).
San Francisco, Zuleta (/).
Estampa de la Concepción, Esquina de la marquesa de Guardiola (/).
Plazuela de la Concepción, Puente de la Misericordia (/).
Esquina de la casa de los Azulejos, San Andrés (/).

** Corresponde a Tacuba y Guatemala al sur, República del Perú al norte, Correo Mayor y Carmen hacia oriente, y República de Chile hacia poniente.
*** Puesto que el empadronador regresaba una y otra vez a la misma calle, para tomar esquinas y direcciones diferentes, las he mencionado en los casos en que sirven para definir la ruta seguida. Sobre la ciudad actual se puede trazar con aproximación el espacio entre República del Perú y República de Uruguay de norte a sur, y San Juan de Letrán e Isabel la Católica de poniente a oriente.

APÉNDICE 2

Identificación de términos, de acuerdo con el criterio que aparece en los documentos*

Casa grande. De dos plantas. Los jefes sólo son españoles. A veces en la misma casa se mencionan accesorias o cuartos.
Casa propia. Jefatura de varones españoles. De menor tamaño y peor construcción que la casa grande, y con menos habitantes.
Casa o casa sola. La ocupan familias modestas y a veces hay otras viviendas en el pasillo, patio o pasadizo.
Casa principal. Se refiere a la amplitud de la superficie, a los materiales de construcción y al precio estimado. Esta referencia se encuentra en escrituras de compraventa. Puede integrar vivienda principal y otras viviendas, y cuartos en entresuelo y patio.
Casa entresolada. Elevada del suelo de la calle por algunos escalones.
Vivienda principal. Suele encontrarse en un edificio de más de un piso en el que hay otras viviendas y cuartos.
Vivienda. Se distingue de los cuartos por su mayor amplitud y situación preferente. Puede tener tres o más piezas y abrirse directamente al zaguán, aunque lo más frecuente es que esté en el piso superior (zaguán alto).
Accesoria. Abierta a la calle, formada por una o dos piezas, y a veces con tapanco. Es vivienda y con frecuencia lugar de negocio.
Vecindad. Es un complejo de uno o varios patios a los que se abren los cuartos. Suele haber también viviendas y accesorias.
Cuarto. De tamaño pequeño (a veces dos piezas y ocasionalmente con patio interior). En las vecindades puede haber de 10 a 20, pero también hay cuartos (en menor número) en casas grandes con viviendas y accesorias.
Entresuelo. A veces se aclara que se trata de un cuarto en entresuelo, rara vez es vivienda. Se sitúa entre la planta baja y el piso principal.
Covacha. Bajo el hueco de la escalera. Interior y miserable.
Jacal. Nada tiene que ver con la vivienda rural indígena. Construcción endeble y de pequeño tamaño, de materiales deleznables. Puede estar en un solar sin otro edificio, pero es más frecuente en patios de casas y vecindades.

* Puede suceder que en otros censos se utilicen distintos términos o que con los mismos se definan espacios diferentes.

APÉNDICE 3

*Tipos de vivienda mencionados en el padrón**

	Hombres		Mujeres		Total
	Jefe español	Jefe casta	Jefa española	Jefa casta	
Ramo 1					
Casa grande	14				14 (0.6%)
Casa propia	34		2		36 (1.5%)
Casa	28	9	12		49 (2%)
Vivienda	101	15	43	8	167 (7%)
Entresuelo	67	7	18		92 (3.9%)
Altos	164	4	39		207 (8.7%)
Zaguán	160	22	42	15	239 (10%)
Accesoria	108	59	56	23	246 (10.4%)
Cuarto	301	230	147	99	777 (33%)
Negocio	203	41	38	9	291 (12.2%)
Covacha	6	18	4	16	44 (1.8%)
Jacal	5	25	1	8	39 (1.6%)
Otros	27	8	3	2	40 (1.7%)
Cuartel	86				86 (3.6%)
Hospital	16	6	18	7	47 (2%)
Total	1 320	444	423	187	2 374
Ramo 2					
Casa grande	3		2		5 (0.4%)
Casa propia	22	1			23 (1.8%)
Vivienda principal	5		4		9 (0.7%)
Casa	4	3	5		12 (1%)
Vivienda	49	4	21	1	75 (6%)
Entresuelo	34		23	3	60 (4.8%)
Altos	85		22		107 (8.6%)
Zaguán	59	10	30	6	105 (8.5%)
Bajos	4	2	4	2	12 (1%)
Accesoria	54	15	30	22	121 (9.8%)
Cuarto	198	109	116	98	521 (42%)
Negocio	98	29	10	6	143 (11.6%)
Jacal			10	5	15 (1.2%)
Otros	10	8	7	4	29 (2.3%)
Total	625	181	284	147	1 237

* De acuerdo con el criterio del empadronador y, por tanto, sólo aplicable al censo de 1777 al que se refiere el texto.

Tipos de vivienda mencionados en el padrón (concluye)

	Hombres		Mujeres		Total	
	Jefe español	Jefe casta	Jefa española	Jefa casta		
Ramo 4						
Casa grande	50	1	14	1	66	(4.8%)
Casa propia	4				4	(0.3%)
Vivienda principal	6			4	10	(0.7%)
Casa	37	11	25	7	80	(6%)
Vivienda	112	3	67	3	185	(13.6%)
Entresuelo	7	2	7		16	(1.2%)
Altos		1	3		4	(0.3%)
Accesoria	119	32	62	33	246	(18%)
Cuarto	243	163	143	107	656	(48%)
Negocio	36	6	4	1	47	(3.4%)
Jacal		20		16	36	(2.6%)
Otros	5	5	1	2	13	(0.9%)
Total	619	244	326	174	1 363	

LA VIVIENDA EN UNA ZONA AL SUROESTE DE LA PLAZA MAYOR DE LA CIUDAD DE MÉXICO (1753-1811)[1]

GUADALUPE DE LA TORRE V.
SONIA LOMBARDO DE RUIZ
JORGE GONZÁLEZ ANGULO A.
Dirección de Estudios Históricos, INAH

INTRODUCCIÓN

El estudio de la vivienda urbana de la capital novohispana ha sido abordado primordialmente desde la perspectiva de su morfología física. Estos estudios, generalmente monográficos, han centrado su atención en las opulentas residencias citadinas y en las casas multifamiliares o de "vecindad".[2] Hasta ahora no se ha publicado un ensayo que abarque el conjunto de la variedad de viviendas que había en la ciudad de México, y es en este sentido que se propone avanzar el presente trabajo.

[1] Este trabajo forma parte del proyecto INAH/CONACYT: "Espacio y estructura social en la ciudad de México, 1753-1882", con la participación de Sonia Lombardo, Jorge González Angulo, María Gayón, María Dolores Morales y Guadalupe de la Torre.

[2] Enrique Ayala Alonso, *La casa de la ciudad de México, evolución y transformaciones*, México, Conaculta, 1996; Manuel Carrera Stampa, "La casa del conde de Regla", *Boletín de la Sociedad de Geografía y Estadística*, México, 1912, 5a. época, vol. 5, pp. 424-431; Leonor Cortina, "La dama de los azulejos. La casa de don Hernando de Ávila y doña Jerónima Sandoval", *Artes de México*, México, Nueva época, núm. 1, 1958; Magdalena E. de Rangel, *El palacio de los condes de Heras y Soto*, México, Talleres Gráficos de la Nación, 1984; Glorinela González Franco, "Casas de baño y lavaderos en la ciudad de México, siglo XVIII", *Boletín de Monumentos Históricos*, México, INAH, 1979, núm. 1, pp. 23-28; Ignacio González Polo, *El palacio de los condes de Santiago de Calimaya*, México, DDF, 1983 (col. DDF, núm. 1); Elena Hortz Balbás, "La vida media de la ciudad de México. Epoca colonial", México, UNAM, tesis de maestría en Historia del arte, 1980; María Lascuráin Cortina *et al.*, "Casas de vecindad del siglo XVII en la ciudad de México", México, UIA, tesis de licenciatura en Historia del arte, 1980; Josefina Muriel de la Torre, "La habitación plurifamiliar en la ciudad de México", *La ciudad y el campo en la historia de México, Memoria de la VII Reunión de historiadores mexicanos y norteamericanos, Oaxaca, 23-26 de octubre de 1985*, México, UNAM, 1992; Jaime Rodríguez Piña, "Las vecindades en 1811. Tipología", *Investigaciones sobre la historia de la ciudad de México*, México, DEH/INAH, 1986 (Cuadernos de trabajo, núm. 11); Manuel Romero de Terreros, "Una casa habitación del siglo XVIII en la ciudad de México", *Anales del Instituto de Investigaciones Estéticas*, UNAM, vol. 1, núm. 4, 1939; del mismo autor, *Residencias coloniales de la ciudad de México*, México, Oficina de la Secretaría de Hacienda, 1918; Cristina Sánchez de la Vara, "La casa de mayorazgo de Guerrero", México, UIA, tesis de licenciatura en Historia del arte, 1979, y Ernesto Sodi Pallares, *Casonas antiguas de la ciudad de México*, México, La Prensa, núm. 81, 1968.

En esta investigación el objeto de estudio es la vivienda,[3] considerada en forma genérica y definida como la unidad espacial habitada por una familia o unidad doméstica, cualquiera que sea su composición física o su ubicación en el edificio del cual forme parte. Los padrones de población de los años 1753, 1790 y 1811[4] constituyeron la fuente básica para la realización de este texto. De ellos se obtuvieron aspectos funcionales, como el uso de suelo de las viviendas, así como sociales: la ocupación de los habitantes, su número y composición étnica o los propietarios de los inmuebles urbanos. Nos hemos centrado en los primeros por estar más directamente vinculados con la estructura urbana. Debido a que la información contenida en los padrones no proporciona descripciones de las características físicas de la vivienda, los tipos de éstas se determinaron a partir de los vocablos usados en los propios censos, de las descripciones contenidas en documentos de archivo —de las cuales se incluyen varias en el texto— y de las formas representadas en planos de la época.

Quisimos llevar a cabo un estudio comparativo entre los tres censos que nos permitiera, además de tipificar la vivienda, describir procesos de su permanencia o de su transformación en los últimos años de la colonia. Dado que los padrones fueron levantados con diferentes finalidades —el primero de ellos para efectos de policía, el segundo con fines administrativos y fiscales, y el tercero para controlar a la población, debido a la guerra de independencia—, los datos asentados para los tres censos no siempre son equiparables. Sin embargo, en la parte de la ciudad que se escogió, la información censal respecto a la vivienda estaba completa y presentaba datos semejantes en los tres momentos, de tal manera que permitió realizar análisis comparativos.[5]

El área elegida formaba parte de la zona céntrica que tuvo su origen en la primera traza de la ciudad española. Se ubica al surponiente de la plaza mayor y hacia la segunda mitad del siglo XVIII presentaba una población relativamente homogénea y una diversidad de formas de vivienda característica del centro de la capital novohispana (véase el plano 1).

---

[3] En el texto, el término vivienda se utiliza para designar en forma genérica a todos los tipos de espacios habitacionales, mientras que *vivienda* (en cursivas) se refiere específicamente al tipo así denominado en los censos.

[4] Guadalupe de la Torre, "Base de datos del padrón de 1753", Sonia Lombardo, "Base de datos del censo de 1790", Jorge González Angulo, "Base de datos del censo de 1811", proyecto INAH/CONACYT: "Censos históricos de la ciudad de México, 1753-1910", México, 1995-1996.

[5] La comparación de datos cuantitativos entre censos históricos de distintos años y levantados con objetivos diferentes y criterios particulares, siempre ha sido un asunto de cuidado. Uno debe preguntarse si lo que se está contando bajo determinado vocablo es lo mismo en censos levantados en diferentes épocas. Sin embargo, el análisis de estas tres fuentes nos dejó claro que son comparables y que la información muestra de manera verosímil las tendencias al cambio o la permanencia de los procesos históricos urbanos.

Plano 1. Ciudad de México, siglo XVIII. Ubicación del área de estudio.

LA ZONA

El área de la muestra (plano 2) comprende 12 manzanas,[6] delimitadas al norte por las calles 2a. y 3a. de San Francisco, y 1a. y 2a. de Plateros; al oriente por el Portal de Mercaderes —en el ángulo surponiente de la plaza mayor frente al mercado del Parián—, la 1a. y 2a. de Monterilla, y Bajos de San Agustín hasta llegar a Joya; por el sur, la calle de Mesones, y por el poniente la de Ratas, Damas, Colegio de Niñas y Coliseo.

El plano de Pedro de Arrieta de 1737 (plano 3) presenta una perspectiva de es-

---

[6] La numeración de las manzanas se tomó de la demarcación de 1871. Se utilizó este número en los tres censos para hacer posible su comparación.

112 CASAS, VIVIENDAS Y HOGARES

ta área, la cual se percibe como un conglomerado de casas entre las que destacan varios edificios religiosos, como el Hospital del Espíritu Santo, en la calle transversal al límite norte, el convento de las monjas Capuchinas hacia el ángulo nororiente; por el oriente, el imponente convento de San Agustín que cruza con un arco la calle del mismo nombre, y la iglesia y el oratorio de San Felipe Neri al surponiente. Destaca también hacia el norponiente la estructura de madera que cubría el techo del Teatro Coliseo, en la calle por la que corría la Real Acequia. En el lado norte de esta misma calle, desde el teatro hasta la plaza mayor, había una serie de portales conocidos como Portal del Coliseo, de los Hipolitanos, del Espíritu Santo y de Agustinos.

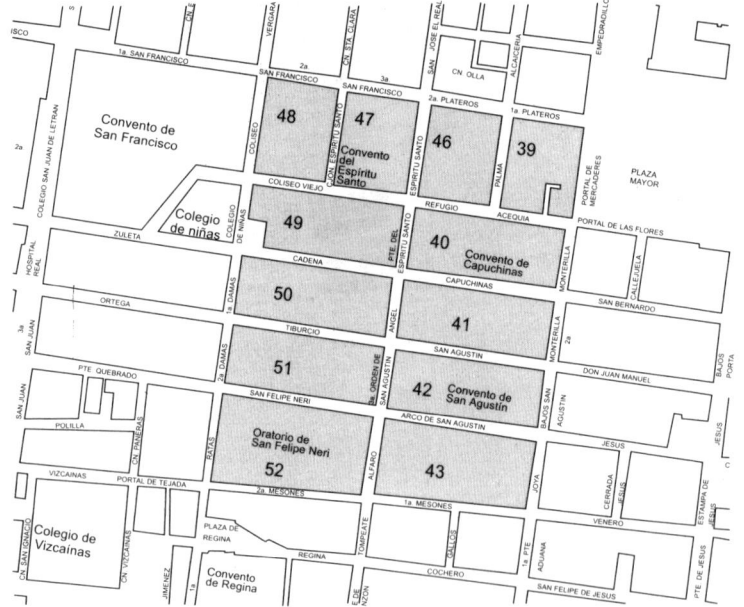

Plano 2. Manzanas y calles comprendidas en la muestra.

Fuera de la zona estudiada, pero en la periferia inmediata, había otros importantes edificios que ayudan a caracterizarla, como el convento de San Francisco en el ángulo norponiente, el Colegio de Niñas frente a su plazuela por el oriente o el convento de Regina un poco más al sur, así como el Colegio de San Ignacio de los Vizcaínos.

En la zona que se muestra, las calles son rectas y las casas, en su mayoría de dos pisos —aunque las hay de un piso en el sur—, están alineadas al paño de la acera y conforman manzanas rectangulares, con la sola excepción de la plaza del Colegio de Niñas, que crea un ángulo remetido en la manzana 49. No se perciben en el área predios baldíos, así que se puede decir que conserva la antigua traza de la ciudad española, ya totalmente edificada, y, por lo que se observa en el plano, todas parecen construcciones de mampostería.

En el lapso que abarca este estudio, la zona sufrió muy pocas transformaciones, como se hace evidente al comparar los planos de 1753 y de 1811, pues sólo se aprecia la desaparición de la acequia —que fue cubierta en 1790—, así como el cambio del Coliseo, dentro de la misma manzana, de la calle de la Acequia a la calle de Coliseo nuevo, antes llamada Colegio de Niñas[7] (véase los planos 4 y 5).

Plano 3. La ciudad de México en 1737. Plano de Pedro de Arrieta; zona estudiada.

[7] Algunas calles cambiaron de nombre durante el periodo:

	1753	1790	1811
M 39	Tlapaleros	Acequia	Portal de Agustinos
M 46	Valdivieso	2a. de Plateros	2a. de Plateros
M 47	Acequia	2a. Coliseo Viejo	2a. Coliseo Viejo

(continúa)

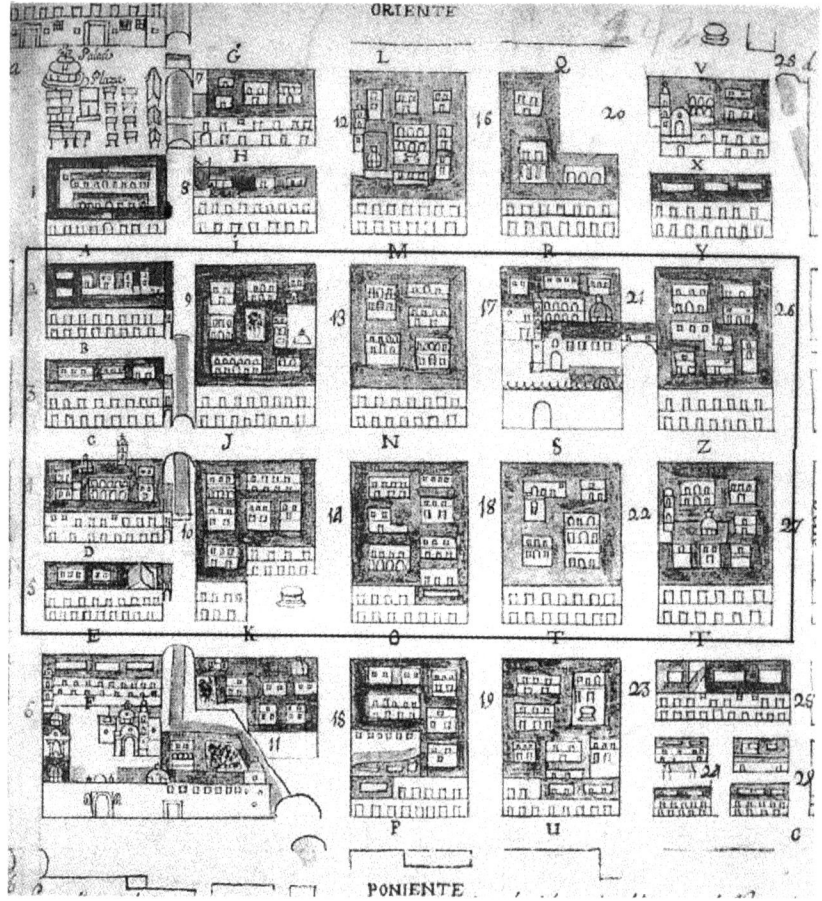

Plano 4. Ciudad de México, 1753; cuartel 3.

	1753	1790	1811
M 47	Profesa	3a. de San Francisco	3a. de San Francisco
M 40	Acequia o Tlapaleros	Refugio	Refugio
M 48	Coliseo	Coliseo Viejo	Coliseo Viejo
M 48	Colegio de Niñas	Coliseo	Coliseo
M 43	Venero o Aduana Vieja	Joya	Joya
M 42	Enfermería de Agustín	Bajos de San Agustín	Bajos de San Agustín
M 50	Colegio de Niñas	1a. de Damas	1a. de Damas
M 51	Ratas	2a. de Damas	2a. de Damas
M 51	San Agustín	3a. Orden de San Agustín	3a. Orden de San Agustín
M 43	Mesones o Clarín	1a. de Mesones	1a. de Mesones

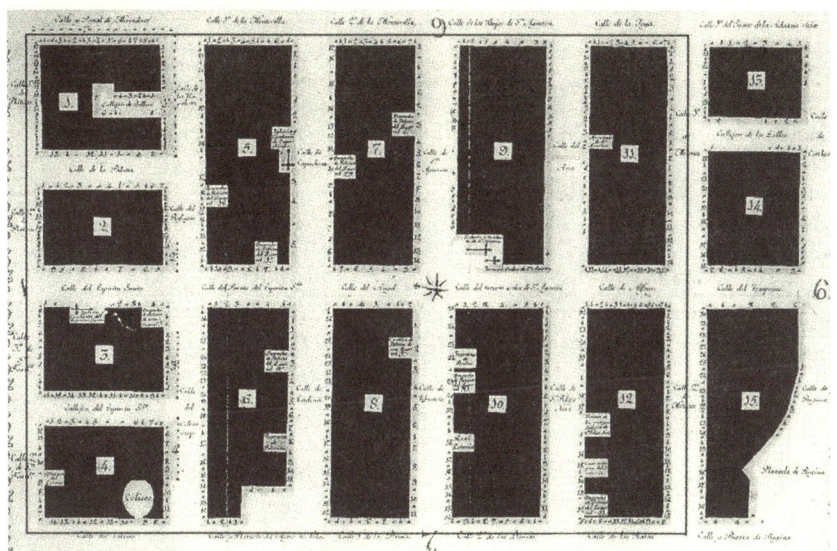

Plano 5. Ciudad de México, 1811; cuartel 5.

LA POBLACIÓN

La mayoría de la población fue siempre de ascendencia española, en una proporción que va de 56.2% en el censo de 1753 a 60.9% en 1790, hasta llegar a 70.9% en el último censo. Los indígenas son un grupo menor en el rumbo pero tienen un incremento importante entre 1753 y 1790, pues su porcentaje aumenta de 7.3 a 15.9 por ciento, descendiendo ligeramente en 1811 a 14.7%. En cambio, la proporción de las mezclas étnicas decrece continuamente en los tres censos de 36.4% a 23% y a 14.3%[8] (véase el cuadro 1).

Lo notable en estos años es que el número y porcentaje de las mezclas —de negros, mulatos, pardos, chinos y demás— disminuyen notoriamente. Es un caso claro de redefinición étnica de la población en esta zona —y en realidad en gran parte de la ciudad— debido al descenso radical de la trata de esclavos en la segunda mitad del siglo XVIII, lo que cambió mucho a la sociedad urbana. Por más de siglo y medio, al menos, los negros y los mulatos fueron de los grupos cuyas actitudes, hábitos y cultura definían buena parte de la vida cotidiana en la ciudad. En 1753, éstos eran la mayoría de las mezclas en la zona y representaban 25.9% del total de los pobladores, tres veces más que los indios o las mezclas de indio. En cambio, hacia 1790, el porcentaje total de mezclas se había reducido a 14.6 por ciento.[9]

[8] En adelante, de las tres cifras que se comparan, siempre corresponderá la primera al censo de 1753, la segunda al de 1790 y la tercera al de 1811.

[9] En el censo de 1811 no se especifica el tipo de mezcla, sino que se les denomina genéricamen-

Cuadro 1. Calidad de la población

	1753	1753	1790	1790	1811	1811
Español	1 854	56.2	2 602	60.9	5 585	70.9
Indio	241	7.3	679	15.9	1 160	14.7
Negro	52	1.6	40	0.9	0	0
Mestizo	293	8.9	318	7.5	0	0
Pardo	857	26	627	14.7	0	0
Casta	0	0	0	0	1 132	14.4
Total	3 297	100	4 266	100	7 877	100

LA PROPIEDAD Y LA RENTA DE LAS VIVIENDAS

El padrón de 1790 muestra —como sabemos también por otras investigaciones para 1813—[10] que la proporción de residentes de la ciudad de México, dueños de la vivienda que habitaban, era mínima; la gran mayoría lo hacía en espacios rentados. De acuerdo con los datos censales, 62% de la propiedad en la zona está en manos de diversas corporaciones o instituciones. De ellas, 56% corresponde a instituciones religiosas como conventos de monjas o monjes, y cofradías, y sólo 6% a corporaciones no religiosas (la mitad de ellas era del Hospital Real de Indios).

El resto de los inmuebles pertenecía a particulares que invertían en la compra de casas para renta de viviendas en la ciudad; de ellos, 26% —casi las dos terceras partes—, eran de propietarios que poseían más de una casa y el restante 12% una sola propiedad.

Ahora bien, de las 114 casas propiedad de particulares, sólo 18 de ellas eran habitadas por sus propietarios, varios de los cuales no las ocupaban por completo ya que rentaban otras partes del edificio. Únicamente, 1.43% de las viviendas censadas en 1790 eran habitadas por sus propietarios, 98.57% las rentaban sus ocupantes.

Este régimen tan concentrado de la propiedad de los inmuebles urbanos permite inferir que la movilidad de los habitantes de la ciudad era muy grande dado que casi todos los espacios de ésta se ofrecían en renta. Cuando el arrendatario requería y podía pagar un espacio mayor se mudaba de un *cuarto* a una *vivienda*, o si su negocio mejoraba, podía rentar además de la *accesoria* donde trabajaba y vivía con su familia, otro espacio para vivir y dedicar la *accesoria* exclusivamente al

---

te castas, incluyendo las mezclas de indios; en este caso, el porcentaje de todos llega sólo a 14.3, así que la disminución de las mezclas de color debió ser importante.

[10] María Dolores Morales, "Estructura urbana y distribución de la propiedad en la ciudad de México en 1813", en: *Historia Mexicana*, 99, vol. XXV, núm. 3, enero-marzo de 1970, pp. 363-402. En nuestra muestra, como es una zona que forma parte del centro, el porcentaje de concentración de la propiedad es incluso mayor que la obtenida por María Dolores Morales para toda la ciudad.

negocio. Lo más común era mudarse de un *cuarto* a otro, o de una *vivienda* a otra, según las oportunidades y circunstancias.

Muchas de las construcciones en esos años y en esta parte de la ciudad tenían una estructura suficientemente flexible para permitir a sus dueños rentarlas en partes o completas. Éstas combinaban casi siempre en un mismo edificio —denominado genéricamente "casa"—, espacios habitacionales que eran arrendados por personas con diferentes posibilidades económicas, que optaban por *cuartos, viviendas,* o *entresuelos,* y también espacios para actividades mixtas: habitacionales o económicas como las *accesorias*. Muchos de estos edificios, desde su construcción, fueron pensados para destinarlos al arrendamiento —entre ellos las llamadas "casas de vecindad"—; en este caso, la edificación se componía generalmente de varias *viviendas*, de una serie de *cuartos*, así como de *accesorias*.

La renta de las viviendas variaba de acuerdo con la zona en que se ubicaban y suponemos que también tenía que ver la amplitud de sus espacios y el estado físico de la construcción. Por ejemplo, según un censo de establecimientos comerciales del año 1816,[11] en la céntrica calle del Portal de Mercaderes (frente a la plaza mayor), las *accesorias* podían tener una renta anual de 200 o 250 pesos en promedio, lo mismo que a la vuelta, sobre la calle de la Acequia, en donde una *accesoria* usada como cajón rentaba 250 y otra como vinatería, 240. En la calle de Monterilla —donde se ubicaban muchos de los comercios más importantes—, la renta variaba entre 200 y 350 pesos. Unas cuadras más al sur, en la calle de Joya, una *accesoria* usada como tienda rentaba 48 pesos y una como vinatería 148; en la 2a. de Mesones, una vinatería 168 pesos; hacia el poniente, en la 1a. de Damas, una tienda 138 pesos, y en Alfaro, una vinatería sólo 72.

Se puede observar que las rentas variaban en la misma calle pero dentro de un rango cercano. Además, la renta se incrementaba cuanto mayor era la proximidad con la plaza mayor, que fue siempre el centro comercial más importante de la ciudad. Es evidente que en el sur, las rentas de las *accesorias* eran mucho menores y albergaban los negocios más modestos y menos productivos; en cambio, los más prósperos estaban en la parte noreste, cerca de la plaza.

LOS TIPOS DE VIVIENDA

En la muestra, son seis los tipos de vivienda que predominan a lo largo del periodo: *casa, vivienda, entresuelo, cuarto, covacha* y *accesoria*.

La casa era la edificación ocupada por una sola unidad doméstica. Ésta podía ser una familia nuclear o extensa, además de agregados laborales o sin parentesco con el jefe de familia. En ocasiones se alojaban también otras familias relacionadas

---

[11] *Padrón general de los comerciantes que abriga esta capital en sus ocho quarteles mayores, en que toda su población se divide, formado por quarteles y calles 1816,* s.p.i.

por vínculos familiares o de trabajo, por ejemplo, hijos o hermanos casados, o sirvientes con esposa e hijos. En los tres censos todas las *casas* están ocupadas por familias de españoles.

Los espacios que conforman la *casa*, así como el número de pisos que tiene, son variados, según el nivel económico de sus habitantes. Las casas de la gente con mayores recursos —muchas veces nobles— eran muy amplias, casi siempre de dos pisos. Por lo general se accedía a ellas a través de un zaguán que desembocaba en un patio. A su alrededor se distribuían espacios destinados a servicios como cuartos para mozos, cocheras, o bodegas para guardar productos, dependiendo de la actividad económica de los propietarios que, en su mayoría, eran terratenientes, comerciantes o mineros.

Del patio partía la escalera al segundo piso y en el espacio que se formaba abajo de ella estaba la covacha. En el descanso, se abría una puerta para el entresuelo que constaba de varios espacios, utilizados frecuentemente como oficinas y habitación de los empleados. La planta alta, el "piso noble", era propiamente donde habitaba la familia.

La *casa* llamada de los Condes de Heras y Soto (véase el plano 6), que todavía se conserva —calle de Chile núm. 8, esquina con Donceles—, puede servir de ejemplo para describir su funcionamiento. Al frente, con vista a la calle y con balcones viendo al oriente, estaban los cuartos principales: el salón del dosel, que era privilegio de la nobleza pues estaba destinado a guardar los retratos del rey y la reina, como si estuvieran en un trono.[12] A continuación venía la sala del estrado o sala para recibir, un tocador y la cámara principal. Inmediatamente en el ángulo que ve al patio, estaban el oratorio y una tras otra, cuatro cámaras más con balcones viendo al norte, hacia la calle de Donceles. En el otro ángulo del patio estaba el comedor, y hacia el segundo patio, un espacio para repostería, la cocina y otros servicios. En el lado sur del patio había una azotehuela, un baño, una serie de cuartos, uno de ellos de asistencia, y una antesala.

Sin embargo, no todas las *casas* eran del mismo tamaño. En un avalúo realizado por el maestro mayor Francisco Guerrero y Torres se describen otras que corresponderían a un nivel medio, como la ubicada en la Plaza del Hornillo, que estaba conformada así: "por lo bajo se compone de dos accesorias con la de la esquina y por el callejón un zaguancito con escalera, que debajo tiene una caballeriza y en su meseta un entresuelo y desemboca [en una sala, azotehuela con cocina y una recámara... toda esta fábrica es de mampostería techada con vigas y antepechos, los pisos bajos y envigados, los altos y azoteas enladrillados, puertas y ventanas con sus cerraduras en corriente, con un balcón de fierro en la sala... 20 de julio de 1785".[13]

La *vivienda* se conformaba por varios espacios integrados en una unidad, sin em-

---

[12] Manuel Romero de Terreros, marqués de San Francisco, "La casa colonial", *Anales del Museo Nacional de Arqueología, Historia y Etnología*, t. V, México, Imprenta del Museo Nacional de Arqueología, Historia y Etnología, 1913.

[13] Archivo General de Notarías, vol. 901, notario 155, Francisco Calapiz, 1790, f. 398.

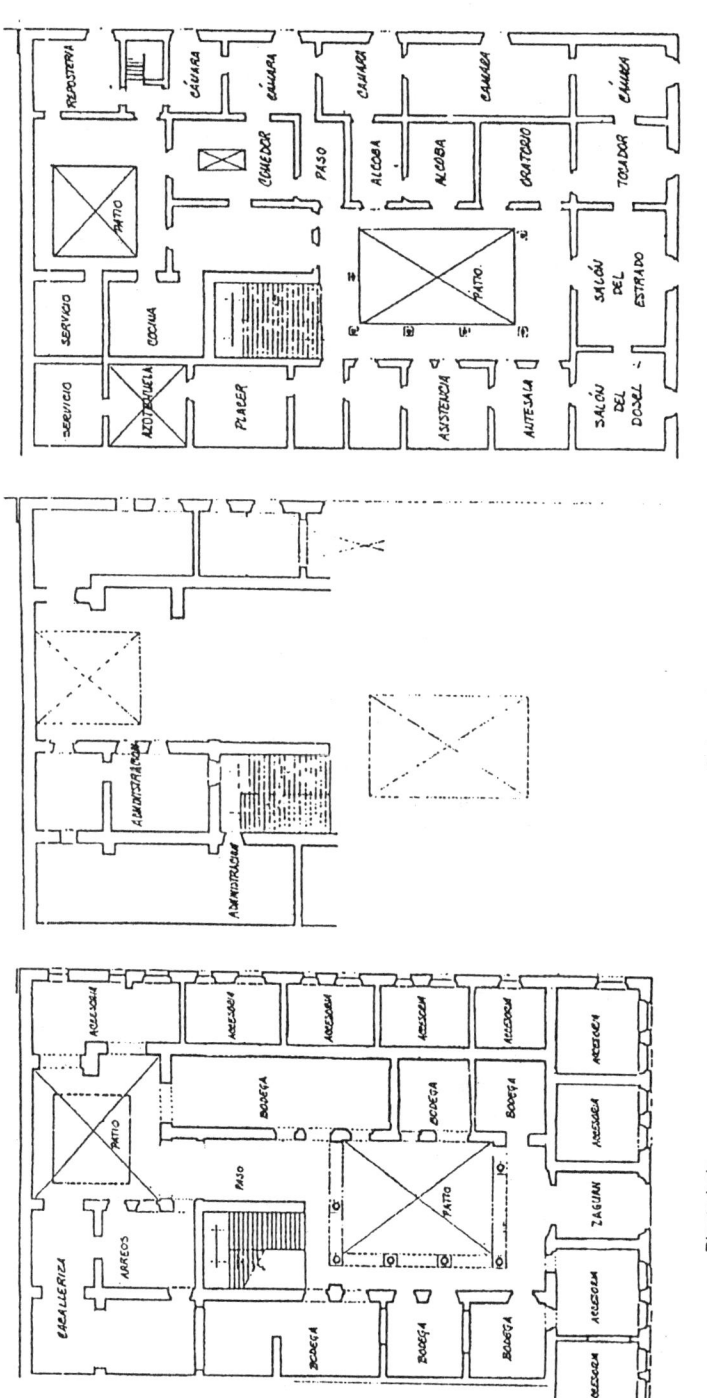

Plano 6. Casa de los condes de Heras y Soto.

bargo, podía haber entre ellas grandes diferencias dependiendo del número y amplitud de los espacios, o bien, de acuerdo con el tipo de edificio en la que se encuentran.

Hay algunas que se registran como *viviendas bajas* o *viviendas altas*, dependiendo del piso donde se encontraban, y a otras se les distingue de las más comunes denominándolas *vivienda principal*. Las *viviendas altas* eran las de mayor jerarquía y se les encuentra en mayor número en la parte norte de la zona, que es donde están las edificaciones más grandes y con varios pisos.

Un avalúo hecho por el arquitecto veedor Pedro de Arrieta, el 4 de abril de 1716, de un inmueble ubicado en la calle de Tercera Orden de San Agustín, junto a la capilla del Santo Cristo de Burgos, esquina con la calle de San Felipe Neri, describe la propiedad, compuesta de dos *viviendas* con todas sus dependencias:

> ...la una vivienda que está al lado norte y se compone de sala de recibimiento, sala de estrado, dormitorio, cuarto de estancia de las señoras, cuarto comedor, cuarto de mozos y cocina, un baño de azulejos muy bien dispuesto con sus dos calderas de agua fría y agua caliente, azotehuela, oficina necesaria y corral de gallinas con su gallinero. Todas estas piezas dichas son espaciosas y bien acondicionadas, y la vivienda del lado sur que cae sobre la esquina y calle de San Phelipe es sala de recibir, sala de estrado, dormitorio, cuarto comedor otros dos cuartos de recámara con el otro interior y al corredor puerta. Su fábrica es de piedra y buenas mesclas, las maderas de sus techos todos de vigas de a siete y a ocho varas y planchas y zapatas que reciben las maderas de los corredores de cedro pilares de piedra de cantería, altos y bajos, rejas de fierro y balcones: así lumbreras como volados varandales de fierro de dichos corredores... los pasos de la escalera de piedra de Tenayuca sobre bóveda de mampostería, canales de piedra de cantería con sus chiflones de plomo...[14]

Una de las *viviendas* estaba habitada en 1753 por una familia extensa compuesta de 22 personas, entre las que figuraban un canónigo, sus hermanos, la familia de uno de ellos, un huésped y 14 criados. En 1790 la ocupó una dama viuda con dos hijas, un cajero español, una agregada, dos sirvientas y un cochero con su familia y su padre, y un lacayo con su familia, en total 15 habitantes. La otra *vivienda* estaba habitada por el guarda mayor y administrador del Alumbrado general con su familia de seis hijos, su cuñada, su teniente, una cocinera y un portero.

Considerando como indicadores del nivel socioeconómico de los individuos que las habitan, su ocupación, el número de sirvientes y las dependencias que tiene cada *vivienda*, se puede inferir que este tipo de habitación era para gente de la clase alta.

Sin embargo, también hay *viviendas* más modestas —si no es que predominaban—, que aunque son un poco más amplias que los *cuartos*, no eran tan ricas co-

---

[14] Documento citado por Magdalena E. de Rangel en: *El palacio de los condes de Heras y Soto (sede del Consejo del centro histórico de la ciudad de México)*, México, Talleres Gráficos de la Nación, 1984. p. 37.

mo las antes descritas. En el mismo avalúo antes mencionado, se describe una así: "...una escalera que sube a una vivienda de sala, recámara, cocina y azotehuela...". Otra con estos mismos espacios y añadiendo una asistencia, cuarto de mozos y bodega, puede verse en el plano 7.

Las *viviendas* en la muestra están habitadas mayoritariamente por familias con jefes españoles (153, 298 y 347), mientras que los indios (0, 6 y 6) y las castas (16, 17 y 16) tienen una representatividad mínima.

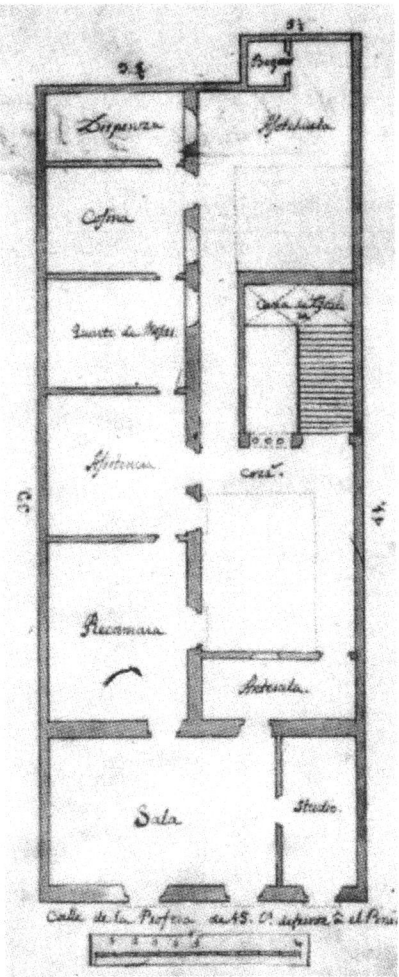

Plano 7. Edificio en la calle de La Profesa; planta alta con vivienda.

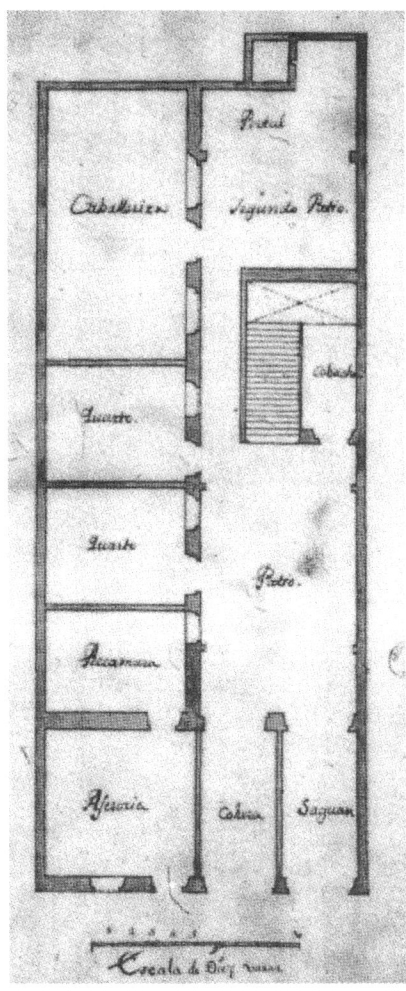

Plano 8. Edificio de la calle de La Profesa; planta baja con accesoria y cuartos.

El *entresuelo* según se describió —en la casa de los Condes de Heras y Soto—, estaba compuesto de varias piezas con ventanas hacia los patios y se ubicaba en los descansos de las escaleras, por lo que necesariamente éstos se situaban en edificios con altos (véase el plano 6).

El *cuarto* se ubicaba indistintamente, al igual que las viviendas, en la planta baja —*cuarto bajo*— o en la alta —*cuarto alto* o *cuarto en la planta alta*. Era el tipo de vivienda más elemental pues consistía generalmente en un solo espacio, en el que habitaba toda la familia; sólo ocasionalmente tenían una cocina, como se describe en un avalúo de una casa de vecindad que se componía de "patio con cinco cuartos, uno de ellos con cocina; siguen otros cuatro cuartos, uno con patio y cocina...".[15] Una disposición semejante se puede ver en el plano 8.

La *covacha* era el espacio que se formaba debajo de las escaleras, que se cerraba con un muro y se le ponía una puerta formal o se improvisaba cerrándolo con ma-

Cuadro 2. Calidad de la población en cada tipo de vivienda

	Vivienda	*Cuarto*	*Accesoria*	*Casa*	*Entresuelo*
1753					
Español	153	178	222	47	12
Indio	0	10	3	0	0
Negro	0	2	1	0	0
Mestizo	8	36	22	0	0
Pardo	8	55	21	0	0
Casta	0	0	0	0	0
Total	169	281	269	47	12
1790					
Español	298	289	226	90	46
Indio	6	49	11	0	0
Negro	0	2	0	0	0
Mestizo	4	26	11	0	0
Pardo	7	77	18	0	1
Casta	0	0	0	0	0
Total	315	443	266	90	47
1811					
Español	347	280	216	113	68
Indio	6	39	10	1	1
Negro	0	0	0	0	0
Mestizo	0	0	0	0	0
Pardo	0	0	0	0	0
Casta	16	48	22	0	1
Total	369	367	248	114	70

[15] Archivo General de Notarías, notario 155, Francisco Calapiz, 1790.

deras u otro material. Por lo general carecía de fuentes de ventilación y de iluminación que no fuera la propia puerta, aunque algunas de ellas contaban con lumbreras.

La *accesoria* consiste en un espacio con puerta o puertas a la calle. A veces este único espacio tiene una división interior que forma una *recámara* o una *trastienda*; también puede tener *altos* o *vivienda alta*, que generalmente es un tapanco al que se accede por una escalera interior (véase el plano 8).

Estando el área de la muestra habitada mayoritariamente por jefes de familia españoles, éstos también eran mayoría en todos los tipos de vivienda. No obstante, el porcentaje de jefes de familia indios y de castas es mayor en los cuartos, en las viviendas más modestas y en las covachas, que en otros tipos (véase el cuadro 2).

VIVIENDA Y POBLACIÓN

La comparación de los datos de las viviendas habitadas y el de población que las ocupaba muestran un crecimiento a lo largo del periodo estudiado, sin embargo, el incremento no es proporcional; la población crece más que las viviendas (véase la gráfica 1). Aunque en el caso del censo de 1790 puede haber un subregistro de población, debido a que el interés fundamental de las autoridades no eran los vecinos sino sus obligaciones fiscales y el conocimiento económico de la ciudad, persiste la diferencia de crecimiento entre estas dos variables. Al considerar que el promedio de habitantes por vivienda se eleva de 5.31 en 1753 a 6.14 en 1811, lo que inmediatamente puede pensarse es que se da un uso más intensivo del suelo para habitación en esta zona, es decir, que en este lapso temporal se incrementa la den-

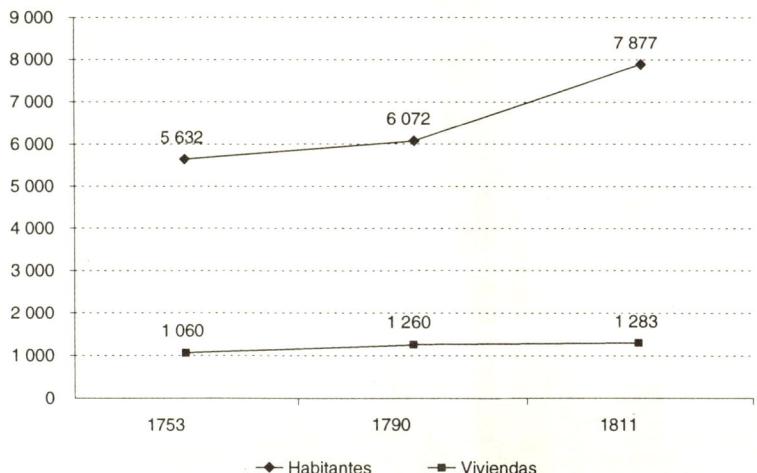

Gráfica 1. Relación de crecimiento entre habitantes y vivienda.

sidad de población en las viviendas. Al comparar los promedios de habitantes por tipo de vivienda (véase la gráfica 2) y el número de viviendas por tipo (véase la gráfica 3), vemos que son las casas las que sin crecer en número aumentan su promedio de habitantes; mientras que los otros tipos —*viviendas, cuartos y entresuelos*— incrementan su número y mantienen el promedio de sus habitantes.

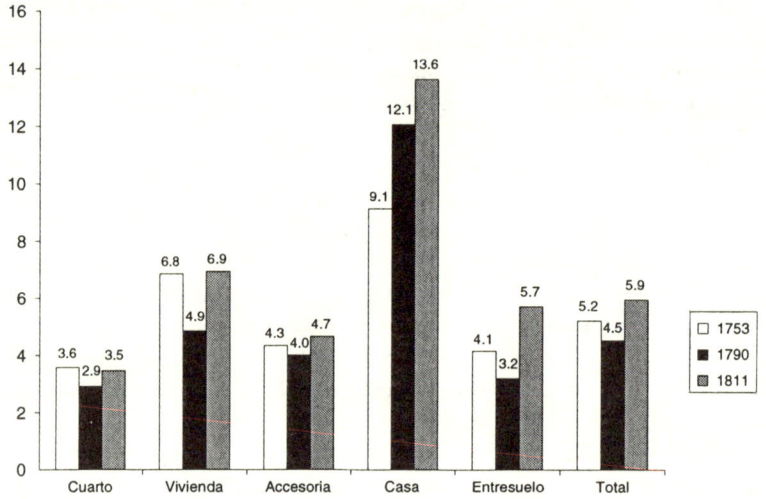

Gráfica 2. Promedio de habitantes por tipo de vivienda.

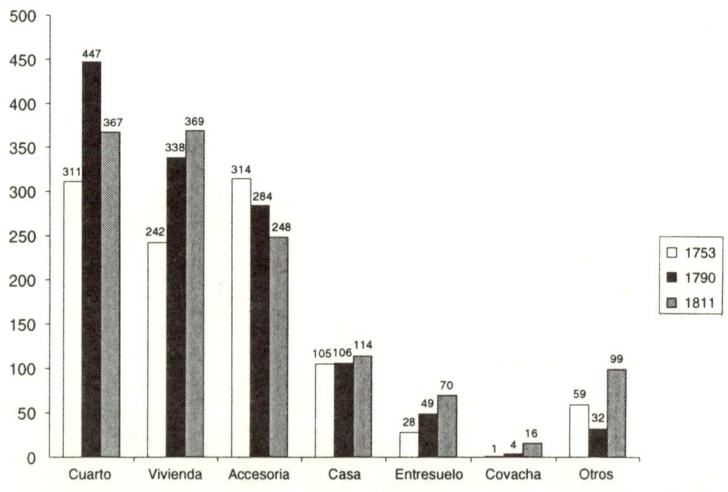

Gráfica 3. Número de viviendas habitadas de cada tipo.

LA VIVIENDA EN UNA ZONA AL SUROESTE DE LA PLAZA MAYOR   125

Plano 9. Densidad de vivienda por manzana.

Plano 10. Promedio de habitantes por vivienda.

Un examen más detenido de las manzanas de la muestra permite una mayor precisión en el análisis de la zona. Si se compara por manzana la densidad de vivienda, el promedio de habitantes por vivienda y la densidad de población, se observa un comportamiento diferenciado entre el área centro-norte y la del sur (véase los planos 9, 10 y 11).

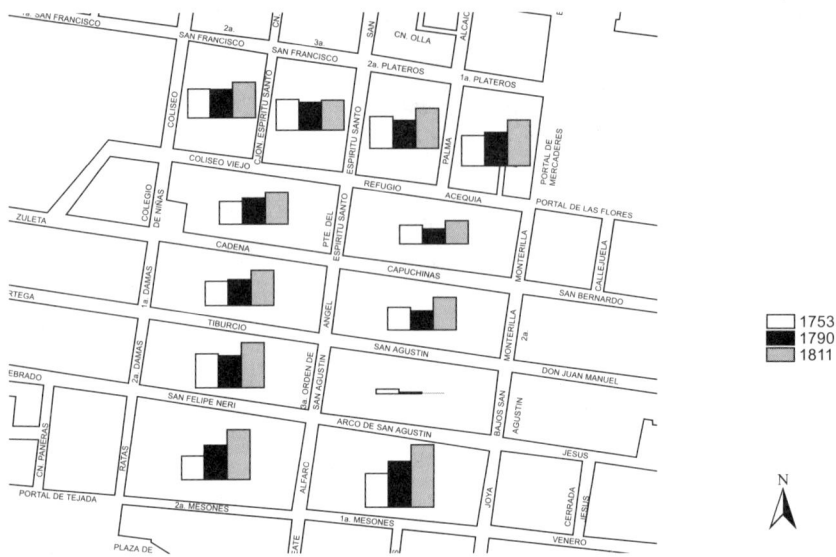

Plano 11. Densidad de población por manzana.

1. En las manzanas del norte y la parte media, el número de viviendas no aumenta mientras que sí lo hace la población y el promedio de habitantes por vivienda. En cambio, en las manzanas más alejadas del centro hay un incremento notable en el número de viviendas, mientras que el promedio de habitantes por vivienda se mantiene. Por tanto, en la zona se dan dos procesos de crecimiento distintos: en el área norte el incremento poblacional es absorbido por las viviendas ya existentes mientras que en la parte sur este incremento se traduce en un aumento proporcional de la vivienda, ya sea por su subdivisión, o por la construcción de nuevas viviendas en los mismos predios (véase los planos 12, 13, 14, 15 y 16).

2. El crecimiento de las viviendas en la zona sur se debe a la aparición de un gran número de *cuartos* y *viviendas modestas*, las cuales se vuelven predominantes. En cambio, en el centro y en el norte se ubica el mayor número de *casas*. Esto apunta a una diferenciación económica de las viviendas entre norte y sur.

Otro proceso de los tipos de vivienda en la zona lo presentan las *accesorias*. Éstas combinaban frecuentemente en su uso de suelo las actividades económicas jun-

LA VIVIENDA EN UNA ZONA AL SUROESTE DE LA PLAZA MAYOR   127

Plano 12. Distribución de casas por manzana.

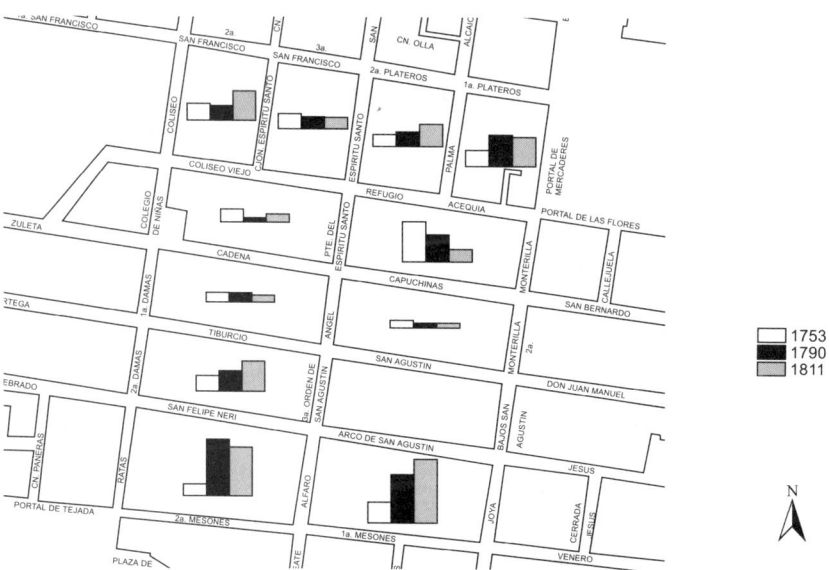

Plano 13. Distribución de viviendas por manzana.

to con las de habitación. No contamos con el dato de *accesorias* utilizadas exclusivamente para actividades económicas en el censo de 1811, sin embargo, con los datos de 1753 y 1790 podemos ver que, en ese lapso, el número de *accesorias* con uso de suelo exclusivamente económico se incrementa pasando de 25 a 137.

Plano 14. Distribución de cuartos por manzana.

En 1753, 49.5% de las *accesorias* tienen un uso exclusivamente habitacional, otro 43.7%, además de estar habitadas, son destinadas a alguna actividad económica, y el 7.3% restante tiene sólo un uso económico. Para 1790 la proporción cambia de modo sustancial: han disminuido las de uso exclusivamente habitacional a 34.3% y también las que lo comparten con uso económico a 37.9%; la proporción de *accesorias* destinadas únicamente a actividades económicas, en cambio, ha aumentado de manera significativa a 27.7%. Es decir, en este periodo creció en más de 20% el número de *accesorias* destinadas sólo a alguna actividad económica, al mismo tiempo que decrecieron —en 5.8%—, las que combinan el uso habitacional y el económico, y en 15% las utilizadas exclusivamente para habitación.

En la gráfica 4 se aprecia la tendencia al cambio de uso de suelo de las *accesorias*: el habitacional cede terreno frente al económico, lo que explica la disminución de las *accesorias* habitadas en los censos de 1790 y 1811; es el inicio de la segregación del uso del suelo o de la especialización del uso de las viviendas, que avanza sensiblemente en la última mitad del siglo XVIII, diferenciando los espacios de habitación de los de trabajo.

LA VIVIENDA EN UNA ZONA AL SUROESTE DE LA PLAZA MAYOR 129

Plano 15. Distribución de accesorias por manzana.

Plano 16. Distribución de entresuelos por manzana.

Reforzando esta separación, es precisamente en este momento cuando principia la construcción de edificios como la Real Casa de Moneda y la Real Fábrica de Tabaco, que básicamente están dedicados a actividades productivas y, aunque también son residencia de los funcionarios encargados y de parte del personal administrativo y técnico, la mayoría de los operarios radica fuera del lugar de trabajo.

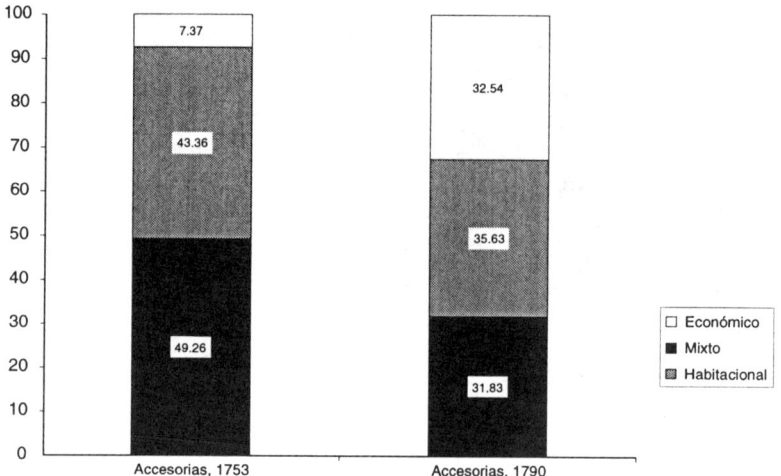

Gráfica 4. El uso del suelo de las accesorias, 1753-1790.

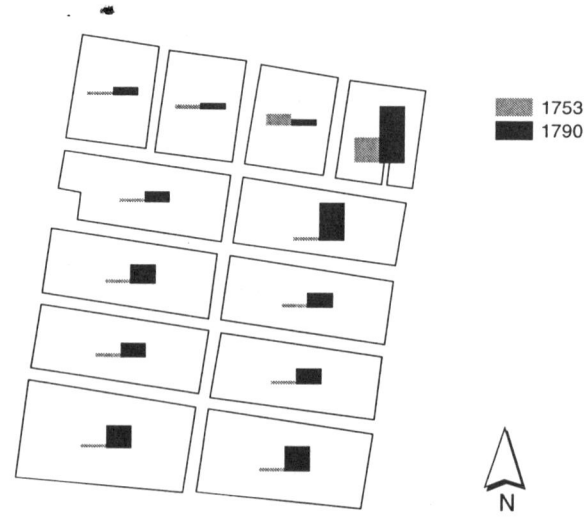

Plano 17. Viviendas con uso exclusivo de negocios por manzana.

Al mismo tiempo se inicia un proceso de zonificación diferenciada. Mientras que en 1753 sólo hay en el norte un mínimo de viviendas con uso de suelo exclusivo para negocio y predominan las de uso mixto, hacia 1790 las primeras han tenido un aumento sustantivo en toda el área y se ha creado un corredor concentrado de negocios en la zona nororiente, particularmente en la manzanas cercanas a la plaza mayor, que incluyen las calles de Plateros, Portal de Mercaderes, Monterilla, Acequia o Tlapaleros y Capuchinas. En cambio, en la zona sur permanecen las *accesorias* con usos habitacional y mixto (véase el plano 17).

USO DE SUELO DE LA VIVIENDA

El análisis de las ocupaciones de los habitantes de la muestra, así como el de los usos de suelo específicos de las viviendas y su distribución en la zona, permite comprender mejor el proceso de especialización del uso de suelo de habitacional a económico.

La *accesoria* —dadas sus características físicas y su ubicación con acceso directo a la calle— es el tipo de espacio apropiado para instalar en él tanto negocios productivos como comerciales o de servicios. Sin embargo, también se encuentran viviendas de otro tipo destinadas a labores económicas, aunque en un porcentaje mucho menor (12.8% en 1753 y 19.7% en 1790). Un ejemplo de estos espacios son las panaderías, que por lo general ocupan todo el edificio (frecuentemente *casas*); partes de los espacios son usados para instalar el área de trabajo, otros son habitados por el propietario del negocio y su familia, y por los "operarios" o panaderos, sus mujeres e hijos, y otros más, como las *accesorias*, son destinados para la venta al público del pan. Otro ejemplo son los grandes negocios que, además de utilizar las accesorias para montar las tiendas, ocupan *cuartos, viviendas* o *entresuelos* como bodegas o almacenes para guardar las mercancías con las que comercian (véase el cuadro 3).

En la zona, el porcentaje de viviendas que comparten uso habitacional y productivo disminuyó 31.5% entre 1753 y 1790; también, las que comparten uso habitacional y comercial, decrecieron 48.5%, al igual que las viviendas que lo hacen con negocios que prestan servicios y que disminuyeron 8.5 por ciento.

El decrecimiento de negocios productivos de uso mixto se observa en concreto en cierto tipo de talleres artesanales. Por ejemplo, menos de la mitad de las hojalaterías, latonerías y carpinterías se conservan habitadas para 1790; otros talleres, como las arcabucerías y sederías, incluso aparecen registradas sin habitantes. En otras especialidades, aunque los talleres habitados siguen siendo mayoría, ya se observa una tendencia al cambio, entre ellos están por ejemplo las sastrerías, en que 10 de 14 siguen teniendo habitantes, al igual que 15 de 18 chocolaterías u 11 de 17 establecimientos donde se elaboran pasteles y bizcochos (véase el cuadro 4).

La combinación del uso de suelo de las viviendas y la ocupación de sus habitantes presenta una visión del proceso de transición —según el ramo— del uso mixto, a la separación entre negocio y habitación.

Como es sabido, tradicionalmente en los talleres, además de venderse los artículos ahí fabricados, vive también la familia del maestro artesano y con frecuencia los jóvenes aprendices que permanecen bajo su tutela hasta aprender el oficio.

Cuadro 3. Uso de suelo en cada tipo de vivienda

Uso de suelo	Tipo de vivienda					Total	Porcentaje
	Accesoria	Casa	Cuarto	Vivienda	Entresuelo		
1753							
Habitación/producción y venta	93	6	1	–	–	100	80.6
Producción y venta	23	1	–	–	–	24	19.4
Total						124	100
Habitación/comercio	33	1	–	–	–	34	97.1
Comercio	1	–	–	–	–	1	2.9
Total						35	100
Habitación/servicios	19	–	–	1	–	20	95.2
Servicios	1	–	–	–	–	1	4.8
Total						21	100
Habitación/entretenimiento	2	1	–	–	–	3	100
Entretenimiento	–	–	–	–	–	–	
Total						3	
1790							
Habitación/producción y venta	48	8	–	1	–	57	49.1
Producción y venta	59	–	–	–	–	59	50.9
Total						116	100
Habitación y comercio	76	4	–	6	1	87	48.6
Comercio	68	–	22	2	–	92	51.4
Total						179	100
Habitación/servicios	25	–	–	1	–	26	86.7
Servicios	4	–	–	–	–	4	13.3
Total						30	100
Habitación/entretenimiento	1	–	–	–	–	1	14.3
Entretenimiento	6	–	–	–	–	6	85.7
Total						7	100

Este patrón de residencia tiene que ver con la organización productiva artesanal y sus jerarquías laborales, que en la mayoría de los oficios están reglamentadas mediante los gremios. Si generalizáramos, los maestros y aprendices residirían en *accesorias* y la mayoría de los oficiales en *cuartos*, sin embargo, no siempre es así. En ciertos gremios hay aprendices que residen en el domicilio del maestro o bien con su propia familia; también en algunos casos hay oficiales residiendo en *accesorias*, en otros, maestros que viven en *cuartos* o *viviendas*, e inclusive en *casas*, como es el ejemplo característico de los plateros. Los maestros de este oficio —agrupados en uno de los gremios más ricos de la ciudad— cuentan con los recursos para rentar el edificio completo, habitar en una parte de la casa y destinar la *accesoria* para uso del taller, o bien, rentar alguna vivienda vecina a la *accesoria*. En 1753, de las 26 platerías registradas, sólo cuatro están habitadas, al igual que en 1790, en que siguen estando habitadas cuatro de las 29 platerías censadas.

Cuadro 4. Usos de suelo productivo de las viviendas

Talleres artesanales	1753 Habitados	1753 Sin habitar	1790 Habitados	1790 Sin habitar	1811 Habitados
Confiterías, pastelerías, bizcocherías	8		11	6	3
Neverías	4				
Figones, fondas	2		4		
Chocolaterías	4		15	3	3
Panaderías	5		8		1
Tocinerías	1		1		1
Cigarrerías, purerías	29				
Velerías	10		8	1	1
Boticas	4	1	5		2
Sastrerías	13		10	4	3
Tintorerías	4				
Sederías	1	1		2	
Bordadurías			2	2	
Zapaterías	3		7		2
Platerías, batihojerías, tiradurías	5	22	4	25	
Hojalaterías, latonerías			4	5	
Relojerías	1		3	2	
Arcabucerías				2	
Carrocerías	3		1		1
Carpinterías	1		2	6	
Sillerías	1		1	2	
Tonelerías	2				
Polvorería	1				
Otros	4		2		5

Los *cuartos*, y en mucho menor medida las *viviendas*, aunque no son usados propiamente como espacios para la producción, mantienen una relación de uso habitación-trabajo con la *accesoria* ya que los artesanos que no viven en ella se desplazan diariamente desde su lugar de habitación hasta sus propios talleres o los de sus maestros o patrones.

En la muestra, los zapateros, por ejemplo, están más cerca de la forma de organización "tradicional", ya que en los tres padrones se registran respectivamente

77, 59 y 71.7 por ciento de ellos viviendo en *accesoria*, y 23, 38.4 y 24.5 por ciento en *cuarto*. En el mismo caso están los carpinteros con 94, 50 y 59 por ciento habitando en *accesoria*, y 6, 33.3 y 36.3 por ciento en *cuarto*. Estas cifras muestran que la mayoría de los maestros, oficiales y aprendices de estos oficios viven en *accesorias*, y una parte de los oficiales en *cuartos*. Con todo, hay que anotar que los oficiales que viven en *accesorias*, por lo general lo hacen en aquellas que tienen únicamente uso de suelo habitacional. Es de suponer que estos artesanos no declarasen su uso como taller a los censores, ya que por testimonios de la época sabemos que muchos oficiales abrían un obrador a despecho de las ordenanzas y a pesar de las reclamaciones de los maestros (con el legítimo derecho de tener una tienda-taller), que periódicamente, con el auxilio de los funcionarios del cabildo, cerraban los establecimientos "clandestinos".

En el caso de los sastres, la proporción de los que viven en *accesorias* es menor, sobre todo en la época de los dos últimos censos (68, 24.5 y 24 por ciento), mientras que aumenta el porcentaje (25.6, 44.5 y 45 por ciento) de los que lo hace en *cuartos*, y en el caso de 1790 y 1811, en *vivienda, casa* o *entresuelo* (30 por ciento).

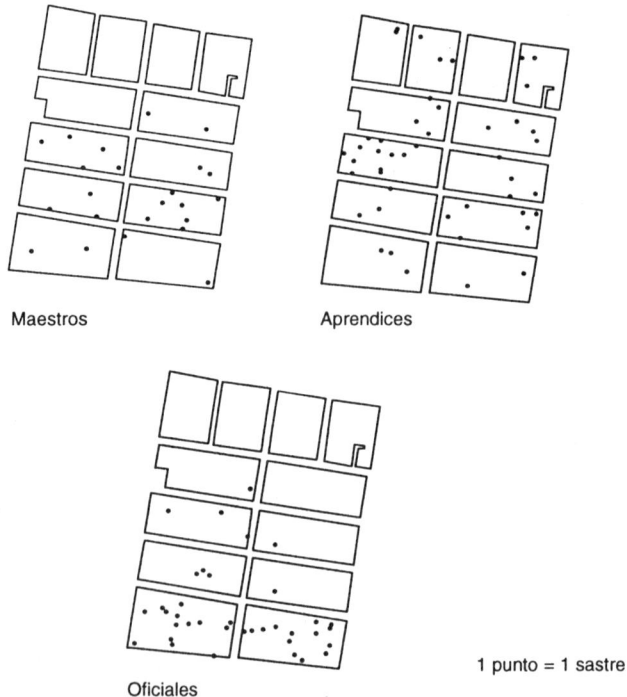

Plano 18. Distribución de los sastres por manzana, 1753.

Estos ejemplos muestran que artesanos como los zapateros, carpinteros o sastres siguen viviendo en *accesorias*, sin embargo, la proporción de los que lo hacen ha disminuido entre 1753 y 1811: los carpinteros lo hacen en 35%, mientras que los sastres en 44 por ciento.

Esto tiene que ver con las características del oficio. Sin duda, los maestros sastres tienen mayor remuneración que los zapateros y carpinteros y pueden rentar viviendas, además de la *accesoria* donde tienen el taller, mientras que los oficiales de sastre, en su mayoría, deben arrendar un *cuarto*.

Los oficiales en general buscaron rentar viviendas en la parte donde eran más baratas, en este caso, el sur de la zona estudiada —las manzanas 43, 51 y 52. En este sector, como ya se hizo referencia, se concentra la más alta densidad de vivienda y de población; es el lugar de residencia de las mujeres que se mantienen de las labores de costura en sus domicilios, de los aguadores que viven de las propinas por acarrear el líquido, de las lavanderas que lavan ropa ajena en los lavaderos públicos, y de las cigarreras, que para la época en que se levantaron los censos de 1790 y 1811, son en su mayoría mujeres y se han convertido en empleadas a destajo de la Real Fábrica de Tabaco (véase los planos 18 y 19).

Plano 19. Distribución de las costureras por manzana, 1811.

El proceso de segregación del uso habitacional de las viviendas ocupadas por establecimientos comerciales es más evidente. En los tres censos, la mayor parte de los comerciantes y sus dependientes (66, 70 y 70 por ciento) aparecen habitando *casas, viviendas* o *entresuelos* ya que los propietarios de estos negocios, en su mayoría, alojan a los dependientes o cajeros en su propia casa; es común que sean empadronados junto con la familia del comerciante. Pocos son los dueños o encargados que viven en la *accesoria*, manteniéndose al cuidado del negocio.

En la muestra, las viviendas con mayor densidad de habitantes dedicados al comercio son las ubicadas en las manzanas del tercio norte, particularmente sobre la calle que daba a la plaza mayor (Portal de Mercaderes) y la transitada calle de la Monterilla; en 1811, las viviendas habitadas por comerciantes incrementan su número y también se expanden hacia el sur del área (véase el plano 20).

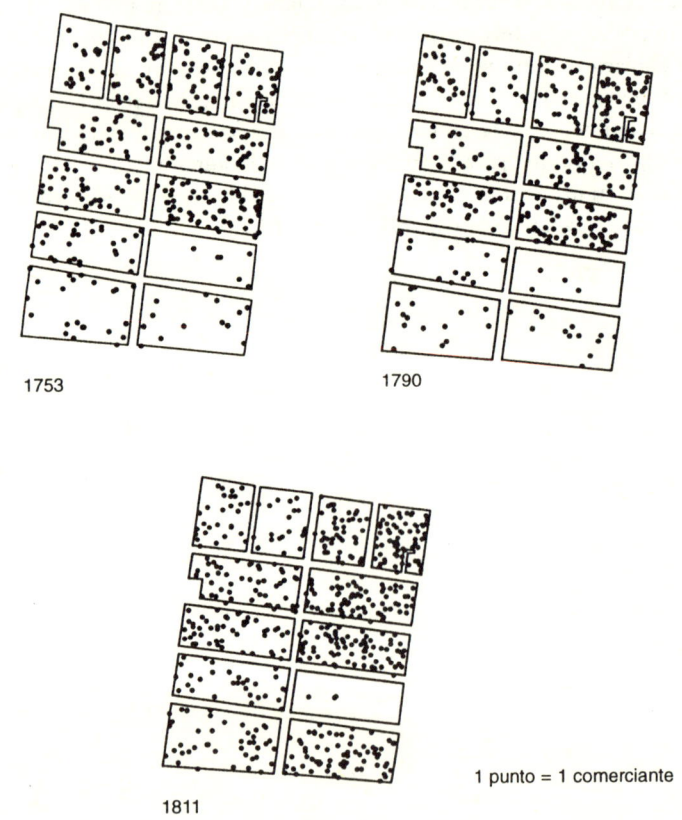

Plano 20. Distribución de los comerciantes por manzana.

Aunque es la *accesoria* el tipo de vivienda donde específicamente se manifiesta la modificación en el uso de suelo, también *cuartos* y *viviendas* comienzan a ser usados como una extensión de los negocios comerciales. En 1790, por ejemplo, se registran en la zona 20 *cuartos* y dos *viviendas*, destinados —casi todos ellos—

a "bodegas de trastes". De los "almacenes", la fuente no menciona específicamente el tipo de vivienda que ocupan, pero suponemos que los dueños de los grandes negocios comerciales utilizan parte de su casa —algunos *cuartos*, el *entresuelo*, las *accesorias*— para guardar los artículos que luego distribuyen entre los comerciantes al menudeo, o ponen a la venta en los "cajones" o tiendas especializadas de su propiedad.

Son precisamente las numerosas *accesorias* destinadas a este último tipo de comercios, y las bodegas, las que en su mayoría no están habitadas: nueve de los 14 cajones de efectos, sedas y mercería registrados aparecen sin habitar; 20 de los 30 cajones y tiendas de ropa están destinados sólo al negocio; todas las bodegas son utilizadas únicamente para guardar mercancías.

En el resto de los establecimientos comerciales, como los dedicados a vender productos alimenticios o bebidas alcohólicas, aunque siguen predominando los habitados, se observa ya un número importante destinado exclusivamente al negocio. Por ejemplo, de las 25 vinaterías establecidas en la zona, 14 todavía están habitadas, asimismo, siete de las 10 tiendas mestizas y pulperías (véase el cuadro 5).

Cuadro 5. Usos de suelo comercial de las viviendas

Establecimientos comerciales	1753 Habitados	1753 Sin habitar	1790 Habitados	1790 Sin habitar	1811 Habitados
Vinaterías, bodegones	19		14	11	5
Pulperías y tiendas mestizas (abarrotes)	7	1	7	3	2
Cacahuaterías (comestibles)	3		2	1	1
Lecherías	4		1	1	
Carnicerías				2	
Pajería	1		1		
Estanquillos de cigarros			5		1
Cajones de efectos, mercería, sedas, otros	1		5	9	
Cajones y tiendas de ropa			10	20	
Almacenes de efectos, calzado, otros			13	4	
Almacenes de ropa			12		
Bodegas de trastes				23	
Bodegas				6	
Librerías			1	3	
Tlapalerías			3	2	
Otros	2		7	8	1

En el caso de los establecimientos de servicios, la separación del uso de suelo habitacional del económico no es tan claro. A semejanza de los talleres artesanales, muchos de estos negocios eran habitados por el maestro del oficio, su familia y los aprendices. En las barberías, por ejemplo, en los tres censos se mantiene un porcentaje considerable de barberos alojados en *accesorias* (83, 66.6 y 90 por ciento, respectivamente). En el caso de las escuelas de enseñanza de primeras letras —todas situadas en *accesorias*—, apenas es notoria la tendencia a que el maestro ya no viva en el mismo local: en 1753, de las seis escuelas ubicadas en la zona, cinco están habitadas; en 1790, en cambio, sólo dos de cuatro lo están.

Ahora bien, en el periodo analizado, los datos censales no sólo dan cuenta de la tendencia a separar el uso habitacional del económico en las viviendas de la zona —particularmente en las *accesorias*—, también lo hacen respecto a la especialización de las actividades a que son destinados estos espacios.

El porcentaje de viviendas ocupadas por establecimientos productivos disminuye entre 1753 y 1790 en 3.4%. Por el contrario, el número de establecimientos privados que prestan servicios crece 17.6% durante este periodo, al igual que los establecimientos comerciales, que aumentan 67.2%, es decir, el número de viviendas ocupadas por este tipo de negocios se quintuplica. Esto significa que la actividad productiva disminuye en la zona, en beneficio de la comercial y, que muchos de los comercios se instalan en espacios antes utilizados para labores productivas o exclusivamente para habitación.

Esta transformación en el uso del suelo se explica, en primer lugar, por el cierre paulatino de los pequeños talleres dedicados a la elaboración de cigarros y puros hacia 1764, cuando comenzó a ser incosteable este tipo de negocio familiar a raíz de que la corona estancó la materia prima y subió los precios del tabaco. En 1753, las cigarrerías sobrepasaban en número a los establecimientos de cualquier otra actividad productiva; sólo en el perímetro del área analizada se encuentran instaladas, para el consumo del vecindario, 27 cigarrerías y dos purerías. Para la época en que se levanta el padrón de 1790, la Real Fábrica de Tabaco tenía ya el monopolio de la manufactura y la venta de los cigarrillos se hacía a través de una serie de "estanquillos" o expendios dependientes de la misma empresa, repartidos por las calles de la ciudad, desapareciendo en consecuencia las cigarrerías y purerías.

En segundo lugar, el cambio de uso de suelo obedece a que justo en esta zona de la ciudad se concentra, durante los últimos años del siglo, la actividad comercial mayorista y de venta especializada. En el padrón de 1790 se registra la ocupación de una serie de viviendas destinadas a guardar el excedente de mercancías mientras son vendidas; entre ellos están 27 "almacenes" de distribución de productos y artículos manufacturados a los comerciantes minoristas de la ciudad y de provincia (efectos, calzado y principalmente ropa), y las "bodegas", que son igualmente numerosas, en especial las destinadas al depósito de "trastes" (23). Otro género de comercio también relevante es de los llamados "cajones" y las tiendas de venta especializada (mercerías, sederías, librerías, tlapalerías) y, en particular, los establecimientos destinados a la venta de ropa.

LA VIVIENDA EN UNA ZONA AL SUROESTE DE LA PLAZA MAYOR   139

CAMBIO Y PERMANENCIA EN LA DISTRIBUCIÓN DE LAS VIVIENDAS
CON USO DE SUELO PRODUCTIVO Y COMERCIAL

Si comparamos la distribución espacial que tienen las viviendas de uso productivo y las de uso comercial en la zona entre 1753 y 1790, podemos darnos cuenta de que a finales del periodo estudiado, los talleres tienden a ubicarse en la parte sur de la zona, mientras que los comercios se agrupan en mayor número en el norte.

Mientras que los establecimientos productivos en 1753 se ubican preferentemente en las manzanas céntricas y los comerciales se distribuyen de manera regular en casi todas las manzanas del área, para 1790 la actividad productiva más abundante se desplaza hacia las manzanas del tercio sur, sobre las calles de Mesones, Alfaro y Joya, principalmente. Este cambio se debe en parte a la desaparición de las numerosas cigarrerías agrupadas en mayor número en la parte del norte y a que en el sector sur, el más densamente poblado, se establece un considerable número de chocolaterías y aumenta el de las panaderías (véase los planos 21 y 22).

Plano 21. Distribución de las cigarrerías, 1753.

El cambio de uso de suelo de la zona también se deriva de que, para 1790, en las manzanas aledañas a la Plaza Mayor —específicamente las 39, 40, 46 y 41— se localizan los negocios de los comerciantes mayoristas. En esta esquina nororiente se concentra el grueso de los almacenes, los cajones y las tiendas de venta especializada, constituyendo —junto con el Parián— el área comercial más importante de la capital novohispana (véase los planos 23 y 24).

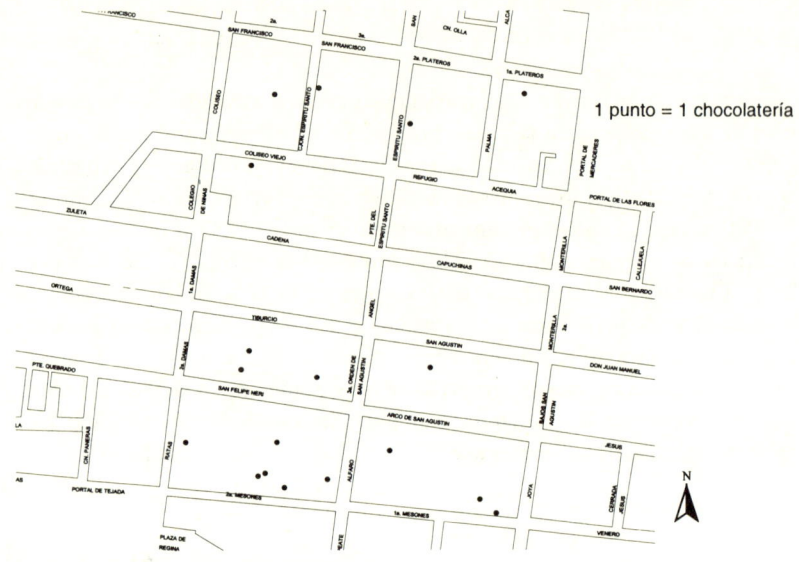

Plano 22. Distribución de las chocolaterías, 1790.

Plano 23. Distribución de los almacenes, 1790.

Plano 24. Distribución de los cajones, 1790.

Contrastando con estos cambios, hay otros establecimientos que no cambian su ubicación en este lapso; permanece, por ejemplo, la distribución dispersa de las vinaterías o las tiendas de comestibles y abarrotes por las manzanas del área, para estar cerca de los consumidores cotidianos, o la de las sastrerías, que tienden a establecerse en las manzanas del lado poniente, o bien las platerías que siguen concentradas en las manzanas del ángulo nororiente de la zona, principalmente sobre la 1a. y 2a. calles de Plateros (véase los planos 25 y 26).

En resumen, el análisis de la vivienda permite caracterizar el área de la muestra como una zona céntrica de la ciudad, donde radican predominantemente pobladores de calidad española. La gran mayoría de los edificios se componen de varios tipos de viviendas, las cuales, casi en su totalidad, eran rentadas. Junto al uso habitacional, coexisten diversos usos de suelo económicos, entre los que predomina el comercial.

Por otra parte, en el periodo analizado se perciben dos procesos relevantes. El primero es el cambio en las viviendas con uso de suelo mixto —habitacional y económico—, que tradicionalmente tenían las accesorias, a un uso de suelo especializado, exclusivamente económico. El segundo proceso es el de una zonificación diferenciada entre el área nororiente y la sur, concentrándose en la primera los cambios más agudos, en términos de valor de la propiedad, de la renta de la vivienda y del predominio de los principales negocios comerciales. La importancia de estos procesos es que afectan estructuralmente la ciudad, al grado de marcar el fin de

142 CASAS, VIVIENDAS Y HOGARES

la forma urbana colonial y el inicio de la concepción de la ciudad moderna, con espacios sociales y económicos segregados, mismos que tendrán un largo desarrollo a lo largo del siglo XIX.

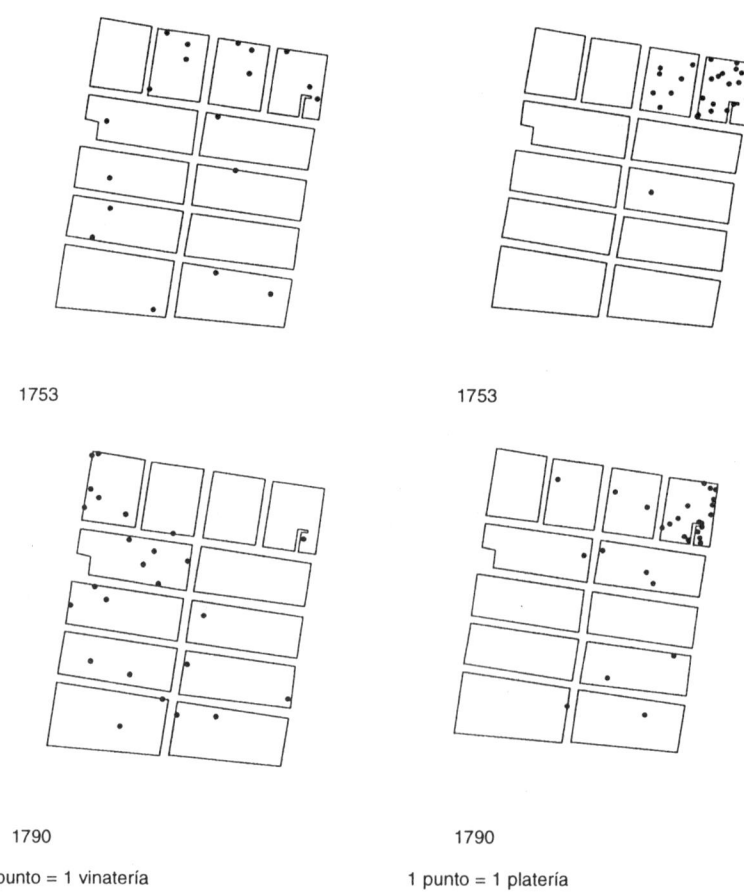

Plano 25. Distribución de las vinaterías, 1753-1790.

Plano 26. Distribución de las platerías, 1753-1790.

LA VIVIENDA EN UNA ZONA AL SUROESTE DE LA PLAZA MAYOR 143

ANEXO FOTOGRÁFICO

Foto 1. Casa en la calle de Madero 39 compuesta por vivienda principal alta, entresuelo y accesorias en la planta baja.
(Foto: Mariano Monterrosa, 1974. Fototeca Culhuacán).

Foto 2. Casa en la calle de Mesones 72 en la que se aprecian pequeños entresuelos sobre las accesorias. (Foto: Manuel Ramos, *ca.* 1925. Fototeca Culhuacán).

Foto 3. Casa de vecindad en la calle de Bolívar 34 compuesta por múltiples viviendas, cuartos y accesorias en los bajos. (Fototeca Culhuacán).

Foto 4. Casa de vecindad en la calle de Mesones 84 compuesta por múltiples viviendas, cuartos y accesorias en los bajos. (Foto: Manuel Ramos, ca. 1925. Fototeca Culhuacán).

Foto 5. Patio interior de una casa en la calle de República del Salvador 81. Cuenta con cuartos en la planta baja y una vivienda en la planta alta a la que se accede por una escalera y el corredor. (Fototeca Culhuacán).

LA CASA, LA VIVIENDA Y EL ESPACIO DOMÉSTICO EN LA PUEBLA DE LOS ÁNGELES DEL SIGLO XVIII[1]

ROSALVA LORETO LÓPEZ
Instituto de Ciencias Sociales y Humanidades,
Universidad Autónoma de Puebla

Puebla fue considerada hasta mediados del siglo XVIII la segunda ciudad más importante del virreinato de la Nueva España. Fue centro de atracción poblacional debido, entre otras razones, a las benévolas condiciones naturales que le permitieron en diversos momentos alcanzar un óptimo desarrollo económico. Un elemento fundamental que facilitó el naciente asentamiento urbano fue el medio ambiente. La ciudad comenzó a crecer en la planicie comprendida entre el cauce de dos ríos, esto favoreció durante siglos el aprovechamiento de los ecosistemas que generaba esta ubicación.

En su diseño, la ciudad, heredera de la tradición renacentista europea, centró su inicial desarrollo urbano en torno al conjunto plaza mayor, catedral-ayuntamiento. La plaza mayor, aunque ligeramente desfasada del tejido urbano central, desempeñó un papel protagónico en la definición morfológica de ciudad. Su cuadratura,[2] delineada por rítmicos portales de piedra, definió los puntos de orientación a los que correspondieron los ejes rectores de norte a sur[3] y de oriente a poniente.[4] El esquema geométrico se repitió plásticamente a lo largo de los siglos, ordenando los espacios urbanos a partir del acotamiento reticular de manzanas y calles.

La definición morfológica de la ciudad dependió directamente del sistema de iglesias, dando lugar a un modelo multinuclear de ocupación territorial que irra-

---

[1] La elaboración de este texto se realizó gracias al apoyo prestado por la Universidad Autónoma de Puebla para realizar una estancia de investigación en la Universidad de las Américas-Puebla durante el periodo de 1998-1999.

[2] "De forma de paralelogramo o cuadrilongo de cerca de una legua de longitud y como media de latitud, que es la figura que tiene la ciudad", López de Villaseñor, 1961, p. 241.

[3] Pretendiéndose una ocupación homogénea y equidistante a partir de la plaza central se articuló la ciudad haciendo alusión el desplazamiento desde el portal de las flores hacia San José pasando por el frente de los conventos de Santa Teresa, Santa Clara, la parroquia del Sagrario, el hospital de San Juan de Letrán, el convento de la Soledad y la parte postrera del convento del Carmen, línea coincidente con la ubicación del eje de agua dulce que abastecía a la ciudad.

[4] Esta línea partía de la plaza hacia el norte tocando Santo Domingo, el Colegio de San Luis, citando como extremo norte al Hospital de San Juan de Dios, ruta que incluyó los conventos de recoletas de Santa Mónica y Santa Rosa.

[5] E. Méndez Sainz, 1988, p. 207.

diaba en su entorno formas diferenciadas de apropiación territorial.[5] Así, cada uno de los barrios de la ciudad estaba contenido dentro de la jurisdicción de una parroquia-barrio en la que se distribuía heterogéneamente una población de 53 798 personas[6] (véase el cuadro 1. En adelante todos los cuadros y las gráficas pueden consultarse en el anexo al final del capítulo).

La organización espacial de la ciudad colonial estuvo marcadamente jerarquizada, ordenamiento que obedecía a diversos factores económicos, políticos, sociales y biológicos. Su estudio permite orientar el análisis de la forma urbana hacia la definición de las condiciones materiales de vida en una ciudad colonial en la que tienen que considerarse, entre otros aspectos, la densidad y la presión poblacional, el acceso a los servicios, la morfología y tipificación constructiva, la dinámica del mercado inmobiliario, el valor de la renta del suelo, la heterogénea sociabilidad en el interior de las casas y la organización familiar doméstica y productiva, aspectos todos que pueden tomarse en consideración en el análisis histórico de la vivienda.[7]

Este tipo de análisis pluridimensional permite revalorar el papel desempeñado por la casa-habitación en la definición de los niveles de vida de una ciudad novohispana. Las diversas formas de habitar la casa fueron expresión de una sociedad que las reprodujo y modificó atendiendo a diversas necesidades y momentos, mismos que variaron desde la optimización del uso del espacio habitacional y productivo hasta la búsqueda de comodidad e intimidad para determinados grupos sociales.

En este trabajo[8] se tratarán de definir modelos de relaciones entre los habitantes y la ciudad a través de la vivienda, dado que la manera de habitar una casa constituye un mecanismo de apropiación material y simbólica del espacio. Para aproximarnos a esta relación, hemos centrado nuestro primer nivel de análisis a partir de la interacción establecida entre la población, las calles y las casas. A partir de una muestra de la distribución de la población generada por el padrón de población de

---

[6] Contreras *et al.*, 1996, p. 27.

[7] Desde los años setenta, los estudios sobre la vivienda se han centrado en el análisis de los elementos que pueden ser considerados en su análisis histórico. Para Inglaterra contamos con el trabajo clásico de E. Guldie, 1974, que enfoca el problema desde la perspectiva de los niveles de vida de los sectores laborales; es en este sentido que la bibliografía inglesa ha continuado profundizando. En Francia, este temática sirvió como punto de arranque para que durante la década pasada diera inicio el análisis de la sociabilidad doméstica y el desarrollo del concepto de vida privada propuesta por A. Collomp, 1983, A. Farge, 1994, A. Pardailhé Galabrun, 1988 y que ha sido nutrida en los trabajos colectivos dirigidos por G. Duby y P. Aries, 1988. Paralelamente, otra posibilidad de análisis lo presentaron los trabajos de Pezeu-Massabuau, 1983 y W. Rybcynski, 1986, quienes los han enfocado hacia el estudio de la espacialidad doméstica y la interacción familiar. Para México los trabajos iniciales de corte histórico se han centrado en la problemática de la tipificación multifuncional del espacio habitacional y productivo que remite a una tipología constructiva y a la ocupación multifuncional de la casa habitación; al respecto véase J. González Angulo, 1983, J. Muriel de la Torre, 1992, J. Pescador, 1992 y E. López Moreno, 1996.

[8] Este capítulo constituye parte de un proyecto más amplio sobre vivienda poblana en los siglos XVIII y XIX. Agradezco la colaboración de Zoila Luna Mendoza y del maestro Rodolfo Cervantes Bello en el procesamiento del material estadístico.

1777[9] pretendemos conocer los diversos factores que propiciaron la diversidad de patrones de asentamientos poblacionales intraurbanos.[10]

Complementamos la idea de la jerarquizada distribución espacial de la población con el estudio de una muestra descriptiva de 114 casas ubicadas en 53 calles localizadas en escrituras de compra-venta obtenidas del Archivo General de Notarías del Estado de Puebla (en adelante AGNEP). Este primer acercamiento permitirá hacer una lectura de la ciudad colonial atendiendo a la división territorial diferenciada en función del uso y del valor del espacio habitacional en combinación con los diversos modelos de relaciones familiares y domésticas.

Partiendo también de las escrituras notariales buscaremos ejemplificar la especialización espacial doméstica como parte de una evolución cultural tendiente a proporcionar, por un lado, la búsqueda de una mayor rentabilidad y, por otro, la de prestigio y privacidad.

Los poblanos habitaban las casas del centro de la ciudad atendiendo a un "bellísimo orden hasta el número de tres mil quinientas y noventa y cinco casas, se entiende las principales, [...] no entrando en este número casillas o chozas de los naturales, con advertencia que son pocas las casas grandes que no están hechas hoy vecindad",[11] lo que sugiere las dimensiones y la importancia que como centro urbano había llegado a adquirir la zona central de la Angelópolis, pero, por otro lado, este párrafo esboza ciertos cambios en el uso y la función de las casas habitación a lo largo del siglo XVIII. Estas adecuaciones fueron, sin lugar a dudas, una de las respuestas a la recesión económica[12] y demográfica[13] de la región, pero también

[9] Archivo General de Indias (en adelante AGI), Sección V, Gobierno, México, legajos 2578, 2579, 2580 y 2581. *Padrón general de todos los feligreses de esta ciudad de los Ángeles en el cual se expresa edad, calidad y estado de las personas. A las agencias del Sr. Br. don Francisco Ximénez, presbítero de este obispado.* La población total, considerando el universo de empadronados, fue de 53 798, Contreras *et al.*, 1996, p. 27.

[10] La propuesta del análisis microgeográfico procede de L. Greenow, 1985, de este modelo se pueden desprender variadas problemáticas entre las que sobresale la importancia del parentesco en relación con la organización del espacio urbano de las ciudades latinoamericanas; esto se plantea como una alternativa diferente de los estudios clásicos basados en las aproximaciones de ocupación del territorio a partir de clasificaciones raciales.

[11] Villa Sánchez, 1746 (1997), p. 21.

[12] Según las crónicas del periodo, a mediados del siglo XVIII la ciudad de Puebla había dejado de ser el gran centro productor y abastecedor de la ciudad de México. El desarrollo de otras zonas cerealeras como el Bajío sustituyó las redes mercantiles que durante el siglo XVII habían permitido el crecimiento de la región Puebla-Tlaxcala. A esto se añadió la frecuente discontinuidad del sistema de navegación entre el golfo de México y el mar Caribe, circuitos ambos de consumo de harinas y jabón poblanos. Al respecto véase Villa Sánchez, 1746 (1997), pp. 73, 75 y 80 y Fernández de Echeverría, 1962, vol. I, pp. 296 y 301.

[13] Para el periodo de nuestro estudio gran parte de la zona poniente de la ciudad se encontraba abandonada y en ruinas, varios factores coincidieron para presentar este desolador paisaje. Además de la contracción económica de la región se pueden presuponer las consecuencias de las múltiples epidemias que asolaron a la ciudad, siendo una de las más significativas la del matlazahuatl. Al respecto véase Cuenya, 1999. Dadas las condiciones ambientales y sanitarias se ha podido observar la tendencia de reagrupamientos poblacionales en el corazón de la ciudad, lo cual garantizaba el abasto de agua dulce y de servicios urbanos, que propició un uso más intensivo del suelo urbano, al respecto véase Loreto López, 1994.

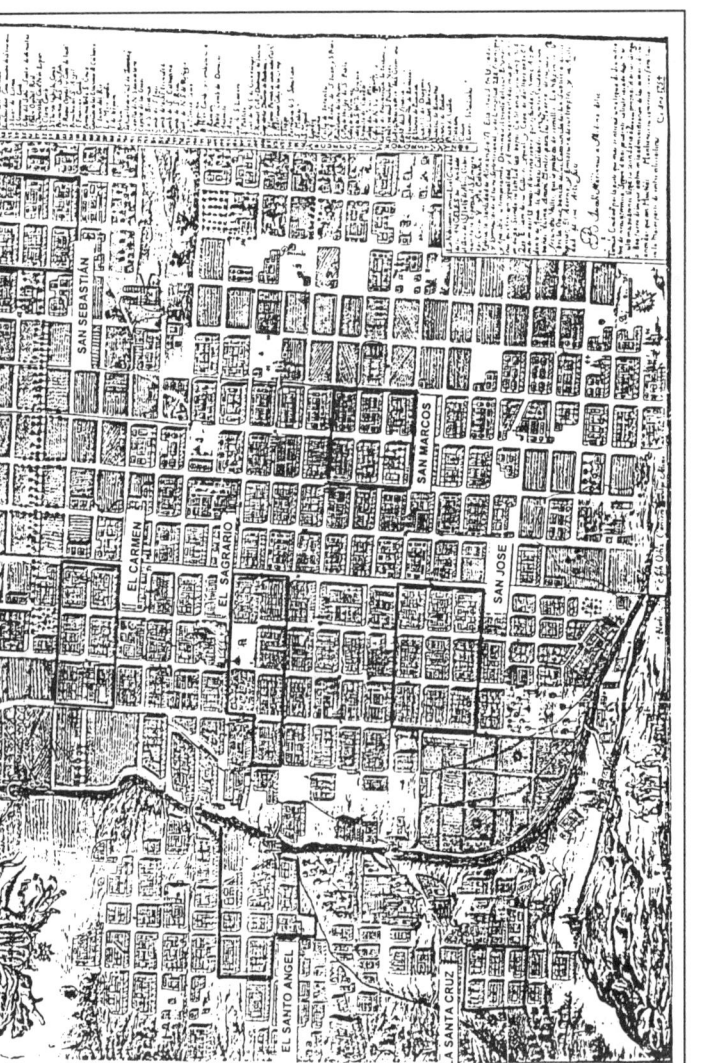

Plano 1. Ciudad de Puebla. Selección de las 42 manzanas de la muestra. Plano anónimo, *ca.* 1750.

estuvieron ligadas a la dinámica de poblamiento de ciertas zonas dentro de las ciudades que funcionaron siempre como focos de atracción poblacional.

Dadas las variadas dimensiones espaciales y poblacionales de las jurisdicciones parroquiales, hemos optado por el análisis sectorial a partir del cual pueden ser consideradas otras variables como definitorias del valor predial. Hemos seleccionado una muestra de seis manzanas por parroquia, considerando cada sector a partir de los perímetros externos de cada conjunto, y el universo habitacional y poblacional, en el contenido, distribuido en una superficie aproximada por sector de 13 944.5 m^2 (véase el plano 1).

Dada la gran territorialidad de la parroquia del Sagrario y con el objeto de tener información más equitativa para el análisis de la población, esta jurisdicción parroquial se subdividió en dos secciones de seis manzanas cada una: la central y la del barrio del Carmen que, como subzona sur, a su vez servía como frontera de la ciudad. El universo poblacional de la muestra fue de 11 762 habitantes, que representaron 21.8% de la población total de la ciudad, distribuido en el espacio de las seis parroquias (véase el cuadro 2).

Esta aproximación microespacial permitirá por un lado comparar zonas que comparten semejanzas topográficas y ambientales como el Sagrario, el Carmen y San José, todos barrios centrales contenidos en la zona occidental del río de san Francisco, lugares de asentamiento preferencial español desde el siglo XVI y que gozaban de una mejor calidad de servicios urbanos. Hacia el poniente, donde la ciudad terminaba y se encontraban zonas de huertas y sembradíos, se encontraban San Marcos y San Sebastián, residencia permanente de españoles, y temporal, durante todo el siglo XVII y parte del XVIII, de grupos indígenas que emigraban a la ciudad. Del otro lado del río, el Santo Ángel y la Santa Cruz se encontraban justo en la banda oriental de dicho afluente, compartiendo el agua dulce que nacía en sus inmediaciones con el centro urbano; desde la fundación fue la zona asignada para el poblamiento indígena.[14]

EL SAGRARIO, EL CARMEN Y SAN JOSÉ

El Sagrario fue la parroquia más importante de la ciudad; desde su fundación fue concebida para la administración sacramental del grupo español ahí asentado, alcanzando las mayores dimensiones territoriales y habitacionales. La jurisdicción parroquial comprendía 160 calles que formaban las 40 manzanas centrales de la Angelópolis, lo que se tradujo en una superficie de 557 780 m^2 en la que se distribuía 45% de la población urbana.[15]

---

[14] La subdivisión territorial y racial urbana de las repúblicas de indios y españoles tendió a diluirse debido a razones políticas y sociales, y a la emergencia de un sector fuertemente mestizado.

[15] Tomando como referente el dato de 24 449 personas en la parroquia y un universo de 53 798. Contreras *et al.*, 1996. p. 27.

El corazón de esta parroquia fue la plaza central, ubicada a un costado de la catedral; éste fue el principal espacio de redistribución pública de agua dulce, además de ser el núcleo comercial y socializador por excelencia. Esta dinámica urbana se repetía paulatina y mesuradamente en el resto de las plazuelas de la ciudad.

Varios elementos definieron la importancia de la plaza principal; desde su acera central irradiaba el poder civil, del Ayuntamiento, y el secular desde la catedral, en el lado opuesto. La impartición de la justicia desde la cárcel ubicada en el pasaje de la audiencia se complementaba con el abasto de semillas en la alhóndiga[16] anexa, donde "entre y se venda el trigo, la harina, el maíz, cebada y otras semillas que se traen a la ciudad para proveimiento de ella"; similar función se desarrollaba en la carnicería pública.[17] En torno a esta plaza se articuló desde el siglo XVI la procesión de Corpus, una de las más importantes de la ciudad, y a lo largo del siguiente siglo se consolidó un circuito que, partiendo de catedral, incluía las iglesias de Santo Domingo, Santa Teresa y la Santísima.[18]

Dadas las grandes dimensiones de esta parroquia se pueden distinguir en ella varios centros articuladores en torno a las iglesias que compartían además de formas, funciones urbanas similares a las de la plaza central. Ya en el siglo XVIII, la alcantarilla de la plaza abastecía oficialmente de agua dulce las mercedes de 18 casas particulares, además de surtir a cuatro conventos, cinco colegios, la cárcel pública, el palacio y sus propios, y la aduana;[19] se complementaba el circuito de abasto hidráulico con la alcantarilla ubicada a un costado del convento de la Santísima Trinidad.

El análisis microgeográfico de la distribución de la población en la ciudad y el espacio asignado a ella en la muestra de las manzanas por parroquia, permitió trabajar con 3 036 habitantes (5.6% de la población total de la jurisdicción eclesiástica), los que se aglutinaban en 83 667 m². En esta territorialidad, la concentración poblacional puede ser un indicador más de la valoración catastral del territorio central en función de proporcionar mejores niveles de habitabilidad. El cuadro 3 da cuenta de la distribución poblacional, obedeciendo a la diferenciación racial expresada por el empadronador, en el interior de las seis manzanas seleccionadas para el Sagrario.

Dados los índices de aglomeración urbana, exceptuadas las plazuelas y los edificios eclesiásticos, cada persona tenía, teóricamente, acceso a 27.5 m² en promedio, como puede observarse en el cuadro anterior. Esta relación varió entre una y otra manzana concentrándose 38% de la población de la muestra en las calles ar-

---

[16] En 1626 el regidor Juan de Narváez solicitó al virrey marqués de Cerralbo permiso para establecer la alhóndiga. En el pósito debía haber siempre una provisión suficiente de maíz para el caso de una carestía y malas cosechas, H. Leicht, 1934, p. 295.

[17] La carnicería funcionó en esta cuadra desde 1600 y constituía el punto central de distribución de carne de res y carnero a la ciudad. H. Leicht, 1934, p. 199.

[18] Al respecto, véase Loreto López, 2000, pp. 15-55.

[19] Loreto López, 1994, pp. 22 y 23.

ticuladas en torno a la iglesia y el convento de la Santísima Trinidad (véase la manzana remarcada en el plano barrial 1). Esta concentración poblacional puede justificarse si atendemos a las condiciones sociales y ambientales de la zona. El convento de la Santísima Trinidad[20] estaba ubicado a una cuadra de la plaza central, justo en uno de los ejes orientadores de la ciudad. El edificio representaba el último monasterio de mujeres incluido en las procesiones más importantes. En torno al convento se localizaba la alcantarilla de agua más grande de la ciudad, la cual abastecía, junto con la fuente de la plaza principal, a 30% de los edificios que contaban con mercedes y derrames.[21]

Étnicamente, más de la mitad de la población de esta feligresía (54.5%) se ubicó en el rango de *indefinido* como grupo racial, pues como se indicó en el resumen final del padrón: "Que no ha sido posible asignar a cada familia su calidad con la última exactitud, por el poco conocimiento que en esta materia ay y el justo recelo de que no sea de buena fe las declaraciones que podrán dar en la materia."[22] Este dato puede ser tomado como un indicador de que el centro de la ciudad hacia 1777 fue receptivo a la presencia de grupos socialmente heterogéneos integrados en el mismo universo con sectores estratificados racialmente. Esta propuesta[23] no puede generalizarse para el resto de la ciudad, donde la sociedad aún se hallaba identificada plenamente a partir de criterios raciales. Estas conclusiones sólo pueden observarse a partir de la distribución étnica en territorialidades de dimensiones más reducidas, como las que se sugieren aquí.

En continuidad con el concepto de segregación racial impuesto en el siglo XVI, la población y el paisaje urbano del centro de la ciudad, hasta mediados del siglo XVII, continuó proporcionando espacio, servicios y prestigio a sectores bien diferenciados de la población. Con el paso del tiempo y el crecimiento poblacional y edilicio de la ciudad, esta separación entre sectores fue permeándose, permitiendo que el mestizaje incluyera a sectores multirraciales dentro de los territorios urbanizados. Esta relación se muestra en el porcentaje representado por el grupo español (28.6%) frente al de los grupos indígenas y mestizos (20.2%). Véase el cuadro 3.

En concordancia con las dimensiones territoriales y la heterogénea composición racial de los habitantes de esta parroquia, en el transcurso de los 20 años que abarca

---

[20] El convento de monjas franciscanas de la Santísima Trinidad se fundó como filial del de la Purísima Concepción en 1619.

[21] Véase Loreto, 1994, pp. 22 y 23.

[22] AGI, Sección V, Gobierno, México, legajos 2578, 2579, 2580 y 2581.Padrón de feligreses de la parroquia del Sagrario metropolitano de la ciudad de los Ángeles, 1777, f. 151. Firmado por Vicente de Torija y Uriza.

[23] Esta afirmación se presenta como alternativa al debate replanteado por Rabell, donde la autora sostiene la existencia de la estratificación de la sociedad oaxaqueña a partir de criterios fundamentalmente raciales, aun cuando éstos no eran rígidos, frente a la postura J. de Chance, 1981, pp.114 y 115, quien sostiene que en 1792 ya no había un sistema viable de estamentos racialmente definidos en Antequera. Para entonces, la clase había adquirido tanta importancia como la raza en tanto que determinante del estatus social en el sistema de estratificación. Citado por Rabell, 1996, p. 80.

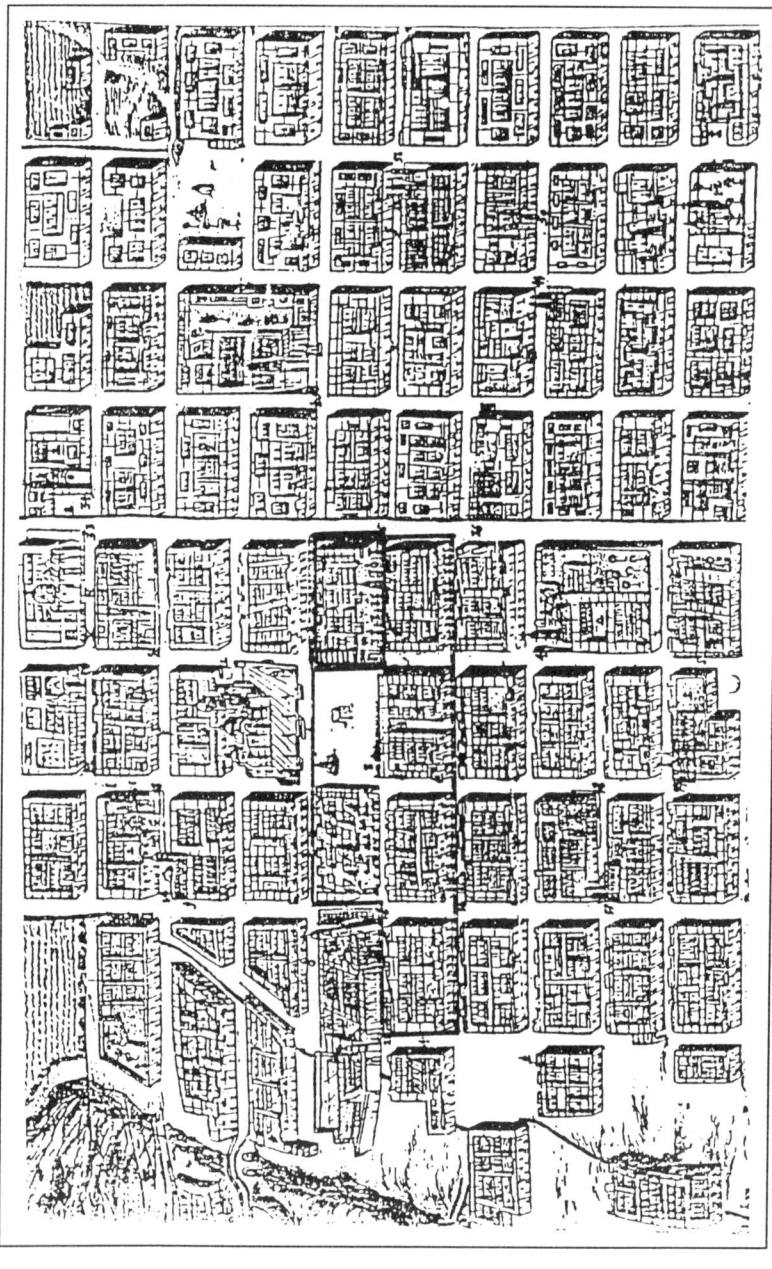

Plano barrial 1. El Sagrario.

el estudio de las operaciones sobre bienes inmuebles, fue perceptible la importancia de la presión poblacional en relación con el valor de los bienes; en el Sagrario se realizaron 60% de las transacciones de compra, venta o hipoteca concentrando casi 79% del valor total de las operaciones (véase el cuadro 4 y las gráficas 1 a 5).

El valor promedio de una casa en la zona fue de 7 082.2 pesos; sus mensuras comprendían en promedio 777.5 m^2, y valuándose el metro cuadrado en 12.1 pesos, el valor más alto asignado por metro cuadrado. Sin embargo, estos índices no reflejan con exactitud la heterogeneidad entre el valor de los predios y sus dimensiones en el interior de la parroquia. La disimilitud entre las medidas y los precios se basó en varios factores: por un lado el crecimiento de la población a lo largo del siglo XVIII permitió que para el periodo de este estudio estuviera consolidada la extensa territorialidad de la parroquia, pues incorporó en su jurisdicción 50% de las manzanas del actual centro histórico; por otro lado, la acelerada dinámica del proceso de poblamiento —ya fueran movimientos de reacomodo interno o migracionales— generó un gran fraccionamiento de los predios, lo que sugiere un uso intensivo del suelo urbano.

Paulatinamente se fueron definiendo zonas dentro de la ciudad donde la cercanía con la plaza central se convirtió en uno de los indicadores más importantes del valor; a manera de ejemplo tenemos que el predio más pequeño localizado en el límite sur de nuestro espacio de análisis, en la portería del convento de Santa Inés,[24] hacia el barrio del Parral, valía 85 pesos y medía 383 metros cuadrados, y era "una casita baja, hacia la calle había una accesoria pequeña, se entraba por un zaguán sin techo al patio donde había vestigios de paredes de piedra para dos cuartos".[25] Esta descripción sugiere que la dinámica de las calles secundarias y fronteras de la ciudad tendían en este periodo a ruralizarse al convertirse en huertas y ruinas.

En contraste con la casa anterior, la finca de doña Josefa Mendívil, ubicada en la calle de la Compañía, a media cuadra de la plaza principal, contaba con 1 307 m^2, alcanzando un valor de 49 631 pesos. A esta residencia se accedía por un hermoso

zahúan techado sobre un arco que desembocaba a un portal techado sobre tres arcos y dos columnas de cantería, tenía tres patios y en el principal está la escalera de bóveda al aire, con todos sus escalones de cantería de moldura, barandal de fierro y en el desembarque al corredor una reja de fierro que forma el portón y cubre todo el arco con mucha hermosura, toda laboreada, por ella se accedía al corredor techado sobre tres arcos y dos columnas de cantería correspondiente al portal de abajo...[26]

[24] De hecho, la calle de esta iglesia se convertía en la frontera con el barrio del Carmen.
[25] AGNEP, notaría 1, Joaquín Pérez, 1773-1778, s.f.
[26] "... donde se distribuían ocho piezas, cinco cuartos, y en los patios secundarios: bodegas, pailas, cocheras, caballerizas, lavaderos y comunes. En la planta alta, con vista a la calle, estaba la sala de recibir, de estrado, de asistencia, oratorio, tres recámaras, despacho, comedor y cocina y despensa, zotehuelas; el placer se encontraba anexo al cuarto de mozas y al de planchar", AGNEP, Notaría núm.1, 1788, s.f.

Estas descripciones muestran contrastes y desproporciones entre el alto valor que podía llegar a adquirir una propiedad y las variadas mensuras de los predios dentro de una misma parroquia, relación sin parangón en el resto de la ciudad. De acuerdo con la muestra, la territorialidad por metro cuadrado por individuo refleja, junto con el número de familias, un promedio de 5.2 habitantes por vivienda, lo cual esboza la racionalidad del uso intensivo del suelo urbano central (véase el cuadro 7).

La función de la casa[27] fue un factor importante en la definición de los variados y heterogéneos patrones residenciales. La relación entre la ocupación de los espacios urbanos destinados a la habitación, comercialización o producción artesanal o animal resulta una primera aproximación al estudio de las unidades domésticas. De manera más detallada, ya hacia el interior de las casas, el análisis de la distribución entre los espacios de circulación y habitación contribuye a definir formas culturales de apropiación del espacio como privacidad, sociabilidad, individualidad, intimidad y prestigio. Ambas perspectivas sugieren factores definitorios de niveles de consumo y habitabilidad en esta ciudad novohispana.

Para definir algunos elementos de la calidad de vida en relación con el espacio habitacional y la composición de la población de esta parroquia, es necesario esbozar cómo convivían cotidianamente las familias dentro de las casas. El cuadro 5 muestra las posibilidades más evidentes de agrupamientos familiares.[28]

En las casas de la parroquia del Sagrario, la convivencia estuvo condicionada al uso del espacio habitacional siguiendo los patrones de segregación vertical[29] como el recurso más utilizado para jerarquizar el espacio y optimizar los servicios en él localizados. En concordancia con el conjunto étnico de *indefinidos*,[30] en las diversas unidades residenciales y viviendas interiores en las plantas bajas de las casonas convivían de manera preponderante familias de agregados[31] (32%) de diverso origen étnico. La composición de estos núcleos de corresidentes sugiere la gran movilidad poblacional y la dinámica de organización social a que estuvo su-

---

[27] En el padrón se señala el número de la casa censada adscribiéndole uno distinto a cada una de las viviendas y accesorias que tenían puertas a la calle, por eso el número de "casas" aparece como excesivo, a esto se añade que el censor diferencia en el interior del edificio las viviendas de acuerdo con la jefatura familiar. Hemos considerado el número total de viviendas como el conjunto de unidades familiares externas e internas que estuvieron comprendidas dentro de la casa-edificio.

[28] Rabell considera a la familia como el grupo de personas que viven en una misma casa y que conforma un núcleo de reproducción (madre y padre con o sin hijos; madre o padre e hijos); de ahí en adelante pueden tipificarse cuando menos nueve modelos de agrupamientos familiares corresidentes. Rabell Romero, 1996, pp. 77 y 78.

[29] Este concepto hace referencia a la ocupación espacial doméstica jerarquizada por niveles o pisos de la casa asociada al estatus racial y socioeconómico. Al respecto, véase D.R. Cope, 1994, citado por Rabell, 1996, p. 85.

[30] Al respecto, véase la acotación correspondiente del cuadro 2.

[31] Estas familias se reconstruyeron a partir de la información del padrón del primer nombre que encabeza al grupo de corresidentes, considerando al resto de los integrantes como agregados sin declarar en la fuente parentesco alguno.

jeta la parroquia central.[32] La ocupación de piezas y accesorias puede considerarse el espacio habitacional de familias nucleares o parejas sin hijos (32%), mismas que también fueron ocupadas por familias desintegradas de tamaño pequeño (10%). Los cuartos fueron posiblemente el hogar de gente sola (10%). Véase el cuadro 5.

Para esta época, la gran mayoría de las casas en el centro de la ciudad ya contaban cuando menos con dos pisos y, en relación directa con el uso intensivo del espacio, las que se estaban construyendo todas incluían entresuelos o escritorios. La renta de pisos o "alas" de las plantas superiores de las casas respondería a las necesidades de ocupación de familias extensas con y sin sirvientes (15%). La variación de este modelo de ocupación residencial estaba en correspondencia con el fraccionamiento interno de la casa habitación y fue sinónimo de la heterogénea convivencia residencial característica de antiguo régimen.

A la desigual dinámica de las transacciones y mensuras, y a la ocupación vertical del espacio doméstico se puede añadir otro elemento diferenciador del valor de la propiedad inmobiliaria en la ciudad, la distribución espacial interna de los conjuntos habitacionales. El estudio de estos elementos y las interacciones sociales que en ellos se propiciaban permiten hacer un acercamiento de la dinámica particular de las casas de cada parroquia atendiendo a las funciones espaciales internas. Véase el cuadro 6.

En continuidad con el patrón residencial-comercial de la zona del Sagrario, el análisis microespacial muestra que 13.4% de los espacios de las casas estuvo dedicado al comercio en accesorias, casi la mitad tenía entrada por una sola puerta, las más rentables estuvieron ubicadas en esquinas accediéndose a ellas mediante dos puertas y una cuarta parte constituyeron conjuntos comerciales de tiendas de mayores dimensiones con múltiples entradas. La importancia de estos conjuntos comerciales llegó a ser tal que fray Juan de Villa Sánchez, cerca de 1746, acotó la existencia de 400 o 500 accesorias en la ciudad.[33] En la mayoría de los casos constituyeron el espacio habitacional y productivo de artesanos al conformarse en lugar de producción y expendio en combinación con el espacio privado de la vivienda. Contaban con una pequeña sala-cocina y un cuarto anexo o un entrepiso interno descrito comúnmente como tapanco; este conjunto de funciones se desarrollaba en aproximadamente 60 metros cuadrados, recibían ventilación mediante ventanas que daban al patio y en un alto porcentaje se consideraron exentas del resto de la casa al carecer de puertas comunicadoras con el patio principal.

Las tiendas y las trastiendas fueron diferenciadas de las accesorias por su ubicación y por su función preponderantemente comercializada. Se localizaron en pleno centro urbano, en torno a los portales del Ayuntamiento, de las Flores o de Borja, y definían de manera preferencial el área de intercambio comercial de mayor envergadura económica y social como librerías, imprentas, boticas y almacenes. La

---

[32] Loreto López, 1994, p. 26.
[33] Villa Sánchez, 1746 (1997), p. 21.

especialización de estos espacios no estuvo obligatoriamente disociada de funciones domésticas.

En las fincas céntricas, los espacios destinados para la circulación como zaguanes, patios, portales, corredores, pasillos, callejones y escaleras fueron elementos visuales y morfológicos recurrentes en las casas poblanas, a ellos se destinó casi una cuarta parte del espacio habitacional. Las asociaciones de las fuentes y pilancones de agua en los patios principales y secundarios, el uso de los portales como continuidad de la casa-taller y la escalera como elemento estructural de diferenciación social fueron factores que definieron los modelos de sociabilidad e intercambio cultural doméstico (véase el cuadro 6).

Los zaguanes de las casas fueron la entrada al microcosmos del colectivo doméstico que habitaba la casa. Se componían de una gran puerta de madera y desembocaban en un cuarto de gran altura techado que funcionaba como entrada al conjunto residencial. Su importancia varió según la calidad del propietario que la construyó y las funciones para las que se diseñó la casa. Los hubo de grandes dimensiones calculadas para la entrada del forlón o del coche, y estuvieron localizados de manera frontal hacia las caballerizas situadas en los patios secundarios. Otros fueron más modestos en dimensiones pero de manera característica, el ornato complementó la función simbólica de la puerta, pues localizamos el conjunto zaguán-cubo rematado con bóvedas y arcos trilobulados como anticipando la importancia del propietario al comunicar el zaguán directamente con los portales de las plantas bajas, otorgándole continuidad espacial al enmarcamiento de la entrada.

Los portales de las casas fueron diseñados de manera secuencial por arcos de medio punto sostenidos por columnas de piedra o pilastras de mampostería, se compusieron por un número variable de arcos; la calidad de la casa imponía las dimensiones y el ornato de los mismos. A semejanza de los de la plaza mayor, sirvieron como encuadre, en este caso, de los patios. Estos elementos, dentro del rubro de los espacios de circulación, merecieron atención especial de los agrimensores; la asociación entre los portales y el espacio abierto reproducían de manera sorprendente el imaginario colectivo del trazado reticular de la ciudad. La mayoría de las casas contaban cuando menos con un patio,[34] algunas tenían internamente dos o tres articulados mediante pasillos y callejones, definiéndose entre sus muros sociabilidades domésticas de tipo abierto.

Entre el cubo del zaguán y los portales, por un costado, se ubicaba la escalera; en promedio cada casa de esta zona contaba con dos accesos a la planta alta. La escalera principal siempre fue diseñada en tres tramos de piedra de cantería, el baran-

---

[34] Hacia el último cuarto del siglo XVIII se han localizado casas carentes de patios y destinadas a uso multifamiliar, con lo cual se pueden percibir varios cambios; los más evidentes estuvieron orientados, por un lado, a transformaciones en la distribución espacial interna y a la búsqueda de una mayor definición en la función comercial-habitacional, por otro lado tienen que ver con la emergencia de nuevas sociabilidades de tipo más cerradas. Ambos presupuestos estuvieron asociados con la obtención de una mayor rentabilidad en el centro urbano.

dal se describió de fierro pero también podía ser de piedra o mampostería. El acceso a las plantas altas se constituyó en un núcleo articulador y una frontera física de segregación racial y social.[35] Por el primer tramo o descanso de las escaleras principales se accedía al entrepiso o escritorio[36] que era rentado para vivienda o utilizado para las labores administrativas de la casa cuando su propietario era un comerciante. A partir del último tramo de la escalera se daba entrada al conjunto de corredores en la planta superior. Estas estructuras, como continuidad ascendente de las paredes de la planta baja enmarcaban y dimensionaban la importancia de toda la casa.

La comunicación espacial al desembarco de la escalera partía de un corredor principal cuya longitud estaba en correspondencia con las dimensiones de la fachada. Éste siempre era techado de viguería o en los casos más sobresalientes de bóvedas; estuvo estructurado siempre sobre arcos y pilares de piedra; sus funciones comunicativas, simbólicas y sociabilizadoras se prolongaban a su vez hacia los costados de la casa mediante corredores destechados y volados sostenidos sobre mesas de cantería, y resguardados en la mayoría de los casos por barandales de fierro remarcando su importancia visual mediante la belleza de arbotantes y macetas. Por los corredores se accedía a la privacidad de las viviendas de la planta alta que, subdivididas en alas, eran habitadas por los propietarios o inquilinos acomodados, mismos que utilizaban los corredores para comunicarse entre sí y mirar hacia abajo a un mundo compartido pero diferenciado.

A los espacios habitacionales se destinó casi la mitad del universo doméstico; la relación entre los espacios de circulación y los habitacionales sugiere la importancia que estaba cobrando la casa, del zaguán hacia adentro, como el lugar especializado de domesticidad. Más de la mitad del espacio habitacional se destinó para lugar de reposo, concebido éste en orden de importancia numérica como cuartos,[37] piezas, recámaras, escritorios y de manera excepcional alcobas.

La iluminación y el acceso definieron la calidad con las que el agrimensor nombró los espacios; los cuartos, siempre se encontraban en planta baja, sólo contaban con la puerta que funcionaba como entrada y fuente de luz. Las piezas estuvieron localizadas en ambos niveles de la finca; en la planta baja funcionaron como lugar de habitación de familias pequeñas, en promedio tres personas y con-

---

[35] En los patios traseros, junto a los corrales, caballerizas, porquerizas, gallineros y palomares, se ubicaba una escalera secundaria construida de ladrillo o madera que ascendía a las zotehuelas o cuartos, covachas, pajares, bodegas, y a las áreas de servicio y trabajo de la casa.

[36] A fines del siglo XVIII, el escritorio se definió como un lugar de trabajo asociado a la actividad masculina y puede ser considerado como el primer lugar diferenciado en el que se esbozó la práctica de la lectura y la contabilidad. Su presencia estuvo sujeta al desarrollo de la especialización habitacional urbana. Su ubicación facilitaba la comunicación entre las diferentes secciones de la casa. Loreto López, 1999, pp. 57-82.

[37] En el caso de la aparición numérica de los "cuartos" debe tomarse en cuenta que la muestra incluye dos mesones con un número variable de habitaciones definidas con ese nombre. Aunque se pueden valorar como áreas de servicio comercial, pueden considerarse como transformaciones funcionales de la casa, pues en la planta alta y en el exterior encontramos continuidad con el uso de la misma.

taban además de las puertas de acceso con ventanas de donde recibían luz del patio. En los segundos y terceros niveles compartieron las funciones de las recámaras.

Las variaciones en la definición espacial doméstica, más que en las medidas, se basaron en la ubicación y contigüidad entre los espacios. Las recámaras, siempre en planta alta, tenían vista al corredor o se iluminaban con la luz de los balcones que miraban al patio; estaban comunicadas internamente unas con otras y, dependiendo de la importancia de su morador, contaban con una pieza anexa para personal de servicio como asistencia o cuarto de mozas, y los placeres, lugares asociados con las zotehuelas.

En otro nivel, los entresuelos, entrepisos y algunos escritorios pueden considerarse en este periodo como pequeñas viviendas compuestas por una recámara, una salita y una pequeña cocina; siempre estaban en los entresuelos y de hecho, éstos los definían arquitectónicamente. Contaban con un solo acceso directo del descanso de la escalera y sus ventanas miraban al patio.

A la zona de mayor sociabilidad de la casa, la sala,[38] se destinó una cuarta parte del total de los espacios habitacionales. Todas las fincas de la zona central tuvieron cuando menos una sala de recibir, una de estrado,[39] y, de acuerdo con la muestra, cuatro casas contaron con oratorios,[40] además de salas de huéspedes; en semejante proporción aparecieron chocolateros y gabinetes. Estas amplias estancias se comunicaban internamente de manera secuencial y recibían la luz de los balcones corridos o esquinados hacia la calle, prolongando al exterior el capital simbólico de sus habitantes.

Formando parte de la zona destinada para habitación, la asociación funcional de los espacios formados por el conjunto cocina-zotehuela-común[41] estuvo presente en la mayor parte de la muestra, añadiéndose, en menor medida, el comedor como sala especializada. La pobreza de su representatividad se debe a que ésta era aún una pieza sin definir en la mayoría de las descripciones. Localizadas en ambas plantas, las cocinas variaron en dimensiones; los diseños incluyeron braceros adosados a la pared con sus chimeneas para la salida del humo y forrados de multicolores azulejos en concordancia con las nociones higienistas de la época,[42] y en menor proporción se construyeron exentos en medio del cuarto. En las casas en donde se advirtió una mayor especialización interna aparecieron las alacenas empotradas en

---

[38] A lo largo del siglo XVIII en algunas zonas fue perceptible la tendencia a la especialización de los espacios interiores de la casa; ésta obedeció, entre otras razones, a una nueva lógica de las relaciones interpersonales. A la socialización de áreas importantes de la casa focalizadas en grandes salas que ocupaban el frente principal de la construcción, se añadieron valores culturales vinculados estrechamente con aspiraciones de honor, prestigio y consumo. Loreto López, 1999, p. 65.

[39] La sala de estrado fue una zona específica de la casa donde se acostumbraba hacer las reuniones familiares, convirtiéndose en un espacio de convivencia y educación familiar. Loreto López, *idem.*, p. 64.

[40] Al respecto puede verse Loreto, 1997, pp. 26-50.

[41] Véase Loreto López, 1994, p. 54.

[42] Se generalizó la utilización del azulejo durante los siglos XVII y XVIII como opción repelente al mecanismo de desplazamiento penetrante de los miasmas.

la pared; en ellas, los víveres y trastes dejaron de ser elementos visuales cotidianos al término de las labores alimentarias.

En los patios secundarios, y haciendo las funciones de demarcación con las casas vecinas, las zotehuelas se concibieron como áreas que por su diseño hacían las funciones de cubos de luz y por su ubicación comunicaban a las zonas de servicio, mantenimiento y, en ocasiones, producción de la casa. En todas las fincas de la muestra estuvieron asociadas con los comunes; éstos eran espacios destinados para el desahogo de las necesidades fisiológicas. La importancia de este servicio estuvo estrechamente ligada a los avances en materia de higiene. Los *comunes o necesarias* fueron habitaciones semitechadas o en algunos casos se diseñaron como piezas abovedadas para facilitar la circulación del aire, presentándose en diversas modalidades[43] que funcionaron a manera de letrinas receptoras. Las zotehuelas se encontraban articulando, además, las áreas de mantenimiento doméstico, pues en sus inmediaciones se encontraban los pozos, las pilas y los pilancones de agua, receptores de las mercedes y derrames que abastecían a las cocinas, los lavaderos y los temazcales. Por otro lado se comunicaban con las bodegas, cocheras y covachas, y mediante pasillos y pasadizos conectaban a las zonas zooproductivas como corrales, caballerizas, zahurdas y gallineros con el resto de la casa.

En las plantas bajas se localizaban áreas de producción y manufactura como panaderías, tintorerías, tenerías y tocinerías que empleaban 8% del espacio asignado originalmente a la casa. En este periodo fueron perceptibles algunos de los elementos de adaptación del inmueble a las necesidades de sus propietarios o moradores; las modificaciones se asociaron con el uso del agua, sus derrames y desechos y la localización de zonas de calentamiento como hornos y pailas. La permanencia en el centro de la ciudad de lugares destinados a la producción puede considerarse como parte de la lenta tendencia a la disociación del lugar de producción y habitación, proceso que siguió siendo cotidiano en el paisaje urbano de los poblanos hasta bien entrado el siglo XIX.

Los servicios con que contaban las casas incluían además del abasto de agua mediante mercedes, alcantarillas y pozos, atarjeas para el desagüe, albañales y tiros de agua desde las azoteas. La proporción en que las casas del centro gozaron de servicios está en coincidencia con la utilización de 10 litros de agua en promedio por habitante, continuamente suministrado por las fuentes públicas. Los servicios de desecho de la ciudad fueron arrojados consuetudinariamente al torrente de los ríos.

Estos amplios conjuntos habitacionales daban su mejor apariencia hacia la calle a través de sus grandes fachadas, que lo mismo transmitían el modelo simbólico de privacidad generada a través de las rejas de las ventanas rasgadas, balcones esquinados o corridos en las mansiones opulentas, o la intensa vida social interna que comenzaba por las accesorias y los zaguanes y que era proyectada cotidianamente hacia el patio central.

---

[43] Loreto López, 1994, *ibid.*

EL CARMEN

El barrio del Carmen[44] formaba parte de la parroquia del Sagrario y se localizaba en el camino de salida a Atlixco. A raíz del asentamiento del convento del mismo nombre se convirtió en la frontera sur de la urbe. Se presentaba como continuidad del eje que dividía a la ciudad de norte a sur partiendo de la catedral e incluía a su paso el frente de la iglesia del convento de las Capuchinas y la capilla de la Mansión. El barrio, por el oriente, se delimitó por el río de San Francisco, lo que permitió que sirviéndose de acequias se incentivaran actividades agrícolas como huertas, y productivas como molinos y obrajes (véase el plano 1).

Parte del agua que se conducía al convento mediante acequias fue cedida por los frailes para el abasto del vecindario. Ya desde 1603 se cita la construcción de una alcantarilla de piedra en la esquina de la plazuela; posteriormente, y a iniciativa de los carmelitas, se construyó un acueducto,[45] lo que hizo que en el lapso de siglo y medio la zona tendiese a revalorarse y a poblarse: las calles de la *Belleza* y de los *Arbolitos* seguramente hacían alusión directa a las condiciones ambientales de la zona, las que podían presentar un paisaje semirrural atractivo para ciertos grupos de población fluctuante.

Hacia el sur de la ciudad, en la sección de las seis manzanas seleccionadas para su análisis, habitaba 4% de la población total de la ciudad, lo que representaba casi 19% del total de la muestra de toda la ciudad (véase el cuadro 8). Atendiendo al número de feligreses que aglomeraba, esta sección era la tercera en importancia, siguiendo a la parroquia de San José. De manera general, cada persona tendría acceso a 37.8 metros cuadrados. Esto significó que a cada persona le corresponderían más de 10 metros cuadrados en el Sagrario, sin embargo, en el interior de la muestra, fueron perceptibles ciertas variantes. En torno a la iglesia de la Soledad se congregó para vivir en una sola manzana casi 27% de la población, correspondiéndoles 23 metros cuadrados por persona, proporción muy semejante a la del Sagrario.

Esta tendencia a la aglomeración poblacional de manera jerarquizada en determinadas calles, en coincidencia con un edificio eclesiástico, fue una de las constantes en el análisis microespacial urbano y obedeció a diferentes factores. En el Carmen, una de las posibles explicaciones de estas variaciones en la relación numérica de la concentración de habitantes por metro cuadrado se debe a que esta zona comenzó a urbanizarse tardíamente, hacia principios del siglo XVIII, coincidiendo el poblamiento, por un lado, con la continuidad del servicio de abasto de agua dul-

---

[44] La orden de los Carmelitas descalzos llegó a Puebla en 1586, obteniendo el cuidado de la capilla de los Remedios, entre 1578 y 1606, el ayuntamiento les mercedó tres solares más. Se dedicaron a la agricultura y a la horticultura, y para el riego de sus terrenos situados al poniente de la ciudad se les otorgó merced de agua sulfurosa del ojo del matadero. H. Leicht, 1934, pp. 66 y 67.

[45] El costo de la obra del acueducto ascendió a 20 000 pesos y se hace mención de su lenta construcción entre 1761 y 1788. Leicht, pp. 109 y 110.

ce implementado por los frailes para el regadío de sus huertas situadas en el límite sur de la ciudad, y, por el otro, con la fundación del convento de la Soledad,[46] en 1748, filial femenina del de los Carmelitas descalzos.

Además de las circunstancias antes descritas, la ubicación del barrio como salida y entrada de la ciudad hacia tierra caliente convirtieron a la zona, por una parte, en un potencial receptor de grupos indígenas, que se congregaron en la periferia de la misma territorialidad. Por otra parte, al compartir la jurisdicción parroquial con el Sagrario y la calidad del abasto de agua dulce, esta zona tendió a ser el lugar de habitación de la misma categoría de gentes que en el centro, gentes que para la época del levantamiento del padrón no definieron su origen racial y que identificamos como *indefinidos* (76.7%; véase el cuadro 8), representando las tres cuartas partes de los habitantes del barrio. A estos pobladores podrían sumarse (exceptuando 4% que se declararon como españoles y 2% de los indígenas) el resto de los grupos mestizados (16.4%) que habitaban en esta sección de la ciudad. Podríamos considerar que gran parte de esa gente eran inmigrantes que se asentaban en torno a una zona que reunía características ambientales y sociales idóneas. La cercanía con las huertas y los sembradíos los hacían proclives a formar parte de la fuerza de trabajo agrícola temporal y manufacturera asentada en los suburbios de la ciudad.

Un indicador de lo relativamente inicial de la ocupación de la zona hacia 1777 lo tenemos en la falta de precisión nominal urbana como lo muestra la calle del temazcal de Castillo,[47] que más que una calle indicaba una vía de acceso compuesto por tres bloques de calles que comunicaban al centro de la ciudad con el convento de los carmelitas, después de dejar el último referente urbano que era la capilla de la Mansión.

En torno a tres calles, este barrio cobró importancia poblacional; en la calle del Tecajete[48] circulaban 400 personas (18% de la población barrial) entre habitantes y trabajadores del obraje de la ginebra.[49] En la de los Arcos, 323 personas (14.6% de la población barrial) convivían diariamente; en 1704 se menciona la existencia de xacales[50] que aglomerados delimitaban los solares por el exterior y

---

[46] Éste fue el penúltimo convento de clausura fundado en la ciudad de los Ángeles en 1748, fue el segundo de la orden de las carmelitas descalzas. La fundación de cada convento en la ciudad trajo aparejado consigo el poblamiento y la urbanización en su entorno, dando origen a asentamientos barriales, al respecto véase Loreto, 2000, pp. 15-55.

[47] En esta calle, entre 1609 y 1612, vivían el obrajero Juan García del Castillo y el regidor Rodrigo García. Este último fue el encargado de comprar la fuente para la plazuela del Carmen y él contribuyó para ello, concediéndole el derrame de la fuente en 1609 para las posesiones que tenía cerca de misma plazuela. Leicht, p. 447.

[48] Tecajetl es el nombre de un mortero de piedra de tres pies, instrumento común de los indios para moler sus pimientos. H. Leicht, 1934, p. 447.

[49] El obraje fue de Rodrigo de Castillo, posible pariente de Juan García del Castillo, y se ubicaba entre la plazuela del Carmen y la calle frontera de la iglesia de la Soledad, ocupando dos cabeceras de la manzana. En 1772, *la ginebra* era una posesión de 21 casas. H. Leicht, 1934, *ibid*.

[50] Jacal proviene de la palabra azteca xacalli que fue sinónimo de pequeñas viviendas o chozas.

compartían el terreno a manera de patio en el interior. En tan sólo esa calle encontramos viviendo a 288 personas (13%) en contraste con las calles que formaban la manzana menos densamente poblada (Arbolitos, 1.5%). Esto es perceptible en la sección remarcada del plano barrial 2.

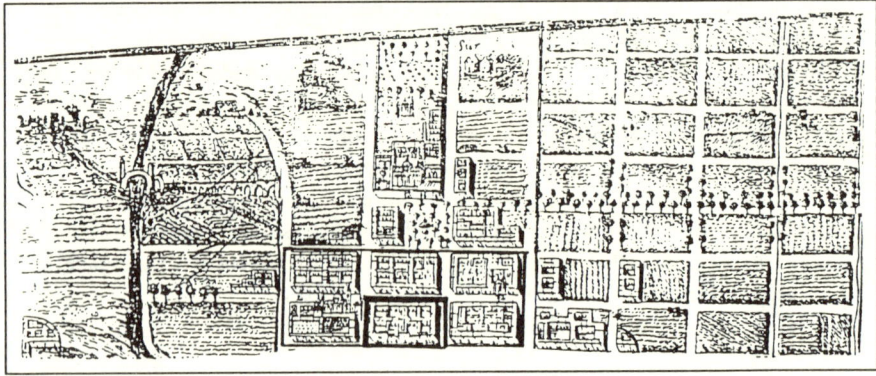

Plano barrial 2. El Carmen.

El 10.5% de las transacciones de compra, venta e hipotecas que se realizaron en el Sagrario correspondieron a este barrio, acumulando un valor en proporción semejante. Los precios de los predios fluctuaron marcadamente, encontrando el de más bajo valor sobre los 720 pesos, como fue la casa de Bárbara Alcántara y sus hermanas. Ésta era de una sola planta y medía 107 m² y estaba ubicada en la calle que baja de la plazuela del Carmen para la calle de la Acequia del molino, en cuyo terreno el agrimensor Balthasares halló fabricado lo siguiente:

> una accesoria con recámara y corralito con un recodo que se le mete a la casa vecina de cinco varas, su fábrica es de piedra y lodo y en los pies derechos, cerramientos, capialzados, solados y enladrillados son de cal y canto, su corralito enlajado al igual que el recalzo de la calle.[51]

Esto en contraste con la casa de más alto valor de la zona, que rebasó los 10 000 pesos, que pertenecía al licenciado Francisco Javier Caballero Valenzuela, abogado de la Real Audiencia. La finca estaba situada en la calle del Santuario de los Gozos, que era de dos plantas y medía 1 082 m²:

> ...en la fachada exterior se encuentran tres accesorias de tamaño regular, entrando al primer patio están cuatro piezas contiguas de tamaño regular con ventanas bobas al se-

[51] AGNEP, notaría 1, Joaquín Pérez, 1771-1772, f. 66.

gundo patio, en el centro una escalera de bóveda de tres tramos que desemboca a dos corredores de 10 bóvedas que comunican por un lado a una sala con balcón de fierro volado, dos recámaras, sala de asistencia, cocina, y junto a la zotehuela y los lugares comunes. De manera separada, en el ala frontera, una sala, recámara y cocina, zotehuela y comunes.[52]

Como se puede observar, la casa albergaba a varios grupos familiares diferenciados que compartían el pozo de agua salobre que estaba en medio del patio principal. Los habitantes de las piezas y las accesorias de la planta baja cruzaban un callejón al segundo patio para acceder a los lugares comunes donde se hallaban, además de un cuarto, la caballeriza con su pesebrera, y el pajar. Los pisos de toda la casa eran de ladrillo y los exteriores en el patio, el zaguán y el recinto de la calle estaban cubiertos con laja tosca de cantería entreverada de guijarro. La casa contaba con atarjea subterránea para deshacerse de sus desechos.

A pesar de esta disimilitud arquitectónica, el promedio del valor de las casas en la zona fue de 3 442 pesos, esto significaba una diferencia de casi 48% menos del valor de los predios ubicados cinco cabeceras de manzana más arriba, es decir, alrededor del zócalo, pero en cuanto a valor real le seguía en orden antes que cualquier otra zona de la ciudad, esto en coherencia con su proximidad.

Las dimensiones promedio fueron de casi 548 metros cuadrados, lo que se tradujo en predios un tercio más chicos que los localizados en la zona central. Esta relación proporcional de menor valor y menor tamaño sólo es perceptible en esta zona de la ciudad y puede explicarse sobre todo por lo tardío de su poblamiento, la composición étnica de sus habitantes y la probable función de receptora de grupos migrantes interurbanos, obligados a movilizarse hacia la ciudad a partir de las oleadas de contracción económica y crisis epidemiológicas.

Una de las características más importantes de este barrio fue la continuidad del patrón morfológico de las calles y de las casas, tanto en las de un nivel como en las de dos plantas. Debido a la limitada amplitud del terreno otorgado para fincar y dada la tendencia a la alta aglomeración urbana del barrio, los espacios de circulación internos resultaron ser casi tan importantes como en el centro de la ciudad; esto significó que dentro de la casa se congregaron, en torno a sus patios, heterogéneos contingentes organizados jerárquica y diferencialmente siguiendo principalmente tres modelos de agrupamientos familiares (véase el cuadro 5). Una cuarta parte de los pobladores vivían en el ámbito de familias nucleares. En proporción semejante habitaron las plantas bajas de las casas parejas sin hijos. Otra variante de familias pequeñas lo conformaron las viudas y viudos con hijos (13%). En menor proporción pero de manera importante vivían en las casas familias extensas con y sin servidumbre (11%), y, finalmente, una proporción significativa estuvo representada por los conjuntos de individuos que sin parentesco aparente se congregaron (16%) en tor-

---

[52] AGNEP, notario José Ignacio del Castillo, 1787, f. 26.

no a un jefe, posiblemente en los jacales de material deleznable. En promedio, las familias en este barrio se componían de 3.5 miembros (véase el cuadro 7). La fachada externa de estas casas presentaba lienzos cerrados cuyas aperturas estuvieron definidas en la planta baja por los zaguanes y en algunas ocasiones por accesorias y tiendas; en los altos las ventanas a la calle o los balcones fueron de dimensiones y pretensiones más modestas que en el Sagrario. A diferencia del centro de la ciudad, dos terceras partes de las casas eran de un solo nivel y muchas tenían más de un patio al que se accedía por callejones. Otra variante respecto del centro de la ciudad consistió en la utilización del material; en vez de laja bruta se optó por guijarro y tierra apisonada para los patios.

Continuando la tendencia de la evolución diferenciadora del espacio habitacional, a éste se le asignó, en comparación con el Sagrario, una mayor importancia (58.8%) que al comercial (7.8%) (véase el cuadro 6). La zona de la vida privada se definió en torno a las áreas de piezas y cuartos y en menor proporción se describieron las recámaras; éstas se asociaban en continuidad de organizaciones espaciales más complejas como las salas de estar y las de asistencia. La aparición de varias cocinas sirvió para disociar cada una de las viviendas dentro del conjunto residencial de la casa-edificio. Los servicios de las casas dependieron de su cercanía con la fuente de la plazuela y las atarjeas que conducían los desechos directamente al río, mismo que le servía de frontera natural al barrio. En las zonas altas, las huertas seguramente suplieron esta función.

Los espacios zooproductivos presentaron una proporción ligeramente más baja que en el Sagrario. En esta zona pudo percibirse una mayor separación entre los lugares de producción y los habitacionales, facilitado esto por la cercanía de acequias y las áreas despobladas; así, junto con molinos y obrajes, se localizaron tocinerías y fincas destinadas a la venta de servicios como temazcales y lavaderos, espacios todos relacionados con el abasto de agua, el cual dependía en gran parte de la generosidad y la iniciativa de los carmelitas.

SAN JOSÉ

En el norte de la ciudad se localizaba la parroquia de San José, la cual contaba con una distribución y ocupación espacial menos contrastante que en el Sagrario. Desde 1578 aglutinaba a gran parte de la población española, segregando hacia el oriente, al otro lado del río, a la indígena.[53] Esta parroquia fue una de las más antiguas de la ciudad y estaba compuesta por 83 calles y una veintena de manzanas.

---

[53] Como parroquia auxiliar del Sagrario comprendía a cerca de una cuarta parte de la traza urbana y gran parte de asentamientos indígenas fuera del cuadro central, pues incluía los barrios de Xanenetla, Tezcoco, San Antonio, el Alto, San Francisco, Santa Ana y San Pablo (posteriormente transferidos de parroquia); los pueblos de San Felipe, San Jerónimo, la Resurrección, y los santuarios extramuros de Nuestra Señora de Loreto y del Refugio.

Su importancia se debía a una confluencia de factores; los de orden social se refieren al relevante papel que desempeñaba San José pues se le consideraba como uno de los santos patrones más importantes de la Angelópolis desde 1556. Al bello e importante conjunto arquitectónico de la parroquia se añadían las funciones de otros dos núcleos eclesiásticos que surgieron en la segunda mitad del siglo XVII, el hospital de San Juan de Dios (1667-1681) y la iglesia y el convento de Santa Mónica (*c*. 1680).

Para el periodo de nuestro estudio, en torno a estos tres edificios se articulaba el barrio, teniendo como punto de sociabilidad más importante la plazuela frontera de la parroquia que abarcaba el largo de tres calles. Esta parroquia tuvo un gran auge poblacional durante la primera mitad del siglo XVII: debido a ello se decidió en 1625 utilizar los terrenos situados en la línea de la calle real del señor San José y los aledaños al río para diseñar una alameda en donde todos los miércoles había mercado; al año siguiente se ubicó una fuente de abasto al barrio.[54] De ahí partía anualmente una de las procesiones más importantes y su calle principal servía como eje entre la parte norte y central de la ciudad. A la importancia social y económica de la parroquia se añadió que la ubicación de la iglesia de San José coincidió y definió el eje de abastecimiento de agua dulce de toda la urbe; de ahí partía el conjunto de ocho alcantarillas y cajas de agua del norte de la ciudad.

En los límites de la parroquia de San José se encontraban el convento de San Antonio y la iglesia y la plazuela del Refugio, centros que vinculaban las zonas de extracción de materiales productivos con el resto del barrio, pues en sus alrededores se encontraban las caleras y sus hornos, que "son canteras muy buenas para hacer cal";[55] éstas se conocían desde el siglo XVI. Cerrando este circuito de extracción se encontraban en proximidad los seis hornos para coser dicho material; para su construcción se utilizó xalnene, materia arcillosa resistente al fuego que se hallaba en abundancia en el vecino cerro de Loreto.

En la calle que subía de las huertas de Formicedo y que delimitaba la zona urbanizada de las faldas de los cerros de Xonaca y Xanenetla (véase el plano barrial 3) se localizaba desde el siglo XVI el horno de vidrio,[56] que continuaba en funciones aún en 1788. Su ubicación fue coincidente con la existencia de zonas forestadas aledañas a la ciudad, pues al consumo de leña necesario para el calentamiento de los hornos se asoció el necesario para la producción de cenizas que funcionaran como cáusticos para la elaboración del cristal.

En la definición del valor predial de esta zona debe considerarse que siempre fue uno de los asentamientos españoles de más peso en la ciudad, pues concentró

---

[54] A la alameda le daba mantenimiento un alcalde que vigilaba la acequia que la regaba. H. Leicht, 1934, p. 400 y ss.

[55] H. Liecht, 1934, p. 189.

[56] En 1542 se estableció en Puebla el primer horno de este tipo, floreciendo la manufactura del blanco cristaleño, verde y azul, exportándolo aún en el siglo XVII hasta Guatemala y el Perú. H. Leicht, *idem*, p. 188.

en su territorialidad un alto porcentaje de esta población, 30% (véase el cuadro 1) y 17.2% de la población total de la Angelópolis. En el interior de la parroquia, esta proporción étnica también fue significativa (48%; véase el cuadro 2).

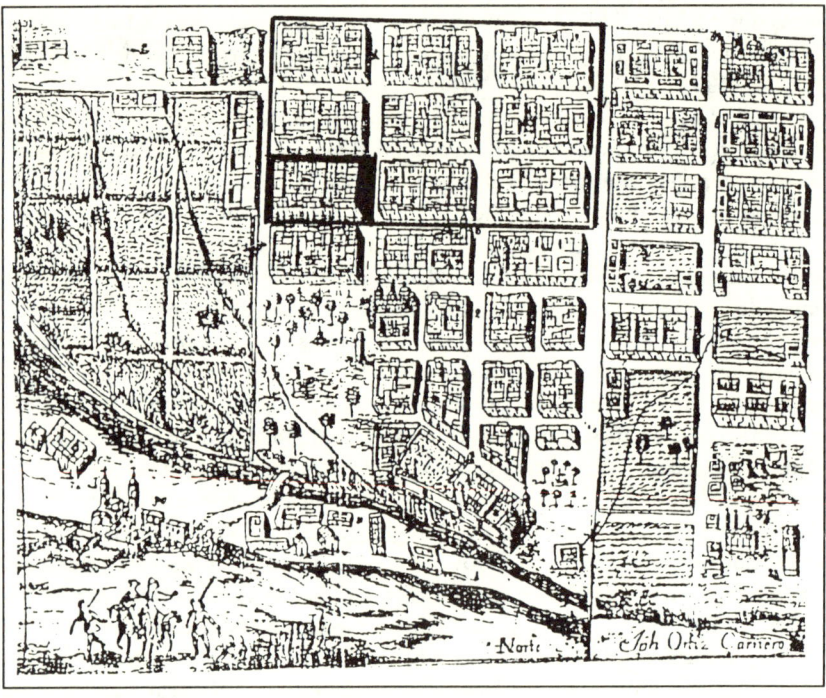

Plano barrial 3. San José.

Esta parroquia, a pesar de ser la segunda en importancia de la ciudad, muestra la preponderancia del clásico modelo segregacional étnico (véase el cuadro 9). Casi la mitad de la gente, según la muestra, declaró ser española o gente de razón (48%); a este tipo de población *blanqueada* seguía en importancia 32% de mestizos; la proporción de pobladores indígenas en la zona también resultó relevante (10%), pues uno de cada 10 habitantes de la muestra pertenecía a este grupo,[57] posiblemente eran empleados en el servicio de "las casas grandes de la calle real". Llama también la atención la cantidad de habitantes que al no declarar su origen racial se consideraron *indefinidos* (5%), mientras que en el Sagrario y el Carmen, también dentro de la traza urbana, esta categoría representó 55 y 77%, respectivamente.

[57] Para el análisis de este grupo étnico se deberán considerar, sin lugar a dudas, los indígenas que habitaban la otra banda del río, en los barrios y arrabales pertenecientes a la misma jurisdicción parroquial, pues ésta, al igual que las otras parroquias, con excepción del Sagrario, incluía el perímetro agrícola de la ciudad.

La población urbana en torno a esta parroquia se congregó en 84 calles que conformaban 21 manzanas. De acuerdo con la muestra seleccionada, la distribución poblacional mostró la tendencia a la concentración de la población en proximidad a la iglesia de San José, lindando con la calle de las *Huertas de Formicedo* y la calle de la *Cholulteca*. Obsérvese la sección remarcada en el plano barrial 3.

Como se ve, esta zona tuvo como frontera demarcatoria el río de San Francisco, lo que incentivó actividades agrícolas y manufactureras que definieron desde el siglo XVI parte de la importancia económica de la región. Un ejemplo de estas iniciativas sería el caso de Juan de Formicedo,[58] cuya relevancia en la vida urbana fue tal que se otorgó su apellido a un conjunto de cinco calles que aún parcialmente despobladas en el siglo XVIII funcionaban como huertas y delimitaban un camino que partía de la zona de moliendas hidráulicas hacia el norte, teniendo como límite el Colegio de San Luis, ya entrando en la ciudad.

Ubicada en la misma manzana, en la calle de la *Cholulteca*,[59] desde 1720 se conocían las casas de obraje de don Francisco García Solano. La zona, a lo largo de los dos siglos siguientes, continuó proporcionando condiciones idóneas para la producción textil de rebocerías; en una de ellas laboraban 132 oficiales en 23 telares.[60]

Dado que San José fue una de las parroquias con mayor jurisdicción, en ella a lo largo de 20 años se detectó una circulación de la propiedad predial equivalente a 12.2% de las transacciones de la muestra (véanse el cuadro 4 y las gráficas 1 a 6). En esta zona, el valor de las casas fluctuó entre los 130 pesos y cerca de los 9 000 pesos, diferencia que se expresa en las descripciones comparando no sólo las dimensiones y la ubicación, sino los materiales constructivos y el diseño, como en la casa de José Luis Espinosa, ubicada en el barrio de Santa Inés Xanenetla en el desembarque del puente, a la otra banda del río, que medía 78 m² y se componía de

> un cuarto en el ángulo de la esquina, una salita con ventana al río y por una puerta se sale a un patio pequeño donde está su pozo. Las paredes de dicha casita son de piedra

---

[58] Este personaje se encontraba avecindado en la ciudad a mediados del siglo XVI; en 1555 vendió el obraje de hacer paños situado en la ribera del río de San Francisco con el que había iniciado su trayectoria de enriquecimiento, diversificando sus intereses hacia actividades políticas y económicas complementarias; en 1589, fue dueño del molino de San Francisco situado a orillas del mismo afluente. Fungió como regidor y alcalde en 1569, 1579, 1586 y 1589, casándose con Isabel de Vargas, hija del alguacil mayor Gonzalo Díaz de Vargas; sus descendientes fundaron uno de los mayorazgos y linajes más importantes de la ciudad. H. Leicht, 1934, pp. XVI, 227 y ss.

[59] La alusión del nombre hace referencia a la importante inmigración de gente procedente de Cholula. Cuenya ha demostrado para el caso del Sagrario, en la misma época, que 13% del total de los cónyuges indígenas procedían de San Pedro Cholula; 5% declararon avecindarse en la ciudad como tejedores. Cuenya Mateos, 1999, pp. 109 y ss.

[60] En 1852, además de la fábrica de hilados y tejidos de Joaquín de Haro y Tamariz, había 25 rebocerías que contaban con 165 telares y unos 300 oficiales, cuatro de las dichas rebocerías se ubicaban en esta misma calle. H. Leicht, 1934, p.115.

redonda y lodo, toda cercada en sus cuatro tramos del mismo material, sus pies derechos, capialzados y cerramientos y solados son de cal y canto.[61]

En contraste con la casa situada, ya a intramuros urbanos en el corazón de la parroquia, en una de las cabeceras de la calle *Real de la iglesia de San José*, y que pertenecía al convento de Belem que medía 871 m², el valuador le asignó un precio de 8 692 pesos, mismo que se definió, entre otras cosas, por la calidad de los servicios de que gozaba la finca, los niveles de la casa y la especialización de los espacios interiores. La fachada a la calle incluía el zaguán y los balcones corridos hacia la acera; además de las dos accesorias, una de ellas era de dos piezas, junto se encontraba una cochera con su arco interior y marco de cantería y

> ...el zaguán recibía en su corona un balcón de fierro. En ambos lados del patio principal se halla un portal de cinco arcos de punto redondo, ahí se entra a una sala, dos piezas, un cuarto y un callejón con su cubierta de bóveda por donde se comunica al patio segundo en cuya circunferencia se hallan dos cuartos, una caballeriza de grande amplitud y un pajar, corral, gallinero y el cajón de los comunes y una escalera para la vivienda superior. A la derecha del patio principal, está la escalera de dos tramos con 27 gradas de piedra moldeadas y sus pasamanos de lo mismo, en su descanso hay un escritorio que mira a la calle y en su desemboque dos arcos y una columna de cantería dan entrada a un corredor correspondiente al portal de abajo y sigue otro corredor volado sobre canes de cantería de seis bóvedas. La vivienda superior es una sala de recibir con ventana a la calle, tres recámaras, sala de estrado, la de asistencia se divide por tabique, una cocinita, y una recamarita que comunica con la cocina con puerta a la zotehuela y cuarto de mozas, cuarto de baño y lugares comunes.[62]

Cuando menos tres viviendas, incluyendo las piezas del escritorio, son perceptibles en la descripción, lo que sugiere que la utilización del suelo para actividades artesano-comerciales y habitacionales fue un patrón recurrente en esta zona.

El valor por metro cuadrado de la propiedad fue de 2.7 pesos, el más bajo registrado para las parroquias de españoles. En promedio, el precio de las casas en esta parroquia fue de 2 574.7 pesos; la relación entre las medidas de los inmuebles y su precio era menos marcado que en la vecina parroquia del Sagrario, donde el valor promedio de los predios era 23% más elevado a pesar de que las dimensiones de los predios de San José (1 458 m²), casi doblaban los metros cuadrados ocupados por las casas comprendidas en la jurisdicción parroquial central (cuadro 4). El promedio de metro cuadrado por habitante fue de 36.5, siguiendo en importancia al Sagrario (véase el cuadro 9).

---

[61] AGNEP, notario Francisco del Castillo, 22 de enero de 1774, s.f.
[62] AGNEP, notario José Ignacio del Castillo, 11 de mayo de 1780, s.f.

San José, al igual que el resto de la ciudad, experimentó la recesión poblacional y económica del siglo XVIII tan reseñada por los cronistas; la alameda se abandonó por quedar muy retirada del centro, se deforestó en sus dos terceras partes y en 1769 el terreno se allanó para hacer corridas de toros; también se canceló la acequia, quedando como jardín tan sólo la parte frontera de la iglesia con la gran fuente de agua dulce para el abasto del vecindario.

Posiblemente, las casas de esta parroquia, dadas las dimensiones que llegaron a adquirir un siglo antes, se arrendaron en búsqueda de una mayor rentabilidad constituyendo el soporte habitacional de importantes afluentes migratorios femeninos a la ciudad; un significativo 12% de los habitantes de esta parroquia eran viudas con hijos (véase el cuadro 5). Las accesorias cuyas puertas veían a la calle principal del barrio complementaban la función económica de las fincas. La organización espacial muestra coherencia con este hecho pues los espacios dedicados al comercio (11.5%; véase el cuadro 6) podrían considerarse el espacio ideal para 14% de la población constituida por parejas solas sin hijos, y artesanos que vivían solos, 3%, complementando así la función habitacional-comercial de la casa.

La mayor parte de las casas en esta parroquia eran de un solo nivel, lo que se traduce en un uso más extensivo que intensivo de las superficies; únicamente las *fincas grandes*, ubicadas todas desde la *calle real*, que incluía tres largueros de manzana, hasta llegar a *Santa Teresa*, contaron con segundos pisos; en las piezas solas o conjuntos de piezas-cocina de las plantas bajas se distribuyeron preferentemente familias nucleares (46%) o de agregados (3%) organizadas en torno al patio principal. Todos los habitantes compartían los servicios de la finca como pozos, atarjeas, comunes y lavaderos con las familias extensas (10%) que vivían en los altos, desarrollando su vida doméstica en salas de recibir, de estrado, piezas y recámaras, y que arreglaban y mantenían consuetudinariamente sus numerosos sirvientes (8%; véase el cuadro 5). En promedio, cada familia en esta parroquia se componía de 3.4 miembros, indicador compartido por casi todos los barrios de la urbe (véase el cuadro 7).

Estas características sociales definieron también la morfología residencial compartida en la parte española de la ciudad. Ya en el interior de las casas fueron perceptibles ciertos cambios; los espacios de circulación como portales, corredores y pasillos fueron notablemente más restringidos aquí que en el resto de la ciudad, presentándose una relación directa entre el uso del espacio empleado propiamente para habitación (62.9%; véase el cuadro 6), el mayor espacio asignado para tal función en la ciudad y la presión poblacional que experimentaba esa zona por ser receptora de la continua migración procedente de la periferia urbana.[63] En continuidad con este hecho, la descripción de las casas las muestra como de "vecindad", de "viviendas" y "mesones".

[63] Al crecimiento de la ciudad sostenido por movimientos migratorios del campo a la ciudad debe añadirse el análisis de la movilidad espacial intraurbana procedente de la periferia y de barrios aledaños que, carentes de servicios indispensables en tiempos de crisis y desastres naturales como sequías, hambrunas y epidemias, originaban desplazamientos poblacionales hacia el centro urbano.

La idea de esta parroquia como aglutinadora de una gran proporción de la población procedente de zonas circunvecinas de la ciudad podría redondearse si se considera que 80% de estas casas contaban con accesos colectivos al agua dulce mediante pilas, pilancones y fuentes y pozos, aunque sólo una tercera parte de las descripciones mencionan la existencia de comunes. La proximidad de acequias, huertas y el río probablemente alivió parte de las necesidades naturales de los poblanos de la zona seleccionada.

AL OTRO LADO DEL RÍO, EL SANTO ÁNGEL

En continuidad con el margen del río de San francisco, en su camino hacia el oriente, se encontraban la parroquia del Santo Ángel. El equipamiento urbano que permitió el desarrollo comercial en esta zona fue la serie de puentes localizados a lo largo de la ciudad, como puede observarse en el fragmento del plano barrial 4.

Este sistema hidráulico permitió la continuidad del trazado reticular de las calles; ya en tierra firme y en la banda oriental del río se encontraban las garitas, puertas fiscales hacia los pueblos de Totomehuacan, Cuauhtinchan y Amozoque, zonas de sabanas y llanos que conectaban a las haciendas de San Diego Amalucan y al molino de la Teja como parte de la parroquia. Otro indicador de la valoración de la zona fue el tipo segregacional de poblamiento indígena.[64]

Toda la zona oriente de la ciudad comprendía las parroquias del Santo Ángel Custodio y la Santa Cruz. La primera parroquia fue erigida en 1627 y hasta 1640 estuvo a cargo de los franciscanos, congregando a la población indígena y mestiza. Su centro articulaba el barrio indígena de Analco; su jurisdicción eclesiástica comprendía la medianía del cerro de Loreto, teniendo como límite en línea recta el río de San Francisco, e incluía el barrio de los Remedios y el pueblo de San Baltazar.

Fue hasta el siglo XVIII cuando los españoles se avecindaron en la zona para establecerse sobre todo como tocineros o introductores de ganado de cerda; posiblemente en esta zona se desarrolló este modelo de espacios doméstico-productivos. Dado que la limpieza y el abasto de agua fueron condiciones para su desarrollo, ésta se garantizó mediante pozos, aljibes y manantiales de uso privado, ya que fue hasta 1759 que se puso una fuente de agua dulce frente a la plazuela; esto incentivó de manera decisiva el poblamiento. La distribución numérica de los grupos étnicos para 1777 refleja la continuidad de un esquema poblacional de interacción étnica, donde 38% de españoles y 49% de mestizos convivían con castizos y pardos; esta relación coloca a la parroquia como la más recurrida para el asentamiento de grupos mestizados de la ciudad (véase el cuadro 2).

[64] Desde 1560 se localizaban asentamientos de naturales en la zona, distribuidos en cuatro arrabales; hacia 1619 se inauguró la capilla mayor dedicada al Santo Ángel, la cual cohesionó en su entorno los asentamientos tlaxcaltecas a los que se les mercedaron dos manzanas del barrio; éste tuvo tal florecimiento que en 1627 se erigió el templo como parroquia. H. Leicht, 1934, pp. 15 y 16.

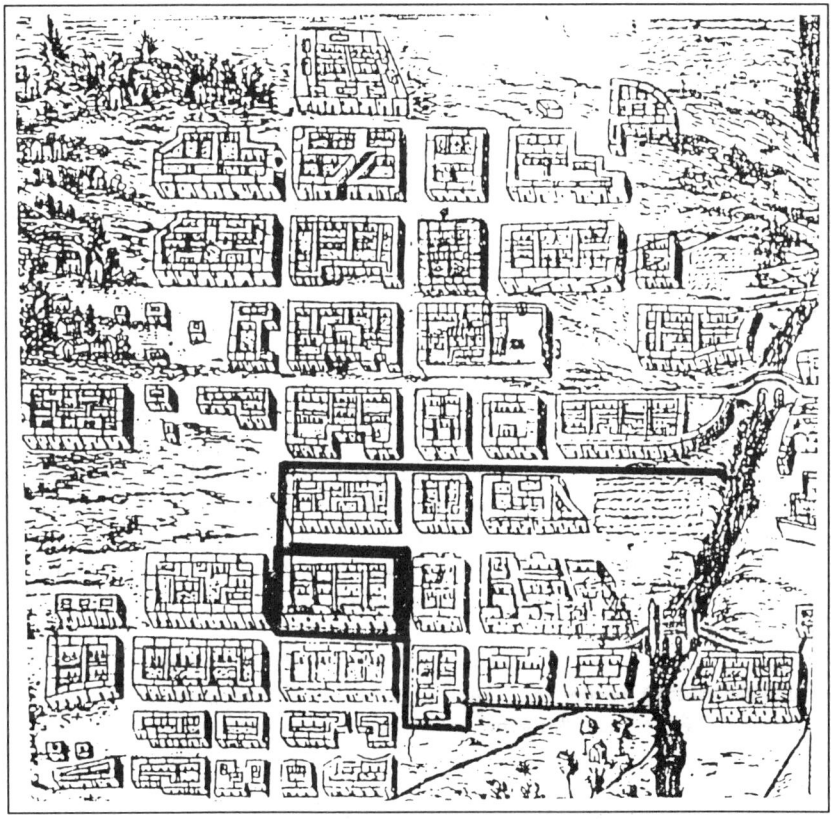

Plano barrial 4. El Santo Ángel.

En esta zona habitaban 4 808 personas (véase el cuadro 1), lo que equivalía casi a 9% de la población total descrita en el padrón, distribuidas "según las calidades que dijeron que tenían, en españoles y de color quebrado".[65] En el universo de la muestra (véase el cuadro 10), el grupo de mestizos y españoles conformaba 64% de la población, y una cuarta parte de esta "gente de razón" correspondía a hombres y mujeres cuyas edades fluctuaban entre los 15 y los 21 años de edad,[66] con posibilidades potenciales de establecer grupos familiares. Casi 30% de la po-

---

[65] Padrón de 1777, *op. cit.*

[66] En la tendencia de los movimientos espaciales campo-ciudad, los adultos jóvenes fueron los principales protagonistas, modificando la estructura demográfica de aquellos centros urbanos que se convertían en receptores. Es también de destacar el carácter eminentemente masculino del mismo, situación que afectaría las tasa de masculinidad de las zonas receptoras como de las expulsoras. Cuenya Mateos, 1999, pp. 109 y ss.

blación de este sector eran menores, incluyendo esta cifra a recién nacidos, niños de 13 años y niñas de 11.[67] Esta abundancia numérica de una población joven puede reforzar la idea de la dinámica del avecindamiento en esta zona como espacio receptor de grupos migrantes mestizados.

La muestra seleccionada de las seis manzanas centrales del barrio, donde se aglutinaba 8.1% de la población total (véase el cuadro 2), expone hacia el interior de la parroquia otro tipo de relaciones interétnicas y sociales pues, a pesar de ser un barrio de naturales en su origen, llama fuertemente la atención la ausencia de indígenas en el subregistro seleccionado.

En la distribución parcial de los habitantes de esta parroquia (véase el cuadro 10), el hecho de no existir el registro de ninguna familia indígena en una zona donde se supondría, según las crónicas, un asentamiento mayoritariamente de naturales puede ser considerado como un indicador de la continuidad del patrón segregacional que debido a la presión originada por el avecindamiento de "gente de razón" excluyó a los naturales del centro del barrio y los aglutinó en torno a los arrabales de Tepetlapa, Huilolcatitlán, los Remedios, Santa Verónica y los Santos Reyes, habitados hasta octubre de 1777 por 1 684 indígenas (véase el cuadro 10). Para esta época se había comenzado a construir la iglesia de Nuestra Señora de la Luz, financiada por el presbítero Manuel del Toro,[68] la cual hacía las veces de frontera hacia los suburbios y las sabanas que precedían la entrada a la ciudad por el oriente.

De acuerdo con el cuadro general de la población de la parroquia (véase el cuadro 10), 56.5% de ellos eran casados, 3.2% de los hombres declararon ser viudos, la viudez femenina (7%) se presentó en correspondencia con el patrón predominante de inmigración masculina, proceso semejante en la relación entre solteros (9.5%) y doncellas (8%). Una probable explicación a esta situación se encuentra en la función de esta zona como receptora de indígenas masculinos migrantes procedentes de los pueblos circunvecinos a los que las garitas abrían acceso, como la de Amozoc, que funcionaba como puerta al valle de San Pablo y Tepeaca a varios kilómetros de distancia,[69] abrían acceso. En este mundo del Santo Ángel vivían 1 191 párvulos,[70] que representaban casi 38% de la población, los que pueden ser considerados como potencializadores elementos del crecimiento del barrio.

Casi 6% de las transacciones sobre bienes raíces entre 1767 y 1787 se efec-

---

[67] *Ibid*. El mismo autor registra para la parroquia del Sagrario que 40% de los cónyuges foráneos se establecieron en Puebla siendo niños; 31.9% "desde niños", 5.3% de 11 a 15 años de residencia, de 16 a 20 años 1% y con más de 20 años de residencia 1.2%.

[68] Esta familia fue una de las primeras de españoles que se avecindaron en esta banda del río. Su hermano fue uno de los tocineros más importantes de la ciudad poseyendo dos casas de trato de ganado de cerda en ambas orillas del río cruzando el puente de bubas, Loreto López, en prensa.

[69] En este tipo de inmigración es aplicable el principio de Ravenstein según el cual, el número de migrantes está en proporción inversa a la distancia recorrida. Citado por Cuenya Mateos, *op. cit*.

[70] Se consideran párvulos a los varones menores de 13 años y a las mujeres de menos de 11.

tuaron en la zona oriente de la ciudad. El valor de esta zona estuvo en relación directa con la proximidad de la ribera oriental del río de San Francisco y la utilización productiva de sus afluentes, pues de él partían en su parte más baja las acequias (obsérvese el plano barrial 4) que movían los molinos trigueros; en la zona alta se localizaban ojos de agua o brazos de río que abastecían a obrajes, temazcales, curtidurías y tocinerías. A estas variadas utilizaciones del agua se añadía, como valor agregado, que los desperdicios producidos en estas casas-manufacturas se desechaban al río aprovechando la pendiente topográfica del San Francisco.

En esta zona, las medidas de los predios resultaron fuertemente contrastantes ya que fluctuaron entre los 280 y los 7 948 metros cuadrados; a pesar de las grandes dimensiones que podían tener los predios en esta zona (1 750 metros cuadrados en promedio; véase el cuadro 4), el valor registrado mostró ser el más bajo de la ciudad, que fue de 1.4 pesos. La relación inversa entre las grandes dimensiones y el valor de los terrenos de esta parroquia puede obedecer al modelo preferencial de utilización productiva sobre el habitacional del suelo urbano, dadas las condiciones de apertura geográfica de la zona hacia los pueblos aledaños, añadiendo a esto la tendencia a la continuidad segregacional racial de origen. La topografía en el Santo Ángel y el medio del entorno permitió el desarrollo habitacional para grupos indígenas y mestizos, y productivo para los españoles; ahí se localizaban desde sencillas casas de adobe como las de las indígenas Rosa Sicilia y Rosa Ramona, que medían 287 metros cuadrados y fueron valuadas en 125 pesos por contar con un *hornillo para coser mamón*, hasta inmuebles dedicados a actividades productivas y comerciales de relevante importancia como tocinerías,[71] curtidurías, mesones y ladrilleras. Un ejemplo de la combinación de estas dos últimas actividades productivas era la propiedad del señor Joaquín de Nazaval[72] que valía 15 682 pesos y medía 7 948 metros cuadrados, la cual presentó el más alto valor comercial de la zona; ésta se ubicaba en el barrio de los Remedios, al final de la calle que nombran de la Barranca que sube derecho del puente de Ovando.

La casa, de edificio bajo, está unida a la ladrillera con todas sus oficinas correspondientes, tiene una accesoria como tienda con puerta al zaguán techado, un patio muy espacioso, todo empedrado y por los dos lados de su circunferencia se hallan siete cuartos, una sala y una recámara, enfrente está un portal techado compuesto de ocho arcos y sus postes, todos de ladrillo y piedra, dos tapiados para funcionar como cuartos y el

---

[71] Al respecto puede verse Loreto López, *Zahurdas y tocinerías en la Puebla de los Ángeles*, en prensa.

[72] En 1777, Joaquín de Nazabal y su esposa Gracia Álvarez poseían una casa que a su vez era mesón, huerta y ladrillera en el barrio de Tepetlapa, frente a la iglesia de los Remedios. La ladrillera ocupaba los cuatro lados de la manzana. La calle llevó el nombre de este propietario hasta 1915. H. Leicht, 1934, p. 268.

resto es la caballeriza, en el patio está una fuente de donde pasa el agua dulce por conductos, derrames y desagües ocultos [...] que es la que provee todo el barrio del Santo Ángel y llega a tres alcantarillas internas. Por el lado del oriente se haya una vivienda compuesta de una sala, dos recámaras y una cocina, todas con puertas y ventanas al corredor, junto se halla un cuarto pequeño que sirve de baño y placer con su tina guarnecida de azulejos con su correspondiente paila de calentar el agua, un tanquesillo y lavaderos, debajo del portal es entrada de la huerta.[73]

El dueño de esta casa, de manera particular, aprovechaba la ubicación de frontera del barrio hacia el oriente y coptaba a parte de la población migrante de los pueblos como inquilinos de los cuartos del mesón o como fuerza de trabajo para la ladrillera.

A las casi 1 000 personas registradas en la muestra, les correspondían en promedio 130 metros cuadrados (véase el cuadro 11); esta territorialidad no se distribuyó equitativamente sino que se concentró en ella el sector predominante de la población española y mestizada.

Las casas habitación en esta zona se pueden clasificar en dos rubros; en el primer caso fueron de una sola planta irregular con acceso directo de la calle, en casas más grandes el solo arco de medio punto desde el zaguán techado daba acceso a pequeños patios con intermediación de portales conformados de dos arcos de mampostería. Este sencillo tipo arquitectónico fue la residencia por excelencia de agrupamientos familiares de tipo nuclear, conformado en promedio por cinco miembros, (54%) y por parejas sin hijos (15%; véase el cuadro 5). Esto se traduce en que casi 70% de la población se congregaba para vivir en casas de tipo unifamiliar.

El segundo tipo de casa, por cierto el menos representativo del barrio, corresponde a las de mayores dimensiones, de dos plantas y de forma más regulada, con corredores y portales y escaleras —siguiendo formalmente el modelo de las casas del centro urbano— ubicadas en torno a la plazuela del Santo Ángel. En ambos tipos de casas, la arquitectura sencilla condicionó otras formas de convivencia y sociabilidad; en este caso se destinó la mitad del predio para casa-habitación, sin embargo, esta relación tuvo variantes que dependieron de la ubicación y el tipo de propietarios. Por lo regular, los espacios habitacionales fueron asociaciones sencillas conformadas por una cocina y cuartos separados, dispersos en el terreno. En menor proporción y en las casas más grandes se percibieron relaciones funcionales más especializadas como cocina-sala-piezas, añadiéndose en ocasiones, en el otro extremo del patio, series de cuartos que posiblemente fueron el cobijo de viudos y viudas con hijos (17%) y de gente sola (11%). El Santo Ángel fue la zona de la ciudad donde menos se notó la

[73] "Pasando un callejón se encontraban las oficinas de la ladrillera que empiezan por un gran patio en donde se hallan dos galeras de jacal y tejamanil para cortar ladrillo, suficientes para 12 000 ladrillos tendidos y por el otro lado se hallan dos hornos de coser ladrillo, el mayor para 13 000 ladrillos y el chico para 9 000, además de la galera para el ladrillo cosido". AGNEP, notario Joaquín Vicente de la Vega, septiembre 4 de 1781, ff. 58 y ss.

presencia de familias extensas o de agregados (3%). A esta relación de familias preponderantemente de tamaño medio correspondió en promedio 3.3 habitantes, proporción similar a la mayor parte de la ciudad (véase el cuadro 7).

Ambos tipos de casas tuvieron dos patios. En el primer modelo de vivienda, el patio central funcionó propiamente como un espacio articulador entre los espacios habitacionales y la zona de actividades zooproductivas. En las casas más grandes, el patio articuló únicamente los espacios de la vivienda; un pasillo conectó a este conjunto principal con la zona zooproductiva en el segundo patio de la casa.

El modelo arquitectónico que permitió la combinación de espacios habitaciones y de animales fue muy generalizado y desempeñó un papel de vital importancia en ambos tipos de edificaciones, pues representó el mayor porcentaje del espacio habitacional dedicado a este tipo de producción, 15.4%; (véase el cuadro 6). En esta parroquia, en las zonas topográficamente más altas, la extracción del agua de los pozos permitía la existencia de caballerizas, corrales, porquerizas y gallineros, como complemento de la economía familiar; en las planicies de la ciudad, aljibes, manantiales, alcantarillas y acequias facilitaron la producción porcina en las zahurdas organizadas y especializadas como todo un sistema productivo.

LA SANTA CRUZ

El Santo Ángel y la Santa Cruz compartían varios elementos, además de su proximidad territorial, étnica y ambiental; ambas, en continuación con la ribera oriental del río, contaban con diversos afluentes de agua dulce y conectaban la zona con el resto de la ciudad gracias a una eficiente arquitectura hidráulica. Ya en el territorio de la Santa Cruz, uno de los principales elementos definitorios de la zona fue la ubicación del camino hacia Veracruz, que articulaba a los barrios indígenas más antiguos. La parroquia dependió de los franciscanos durante todo el siglo XVI[74] y su jurisdicción comprendía el barrio de San Juan del Río, asentamiento original de población de origen tlaxcalteca, y el barrio de mestizos del Alto,[75] llamado así por su posición topográfica (véase el plano barrial 5).

En contraste con otros asentamientos indígenas de la ciudad, el Alto de San Francisco en varias ocasiones recibió mercedes de agua a manera de cesión del usufructo de los ojos de agua dulce que brotaban al pie del cerro y que se conducía mediante conductos que llegaban a la fuente interna del monasterio; de trecho en trecho contaba con unas ventanillas por donde los vecinos tomaban el vital líquido con permiso de los frailes.

---

[74] Hasta 1640 estuvo agregada a la de San José y fue reconocida de manera independiente desde 1683; en 1809 se reunió con la de Analco, administrando todo el barrio del Alto de San Francisco.

[75] Fue en esta zona donde se planificó el primer asiento de la ciudad; debido a una crecida del río y a su consecuente inundación se trasladó a la ribera occidental, donde dio inicio la fundación de la actual ciudad.

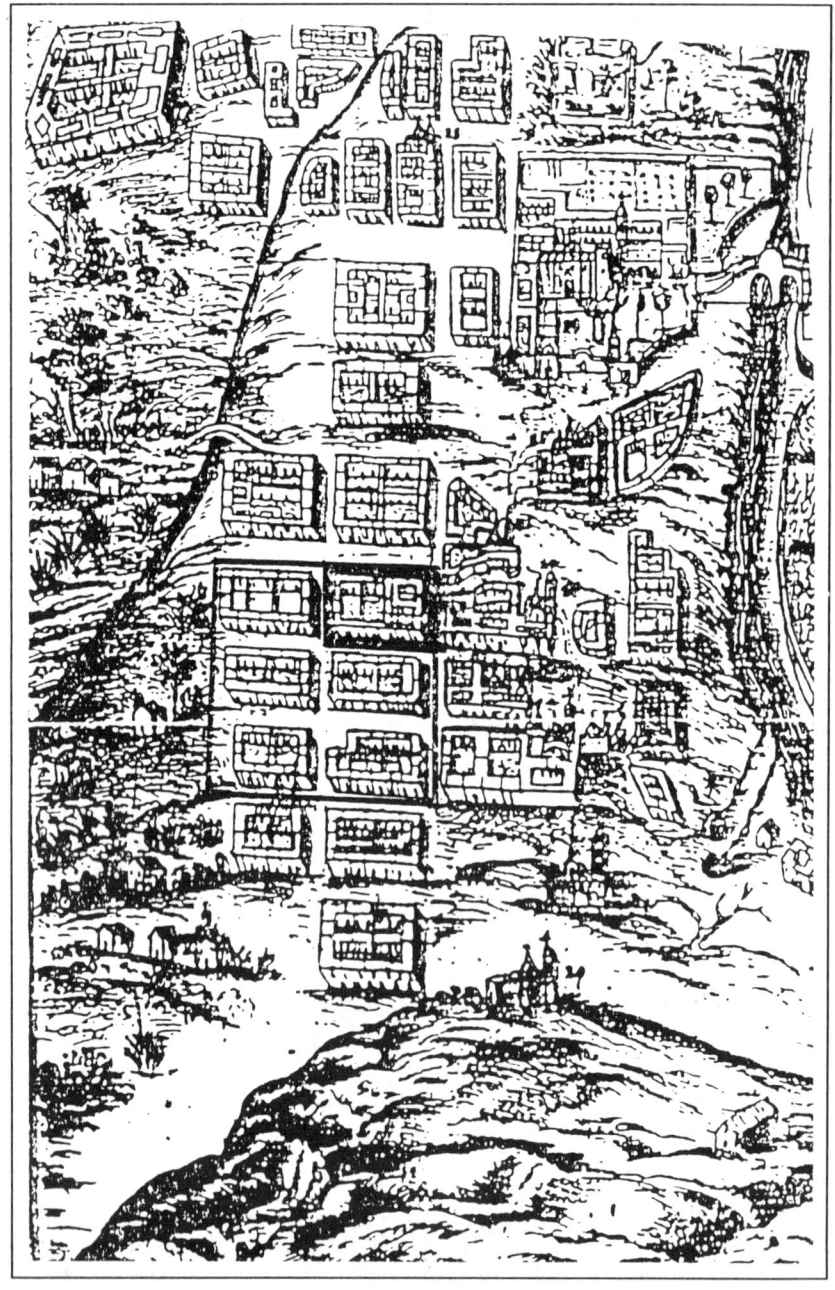

Plano barrial 5. La Santa Cruz.

LA CASA, LA VIVIENDA Y EL ESPACIO DOMÉSTICO EN PUEBLA, S. XVIII 179

La parroquia de la Santa Cruz estuvo compuesta por 36 calles que conformaban nueve manzanas habitadas por 3 892 personas,[76] que representaban 7.2% de la población de toda la ciudad (véase el cuadro 1) y 9% de la población muestreada (véase el cuadro 2).

Esta zona tenía como característica sobresaliente su ubicación, pues permitía que el extremo nororiente de la ciudad quedara abierto geográficamente a la recepción de nuevos asentamientos poblacionales; ésta es una razón por la cual en el interior de la parroquia la distribución de los pobladores según su calidad étnica, al igual que en la parroquia del Santo Ángel, había revertido la tendencia residencial de la población indígena a 2%, orillándolos segregacionalmente hacia los arrabales, convirtiéndose en uno de los asientos preferenciales de grupos mestizos (43%) y españoles (25%) (véase el cuadro 2).

De acuerdo con la edad de los pobladores, proporcionada por la fuente, casi 30% de los habitantes de esta parroquia estaba en condiciones de conformar una familia. Este dato se puede complementar con el 34.2% que representaban los párvulos;[77] con ellos se potencializaban las posibilidades de crecimiento poblacional y urbano de la zona posiblemente generado por la llegada continua de jóvenes inmigrantes (véase el cuadro 12).

Por otro lado habrá que considerar que de acuerdo con la dinámica demográfica de sociedades de antiguo régimen, la Santa Cruz en determinados momentos también pudo haber sido expulsora de fuerza de trabajo[78] masculina, que sujeta a los vaivenes de la mortalidad y movilidad social dejó en el abandono a 339 mujeres (13.3% de la población), las que para 1777 declararon ser viudas con hijos que mantener.[79]

En el interior de la parroquia encontramos que 27% de los pobladores se encontraban conviviendo en dos calles, la de *Bizcocheros*[80] y *Balvanera*.[81] En concor-

---

[76] El resumen del padrón muestra un subregistro de 131 personas.

[77] La proporción entre niños y niñas quedó manifiesta de la siguiente manera. Para el grupo de españoles, mestizos y otras calidades fue de 450 y 393, respectivamente; para el caso de los indios tributarios fue de 265 y 239. AGI, Sección gobierno, México, resumen de la población de la parroquia de la Santa Cruz, f. 44v y 45.

[78] Desde fines del siglo XVII y durante gran parte del siglo XVIII, emigraron de Puebla tal cantidad de personas que fundaron un barrio en la ciudad de México.

[79] Llama la atención la proporción de viudas en relación con los viudos, relación que se muestra inversa a la que se presentaba en la parroquia del Santo Ángel; compárense los cuadros 10 y 12.

[80] La calle toma nombre del oficio de un natural que habitaba la casa pegada a la iglesia de San Juan del Río; se menciona que para fines del siglo XVIII había siete bizcocheros y que todos vivían en ese barrio. Este tipo de pan servía para el avituallamiento de las naos y fue uno de los principales artículos de exportación de Puebla durante los siglos XVI y XVII. H. Leicht, 1934, p. 38.

[81] Es una iglesia que forma, junto con la serie de capillas del vía crucis, un circuito urbano característico. Fue comenzada por Andrés López, originario de las Canarias, viéndose interrumpida su construcción, por su muerte, hasta 1763 en que se reinició. Es de una nave con crucero rudimentario que sostiene una cúpula con tambor ochavado, con óculos en forma de estrella y casquete por paños, torre de dos cuerpos y cupulín. M. Toussaint, 1954, pp. 189.

dancia con el fuerte mestizaje registrado en la zona, el comportamiento de los asentamientos presentó un aspecto singular respecto al resto de la ciudad debido a la cantidad de pardos que en ella habitaban (2%; véase el cuadro 2), lo que representó que una porción significativa de los habitantes de la Angelópolis, que pertenecían a este conjunto racial, había escogido como su lugar de residencia las casas ubicadas en la calle de *Sevilla*,[82] a un costado de la iglesia de San Juan del Río. El cuadro 13 muestra la importancia de este sector que posiblemente se vio atraído por la cercanía con cerros y arrabales que le otorgaban a esta parroquia condiciones ideales para el intercambio social y biológico.

En la Santa Cruz, en promedio, a cada habitante le correspondían 78.6 metros cuadrados distribuidos en seis manzanas cuyas calles se tornaban irregulares debido a la topografía del terreno (véase el plano barrial 5), pues en sus inmediaciones comenzaba el ascenso al cerro, y a la cantidad de capillas comprendidas en la zona.[83] Esto definió el uso del suelo ya que éste se destinó de manera preferencial para casas habitación (57.8%; véase el cuadro 6). Las casas ubicadas en el camino principal de salida a Veracruz cobraron particular importancia y valor, pues sus propietarios combinaban las funciones habitacionales con las comerciales (14.7%) al adaptarlas como mesones y hornos de pan y loza en los bajos; en el exterior se abrieron puertas para casas-accesorias donde seguramente vivían gente sola o parejas sin hijos (33%; véase el cuadro 5).

De manera similar a la parroquia del Santo Ángel, las casas podían ser de uno o dos pisos. Las medidas de los predios descritos fluctuaron también de manera drástica; los había pequeños, desde 104 m², como la casa que pertenecía a la Cofradía de Ánimas, en el barrio de Tecpan, a la derecha de la de las *Damas*...

> en su frente estaba una accesoria con puerta interior al zaguán, el que se halla techado sobre un arco, el patio es bien pequeño, en un lado esta una caballeriza y la escalera al descubierto que asciende y desemboca a un corredorsillo pequeño sin techo que da entrada a una vivienda compuesta de tres piezas, dos de ellas con ventanas a la calle y otra al patio.[84]

Esta casa se valuó en 110 pesos, en contraste con las medidas de las casas grandes que llegaron a tener en promedio un valor de 2 538 pesos, midiendo en promedio 835.6 metros cuadrados. Este último indicador debe relativizarse ya que, excepcionalmente, una sola casa elevó los índices de precios y mensuras de toda la zona, puesto que se trataba de la casa de las *Aguayas*,[85] que estuvo valuada en 16 430 pesos y medía 2 459 metros cuadrados; comprendía tres frentes de la manzana donde

---

[82] La calle de Sevilla se conoció posteriormente por la de la Cañería pues en su esquina hacían intersección dos alcantarillas.
[83] Doce capillas conformaban el circuito procesional del Vía crucis.
[84] AGNEP, notario Joaquín Pérez, 28 de septiembre de 1784, f. 246.
[85] Descendientes del mayorazgo de los Pérez Salazar. H. Leicht, 1934, p. 253.

había dos tiendas, en una de las esquinas, y tres accesorias en la otra, y en su interior se localizaban viviendas arrendadas bien diferenciadas de la principal (véase el cuadro 4 y las gráficas 1 y 2).

Ambas parroquias, la Santa Cruz y el Santo Ángel, al oriente de la ciudad, compartían varios elementos morfológicos y funcionales, sin embargo, existen algunas diferencias perceptibles entre una y otra zona. Al comparar las dimensiones de las casas encontramos que en la Santa Cruz los predios eran más pequeños (medían casi la mitad de los localizados en el Santo Ángel; véase el cuadro 4) no obstante, los datos del valor promedio por metro cuadrado por parroquia indican una tenue tendencia a la obtención de una mayor plusvalía por metro cuadrado en la zona localizada en el camino hacia el puerto. Además de su potencialidad comercial, otros factores coadyuvaron a esto; la inicial y heterogénea composición de su población parece haber sido uno de los incentivos del crecimiento de la zona.

La mayoría de las casas era de un solo nivel en las zonas menos pobladas y daban cobijo en su mayor parte a conjuntos familiares de tipo nuclear (45%; véase el cuadro 5). En torno a la iglesia de San Juan de Dios y la Santa Cruz, ya en proximidad con el conjunto franciscano, las encontramos de dos niveles registradas como propiedad de españoles.

En su mayoría, las casas contaban con dos patios que se comunicaban mediante callejones; en las casas de un solo piso conforman el patio los lienzos mismos de las viviendas careciendo de corredores volados para resguardo de las inclemencias del tiempo; se diseñó por lo regular un solo portal como continuidad del zaguán. En las casas de mayor valor y nivel, los corredores y las escaleras articulaban y jerarquizaban las viviendas de las vecindades en torno a un patio, aspecto morfológico coherente con el patrón de ocupación étnico donde podía habitar gente que vivía congregada en torno a un jefe sin especificar parentesco alguno entre sí (20%),[86] elemento contrastante con el Santo Ángel y que sugiere una mayor movilidad poblacional. En menor medida fueron habitadas por familias extensas, que incluían, dada la disponibilidad de mano de obra, a los empleados de las tiendas y al servicio doméstico (5 por ciento).

El uso del espacio en las casas en esta parroquia muestra el más bajo índice de convivencia entre los humanos y los animales (4.7%; véase el cuadro 6), situación sin precedente en la ciudad, destinándose el poco espacio para la fauna únicamente en caballerizas y gallineros que complementaban la economía doméstica de los grupos mestizados de la ciudad. La preeminencia de la utilización del espacio para vivienda está en relación con el índice de miembros que componían en promedio los grupos familiares en la Santa Cruz (4.6%; véase el cuadro 7) y con la tendencia a una mayor presión poblacional, semejante a la de la parroquia del Sagrario. Los pobladores tomaban el agua de la cañería de abasto

[86] La importancia del porcentaje asignado a este tipo de unidades familiares sólo es rebasada en el caso del Sagrario.

de la fuente más importante, anexa al conjunto franciscano, o de los múltiples ojos de agua que daban vida a lavaderos colectivos, como el del *almoloya* y a los temazcales, o que eran utilizados, como *el estanque de los pescaditos*,[87] como áreas de recreación, otorgando a la sociabilidad urbana generada en esa zona características particulares.

LOS BARRIOS DEL PONIENTE: SAN MARCOS Y SAN SEBASTIÁN

Al poniente de la ciudad se encontraba el camino principal entre México y Puebla; en sus confines se encontraban las últimas edificaciones urbanas sobresalientes que incluían el conjunto parroquial de San Marcos, construido entre 1538 y 1604, el colegio de San Idelfonso (1622) y las antiguas ermitas de San Luis y San Antonio Abad. La iglesia se concluyó en 1675 y fue consagrada en 1676 cuando se le designó como ayuda de la administración eclesial del Sagrario, continuando en funciones hasta 1769. En 1812, poco antes de que la epidemia despoblara el barrio de San Sebastián, esta parroquia fue fusionada con la de San Marcos.

Este paraje más allá del colegio de San Francisco Javier se tornaba prácticamente inhabitable pues en la esquina contigua, sobre la calle del *Agua*, confluían varios derrames de agua sulfurosa; uno provenía del manantial del ojo de San Pablo, que inundaba el cementerio de San Marcos, y el otro del de San Juaniquito. Ambos descendían por declive natural en esta avenida hasta la plazuela de San Agustín, corriendo el agua a manera de riachuelo que, en tiempo de calor, al secarse dejaba un olor desagradable.

San Marcos se consideró desde un principio como parroquia de españoles. Su calle principal fue una de las arterias viales más importantes de la Angelópolis al dividirla cartográficamente de oriente a poniente. En esta calle, partiendo del centro de la urbe hacia el poniente, se encontraban la iglesia de la Compañía y el colegio del Espíritu Santo, incluyendo en su recorrido los colegios de San Ignacio, San Idelfonso y San Francisco Javier, dedicados estos últimos a la formación religiosa de los indígenas. Como complemento de este conjunto arquitectónico eclesiástico, en estas fechas se estaba construyendo la capilla de Guadalupe,[88] rodeada de

---

[87] Al sur del convento de San Francisco, a lo largo de los siglos XVI y XVII, el paisaje de esta zona se reconocía por las huertas, tenerías o curtidurías y rastros de carnero localizados en la ribera oriental del río. Para el siglo XVIII, a este conjunto de actividades se añadió la del tanque de los pescaditos que era un manantial natural rodeado de árboles y a cuya orilla estaban unos lavaderos; aprovechando los derrames se hicieron los primeros baños de agua fría. H. Leicht, 1934, p. 133.

[88] Este santuario fue construido extramuros de la ciudad a solicitud de Juan Alonso Martínez de Peredo, maestro herrero y cohetero. La obra se comenzó en 1694 y el templo fue dedicado en 1722. Por el exterior es una de las más bellas iglesias de Puebla. La fachada está cubierta por un arco poco profundo; todo el paramento consta de azulejos en fajas horizontales en zigzag. Su arquitectura es como la de toda la capilla y la de las torres del templo popular. M. Toussaint, 1954, p.191.

huertas intraurbanas propiedad de diversas órdenes religiosas, las que tenían acceso garantizado al agua sulfurosa de los ojos de agua ahí localizados. Esta zona se pobló preferentemente a lo largo de la calle principal, definida por las instituciones eclesiásticas, y pronto se revaloró con respecto al resto de la ciudad; por eso quizás los predios asignados originalmente para su edificación fueron fraccionados sucesivamente a lo largo del tiempo en afán de obtener un mayor valor comercial.

Atendiendo a la concentración de población urbana que se registró puede considerarse a San Marcos como la tercera en importancia de la ciudad; a pesar de ser una fundación tardía había logrado aglomerar en su entorno a 14% de la población urbana de la Angelópolis.[89] En torno a 48 calles habitaba 60%, la "gente de razón"; los indios representaban 28.5%, y a grupos mestizados que incluían negros, pardos y sectores no identificados les correspondió 11.3%, agrupados en torno a 12 manzanas, en las que estaban incluidos los barrios de Santa Ana, San Antonio, San Pablo y San Ramón (véase el cuadro 1).

La distribución poblacional en el interior de la parroquia muestra comportamientos tendientes a la permanencia de patrones étnico segregacionales (véase el cuadro 2). De acuerdo con la muestra, esta jurisdicción fue el asiento del mayor número de indígenas de la ciudad (19%) y el segundo de españoles (43%), mostrándose indicadores de convivencia reducida con los mestizos (21%). Agrupados jerarquizadamente en torno a las calles aledañas al hospital de Belem, a la de la *Capilla de Nuestra Señora de los Dolores*, a la de *Pimentel*[90] y a la de *Alfaro*,[91] se concentró más de 35% de la población de la muestra.

En promedio, los habitantes de esta parroquia tuvieron acceso a 45 m², la relación de metro cuadrado por habitante en esta zona fue la tercera de menor tamaño en la ciudad, antecediéndole el Sagrario y San José. Estas medidas reflejan por un lado cierta restricción en los otorgamientos de mercedes de tierra y la desigual fragmentación de los predios (véase el cuadro 14). El 9% de las transacciones comerciales sobre bienes urbanos correspondió a esta zona, el valor promedio de las casas habitación fue de 3 268 pesos, lo cual refleja uno de los valores más altos de la ciudad (véase el cuadro 4).

Al igual que en el resto de las parroquias, los precios y las mesuras fueron desiguales; la casa de menor valor registrada en las transacciones se valuó en 490 pesos y medía 105 metros cuadrados, y la de mayor comprendía 1 008 metros cua-

---

[89] Contreras registra 7 602 personas en la p. 27 y 7 601 en la p. 31; nos atenemos al resultado original del padrón que corresponde a esta última cifra.

[90] En esta cuadra poseía Joseph de Pimentel una "casa grande de vivienda baja" hacia 1690. Leicht, 1934 p.315.

[91] En esta acera existió la locería de Ildefonso Alfaro, "locero de lo blanco". La casa de factura antigua ostentaba en la fachada un cuadro de san Cristóbal, el patrono de las entradas, en el interior había tableros de azulejos con florones parecidos a los de la catedral y una hermosa representación de la Virgen de Guadalupe. H. Leicht, 1934, p. 9.

drados, alcanzando un valor de 8 325 pesos. Las mensuras de los terrenos en promedio fueron de 816.7 metros cuadrados; éstas eran ligeramente superiores a las del Sagrario, lo que estaba en concordancia con el alto valor que por metro cuadrado había adquirido la zona, que era de 3.93 pesos, sin embargo, el precio por metro cuadrado presentó una relación inversa al equivaler a tan sólo una cuarta parte del precio de los predios del centro de la ciudad, no obstante, esta parroquia fue la tercera en importancia atendiendo a este indicador (véase la gráfica 5).

Plano barrial 6. San Marcos.

Un ejemplo ilustra la tipología de estas fincas. Doña Josepha Antonia Bayas y Vivaldo, mujer de Nicolás de Ulivarri, tenía una casa de panadería en la calle del *Mesón de Sosa*, pasando la capilla de Nuestra Señora de Dolores. En la calle se encontraba

> una tienda de panadería, el zaguán facilita la estrada a un patio de suficiente capacidad todo enlajado en el que se halla una sala, dos recámaras, una cocina con tapanco de tablas que sirve de piso a un escritorio cuya comunicación es por la escalera principal y en otro rincón se halla el amasijo, una covacha y el pasadizo al segundo patio en que se reconocen cinco hornos nuevos de coser pan, fabricados de ladrillo con sus campanas y cubiertos por una sala con diez bóvedas de arista; ahí se halla su paila con fondo de cobre y otra olla para calentar el agua, junto está la pieza de labrar sebo y los corrales y caballerizas, un pozo y piletas y las necesarias, una sala de tapanco para el salvado. En el primer patio la escalera principal es de dos tramos que da a una sala y dos recámaras que sirven de harinero...[92]

El valor de esta casa fue de 8 325 pesos y medía 1 017 m². La medida y el valor de los predios tuvo que ver con la continuidad reguladora original por parte del cabildo en el mercedamiento de tierras para españoles. Las iglesias jesuitas comprendidas en esta parroquia contribuyeron a la definición de la perfecta cuadrícula, además de que todas tuvieron acceso garantizado al agua dulce mediante las mercedes[93] provenientes de la importante alcantarilla de Malpica y de las acequias. Esto facilitó el poblamiento y el valor comercial de la zona, dejando huertas de por medio y a manera de frontera territorial periférica a los asentamientos barriales de indígenas que estaban integrados a la cercana parroquia de San Sebastián.

Las casas ubicadas en la calle principal fueron de dos pisos y continuaron con el modelo de distribución espacial del centro de la ciudad (véase el cuadro 6), presentando por el exterior accesorias-tiendas que sirvieron de resguardo de familias formadas por parejas sin hijos (18%) y viudos y viudas con hijos (12%; véase el cuadro 5), que compartían cuartos y piezas en torno al patio central junto con las familias nucleares (38%) y los conjuntos familiares de agregados (9%) que no declararon su filiación racial y que seguramente formaban parte de la mano de obra que laboraba en las huertas de los frailes o en las áreas destinadas para el servicio productivo de las casas. En las habitaciones de las plantas altas vivían los españoles, en familias extensas (20%), con sus sirvientes, donde las amplias áreas de sociabilidad de las salas de recibir y de estrado estaban contiguas a las cocinas y recámaras. A esta distribución de los variados tipos de familias co-

---

[92] El esposo de la señora era en 1767 comisario general de la tropa arreglada. AGNEP, notario Juan Vicente de Vega, 24 de enero de 1767, f. 119 y ss.

[93] En 1622 se concedió merced de agua al que sería el colegio de San Ildefonso. H. Leicht, 1934, p. 191.

rrespondió un porcentaje promedio de 3.4 miembros por unidad habitacional (véase el cuadro 7).

Los servicios de la casa comprendían además de las cocheras-caballerizas, gallineros y corrales, las zotehuelas que articulaban a las viviendas de manera semindependiente en asociación con los comunes, recibiendo el agua por atarjea subterránea y pozos.

SAN SEBASTIÁN

También en proximidad territorial a la parroquia de San Marcos se localizaba la de San Sebastián[94] que se considera una de las más antiguas de la ciudad; estuvo a cargo de los agustinos desde 1546. La característica más inmediata de esta parroquia fue la ubicación en sus inmediaciones agrícolas de asentamientos indígenas provenientes de Cholula, Tlaxcala y Amatlán, localización estratégica porque justamente sus delimitaciones eran las garitas de acceso a esos poblados (véase el plano barrial 7).

La jurisdicción de San Sebastián en 1777 comprendía 64 calles, que conformaban la parte central, organizadas en dieciséis manzanas; además de los barrios de San Miguel de los Naturales, San Matías, San Diego y Santiago,[95] esta delimitación incluía la territorialidad de siete tlaxicales o arrabales dependientes de los barrios de Tulan, San Juan, San Andrés, Tepetlapan, Quahuquechulan, Tepetzala y Tlaxcala. En torno a la iglesia de San Sebastián, otros grupos de origen nahua formaron el barrio de San Pablo de los Naturales, además de una serie de molinos[96] y ranchos.[97]

Esta parroquia estaba delimitada por los cerros de Belem y San Sebastián,[98] situación privilegiada para la ciudad y sus habitantes pues alrededor de 1640, a instancias del obispo Palafox, se descubrieron en esa zona dos minas de piedra de sillar o cantería.[99] Estos descubrimientos sin lugar a duda incentivaron la construcción de edificios de mayor envergadura en la ciudad.

---

[94] El ayuntamiento cedió el sitio sobre una peña en 1547, habiéndose elegido ese año a San Sebastián por abogado de la ciudad contra la peste. H. Leicht, 1934, p. 56.

[95] Este barrio estuvo conformado por cuatro parcialidades de cholultecas, huejotzincas, calpaneneses, los de Itzocan (Izúcar de Matamoros). A fines del siglo XVII este barrio incluía al arrabal de Oaxaquilla, de expresa procedencia oaxaqueña. F. Marín Tamayo, pp. 31 y 33.

[96] El padrón hace referencia a los molinos del Batán, Mayorazgo, Agua Azul, el de Enmedio y San Juan Amatlán.

[97] Se refiere a los ranchos de la Noria, del Pópulo y el del puente de México.

[98] Después de 1598 a este cerro se le llamó de San Juan, cuando el ayuntamiento hizo merced a Gaspar de Jimena para construir la ermita de Nuestra Señora de la Gracia y San Juan Bautista.

[99] Explica Fernández de Echeverría y Veytia que la lentitud de la obra de construcción de la catedral se debió entre otras razones a que la piedra se traía a 20 leguas de la ciudad y a un costo muy elevado. Hacia 1780 se conocían ocho minas de donde se extraía piedra para construcción de los edificios de la ciudad. M. Fernández de Echeverría y Veytia, 1962, pp. 289 y ss.

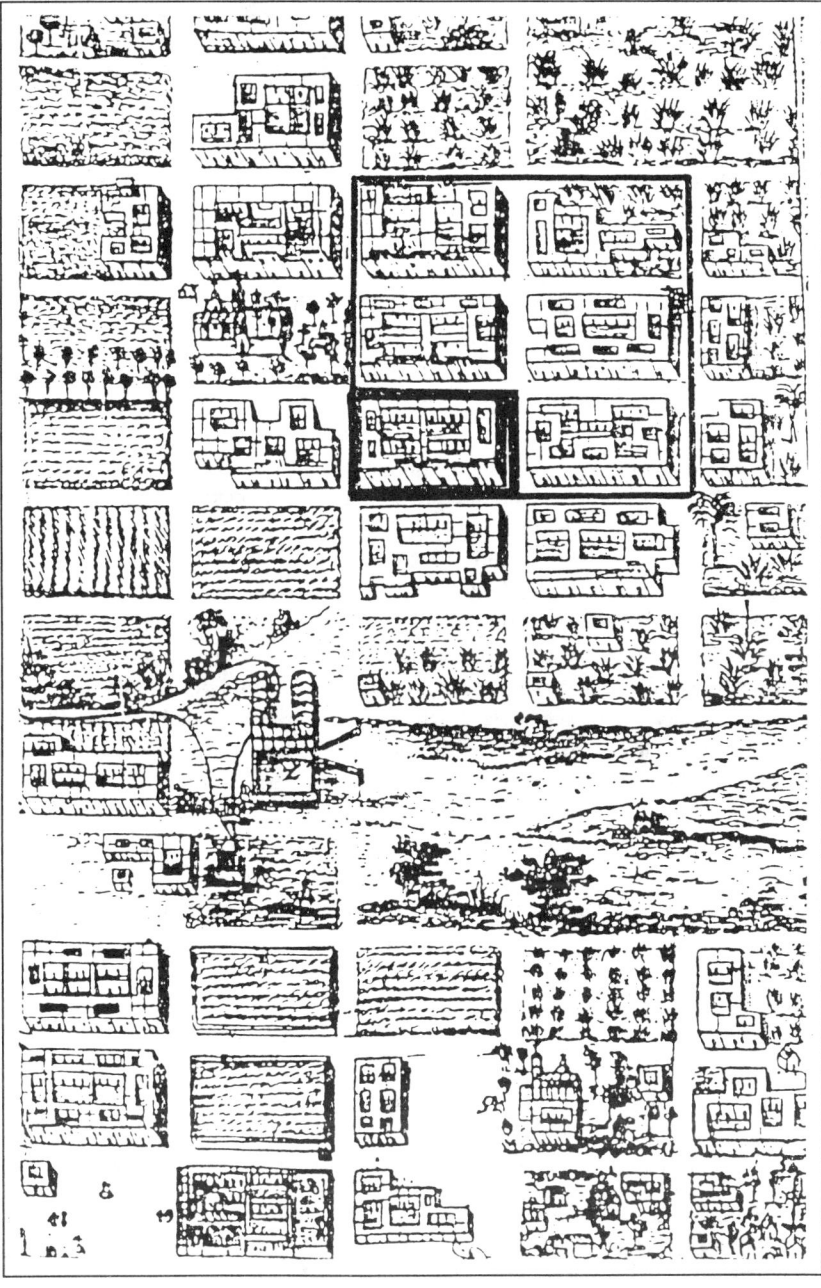

Plano barrial 7. San Sebastián.

Además de los indígenas que llegaban a trabajar cotidianamente en la extracción del mineral, el barrio dio acogida a los canteros mestizos que hábilmente extraían de la piedra las lajas que medían "de dos dedos o poco más de grueso, cuya superficie plana las hace apreciables en los enlosados de los suelos de los patios, tanto de iglesias y conventos como de casas particulares".[100]

La intensa actividad constructiva de mediados del siglo XVII promovió también el crecimiento de asentamientos en torno a esta parroquia, hasta abarcar un amplio sector al poniente de la traza incluyendo las parcialidades de San Antonio de los Coleros, San Ramón, San Martín y San Diego, convirtiéndose junto con las parroquias del oriente en los tres más populosos centros de asentamiento de la población mestizada de ascendencia nahoa[101] (véase el cuadro 2).

A pesar de ser la entrada y salida poniente de la ciudad y mostrar la existencia de un numeroso contingente indígena asentado en esta zona, en 1777 los datos presentan una relación poblacional francamente dramática pues la muestra elegida nos presenta a San Sebastián como la parroquia menos poblada de la ciudad, aglutinando a tan sólo 7% de la población total de la Angelópolis, incluyendo esta cifra también a los 45 extravagantes declarados en el padrón (véase el cuadro 1). En este barrio habitaba casi 3% del total muestreado, aunque la despoblación paulatina de la parroquia empezó a detectarse desde 1680, fecha coincidente con la crisis demográfico-económica de la región. Los datos registran que a partir de 1737, la expulsión y la muerte de la gente de esta zona fueron particularmente alarmantes;[102] a manera de ejemplo, en seis manzanas sólo se registraron viviendo ocho indígenas.[103]

Otra explicación de la falta de representatividad de este sector étnico en la muestra lo podemos encontrar en la lógica de fraccionamiento de los predios dentro de las manzanas, ya que ésta obedeció desde sus orígenes a patrones económicos de segregación racial, pues ninguna de las mercedes usufructuarias concedidas a los indígenas lo fueron a perpetuidad, más bien su propiedad siempre se la reservó el Ayuntamiento. Esta situación tuvo variantes temporales y las concesiones hechas de predios a lo largo del siglo XVII pueden considerarse como condiciones determinantes de la forma y dimensiones edilicias en esta zona, como lo muestra este fragmento:

> Por cuanto esta ciudad ha proveído y ha de proveer algunos cuartos de solares a los indios de la comarca, que están poblados y se poblaren junto a esta ciudad, así a los barrios de Santiago, San Pablo, San Sebastián y San Francisco y en otras partes junto a la redondez de la ciudad, para que, no obstante que se remita a los diputados que les señalaren los tales solares, que sea visto no serles hecha merced perpetua, sino solo por el solo tiempo y voluntad de esta ciudad, en tal manera para que cada y cuando que

---

[100] *Ibid.*, p. 290.
[101] F. Marín Tamayo, 1960, p. 33.
[102] Al respecto, véase Cuenya Mateos, 1999, *op. cit.*
[103] A fines del siglo XVII este barrio incluye al arrabal de Oaxaquilla, de expresa procedencia oaxaqueña. F. Marín Tamayo, 1969, pp. 31 y 33.

esta ciudad quisiere y proveyeren que se quiten y muden los dichos solares y casas que hubieren hecho e hicieren.[104]

A mediados del siglo XVI se mercadearon, a un gran número de indios, las tierras de los barrios, correspondiendo a cada uno un cuarto de solar, según su parcialidad de origen: Tlaxcala, Tescuco y Huejotzingo.[105] Con esta subdivisión territorial, la zona comenzó a cobrar una importancia que fue manifesta hacia 1640 y que, según el resumen del padrón de 1777, mostraría la preponderancia del sector indígena (véase el cuadro 15).

Sin embargo, el análisis más detallado de la muestra expone una nueva relación poblacional entre los grupos étnicos ocupantes, como lo muestra el cuadro 16. El orden de los sectores étnicos preponderantes muestra a los mestizos (40%), españoles (23%) y al *resto* (18%), que incluyó a pobladores de diversas castas cuya participación individual era menor, pero considerándolos colectivamente los colocan sobre los castizos (10.4%), como los ocupantes mayoritarios de la parroquia, contrastando con la proporción de indígenas registrados (2%), lo que muestra de manera importante la continuidad de tendencias segregacionistas en las zonas periféricas de la ciudad, dejando para residencia de los indígenas la periferia del barrio.

Al hecho de control político y económico sobre la tierra urbana se añadió el del agua, pues fue hasta 1733 cuando el barrio de Santiago accesó al agua dulce de la ciudad.[106] Posiblemente a partir de esta fecha se revaloró la zona y se incentivó el tipo de poblamiento heterogéneo registrado en el microanálisis del padrón de 1777, mismo que coincide con un despoblamiento del grupo indígena y la incursión de los grupos mestizos y españoles como propietarios urbanos en esta zona.

Los conjuntos poblacionales racialmente heterogéneos ocuparon el espacio doméstico también de manera diferenciada, coincidiendo de manera directa la ocupación espacial más intensiva del suelo urbano con el alto valor predial; sin embargo, en el interior de cada zona de la muestra, las combinaciones familiares dieron matices particulares a cada manzana, calle y casa.

En promedio, los predios de esta parroquia llegaron a tener 439.50 metros cuadrados (véase el cuadro 4), lo que muestra que el fraccionamiento de la zona fue el más controlado en la ciudad, pues al parecer hacia 1777 seguían sin otorgarse solares completos. Esta idea se refuerza si se considera que a cada habitante de las

---

[104] En 1556 se explicitó que "so pena de perder lo edificado e de ser castigados, ningún indio, ni mestizo, ni negro libre ni esclavo ocupe ninguna tierra ni solar en los términos de esta ciudad, sin especial licencia de ella". P. López de Villaseñor, 1781 (1961), pp. 87 y 91.

[105] Pedro López de Villaseñor, 1781 (1961), p. 444.

[106] En 1733 gracias a las gestiones del presbítero José de Apresa, cura parroquial de San Sebastián, se otorgó agua a los barrios occidentales, desde Santa Ana hasta La Merced data de 1734, concediéndosele al cura el manantial de la cieneguilla situado al norte, cerca del ojo que abastecía a la ciudad. La fuente de la plazuela de Santiago marcada en el plano de 1754 era la última del acueducto. H. Leicht, 1934, p. 436.

manzanas seleccionadas debían corresponder 243.9 metros cuadrados. Las medidas de los terrenos residenciales variaron entre los 95 y los 906 metros cuadrados, siendo el valor promedio de los predios de 3 299.7 pesos, estimándose por metro cuadrado 4.8 pesos. Estas últimas cifras muestran a la parroquia superando el valor de las parroquias restantes, exceptuando la del Sagrario; estos indicadores son sintomáticos de un proceso de sobrevaloración detectado a fines del siglo XIX cuando se constituyó, a partir de su fraccionamiento, en zona residencial.

Paradójicamente, esto muestra una relación inversa entre despoblamiento y acceso a la tierra, situación que puede explicarse porque desde el siglo XVI esta territorialidad fue definida para el otorgamiento de solares y no de huertas, "para que los puedan dar a las personas que de nuevo vinieren a avecinarse",[107] como pudo ser el caso de Cipriano Cornelio, Francisca Hilaria y Mauricio Bonifacio, que compartían la propiedad de una casa pequeña, de un solo piso, construida en terrenos de menos de 200 metros cuadrados con "una sala, cocinita y cuarto pequeño, fabricadas de piedra y lodo y adobe".[108]

La población se concentró en torno a la plazuela de Santiago, donde el modelo de las casas de una sola planta tipificó a las del barrio, y que era el espacio habitacional de las familias nucleares (34%) y de pequeñas familias desintegradas (44%) por alguno de los continuos avatares demográficos o migracionales. Las limitadas dimensiones de los terrenos sugieren el uso intensivo del suelo. Aunque muy pocas, también hubo casas de dos pisos. Ahí, compartiendo un patio, podían convivir también familias extensas en todas sus variantes (14%) junto con los migrantes que se congregaban en cuartos en la planta baja en torno a un jefe (3%); pocas accesorias hicieron su aparición y en ellas se adaptaron casas-talleres de familias unipersonales (5%) (véase el cuadro 5).

El zaguán conformó la entrada directa a microcosmos domésticos donde los patios desempeñaron un lugar central como los principales elementos articuladores entre las habitaciones y el espacio de producción animal, dado que las fincas carecieron de portales y corredores en la mayoría de los casos. El conjunto espacial doméstico presentó la asociación entre cocina-cuarto o cocina-sala-recámara. El uso del suelo siguió muy ligado a actividades rurales externas que sostenían parte del mercado del abasto urbano en sus huertas y corrales; el porcentaje de espacio dedicado a las actividades zooproductivas fue complementario de las condiciones de la zona (véase el cuadro 6). La habitabilidad de las casas muestra un índice de ocupación dentro de los parámetros generales para el resto de la ciudad; 3.6 personas ocupaban en promedio cada casa en este barrio (cuadro 7), presentándose una amplia variación en cuanto a metros cuadrados que potencialmente podía ocupar una persona; los 354 m² que en teoría disponía cada habitante presentaban al barrio como una potencial zona de poblamiento urbano (véase el cuadro 16). Los ser-

---

[107] P. López de Villaseñor, 1781 (1961) p.95.
[108] AGNEP, notario Joaquín Pérez, 4 de agosto de 1769, f. 102.

vicios urbanos de la parroquia se limitaron al abasto del agua que se tomaba por cañerías de la fuente de la plazuela y 30% poseían pozos de agua salobre.

En estos espacios domésticos convivieron durante siglos indígenas y mestizos que se acercaban a esta parroquia a través de sus sembradíos y huertas, encontrando trabajo como operarios en los varios hornos de ladrillo y las canteras que se encontraban en esta zona, dando al barrio fama de proporcionar al resto de la ciudad maestros oficiales y albañiles. Hacia 1835, después de la gran epidemia de cólera morbus, el barrio se hallaba "arruinadísimo",[109] mostrando la proliferación de huertas y ruinas como sinónimo de desurbanización periférica.

CONSIDERACIONES FINALES

El análisis microgeográfico consistente en la selección de seis manzanas por cada una de las seis parroquias, agregando el barrio del Carmen, mostró algunos de sus alcances al permitir definir, por medio de la vivienda, distintos modos de habitar la casa urbana y vivir la ciudad. La percepción de un altísimo porcentaje de población que buscaba identificarse por elementos diferentes a los étnicos hizo su aparición en el centro de la ciudad, permitiendo desde 1680 la adecuación de espacios habitacionales mediante el arriendo y la transformación del espacio doméstico en casas multifamiliares, continuando con la tendencia del uso multifuncional del espacio.

Los ritmos y patrones de poblamiento urbano de la ciudad de los Ángeles mostraron, por un lado, la dinámica absorbente de flujos migratorios regionales y locales y la capacidad de la infraestructura edilicia de la ciudad para recibirlos en pleno periodo de recesión económica.

El estudio de la casa y sus ocupantes ayudó a definir cambios y continuidades en los patrones sociales del asentamiento urbano. La tendencia segregacionista, como característica de las sociedades de antiguo régimen, mostró sus propias limitantes en las zonas más céntricas y pobladas de la urbe, y planteó la posibilidad de sobrevivir estamentalmente en la periferia.

La selección espacial presentó los ritmos de crecimiento diferencial de la mancha urbana; hasta la primera mitad del siglo XVIII las iglesias fueron los principales núcleos cohesionantes de asentamientos barriales debido, entre otras razones, a la oferta de servicios urbanos que sus edificaciones demandaban y ofertaban. Hacia el siglo XVIII, el control político del ayuntamiento sobre la territorialidad urbana definió las fronteras espaciales del poblamiento.

El caso concreto del abasto de agua dulce a las casas de la ciudad sirvió para mostrar que la jerarquización espacial coincidió con la estamental: dulce y salobre en el centro, sulfurosa al poniente, situación coincidente con las dimensiones, los usos y las funciones del espacio doméstico.

[109] P. López de Villaseñor, *ibid.*

ANEXO DE CUADROS Y GRÁFICAS

Cuadro 1. Población total de las parroquias por conjuntos raciales. Puebla, 1777

	Sagrario	San José	San Marcos	San Sebastián	Santa Cruz	Santo Ángel	Total	%
Españoles y gente de razón	1 713	5 835	4 571	1 086	2 534*	3 124	18 863	46.61
Indios	352	1 868	2 170	2 698	1 358	1 684	10 130	25.03
Negros y pardos	415	275	222				912	2.25
No identificados	8 630	1 294	638				10 562	26.10
Total	11 110	9 272	7 601	3 784	3 892	4 808	40 467	100

Fuente: AGI, Sección V Gobierno, México, legajos 2578, 2579, 2580 y 2581. Las tres primeras parroquias muestran la información procesada por Contreras et al., 1996. A la parroquia del Sagrario se le deben aumentar 13 342 habitantes para obtener la población total propuesta por estos autores, que sería de 53 798. Los otros datos se tomaron de los resúmenes finales de cada parroquia localizados en la fuente original.

* En la Santa Cruz este conjunto incluye españoles, mestizos, castizos y pardos.

Cuadro 2. Distribución racial de la población (muestra). Puebla, 1777

Parroquia	Indefinido	Español	Mestizo	Indígena	Castizo	Pardo	Mulato	Resto
Sagrario 3 036	1 657	677	281	158	58	7	121	77
Porcentaje	55	22	9	5	2	1	4	2
San José 2 287	119	1 087	742	221	19	32	34	33
Porcentaje	5	48	32	10	1	1	2	1
San Marcos 1 858	101	803	386	361	100	42	3	62
Porcentaje	5	43	21	19	5	2	1	4
San Sebastián 343	7	81	136	8	36	12		63
Porcentaje	2	23	40	2	11	4		18
Santa Cruz 1 064	17	268	454	26	21	240	3	35
Porcentaje	2	25	43	2	2	22	1	3
Santo Ángel 963	15	362	472		69	45		
Porcentaje	1	38	49		7	5		
El Carmen 2 198	1 698	105	204	45	84		62	
Porcentaje	77	5	9	2	4		3	
Total 11 749	3 614	3 383	2 675	819	387	378	223	270
Porcentaje	31	29	23	7	3	3	2	2

Fuente: AGI, Sección V Gobierno, México, legajos 2578, 2579, 2580 y 2581, muestra obtenida del análisis de 42 manzanas. *Indefinido* se refiere a la ausencia de nominación racial para el feligrés. El *resto* incluye al conjunto de los grupos étnicos y sociales que aparecen en menor proporción en la fuente, como caciques, indios mixtecos, negros, quebrados, morenos, mulatos oscuros, quinterones, coyotes, españoles, albinos, chamizos, zambos y cambujos.

Cuadro 3. Distribución racial de la parroquia del Sagrario
de Puebla, 1777 (muestra)

Manzana	Habitantes	m² por habitante	Núm. de casas	Indefinido	Españoles	Mestizos	Indígenas	Castizos	Pardos	Mulatos	Resto
1	681	20.4	65	302	195	68	70	9		21	16
2	561	24.8	76	331	115	41	23	4		18	29
3	453	30.7	71	289	71	38	18	3		10	24
4	473	29.4	63	292	78	47	19	5	5	20	7
5	383	36.4	55	244	72	30	16	3	1	16	1
6	485	28.7	40	199	146	57	12	34	1	36	
Total	3 036	27.5	370	1 657	677	281	158	58	7	121	77

Fuente: AGI, Sección V Gobierno, México, legajos 2578, 2579, 2580 y 2581. Padrón de feligreses de la parroquia del Sagrario metropolitano de la ciudad de los Ángeles, 1777. Muestra obtenida del análisis de 42 manzanas.

Cuadro 4. Transacciones inmobiliarias en 114 casas
de la ciudad de Puebla (1767-1787)

Parroquia	Núm. de casas (muestra)	Valor acum. p/parroq.	Valor prom. por predio, p/parroq.	Prom. valor m² p/parroq.	Total m² p/parroq.	Promedio m² p/predio
Sagrario	69	488 675	7 082.25	12.11	533 653.8	777.5
San José	14	36 046	2 574.74	2.78	20 421	1 458.64
San Marcos	11	35 957	3 268.83	3.93	8 984.1	816.74
San Sebastián	4	13 198	3 299.73	4.89	1 758	439.50
Santa Cruz	9	22 848	2 538.67	1.80	7 521	835.67
Santo Ángel	7	22 926	3 275.21	1.48	12 254	1 750.7

Fuente: Archivo General de Notarias del Estado de Puebla. En este cuadro, el barrio del Carmen aún se encuentra integrado a la parroquia del Sagrario.

Cuadro 5. Distribución de los tipos de familia. Padrón de 1777 (muestra)

Tipo	El Sagrario		San José		San Marcos		San Sebastián		Santa Cruz		Santo Ángel		El Carmen	
A	161	24%	306	46%	221	38%	38	34%	111	45%	164	54%	184	26%
B	54	8%	91	14%	102	18%	30	27%	32	13%	45	15%	169	24%
C	11	2%	17	3%	11	2%	4	3%	4	2%	10	4%	15	2%
D	49	7%	83	12%	59	10%	16	14%	11	4%	38	13%	77	11%
E	5	1%	7	1%					3	1%			3	1%
F	49	7%	64	10%	67	12%	8	7%	3	1%	4	1%	41	6%
G	53	8%	50	8%	44	8%	8	7%	10	4%	4	1%	33	5%
H	212	32%	22	3%	52	9%	3	3%	50	20%	4	1%	109	16%
I	66	10%	24	3%	18	3%	6	5%	27	10%	33	11%	63	9%
Total	660		664		574		113		251		302		694	

Fuente: AGI, Sección V Gobierno, México, legajos 2578, 2579, 2580 y 2581. Padrón de feligreses de la parroquia del Sagrario metropolitano de la ciudad de los Ángeles, 1777. Muestra obtenida del análisis de 42 manzanas. La codificación correspondería a: *a)* pareja con hijos, *b)* pareja sin hijos, *c)* viudo con hijos, *d)* viuda con hijos, y *e)* mujer soltera con hijos. Complementariamente han sido incluidos, como parte de la familia, parientes o personas que convivían dentro de la misma casa o unidad habitacional pero que no necesariamente forman parte del núcleo de reproducción familiar. Este tipo de agrupamientos quedaron comprendidos en dos variantes: *f)* jefe de familia más familiares y *g)* jefe de familia más familiares, más agregados. De manera particular se conformaron conjuntos de corresidentes a partir de grupos de personas que convivían congregadas sin declarar parentesco aparente y que fueron registradas encabezadas por un jefe; a ellos corresponde la letra *h*. Consideramos como familias unipersonales a las personas solas, viudos y viudas con la letra *i*. Rabell, *op. cit.*

Cuadro 6. Distribución espacial interna en 114 casas de la ciudad de Puebla (1767-1787)

Parroquia	Núm. de casos	Comercio	%	Circulación	%	Habitación	%	Zooprod.	%	Servicio	%	Total
Sagrario	57	163	13.4	285	23.5	552	45.6	99	8.1	110	9	1 209
El Carmen	12	15	7.8	39	20.3	113	58.8	14	7.2	11	5.7	192
San José	14	28	11.5	24	9.8	153	62.9	24	9.8	14	5.7	243
San Marcos	11	19	12.3	34	22	83	53.8	10	6.4	8	5.1	154
San Sebastián	4	7	15.2	12	26	19	41.3	5	10.8	2	4.3	45
Santa Cruz	9	28	14.7	41	21.5	110	57.8	9	4.7	2	1	190
Santo Ángel	7	11	11.3	19	19.5	49	50.5	15	15.4	3	3	97
Total Gral.	114	271	12.31	454	21.3	1 079	52.9	176	8.9	150	4.82	2 130

Fuente: Archivo General de Notarías del Estado de Puebla.

Cuadro 7. Relación entre el número de habitantes y unidades habitacionales.
Padrón de 1777 (muestra)

Parroquia	Núm. habitantes	m² por habitante	Núm. unidades habitacionales	Núm. habit. por unidad habitacional
El Sagrario	3 036	27.5	582	5.2
El Carmen	2 211	37.8	631	3.5
San José	2 287	36.5	662	3.4
Santa Cruz	1 064	78.6	230	4.6
Santo Ángel	963	86.8	291	3.3
San Marcos	1 858	45	545	3.4
San Sebastián	343	243.9	95	3.6

Fuente: AGI, Sección V Gobierno, México, legajos 2578, 2579, 2580 y 2581.

Cuadro 8. Distribución racial del barrio del Carmen, perteneciente
a la parroquia del Sagrario de Puebla, 1777 (muestra)

Manzana	Habitantes	m² por habitante	Núm. de casas	Indefinidos	Españoles	Mestizos	Indígenas	Castizos	Mulatos	Resto
1	383	36.4	64	297	19	30	6	12	17	2
2	288	48.4	36	245	9	15	4	12	2	1
3	346	40.3	46	271	12	30	13	9	9	2
4	596	23.3	51	430	27	72	11	27	23	6
5	199	70	33	142	17	22	9	5	3	1
6	399	34.9	42	313	21	35	2	19	8	1
Total	2 211	42.21	272	1 698	105	204	45	84	62	13

Fuente: AGI, Sección V Gobierno, México, legajos 2578, 2579, 2580 y 2581. Padrón de feligreses de la parroquia del Sagrario metropolitano de la ciudad de los Ángeles, 1777. Muestra obtenida del análisis de seis manzanas.

Cuadro 9. Distribución racial de la población de la parroquia de San José de Puebla, 1777 (muestra)

Manzana	Habitantes	m² por habitante	Núm. de casas	Indefinidos	Españoles	Mestizos	Indígenas	Castizos	Pardos	Mulatos	Resto
1	375	37.1	46	32	209	98	19	6	2	3	6
2	333	41.8	35	24	164	99	23		4	10	9
3	326	42.7	51	25	186	90	11	1	2	4	7
4	340	41	30	12	157	115	30	6	10	6	4
5	355	39.2	28	12	182	127	19			8	7
6	558	24.9	47	14	189	213	119	6	14	3	
Total	2 287	37.78	237	119	1 087	742	221	19	32	34	33

Fuente: AGI, Sección V Gobierno, México, legajos 2578, 2579, 2580 y 2581. Padrón de feligreses de la parroquia de San José de la ciudad de los Ángeles, 1777. Muestra obtenida del análisis de seis manzanas.

Cuadro 10. Distribución racial de la población de la parroquia del Santo Ángel Custodio, Puebla, 1777 (resumen)

Estado	Españoles y color quebrado	%	Indígenas	%
Casados	1 238	39.6	952	56.5
Viudos	211	6.7	54	3.2
Viudas			118	7
Solteros/as	749	23.9	160	9.5
Doncellas			135	8
Párvulos	926	29.6	265	15.7
Total	3 124	64.9	1 684	35

Fuente: AGI, Sección V Gobierno, México, legajos 2578, 2579, 2580 y 2581. Resumen del padrón de feligreses de la parroquia del Santo Ángel Custodio de la ciudad de los Ángeles, 1777. Para el caso de los españoles y gente de color quebrado no se especificó la diferenciación de sexos entre viudos y solteros.

Cuadro 11. Distribución racial de la población de la parroquia del Santo Ángel Custodio, Puebla, 1777 (muestra)

Manzana	Núm. de habitantes	m² por habitantante	Indefinido	Españoles	Mestizos	Castizos	Pardos
1	114	122.3	1	27	74	9	3
2	89	156.6	2	35	41	7	4
3	43	324.2	1	20	11	7	4
4	272	51.2	5	95	144	16	12
5	255	54.6	5	107	115	13	15
6	190	73.3	1	78	87	17	7
Total	963	130.36	15	362	472	69	45

Fuente: AGI, Sección V Gobierno, México, legajos 2578, 2579, 2580 y 2581. Parroquia del Santo Ángel Custodio; muestra de seis manzanas.

Cuadro 12. Distribución racial de la población de la parroquia
de la Santa Cruz, Puebla, 1777 (resumen)

Estado	Españoles, mestizos y otras calidades	%	Indios tributarios	%
Casados	530	20.9	433	40.9
Viudos	45	1.7	55	5.1
Viudas	246	9.7	93	8.7
Solteros	423	16.6	151	14.2
Doncellas	447	17.6	122	11.5
Párvulos	843	33.2	504	47.6
Total	2 534	65.1	1 358	41.7

Fuente: AGI, Sección V Gobierno, México legajos 2578, 2579, 2580 y 2581. Parroquia de la Santa Cruz; resumen.

Cuadro 13. Distribución racial de la población de la parroquia
de la Santa Cruz, Puebla, 1777 (muestra)

Manzana	Habitantes	m^2 por habitante	Núm. de casas	Indefinido	Españoles	Mestizos	Indígenas	Castizos	Pardos	Mulatos	Resto
1	323	43.1	71		85	109	6		109	1	13
2	90	154.9	19		24	40	2	3	19		2
3	216	64.5	47	6	80	90	10	2	21		7
4	77	181	14		10	38		8	19		2
5	254	54.9	55	10	59	117	3		56	2	7
6	104	134	18	1	10	60	5	8	16		4
Total	1 064	105.4	224	17	268	454	26	21	240	3	35

Fuente: AGI, Sección V Gobierno, México, legajos 2578, 2579, 2580 y 2581. Parroquia de la Santa Cruz; muestra de seis manzanas.

Cuadro 14. Distribución racial de la población de la parroquia
de San Marcos, Puebla, 1777 (muestra)

Manzana	Habitantes	m^2 por habitante	Núm. de casas	Indefinido	Españoles	Mestizos	Indígenas	Castizos	Pardos	Mulatos	Resto
1	225	61.9	23	8	129	43	23	12	4		6
2	668	20.8	113	44	343	135	80	21	16	2	27
3	169	82.5	16	3	60	42	43	13	4	1	3
4	352	39.6	46	18	128	75	89	27	2		13
5	126	110.6	10	13	42	15	39	6	7		4
6	318	43.8	28	15	101	76	87	21	9		9
Total	1 858	45	236	101	803	386	361	100	42	3	62

Fuente: AGI, Sección V Gobierno, México, legajos 2578, 2579, 2580 y 2581. Parroquia de San Marcos; muestra de seis manzanas.

Cuadro 15. Distribución racial de la población de la parroquia
de San Sebastián, Puebla 1777 (resumen)

Familias de			Familias de		
gente de razón	1 063		indios	714	
Viudos	14		Viudos	45	
Viudas	9		Viudas	84	
Total	1 086	56.3%		843	43.7%

Fuente: AGI, Sección V Gobierno, México, legajos 2578, 2579, 2580 y 2581. Resumen de la feligresía de la parroquia de San Sebastián de la ciudad de los Ángeles.

Cuadro 16. Distribución racial de la población de la parroquia
de San Sebastián, Puebla, 1777 (muestra)

Manzana	Habitantes	m^2 por habitante	Núm. de casas	Indefinido	Españoles	Mestizos	Indígenas	Castizos	Pardos	Resto
1	54	258.2	16	1	9	26	1	7	4	6
2	62	224.9	18	1	11	29	1	7	4	9
3	17	820.2	4	1	7	5	1	1	1	1
4	27	516.4	6	1	8	8	1	1	1	7
5	86	162.1	11	1	22	32	2	10	1	18
6	97	143.7	13	2	24	36	2	10	1	22
Total	343	354.25	68	7	81	136	8	36	12	63

Fuente: AGI, Sección V Gobierno, México, legajos 2578, 2579, 2580 y 2581.

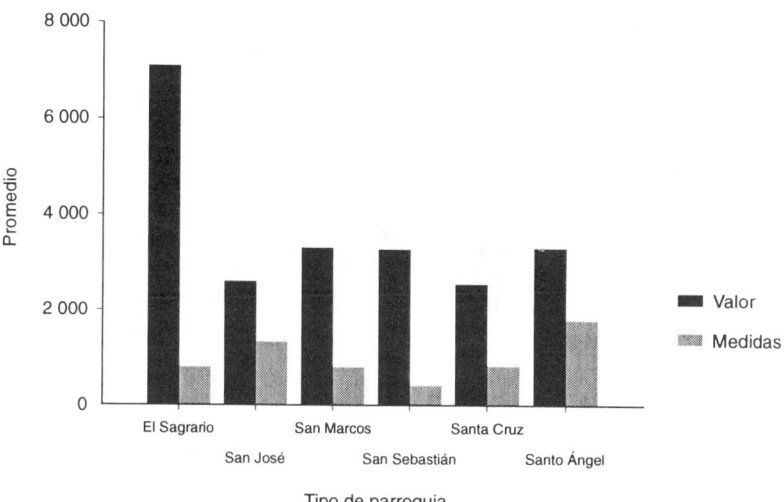

Gráfica 1. Casas de Puebla en el siglo XVIII. Promedios prediales y sus valores.

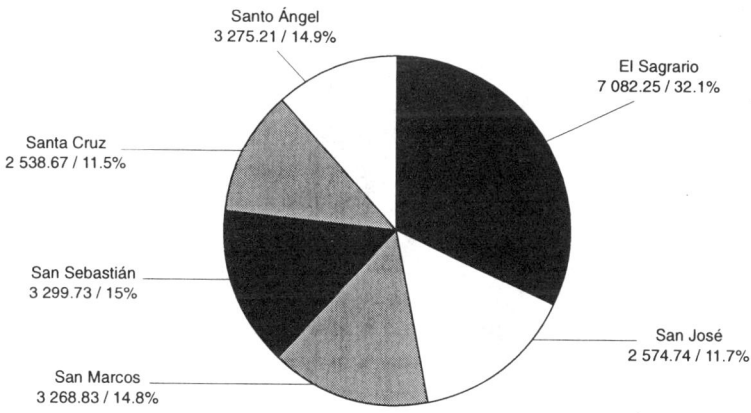

Gráfica 2. Resumen de promedios de valores (por parroquia de la muestra).

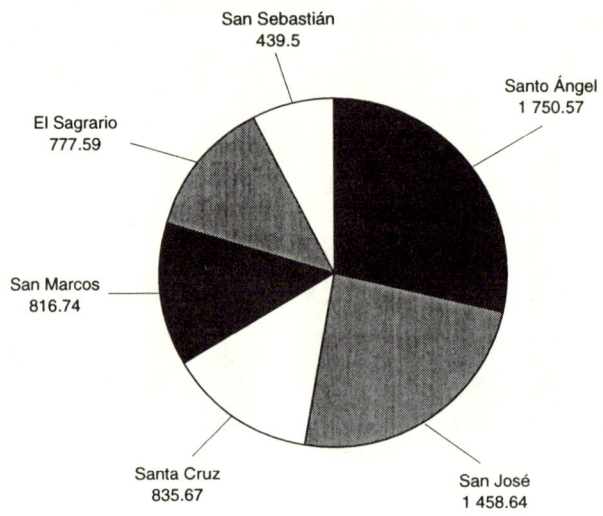

Gráfica 3. Resumen de promedios de medidas (por parroquia de la muestra).

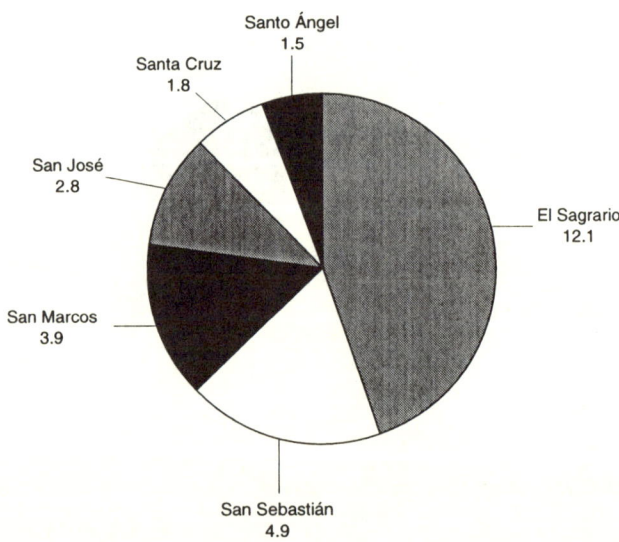

Gráfica 4. Resumen de promedios de m^2 (por parroquia de la muestra).

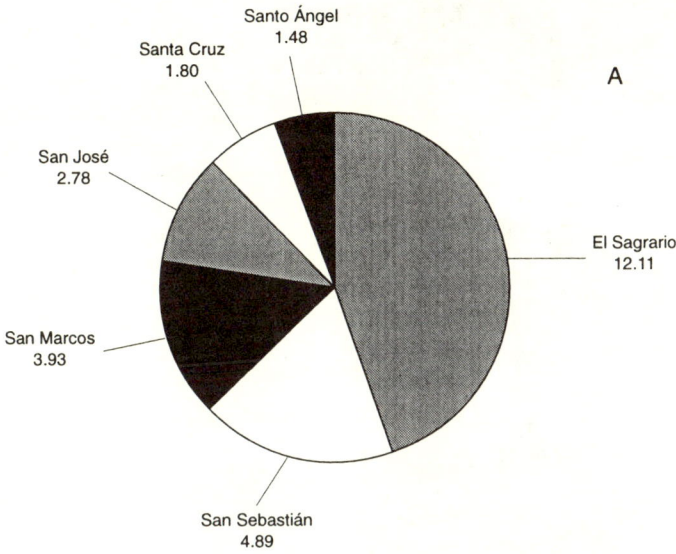

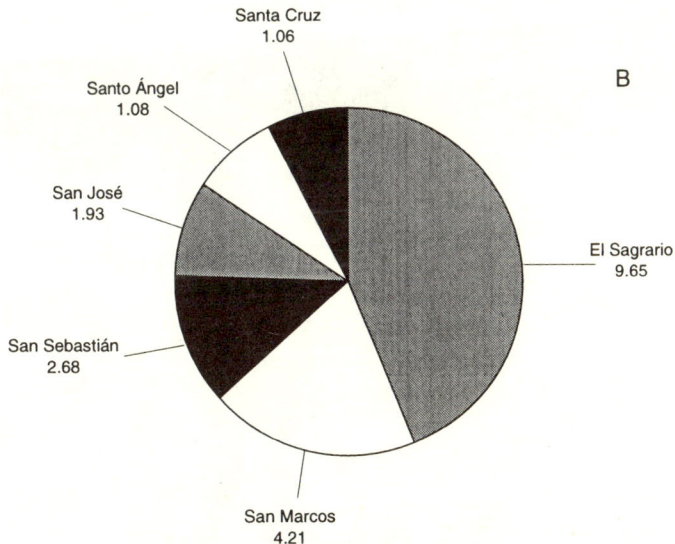

Gráfica 5A. Casas de Puebla, siglo XVIII; muestra.
Promedios del valor por m² de la propiedad.
B. Casas de Puebla, siglo XVIII; muestra.
Medianas del valor por m² de la propiedad.

Foto 1. En el barrio del Carmen, perteneciente a la parroquia del Sagrario, se comenzaron a construir casas; algunas fueron sencillas, de un piso, vinculadas hacia el exterior por un modesto zahuán enmarcado de piedra. El material de construcción descrito fue cal y canto en los cerramientos, y piedra y lodo en los muros. En la gráfica, la casa de los "Arcos" (16 de septiembre 6, destruída).

Foto 2. Esta casa está ubicada en el barrio del Carmen y muestra el modelo de corredores volados, sostenidos por "canes" de piedra (16 de septiembre 1506).

Foto 3. En los límites de la parroquia del Sagrario, ya colindando con el río de San Francisco, las casas, construidas a lo largo de los siglos XVI y XVII, siguieron funcionando como tocinerías u obrajes y casas habitación. Los arcos bajos y de mampostería albergaban las zonas productivas, reservándose la planta alta para los propietarios o arrendatarios (3 Oriente 608).

Foto 4. Las casas en su mayoría tuvieron más de un patio; su acceso y comunicación con el resto de la casa dependió del sistema de corredores, pasillos y pasadizos. En la gráfica se muestra uno techado con bóvedas, perteneciente a una casa ubicada en pleno centro de la ciudad; en casas más sencillas, estos pasillos por lo regular tenían techumbre de viguerías.

Foto 5. Los entrepisos sirvieron de lugares de trabajo, al funcionar como "escritorios", o de vivienda para los empleados domésticos; su presencia condicionó la altura que las casas-edificios llegaron a adquirir. En la gráfica vemos una sección de una casa del siglo XVII ubicada en la parroquia de San José.

BIBLIOGRAFÍA

Calvo, Thomas, *La Nueva Galicia en los siglos XVI y XVII*, México, El Colegio de Jalisco/Centro de Estudios Mexicanos y Centroamericanos, 1989.
Cervantes B. Francisco, (coord.), "Zahurdas y tocinerías en la ciudad de los Ángeles", *Las dimensiones del espacio en la historia de Puebla*, en prensa.
Collomp, Alain, *La Maison du Pére. Famille et Village en Haute-Provence aux XVII e at XVIII siécles*, París, PUF, 1983.
Contreras Cruz, Carlos, *et al.*, "La población parroquial en la Puebla de los Ángeles hacia 1777, el caso del Sagrario, San Marcos y San José. Análisis preliminar" en: Blázquez D., Carmen, Carlos Contreras y Sonia Pérez Toledo (coords.), *Población y estructura urbana en México, siglos XVIII y XIX*, México, Instituto Mora/Universidad Veracruzana/UAM-Iztapalapa, 1996, pp.17-36.
Cope, D.R., *The Limits of Racial Domination. Plebeian Society in Colonial Mexico City, 1660-1720*, Madison, The University of Wisconsin Press, 1994.
Cuenya Mateos, Miguel Ángel, *Puebla de los Ángeles en tiempos de una peste colonial*, México, El Colegio de Michoacán/Benemérita Universidad Autónoma de Puebla, 1999, pp. 315.
Duby, Georges y Phillipe Aries, *Historia de la vida privada*, 4 vols., Madrid, Taurus, 1988.
Farge, Arlette, *La vida frágil*, Instituto Mora, México, 1994 (Colección Itinerarios).
Fernández de Echeverría y Veytia, Mariano, *Historia de la fundación de la ciudad de la Puebla de los Ángeles en la Nueva España, su descripción y presente estado*, Puebla, Ediciones Altiplano, 1962.
Gauldie, Enid, *Cruel Habitations*, Londres, George Allen & Unwin, 1974.
Greenow, Linda, "Microgeographic Analysis as an Index to Family Structure and Netwoks", *Journal of Family History*, vol. 3, 1985, pp. 272-283.
Gonzalbo A., Pilar y Cecilia Rabell (coords.), *Familia y vida privada en la historia de Iberoamérica*, México, El Colegio de México/UNAM, 1996.
González Angulo Aguirre, Jorge, *Artesanado y ciudad a finales del siglo XVIII*, México, SEP-80/FCE, 1983.
Leicht, Hugo, *Las calles de Puebla*, México, Imprenta de Mijares y Hno., 1934.
López Moreno, Eduardo, *La vivienda social: una historia*, México, Red Nacional de Investigación Urbana, 1995.
Loreto L., Rosalva y Francisco J. Cervantes (coords.), "De aguas dulces y aguas amargas o de cómo se distribuía el agua en la ciudad de Puebla durante los siglos XVIII y XIX", en: Loreto L., Rosalva y Francisco J. Cervantes, *Limpiar y obedecer: la basura, el agua y la muerte en Puebla de los Ángeles, 1650-1925*, México, Claves Latinoamericanas Universidad Autónoma de Puebla/CEMCA de la Embajada Francesa/El Colegio de Puebla, 1994, 288 pp.
——, "Familial Religiosity and Images in the Home: Eighteenth Century Puebla de los Ángeles, Mexico", *Journal of Family History*, vol. 22, núm. 1, enero de 1997, pp. 26-50.
——, "La casa y la educación familiar en una ciudad novohispana. Los hogares poblanos del siglo XVIII", en Pilar Gonzalbo Aizpuru (coord.), *Familia y educación en Iberoamérica*, México, El Colegio de México, 1999, pp. 57-81.

——, *Los conventos de mujeres en el mundo urbano de la Puebla de los Ángeles del siglo XVIII*, México, El Colegio de México, 2000.

López de Villaseñor, *Cartilla vieja de la nobilísima ciudad de Puebla (1781)*, México, IIE/UNAM, 1961.

Marín Tamayo, Fausto, *La división racial en Puebla de los Ángeles bajo el régimen colonial*, Puebla, Centro de Estudios Históricos de Puebla, 1960.

Méndez Sainz, Eloy, *Urbanismo y morfología en las ciudades novohipanas. El diseño de Puebla*, México, UNAM/UAP, 1988.

Muriel de la Torre, Josefina, "La habitación plurifamiliar en la ciudad de México", *La ciudad y el campo en la historia de México*, México, UNAM, 1992.

Pardailhé-Galabrun, Anniik, *La naissance de l'intime, 3 000 foyers parisiens XVIIe-XVIIIe siécles*, París, PUF, 1988.

Pescador, Juan Javier, *De bautizados a fieles difuntos*, México, El Colegio de México, 1992.

Pezeu-Massabuau, Jacques, *La vivienda como espacio social*, México, FCE, 1983.

Rabell Romero, Cecilia, "Trayectoria de vida familiar, raza y género en la Oaxaca colonial", Gonzalbo A., Pilar y Cecilia Rabell (coords.), *Familia y vida privada en la historia de Iberoamérica*, México, El Colegio de México/Universidad Nacional Autónoma de México, 1996.

Rybczynski, Witold, *La casa. Historia de una idea*, Madrid, Nerea, 1986.

Toussaint, Manuel, *La catedral y las iglesias de Puebla*, México, Porrúa, 1954.

Villa Sánchez, fray Juan, *Puebla sagrada y profana, informe dado a su muy Ilustre Ayuntamiento el año de 1746, lo publica con algunas notas Francisco Javier de la Peña, hijo y vecino de la misma Puebla (1835)*, Puebla, Universidad Autónoma de Puebla, 1997.

LA VIVIENDA NOVOHISPANA EN ZACATECAS

Francisco García González
Universidad Autónoma de Zacatecas

INTRODUCCIÓN

En la ciudad de Nuestra Señora de los Zacatecas, durante la época novohispana, existieron amplias y bien edificadas viviendas habitadas por reducidas familias o por parejas sin hijos, y, en el polo opuesto, pequeños cuartos mal construidos en los que vivían familias integradas hasta por seis personas. Estas casas cumplían diversas funciones, desde proporcionar abrigo y protección a sus habitantes, hasta funcionar como espacios de trabajo productivo para algunos miembros de la familia o para extraños a la misma.

El análisis histórico de aquellas viviendas, de sus muros cerrados o abiertos al exterior a través de diversas formas, de las funciones y los espacios que las constituían, de los individuos que las habitaron, particularmente del centro de la ciudad de Zacatecas, a finales del siglo XVIII y principios del XIX, es el objetivo del presente trabajo.

Las características de las viviendas que habitaron nuestros antepasados había sido objeto de interés casi exclusivamente de los arquitectos y de los historiadores del arte. Recientemente, al reconocerse el carácter histórico de la vivienda, ésta adquirió importancia para los historiadores sociales, particularmente para quienes orientan su atención hacia la vida privada,[1] o inclusive para filósofos modernos, como Gastón Bachelard quien, interesado por la fenomenología de la vivienda, ha escrito el interesante libro *La poética del espacio*, en el que analiza temas como el sótano, los rincones, la dialéctica de lo de adentro y de lo de afuera.[2]

Estudiar la historia de la vida privada a través de la información que puede pro-

---

[1] Una referencia obligada y actual de la diversidad de enfoques, problemas y perspectivas sobre el análisis, desde una perspectiva histórica de la vivienda, en relación con la familia y la vida privada, son los trabajos siguientes: Yvon Thébert, "Vida privada y arquitectura doméstica en el África romana"; Evelyne Patagleán, "Bizancio, siglos X-XI"; Charles de la Ronciere, "La vida privada de los notables toscanos en el umbral del renacimiento"; Dominique Barthélemy y Philippe Contamine, "Las instalaciones del espacio privado"; Alain Collomp, "Familias. Viviendas y cohabitaciones", y Michelle Perrot y Roger-Henri Guerrand, "Escenas y lugares".Véase Ariès, 1989.

[2] G. Bachelard, 1965.

porcionar la arquitectura doméstica ha permitido, entre otros aspectos, aclarar que la casa no se organiza ni se construye sólo en función de una lógica de necesidades individuales, ajena a cualquier determinación de orden colectivo. Por el contrario, el espacio doméstico se concibe como un producto social históricamente determinado.

Concebir la casa más allá del punto de vista arquitectónico para situarse en una idea que connota sus muros y sus habitantes ha llevado a que surjan diversidad de enfoques y se utilicen nuevas fuentes para su estudio histórico, por ejemplo, censos y padrones de viviendas; asimismo, los inventarios y avalúos *post mortem* han sido fuentes privilegiadas que han permitido a los historiadores traspasar las puertas de las casas de los difuntos[3] y conocer la intimidad del hogar: sus espacios vitales como la sala, el dormitorio, la cocina, o imaginar y evocar la fisiología de aquellos hogares y conocer, "el aliento de la casa",[4] su seguridad, el flujo del aire y su acceso al agua, la iluminación, la higiene del hogar y sus ocupantes.[5]

En nuestro país, los estudios históricos sobre la vida privada tienen poco tiempo de haberse iniciado.[6] Es un campo en construcción. Aun más, la casa, en el contexto de esos trabajos, es un tema relativamente nuevo para los historiadores mexicanos. Los pocos que han estudiado el tema han tomado la historiografía francesa e inglesa como sustento teórico y metodológico para sus investigaciones.[7]

---

[3] Sobre el uso de este tipo de fuentes Pardailhé señala que "en lo que concierne a nuestra investigación, el inventario es una fuente irremplazable para levantar los techos de las casas, a la manera del diablo cojo, y entrar en la intimidad de los hogares. Con la lectura de estas descripciones minuciosas de interiores, nos representamos, en imaginación, la vida de esos parisinos de los siglos XVII y XVIII, en su espacio cotidiano, en medio de sus objetos familiares. Nuestra muestra de cerca de 3 000 viviendas nos permite forzar tanto la puerta de la casa de un ganapán, que vive, apiñado con su familia, en una pieza única, como la del rico parlamentario que vive, rodeado de un numeroso servicio doméstico, en un palacete. Levantado enseguida de un deceso, el inventario sigue siendo el documento por excelencia que rehabilita el vivir cotidiano a través de la relación de los seres con el espacio, con los objetos de su hogar. Pero esto no puede ser considerado como una fotografía del parisino en su casa, debe ser utilizado en razón de sus lagunas y sus imperfecciones, con cierta prudencia". Véase Pardailhe, 1988, pp. 26-27.

[4] El hecho de que desde mediados del siglo XVIII la arquitectura se haya orientado a promover la especialización de los lugares y espacios de la casa, con la consecuente insistencia de los arquitectos de que las habitaciones dejaran de comunicarse unas con otras y se multiplicaran los pasillos y corredores tuvo entre otros efectos el que se comenzara a implementar una estrategia desodorizante de la casa porque "los excrementos, los efluvios corporales, entran a modo de violación de los territorios del yo; se tornan en usurpaciones", véase sobre los olores de las casas y departamentos en la Europa moderna, Corbin, 1987, pp. 178-186.

[5] Pounds, 1992, pp. 245-290.

[6] Gonzalbo, 1992, pp. 353-377.

[7] Por ejemplo el trabajo de Juan Javier Pescador y Cecilia Fernández Rivera Río, "Casas, vecindades y jacales. Los espacios domésticos en Santa Catarina, siglo XVIII", quienes siguiendo la línea de trabajo y enfoque del francés Philippe Ariès (*El niño y la vida familiar en la Francia del antiguo régimen*) analizan el espacio doméstico en la parroquia de Santa Catarina; también Rosalva Loreto, quien en sus trabajos sobre las casas de la ciudad de Puebla a principios del siglo XIX, adecua la idea de Michel Perrot sobre casa-edificio para referirse a "un conjunto de unidades habitacionales con comunicación entre sí a través de patios y corredores". Véase Diego, 1993, pp. 163-196 y Loreto, 1992.

Para el análisis histórico de la vivienda, en la perspectiva señalada, he utilizado cuatro fondos existentes en el Archivo Histórico del Estado de Zacatecas (AHEZ), el de Notarías, el de Ayuntamiento de la ciudad, el fondo Judicial y el de Estadística, Censos y Padrones.

Los resultados de la investigación los he organizado en cuatro apartados: *1)* la casa vista por fuera, *2)* tipología de la casa, *3)* organización de la casa y *4)* los vecinos del centro de la ciudad.

LA CASA VISTA POR FUERA

Al evocar por qué y cómo eran las casas, es necesario tener siempre presente el entorno urbano en el que existían. Se debe considerar la forma en que se articulan el espacio de la calle y el de la vivienda; esto permitirá buscar respuestas a preguntas como: ¿se vive con las ventanas abiertas o cerradas?, ¿se asoma la gente a la ventana?, ¿cuándo usa el balcón?, ¿cómo se articula el espacio privado con el espacio público?, o planteada en otros términos esta última, ¿cuál es la estructura arquitectónica que media o sirve de puente entre lo *de adentro* y lo *de afuera*?

Tener presente el punto de contacto entre lo público y lo privado es importante porque nos proporciona claves acerca de las actitudes del dueño de la casa, en relación con su aceptación o no del otro en sus espacios de privacía. No es lo mismo que una casa disponga de un pequeño pórtico —que en sí forma parte de la casa— cuyo acceso enriquece e invita, o que existan grandes entradas flanqueadas por columnas que, al estar sobre la calle, asumen, no obstante que pertenecen a la casa, un papel público.[8] Con estos presupuestos hemos analizado las casas vistas desde afuera, desde la calle.

En Zacatecas, lo mismo que en las ciudades europeas medievales, alrededor de aquellas grandes construcciones, "pegadas" a ellas o entre los espacios que dejaron entre sí los templos y las parroquias o los edificios públicos, se fueron construyendo las casas privadas de uno y dos pisos, muchas de las cuales, ante la falta de mantenimiento, vicisitudes bélicas, reordenamiento urbano, incendios o caprichos de los gobernantes,[9] fueron transformadas o destruidas; sin embargo, muchas de aquellas casas, con algunas modificaciones arquitectónicas, persisten en lo que fue el centro de la ciudad. También persisten las estrechas y tortuosas calles del corazón urbano que son el testimonio del trazado impuesto por la geografía del lugar y que dan cuenta del carácter minero que tuvo la ciudad de Zacatecas.

[8] Thébert, 1990, p. 319.
[9] Un historiador del arte señalaba hace algunos años que "en Zacatecas, como en todo México, las fuerzas destructoras del siglo XIX se pueden personalizar en sus tres más importantes entidades sociales: el gobierno liberal, la Iglesia y el pueblo"; véase "Tres insignes destructores de Zacatecas", en: Sescosse, 1986, pp. 21-22.

Carlos de Berghes, en su descripción de la ciudad, a principios del siglo XIX, subrayaba la falta de armonía y simetría:

> Esta ciudad, como la mayor parte de las poblaciones que deben su origen a las minas, está edificada en una cañada o barranca hacia el centro de la sierra, rodeada de áridas y altas montañas que presentan un aspecto triste y la privan de un horizonte libre. Parece que en estos casos los primeros pobladores sólo cuidan de acercarse donde hay agua, pero sin alejarse de los trabajos que han emprendido sobre las vetas, y no fijan la atención en lo más o menos ásperas, desigual e incómodo del sitio; van agrupando sus casas según la comodidad que les presenta el terreno, y con el tiempo resulta una población desordenada en que ni las calles son rectas, planas, paralelas ni del mismo ancho, que se cortan en todas direcciones, formando manzanas muy irregulares, las unas altas, las otras bajas; y de aquí nace que hasta la reparación interior de los edificios y casas participe de estas deformidades, obligando a construir muchas piezas con paredes que no se corten a escuadra: de este modo están sembradas las casas e iglesias de Zacatecas.[10]

Si algo caracteriza el trazo urbano y la forma de los terrenos sobre los que se construyeron las casas de los zacatecanos de la época colonial es su irregularidad: la base de las casas era cuadrada, triangular, poligonal y en ocasiones redonda.

Aun cuando desde finales del siglo XVI se conocía y utilizaba para la construcción la cantera colorada característica de la ciudad, se usaba generalmente en las fachadas de edificios religiosos o bien para adornar las portadas de las mejores casas de la ciudad, mismas que se localizaban en su centro, mientras que la mayor parte de las casas de los barrios y arrabales de la periferia estaban construidas con adobe. Mota y Escobar escribía, a principios del siglo XVII, que "son las casas de esta ciudad de adobes y tapias en general, todas de entresuelos, poco capaces; algunas hay de piedra y con altos, aunque pocas".[11]

Las paredes de adobe, de lo que estaban hechas la mayoría de las casas de la gente común, se humedecían en época de lluvia y se derrumbaban con facilidad, ocasionando que multitud de familias se quedaran sin hogar. Esto era aprovechado por quienes proveían los materiales de construcción para aumentar sus ganancias. Manuel González Cossío, procurador general de la ciudad, en octubre de 1791, denunciaba y a su vez solicitaba la intervención del Ayuntamiento, ya que:

> Con motivo de las continuas lluvias que en los anteriores días experimentamos, se cayeron y arruinaron muchas casas de conventos, monjas, capellanías y otras particulares, y como para su construcción, redificación y reparos algunos de los que tienen proporción hayan solicitado los precisos materiales —como son madera, cal, adobe y

[10] Berghes, 1834, p, 4.
[11] Mota, 1940, p. 65.

piedra— los que los tienen, valiéndose injustamente de la ocasión, los venden a unos precios más que excesivos, pues siendo el [precio] de la cal, cuando más cara, de tres a cuatro reales fanega, y el del adobe de cinco a seis reales el ciento, dentro de la ciudad se dejan pedir en el día de ocho a diez reales por la primera y diez y doce reales por lo segundo. Y siendo en prejuicio del común, porque en el mérito de los precios altos no podrán los dueños componer las casas arruinadas para que viva la gente pobre.[12]

Las puertas, ventanas y balcones de las casas de los zacatecanos se abrían o cerraban al espacio público constituido por plazas, plazuelas, calles y callejones.[13] Generalmente, las casas principales, las de dos pisos o llamadas altas mostraban sus fachadas principales hacia las plazas, plazuelas y calles más importantes, mientras que las casas bajas se ponían en contacto con la infinidad de callejones que serpenteaban por el tejido urbano.

El artículo 35 de las ordenanzas para la ciudad de Zacatecas (1798) prohibía la construcción de casas cuando no se tuviera la licencia del regidor y la debida autorización del maestro alarife de la ciudad, quien debería antes visitar y reconocer el terreno donde se pretendía construir. Estas previsiones evitarían "que se fabriquen edificios no sólo sin la solidez y aspecto correspondiente, sino también desproporcionados a la posible rectitud y amplitud de las calles".[14] Pareciera que los dueños de las casas, aunque sin acatar totalmente las ordenanzas, hubieran celebrado acuerdo para que, cuando menos las fachadas de sus casas, tuvieran cierta homogeneidad. A un lado y otro de las calles principales como la de San Francisco o alrededor de la plaza mayor, la del Pirámide, o de las plazuelas de Villarreal o San Agustín, la arquitectura doméstica se repetía: casas de dos pisos; en la planta baja una o dos puertas, y sobre ella, en la planta alta, una o varias ventanas con balcones individuales o bien un largo balcón corrido a través de todo el frente. Tanto ventanas como balcones tenían rejas y barandal de hierro forjado.

Estas casas eran las que se concentraban en el centro de la ciudad. Su exterior

[12] AHEZ, fondo Ayuntamiento, serie Obras públicas, exp. s/n, 1791.

[13] En 1798, los espacios públicos más importantes eran: la plaza mayor, la de gallos; las calles de San Francisco, San Juan de Dios, de la Caja, del Gorrero, y entre las plazuelas se pueden señalar: la de Villarreal, San Agustín, del Pirámide, Zamora y de la Merced. Con el crecimiento de la trama urbana, ya en la tercera década del XIX, en la ciudad existían dos plazas, la mayor y la del Estado; nueve plazuelas: la de García, Santo Domingo, San Agustín, San Juan de Dios, Zamora, Villarreal, de la Loza, Alameda y de la Carne; 26 calles: de Arriba, de Abajo, Tacuba, Tres Cruces, 1a. y 2a. de San Francisco, San José, San Diego, San Roque, San Cristóbal, Santo Domingo, del Correo, de los Gallos, Pingorongo, de la Merced Nueva, San Juan de Dios, el Viejo, de la Caja, de los Zapateros, del Puente Nuevo, de las Casas Coloradas, Barrio Nuevo, Pozo de San Pedro, del Señor de Yanguas, San Francisco de Paula, de la Merced Vieja y la de Manjarrez; 23 callejones: San José, Correa, de la Aurora, de las Campanas, de la Cruz de Moya, Marante, del Indio Triste, de las Flores, del Ponte Duro, de la Casa del Estado, del Santero, de la Caja, Rosales, de las Tocinerías, Cuevas, de la Bordadora, de la Condesa, San Cayetano, Acosta, Villegas y de la Moneda. AHEZ, fondo Ayuntamiento, serie Elecciones, exp. s/n, 1830.

[14] Fernández, 1799, p. 27.

mostraba que en ellas vivían personajes importantes de la sociedad zacatecana. En algunas de ellas, su sola fachada era un monumento.[15] Sin embargo existieron excepciones, como la casa residencia en la ciudad de Zacatecas del conde de Santiago de la Laguna, localizada en el lado este de la plaza del Pirámide y cuya fachada era realmente sobria, rayando en la austeridad.[16] Terminada a finales de 1720 o a principios de 1730 fue usada como residencia hasta 1792 cuando se arrendó por la corona para ser utilizada como real aduana.

Volvamos a las casas menos ostentosas, ubicadas en las calles cercanas al centro de la ciudad, cuyas puertas, severas y fuertes, eran de gruesa madera, generalmente de una sola hoja que medía entre uno y medio a dos metros de altura, por un metro de ancho. Todas contaban con varios goznes de hierro y muchas de ellas tenían cerrojos, bocallaves y llamadores de hierro.

Las rejas de las ventanas de muchas de las casas tenían remates que podían ser desde simples círculos hasta cruces de diversos estilos.

El enrejado de ventanas, sobre todo de las del piso inferior, y el uso de cerrojos y chapas de hierro nos refleja la inseguridad que existía en la ciudad y el temor de los propietarios de aquellas casas a ser asaltados, sobre todo los fines de semana, cuando se multiplicaban las riñas y las actividades delictuosas debido a que, como señalaba el corregidor Felipe de Otaduy, sábado y domingo son los días "que baja a la ciudad [la plebe] y conmuta todo el logro de su trabajo en la embriaguez y el juego, de donde se originan las repetidas muertes e infinitos heridos".[17]

La ventana y su balcón eran el otro elemento arquitectónico característico de las casas altas del centro de la ciudad. Las ventanas, comúnmente equipadas de postigos o contraventanas de madera, constituían la gran diversión o gran tentación: asomarse a la ventana para espiar, observar la calle o incluso, ya en el balcón, dejarse ver, eran gestos cotidianos que practicaban los integrantes de la familia; por ello, porque se sabían observados y porque desde ahí observaban, las ventanas-balcones eran espacios privilegiados de la arquitectura doméstica. No es entonces gratuita la importancia que se les concedía al barandal y a los barrotes de hierro forjado que protegían y adornaban esas partes de la casa.

En síntesis, las casas altas de la ciudad de Zacatecas, vistas desde su exterior, mostraban una gran portada, flanqueada las más de las veces por ventanas con rejas de hierro forjado sobre la puerta y ventanas del piso inferior, ventanas y balconería más o menos suntuosas, también con barandales de hierro; puertas y ventanas adornados con marcos de cantera.

Las casas bajas, de una planta y ubicadas en los callejones de la ciudad, disponían de una sola puerta de acceso a la vivienda, la que difícilmente tenía aditamentos de metal o chapas y cerraduras muy elaboradas, como en el caso de las casas al-

---

[15] Toussaint, 1983, p. 162.
[16] Ortiz, 1994, p. 217.
[17] Mendizábal, 1946, p. 200.

tas. La seguridad de estas puertas se lograba con dispositivos de bloqueo (trancas) desde el interior, aunque algunas de ellas podían tener cerraduras simples. En estas viviendas, las ventanas, cuando existían, eran pequeños vanos abiertos en la pared del frente de la casa que carecían de protección; en el mejor de los casos, los postigos de madera cumplían esa función.

El punto de contacto de los habitantes de la vivienda con la calle lo constituía la puerta misma de acceso, a diferencia de los residentes de las casas altas, que usaban sus ventanas y balcones como la frontera entre lo público y lo privado.

En el exterior de la casa era la arquitectura doméstica la que enfrentaba directa, objetivamente, al vecino que transitaba sobre los empedrados, los que cumplían las funciones de banqueta y calles sobre las que estaban construidas las casas. Sin embargo, las casas mismas eran vistas no sólo con los ojos sino también con la imaginación. Los zacatecanos de aquellos tiempos, al observar una casa, la "pensaban" más allá de lo que la construcción les decía y la relacionaban con los habitantes: quiénes eran y lo que les había sucedido. Algunas quedaron grabadas en la mentalidad del zacatecano de finales del siglo XVIII; entre otras las de las casas reales o de los intendentes, de la casa de Rétegui,[18] de la casa del Cobre y de la casa de la Condesa, llamada así porque en ella vivió, amó y, según cuenta una leyenda (la leyenda de la condesa de Valparaíso), también odió y planeó el asesinato de su infiel esposo doña María Ana de la Campa Cos, condesa de San Mateo de Valparaíso.

En breve, la casa "vista por fuera" mostraba y hablaba de la existencia de sus ocupantes, unos ricos y otros pobres, estos últimos casi siempre ocultos y con un solo espacio de contacto con la calle, la puerta, mientras que los ricos en permanente relación con lo público a través del uso de ventanas y balcones.

TIPOS DE CASAS

Peter J. Bakewell se refiere a dos tipos de casas de la ciudad de Zacatecas: las casas bajas y las altas. El primero, habitado según este autor por los integrantes más pobres de la sociedad, consistía en "una casa de adobe de una sola planta que tenía una habitación grande (sala), otra más pequeña (el aposento), la cocina y una bodega. A veces tenía un corral, con un pozo y un local que sirviera de establo".[19]

---

[18] Sobre esta casa existe la siguiente leyenda: "un sábado que sopló furioso vendaval, don Manuel de Rétegui pasó toda la noche sin dormir e incluso trató de suicidarse a consecuencia de sus deudas; que muy de madrugada fue a misa a la parroquia mayor y que cuando rogaba lleno de fe para salir de sus compromisos, sintió que alguien le tocaba el hombro. Era uno de sus barreteros, que emocionado le informó que habían alcanzado la bonanza. Y en efecto, así fue, por lo que llamó a la mina Negociación de Mala Noche, con cuyos fondos construyó la Casa de Rétegui". Véase Esparza, 1993, p. 53 y Salinas, 1964, pp. 51-63.

[19] Venta de una casa propiedad de Diego Bernárdez de Valdés a Jusepe y Nicolás Marqués, AHEZ, 1671, ff. 156v-157v, Zacatecas, 22 de septiembre de 1671, en: Bakewell, 1971, p. 77n, núm. 36.

Por otra parte, las casas altas estaban construidas de piedra y, generalmente, eran habitadas por las familias de los comerciantes, funcionarios y mineros ricos. Estas casas tenían dos pisos, tienda, trastienda, corral y huerta.[20]

Coincidimos con Bakewell en que debieron existir ambos tipos de casas, pero difícilmente podríamos pensar que las clases más desfavorecidas pudieran disfrutar de una amplitud como la que describe este autor. Las casas bajas pudieran pertenecer a obreros, artesanos y funcionarios de último nivel, pero las clases más menesterosas vivían en cuartos o habitaciones que difícilmente tenían más de dos piezas.

Los hallazgos analizados hasta el momento hacen suponer que existían cuando menos tres tipos de casas de acuerdo con la presencia de espacios especializados, ya sea para el uso familiar o para uso productivo: *1)* casas altas, en las que se manifestaba autonomía y especialización de las habitaciones, existiendo, por lo tanto, la posibilidad de tener intimidad en el interior de la vida familiar; *2)* casas medias, donde se combinaban los espacios para la habitación familiar y el trabajo, las que contaban, por lo tanto, con sala y cocina, además de tienda o taller. Incluso la casa podía aparecer como una accesoria del edificio donde se desarrollaban actividades productivas o de servicio; estas construcciones corresponderían a la vivienda de funcionarios, artesanos y fabricantes, *3)* casas bajas, que serían el tipo más simple de habitación constituida básicamente por un espacio para comer y dormir; en ella es posible que vivieran mineros y trabajadores pobres y la vida íntima era desconocida.

En seguida describimos y analizamos algunos ejemplos de los dos primeros tipos, utilizando avalúos e inventarios hechos por maestros arquitectos, albañiles, carpinteros y herreros.

Sin duda, lo que sería el extremo de un tipo de casa alta fue el palacio del conde de Santiago de la Laguna,[21] localizado en el lado este de la plaza del Pirámide. La fachada del palacio, en la que casi no existía adorno, era simétrica y "los balcones de la planta noble y los de la planta alta, sólo rotos por la cornisa, se alinean a la izquierda y a la derecha del portón y el balcón central".[22]

José Sotomayor hizo en 1733 un grabado que muestra la fachada de esta casa; el frontispicio tenía una gran portón central flanqueado en cada lado por pequeñas puertas. El grabado enfatiza la simetría y monumentalidad; de hecho, estos dos elementos fueron fuertemente representativos del barroco mexicano y, particularmente, de los palacios y grandes residencias del siglo XVIII. Esta casa residencia tenía un balcón que se extendía a lo largo del segundo nivel. También se puede adivinar que arriba del portal principal se encontraba labrado el escudo de armas del conde. Todos esos aspectos fueron evidentes en la mayoría de los palacios del siglo XVIII construidos en la ciudad de México y en otras poblacio-

---

[20] *Ibid.*, p. 78.
[21] Sobre los antecedentes del conde, "la tradición familiar remontaba el apellido Bernárdez a nada menos que el hermano carnal de san Francisco de Asís quien supuestamente había llegado a España en 1210 y había hispanizado su apellido italiano Bernardone como Bernárdez"; véase Ortiz, 1994, p. 217.
[22] *Ibid.*, p. 218.

nes mineras.[23] El conde murió en 1757 y el palacio permaneció abandonado y sufrió considerable deterioro durante toda la segunda mitad de ese siglo. Sufrió posteriormente amplias reparaciones cuando se convirtió en real aduana. Sin embargo, la monumentalidad y simetría del palacio original se mantuvo a pesar de que se cambiaron algunos detalles. Existían entonces ventanas o puertas de entrada a pequeñas habitaciones a lo largo de la pared del frente en el nivel de la calle. Muchos de los primeros palacios tenían esas piezas, llamadas accesorias, que eran usadas por los condes para aumentar sus ingresos con la renta de los mismos a comerciantes locales.

Los palacios o residencias como la descrita eran pocas, siendo las casas altas y medias más modestas las que abundaban en las calles cercanas y en el mismo centro de la ciudad. Veamos, a manera de ejemplo, cuatro de ellas, las dos primeras ubicadas en la calle de Abajo, la tercera en la plazuela de la Merced y la última en la plaza mayor.

En la calle de San Juan de Dios, llamada también de Abajo, existía una casa perteneciente a los jesuitas, quienes deseaban venderla, por lo que el reverendo padre Ignacio Calderón, rector del colegio de la Sagrada Compañía de Jesús, había nombrado para su avalúo a tres personas: Miguel Ignacio de Rivera, maestro albañil, Felipe Santiago Sánchez, maestro carpintero, y Antonio de Salcedo, maestro herrero, quienes después de realizado su trabajo nos descubren una casa de dos pisos, con muros de adobe, construida en una superficie de 16 varas y media (13.5 m) de frente por 24 y media varas (20 m) de fondo.

La fachada, como muchas de las casas altas de la ciudad, tenía en la planta baja dos puertas y una ventana con reja, y en la planta alta una ventana y una puerta-ventana con balcón, ambos con rejas y barandal de hierro.

Tanto las puertas (externas e internas) como las ventanas tenían goznes de metal con sus imprescindibles postigos que servían como pantalla para impedir las corrientes de aire o para evitar que la habitación quedara en completa oscuridad cuando la ventana se cerraba.

La planta baja estaba integrada por varios espacios: un zaguán, una sala, cuatro aposentos, sótano, corral y una habitación destinada a la tienda; de ahí la existencia de las dos puertas de la planta baja que comunicaban directamente con la calle.

En la planta alta existían dos salas, dos aposentos, una recámara o cuarto dormitorio, todos ellos comunicados por pasadizos o corredores. Estos últimos espacios de comunicación entre las piezas, si bien es cierto no se habían generalizado, se encontraban con frecuencia en varias casas de la ciudad. Los pisos de la planta alta nos hablan ya de cierta comodidad, toda vez que estaban "enladrillados", a diferencia de los de la planta baja que sólo estaban "adobados". Es obvio que, por el número de habitaciones y por la denominación de las mismas, existían espacios especializados para el desarrollo de las actividades familiares, incluidas las de natura-

---

[23] Garner, 1970, pp. 45-50.

leza económica. Esta casa muestra la combinación de espacios estrictamente para el uso de la familia (recámara, sala) con los destinados al trabajo: uno para cuarto dormitorio y el otro para tienda. Sobre este último espacio es pertinente aclarar que podría estar rentado y que el tendero no necesariamente pertenecería a la familia que ahí habitaba. La combinación de casa habitación y lugar de trabajo se muestra en la casa de Fernanda Mendoza, también ubicada en la calle de Abajo. Seis eran los espacios que la componían: un cuarto para "expendio de vinos", una recámara, un zaguán, un cuarto, el patio y la cocina.[24]

La casa ubicada en la plazuela de la Merced, de una sola planta y construida con piedra y adobe en un terreno de 207.5 varas cuadradas (170 m^2), tenía "una sala competente, una pieza que llaman oratorio de la Sangre de Cristo, dos recámaras, otra salita en el pasadizo, un portal, dos bodegas, dos cocinas, una sotehuela y un pozo en el patio del frente".[25]

Roman Mitre, propietario de la misma, había comprado el terreno donde la construyó hacía 40 años y la fue edificando poco a poco, cuidando los detalles más mínimos, desde los adornos de la fachada (una cruz de cantera colocada en el pretil de la pared principal) hasta los aspectos de orden más técnico, como el caño subterráneo que serviría para el desagüe del patio de la casa.

La casa de Mitre es un ejemplo del tipo de casa alta que había logrado evolucionar hasta tener espacios exclusivos para el desarrollo de la vida íntima como el oratorio. Aquella habitación, de 30 varas cuadradas (24.6 m^2) de superficie, estaba destinada a la oración y protegida de la vida privada familiar por una pequeña puerta herrada que la separaba del resto de la casa, y por una "ventanita" a través de la cual, desde la sala, se podía ver si alguien estaba entregado al rezo, para no interrumpirlo.

La última casa ubicada en la plaza mayor, como todas las de su tipo, era de dos pisos y construida en una amplia superficie de 522 varas cuadradas (428 m^2). Las dimensiones del terreno nos dan una idea de la amplitud de la vivienda, sobre todo si consideramos que el promedio de la superficie de los lotes urbanos en la ciudad era de 50 a 100 metros cuadrados.

Esta casa, localizada frente a la Caja Real, en el mismo corazón de la ciudad, tenía ni más ni menos que 15 habitaciones; en la planta baja: tienda, dos trastiendas, una accesoria con dos piezas y tres sótanos, estos últimos utilizados como bodegas y, en la planta alta: sala, cuarto escritorio, recámara, dos cuartos, antesala y zaguán. Por las características de su construcción como por su ubicación era de las casas de mayor valor en la ciudad. Don Juan Manuel Chargo, el valuador, la había estimado "a todo mi leal saber y entender, sin fraude ni dolo, ni incumbencia alguna" con un costo de 6 010 pesos y 4 reales.[26]

La planta baja estaba ocupada por un comercio y una barbería de varias pie-

---

[24] AHEZ, fondo Mapas e ilustraciones, serie Planos.

[25] AHEZ, fondo Notarías, año 1825. Protocolo de instrumentos y contratos públicos de Ramón Vásquez del Mercado, libro 1º, f. 19v.

[26] *Ibid.*

zas. Esta casa confirma que, como en el caso de los palacios y residencias de la aristocracia, las casas altas ubicadas en las plazas o plazuelas o en importantes calles como la de San Francisco, disponían generalmente en la planta baja de cuartos o accesorias rentadas a comerciantes para establecimiento de sus negocios.

En la planta alta existía una habitación de especial interés, la llamada por el valuador "el cuarto escritorio", porque sugiere varias interrogantes: ¿era una habitación que cumplía la función de oficina o despacho?, ¿es el esbozo de una biblioteca?, ¿lugar exclusivo de lectura? Independientemente de la respuesta, es un hecho que estamos ante un espacio especializado para dos actividades intelectuales, la lectura y la escritura, lo que implica la existencia de una vida íntima: la lectura en silencio y la escritura del diario íntimo. Este cuarto escritorio sin duda recibía especial atención puesto que, igual que otros de los importantes espacios de la vida familiar como la sala y recámara, tenía su piso enladrillado.

El valor de las casas variaba no sólo en función de su tamaño y de las condiciones en que se encontrara la construcción. Más allá de estos factores, su ubicación en la traza urbana determinaba en mucho el valor del inmueble. Cuando la casa se encontraba en el centro, o relativamente cerca, o en sus alrededores o en alguna plaza, su valor se incrementaba, mientras que, conforme se alejaba del centro de la ciudad, su valor disminuía.

El valor de la propiedad era muy alto en el centro de la ciudad, donde una sola casa costaba hasta cuatro o cinco veces lo que valían las casas situadas en plazas o calles cercanas; las casas altas serían aquellas cuyo valor fluctuaba entre los 400 y 3 000 pesos; las medias, entre 100 y 400 pesos, y, por último, las bajas tendrían un valor promedio que no alcanzaría los 100 pesos. Esto queda claramente demostrado en el cuadro 1, en el que se muestran los precios de dichas propiedades en la ciudad de Zacatecas entre 1760 y 1821.

Los datos del cuadro no aclaran si el valor de las casas o el de una misma casa permaneció constante, lo cual sería improbable; o si, por el contrario, varió en el transcurso de 60 años. Sin embargo, con todas las reservas del caso, podemos afirmar que entre mediados del siglo XVIII y las primeras dos décadas del XIX, tomando como base las transacciones de propiedad, existían en el área urbana de Zacatecas alrededor de 531 casas de las cuales, según su valor, la inmensa mayoría, 82.8% (440 casas) eran bajas y medias. Por otra parte, las casas altas constituían 6.7% y las que tenían un valor intermedio, entre los 500 y 1 500 pesos, representaban 10.3 por ciento.

Al referirse al costo de una casa baja o media a mediados del siglo XVII, Bakewell señala que era accesible para quien contara con un salario fijo. Incluso afirma que el valor de las casas más modestas fluctuaba entre 400 y 800 pesos, de acuerdo con su tamaño.[27] Nos parece que es necesario matizar las afirmaciones de este autor en virtud de que el valor de la mayoría de las casas bajas, las más limitadas,

---

[27] Bakewell, 1971, p. 78.

tanto desde el punto de vista arquitectónico como de su ubicación en el entramado urbano, no costaban más de 100 pesos. Es poco probable que los precios hubieran bajado hasta tal punto en 100 años.

Cuadro 1. Precio de las casas de la ciudad de Zacatecas, 1760-1821

Precio en pesos	Número de casas
0 - 99	208
100 - 199	115
200 - 299	54
300 - 399	33
400 - 499	30
500 - 599	9
600 - 699	15
700 - 799	5
800 - 899	6
900 - 999	4
1 000 - 1 099	6
1 100 - 1 199	3
1 200 - 1 299	5
1 300 - 1 399	0
1 400 - 1 499	1
1 500 - 1 599	1
1 600 - 1 699	1
1 700 - 1 799	1
1 800 - 1 899	2
1 900 - 1 999	1
2 000 o más	30

Fuente: Garner, 1970, p. 338.

Por otra parte, difícilmente un trabajador o artesano podría adquirir con facilidad su vivienda si consideramos que, en general, éstos ganaban menos de 15 pesos por mes, cantidad que sólo les alcanzaba para mal sobrevivir.[28] Este bajo nivel del salario de los trabajadores explicaría por qué un alto porcentaje de las viviendas medias y bajas existentes en la ciudad eran rentadas y algunas órdenes religiosas eran propietarias de varias de ellas.

[28] Garner, al hacer un seguimiento de las tendencias de los salarios de artesanos y trabajadores de la construcción que participaban en cuatro proyectos (la reconstrucción de la "real caja", la construcción de un puesto de inspección de aduanas, la construcción de un juego de pelota y la reparación del colegio de San Luis Gonzaga) entre 1749 y 1810, destaca que "los artesanos ganaban entre 20 y 28 pesos mensuales en tres de los cuatro proyectos y entre 24 y 48 pesos mensuales en el cuarto proyecto [...]. El espectro salarial para los trabajadores en todos esos proyectos era más o menos el mismo, entre 6 y 12 pesos por mes". Véase Garner, 1992, p. 117.

ORGANIZACIÓN DE LA CASA

Los contratos de compra-venta de los notarios, así como los avalúos hechos por los maestros de arquitectura y alarifes de la ciudad, constituyen fuentes preciosas por excelencia que nos dan una idea del número y tipo de habitaciones de que disponían los miembros de las familias zacatecanas.

Franqueada la puerta de entrada, se abre un mundo de espacios grandes y pequeños, oscuros o iluminados, con muros semidestruidos o en perfectas condiciones, con olores o sin ellos; en muchas ocasiones, con escaleras que nos conducen a dos universos habitacionales dialécticamente opuestos: el sótano, lo de abajo, oscuro, o al piso superior, lo de arriba, lo luminoso.[29] ¿Cómo era la organización de aquellas casas?, ¿cuáles sus habitaciones más comunes?, ¿y sus dimensiones?, ¿su altura?, ¿su valor? Algunas respuestas a estas interrogantes provienen de 200 documentos de compra y venta (100), de avalúos y de testamentos (30) y de inventarios *post mortem* (70) de personas que vivieron en Zacatecas en el siglo XVIII y principios del XIX.

Respecto a la morfología y dimensiones de la casa se manifiesta una constante en la longitud de los frentes, de tal manera que, de los casos en que se señala este dato, 70% tenía entre 5 y 10 varas (4 a 8 m) mientras que la longitud del fondo era variable, aunque más de la mitad, 54%, tenía entre 20 y 30 varas (16 a 25 m).

Como era de esperarse, las casas altas, sobre todo las de mayor valor, estaban construidas en terrenos de mayores dimensiones sobre todo en el frente: los aristócratas zacatecanos necesitaban espacio hacia la calle para mostrar, arquitectónicamente, su poder y riqueza. Nótese que el frente de la casa más cara medía 18 varas (15 m).

El valor del terreno sobre el que se construían las casas no era uniforme. La superficie más valiosa generalmente era la que se encontraba más próxima a la calle de la fachada de la casa y, conforme se avanzaba hacia el fondo del terreno, éste perdía valor. Utilicemos el avalúo siguiente para ilustrar esta afirmación:

> De aquí sigue el avalúo de la casa de la plaza mayor en la que vive el Sr. Regidor don Josef de Boaldo; la referida casa está ubicada en el sitio de diez varas de frente que corren de sur a norte y veinte y ocho de fondo que atención al paraje, vale la vara cuadrada en el primer resalte a once pesos, en el segundo resalte vale la vara cuadrada a cinco pesos y en el tercero resalte vale a tres pesos dicha vara cuadrada.[30]

Independientemente de que se tratara de casas de ricos o pobres, cuatro espacios siempre formaban parte de su morfología, lo que nos sugiere la importancia

---

[29] Sobre esta dicotomía y para un análisis fenomenológico de la casa y sobre las ideas de cómo "leer una casa" o "leer una habitación", véase "La casa. Del sótano a la guardilla. El sentido de la choza" y "Casa y universo", en: Bachelard, *op. cit.*, pp. 32-106.
[30] AHEZ, fondo Ayuntamiento, serie Casas y solares, subserie Remates, exp. s/n, 1784, f. 8.

que desempeñaban como elementos esenciales para la articulación de la vida doméstica; nos referimos a la sala, la recámara, la cocina y el corral.

La frecuencia en que aparecen estos nombres en la documentación señalada es significativa: sala, 85%; recámara, 52%; cocina, 65%, y corral, 62%. Si estos espacios eran comunes en casas altas y bajas, otros, casi exclusivos de las primeras, estaban vedados a estas últimas; así, cuartos utilizados como tienda, trastienda, bodega y sótano, no están presentes en las modestas casas bajas.

Existía una relación directamente proporcional entre el valor y el número de habitaciones por casa: a mayor valor, mayor la cantidad de piezas.

Otro aspecto que es necesario resaltar sobre la morfología de la casa es la existencia de espacios de comunicación o transicionales entre las habitaciones: el pasadizo o pasillo. Este interesante espacio, paradójicamente, era más frecuente en las casas bajas. ¿Este hecho significaría que en casa de pobre había mayor posibilidad de una vida íntima o que estaban más especializados los espacios de este tipo de inmuebles?, o bien, es posible que esos espacios de comunicación eran indispensables en aquellas casas donde vivían varias familias cuyas puertas se abrirían a un pasillo de uso común.

Consideramos que los datos de que disponemos en la actualidad no nos permiten dar una respuesta objetiva a tal interrogante. En todo caso sugieren una interesante hipótesis que vendría a situar en tela de juicio la idea comúnmente aceptada de que, por la existencia de pasillos, las casas altas tendrían mejores condiciones para el desarrollo de una vida íntima y para la especialización de sus espacios.

Llama la atención que en ninguna de las casas examinadas se señale la existencia de comunes, baños o letrinas, a pesar de que en algunos casos existían sistemas de desagüe de los patios del agua de lluvia.

Resulta difícil conocer las dimensiones y altura de las habitaciones que conformaban aquellas casas. Sin embargo, algunos avalúos nos proporcionan ciertas pistas. Generalmente, las casas bajas tenían una altura que fluctuaba entre las 4 y 5 varas (3.3 a 4 m) mientras que las altas alcanzaban entre 8 y 11 (6.5 a 9 m).

El material de construcción de sus muros era el adobe y la piedra. La altura de estas casas nos sugiere que eran espacios fríos, aun cuando el adobe es un material de construcción que actúa como regulador térmico.[31]

Si nos atenemos al orden en que los notarios señalaron cómo estaba "compuesta" la vivienda, tenemos, en las casas bajas, las tres combinaciones siguientes: *a)* sala, recámara, cocina y corral; *b)* sala, cocina y corral, *c)* sala y corral. Lo anterior sugiere que el corral se localizaba siempre en la parte posterior de la casa y que la habitación de acceso a la vivienda era la que cumplía las funciones de sala. En-

---

[31] Bakewell ha señalado que el adobe es muy apropiado para el clima zacatecano, con la limitante de que, cuando llueve en forma intermitente, sobre todo en aquellas épocas en las que no existía drenaje, el adobe se humedece a tal grado que se convierte en lodo, con el consecuente debilitamiento y deterioro de la construcción.

tre esta última y el corral se ubicaba en algunos casos la cocina, y en otros, la recámara. La combinación *a* corresponde a 60% de las casas analizadas, la *b* a 30% y la *c* a 10 por ciento.

LOS VECINOS DEL CENTRO DE LA CIUDAD

La organización urbanística de la ciudad de Zacatecas, desde su fundación hasta el siglo XVIII, se desarrolló en forma anárquica. Sólo con el advenimiento del reinado borbónico, y su preocupación por la reglamentación y organización urbana, se expidió, a finales del siglo XVIII, una serie de ordenanzas que tenían como objetivo la organización administrativa y territorial de varias ciudades de la Nueva España, particularmente las de México, Puebla, Querétaro, Oaxaca, San Luis Potosí, Valladolid y Zacatecas.

En las ordenanzas para la ciudad de Zacatecas, elaboradas a finales del siglo XVIII y publicadas en 1801, se señalaba que "La división de la Ciudad de Nuestra Señora de los Zacatecas en Quarteles, se dirige principalmente a hacer más pronta y expedita la administración de Justicia, y a poner en el mayor orden posible el gobierno político y económico, para que se observen las Leyes y el arreglo de las costumbres".

En uno de los dos planos, dibujado por Bernardo de Portugal, que acompañan dichas ordenanzas, se mostraba claramente la división de la ciudad en cuarteles; así, se señala que

> Por el referido Plano número 2º queda esta Ciudad de Nuestra Señora de los Zacatecas dividida en quatro Quarteles mayores,compuesto cada uno de dos menores, para que resulten ocho, bastantes en mi concepto, para desempeñar el objeto a que éste aspira. Los mayores se distinguen bajo los colores amarillo, morado, rojo y azul: y los menores con líneas encarnadas y con las letras mayúsculas, que están en las esquinas de ellos[32] (véase el plano 1).

Ya en el México independiente, los primeros gobiernos liberales de principios del siglo XIX intentaron organizar política y administrativamente el país, para ello, entre otras acciones, impulsaron el levantamiento de censos poblacionales en diversas ciudades. Para el caso de Zacatecas hemos localizado varios padrones de la ciudad que se levantaron en la segunda década del siglo XIX. Uno de ellos corresponde a una zona de la ciudad que se encontraba en el centro urbano. ¿Quiénes vivían en el centro de la ciudad?, ¿cuántos eran?, ¿cuál su sexo?, ¿y su estado civil?, ¿qué tipo de familias habitaban esa zona urbana?, ¿qué hacían? En las páginas siguientes analizamos dicho padrón y damos respuesta a estas interrogantes.

[32] Fernández, 1779, p. 280.

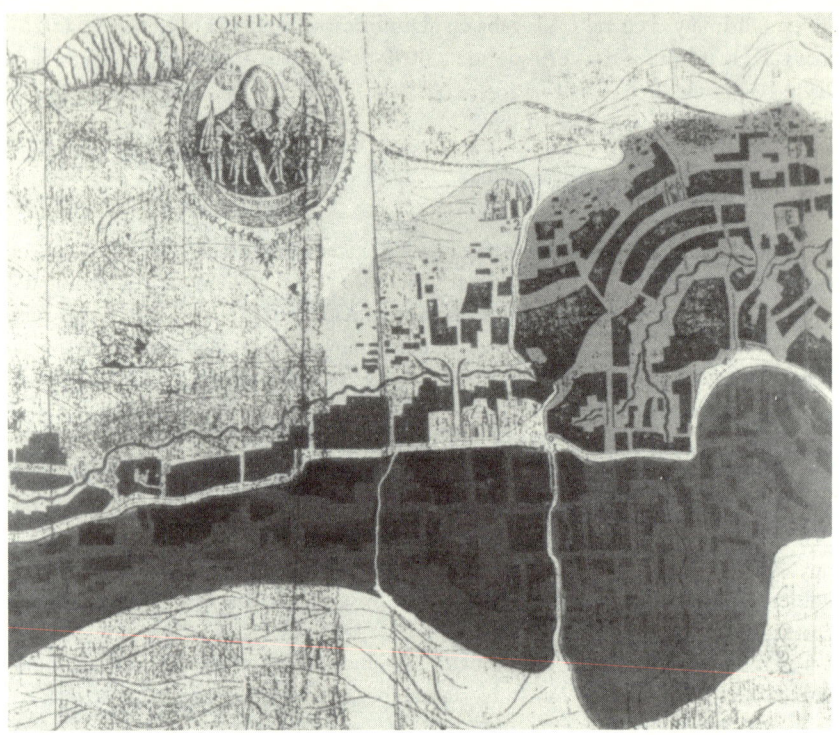

Plano 1. Cuarteles mayores de la ciudad de Zacatecas, finales del siglo XVIII.

A mediados de 1826, don Francisco Delgado finalizó el trabajo que le había encomendado el Ayuntamiento: levantar el "Padrón del número de almas" del cuartel menor núm. 3 de la ciudad de Zacatecas, mismo que se localizaba en el propio corazón de la ciudad y, aproximadamente, principiaba "desde la Casa de D. Joseph de Gallinar (E), y subiendo hacia el Poniente los Callejones del Ensaye, Carmelo, de los Gallos y parte del Pedregoso, da vuelta por la Capilla del Señor de Villaseca, baja para el oriente el Callejón de las Peñitas hasta la (F), y retrocediendo para el Sur, Plazuela del Pirámide y plaza mayor, remata en la citada letra (E)"[33](véase el plano 2).

El señor Delgado, en su corto pero pesado recorrido, había tenido que subir pronunciados callejones al visitar a cada una de las 355 familias que habitaban en las 324 casas que existían en ese cuartel. Preguntaba sobre el sexo, edad, estado civil y oficio de cada uno de los habitantes de la casa; los lugares en los que se tardaba más eran las alcaicerías, los edificios donde vivían más de dos fa-

[33] *Ibid.*, p. 287.

milias y, sobre todo, en las vecindades, en las que habitaban hasta cuatro o seis familias.

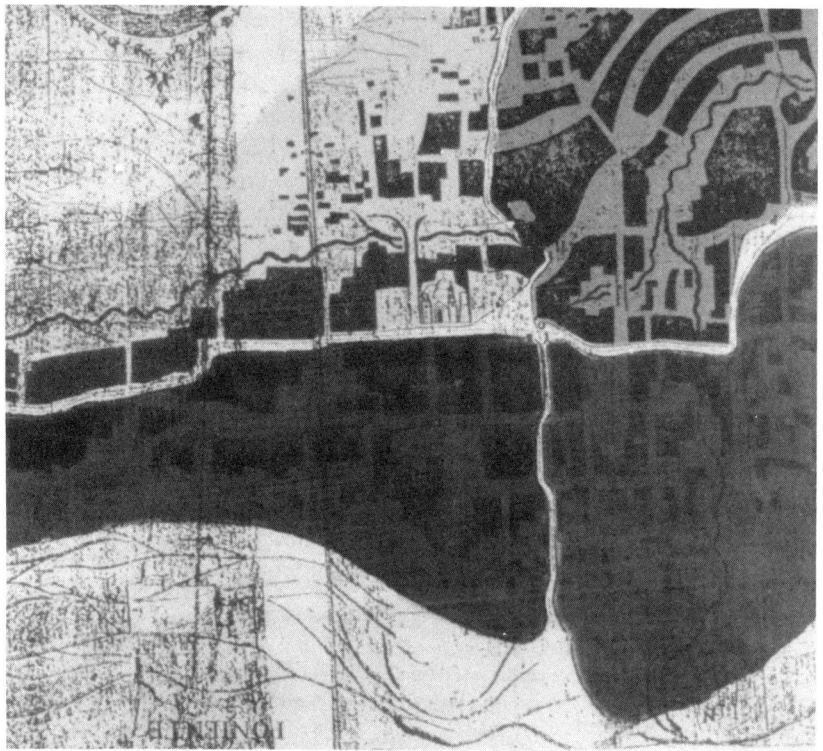

Plano 2. Cuarteles menores de la ciudad de Zacatecas (detalle).

Quien levantó el padrón al parecer no se interesó en conocer si el jefe de familia era el dueño de la casa o si pagaba renta, ya que este dato no aparece en el padrón.

Lo que sí se diferenciaba era la existencia, en cada familia, de párvulos, que eran niños menores de 10 años, y doncellas, mujeres célibes que tenían, la mayoría, entre 10 y 16 años, aunque existían doncellas no muy jóvenes de, digamos, 50 o más años.

Generalmente, Delgado, al levantar el padrón, anotaba en primer lugar el nombre y apellido del cabeza de familia, fuera éste hombre o mujer, aunque en ocasiones ponía en primer lugar al padre o a la madre de alguno de los esposos, enseguida a la esposa o esposo si es que estaban casados, después a los hijos y por último el nombre de los sirvientes o de las otras personas que vivían en la casa.

En su recorrido había encontrado algunas casas vacías y tenía el cuidado de anotarlas como tales. Como era muy escrupuloso, tardó varios días en preparar el informe y la documentación que tenía que entregar a las autoridades de la ciudad. En la hoja de estadística, colocada en la parte final del padrón, Delgado resumía los datos recabados en las 39 hojas que integraban el documento.

La población total del cuartel era de 1 770 personas, de las cuales fueron empadronadas 1 506;[34] éstas tenían un promedio de edad de 27 años. Era un cuartel donde predominaban los jóvenes y adultos que no alcanzaban los 40 años, de hecho el grupo de edad entre los 0 y 39 años constituía 75% de aquella población.[35]

Es también significativa la gran cantidad de niños entre los 0 y nueve años que vivían en esa parte de la ciudad; representaban sólo estos infantes 20.72%. Pocos eran los ancianos del cuartel. Quienes tenían una edad entre los 65 a 75 o más años, representaban apenas 2 por ciento.

La edad de los niños permite afirmar que el trabajo infantil, particularmente en el ramo de la minería, no era común en ese cuartel. De hecho, trabajaban como operarios de minas sólo nueve jóvenes: dos de 12 años, tres de 14 y cuatro de 16, no reportándose un sólo caso de niños menores de 10 años que trabajaran en la mina o en las haciendas de beneficio.

Sin embargo, debemos tomar la ausencia de mano de obra infantil en la minería zacatecana con ciertas reservas, ya que es posible, por diversas razones,[36] que el jefe de familia no haya señalado si sus pequeños hijos trabajaban; además, hay que recordar que, al contrario de lo que sucedía en Zacatecas,[37] en otros centros mi-

---

[34] Las restantes 246 fueron anotadas en el padrón como "individuos religiosos, individuos de conventos y colegios e, individuos de la cárcel nacional".

[35] Toda la información que analizamos en este trabajo proviene del documento "*Quartel menor No. 3. Padrón del número de almas que comprende el expresado quartel perteneciente a este Estado Libre de los Zacatecas echo en Junio de 1826" Francisco Delgado.* AHEZ, fondo Padrones y estadística, ciudad de Zacatecas, 1826.

[36] Parece ser que esta falta de información fue común para diversos centros mineros. "La ausencia de datos sobre trabajo infantil y mujeril dentro o alrededor de las minas antes de mediar el siglo XIX se puede deber a que se le consideraba de poco valor desde el punto de vista social y económico. Posiblemente se le veía como una actividad tan natural que no valía la pena ni contabilizarlo, ni mencionarlo siquiera"; véase Staples, 1993.

[37] En efecto, para el siglo XIX se ha señalado que "en relación con el trabajo femenino e infantil, los dueños de las minas zacatecanas fueron diferentes a sus contrapartes inglesas. En Zacatecas, el trabajo infantil en las minas era desconocido a pesar de que niños, ocasionalmente, trabajaran en refinerías. El libro de cuentas de 1860 de la Negociación de Fresnillo reveló un total de 10 muchachos empleados por la hacienda de beneficio. En la hacienda de Bernárdez los registros indican que 23 muchachos y una mujer fueron empleados durante el año de 1836. Estos datos son extremadamente bajos comparados con los altos porcentajes de trabajo infantil en las fábricas inglesas en el siglo XIX. Incidentalmente, la mujer que trabajaba en Bernárdez en 1836 es el único ejemplo de trabajo femenino de cualquier tipo encontrado en los documentos para la industria minera zacatecana. "No es sorprendente que los mineros zacatecanos se opusieran al trabajo infantil y femenino en la industria minera. En primer lugar, la demanda de trabajo en las minas mexicanas, aun y cuando se incrementara en periodos de *boom*, nunca fue tan alto como para no poder ser sostenido como en el caso de la industrialización inglesa. La mano de obra proporcionada por la población de hombres adultos de Zacatecas fue, generalmente, sufi-

neros el trabajo infantil era generalizado, sobre todo a principio del siglo XX en el que, en algunos años como 1906 y 1907, en el Estado de México, alcanzaba cifras de 21 596 y 29 476 niños laborando dentro de las minas.[38] La proporción de hombres y mujeres es un aspecto muy interesante. Había 38 hombres por cada 100 mujeres, es decir, el cuartel menor núm. 3, situado en el centro de la ciudad, era un espacio habitado mayoritariamente por el sexo femenino.

La feminización de la ciudad de Zacatecas fue un fenómeno que se profundizó a principios del siglo XIX, aunque es necesario señalar que durante todo el siglo XVIII el descenso de la población en la ciudad de Zacatecas fue constante; llegó a cifras tan bajas, entre 15 000 a 17 000 habitantes, que hacían que la otrora dinámica ciudad se presentara como una ciudad fantasma, vacía, en la que las mujeres se colocaban al frente de la casa y asumían el doble papel de padre y madre de familia. Este fenómeno de feminización de la población no era exclusivo de Zacatecas, se presentaba también en otras ciudades novohispanas.[39]

La gran cantidad de mujeres que vivían en el cuartel núm. 3 encuentra una explicación en que, al estar ubicado en la zona de la ciudad donde habitaba un alto porcentaje de las familias más ricas y acomodadas de Zacatecas, éstas generalmente requerían de un gran número de servidumbre, principalmente del sexo femenino. Por ejemplo, en la casa de Cayetano Murguía, diputado de minería casado con doña María Dolores Cevallos, ubicada en la cuadra frente a la parroquia Mayor, constituían la servidumbre José Antonio Bañuelos, Petra Martínez y Leonarda Villa; o doña María del Hoyo quien vivía con su esposo Joaquín Llaguno y sus cinco pequeñas hijas en una casa situada en la plaza de Constitución, en el centro de la ciudad, cuya familia era atendida por sus cinco sirvientas: María, Guadalupe, Juana, Telésfora y María Antonia.[40]

La existencia de más mujeres que hombres podría encontrar también su explicación en la gran movilidad de la población zacatecana, en tanto centro minero por excelencia. La migración de los hombres era un hecho cotidiano cuando se presen-

---

ciente para dar respuesta a las necesidades de la minería de la plata. En segundo lugar, la menos avanzada, tecnológicamente, minería zacatecana dependía mucho más de la fuerza física humana que la de los empresarios británicos del carbón. Los sistemas de transporte subterráneos y en la superficie, en Inglaterra, podían ser conducidos por mujeres y niños empleados como eventuales; sistemas de esta naturaleza no existieron en Zacatecas sino hasta mediados del siglo XIX. Los hombres adultos estaban mejor dotados para realizar las labores de las minas mexicanas. Finalmente, profundas supersticiones que prevalecieron en la minería argentífera mexicana aseguraban que un desastre ocurriría si cualquier mujer entraba a la mina"; véase Cross, 1977, p. 235.

[38] Staples, 1993, p. 5.

[39] En un censo levantado en 1777 en la ciudad de Antequera se muestra un alto predominio de mujeres debido a varias causas: "inmigración de mujeres del campo, quizás solas o con sus hijos, que llegan a la ciudad en busca de formas de sustento; emigración de hombres a zonas mineras o de agricultura comercial donde los jornales eran altos; subregistro censal de la población adulta masculina". Véase Rabell, 1991, p. 1.

[40] AHEZ, Padrón del cuartel menor no. 3, 1826, ff. 33 y 38.

taban los periodos de depresión minera; además es necesario considerar la posibilidad de inmigración de mujeres solas o con hijos del campo a la ciudad en busca de trabajo.

Las mujeres del cuartel menor núm. 3 no sólo eran cónyuges del jefe de familia. Un importante número de ellas eran también, cuando el marido había muerto, jefes de familia. Existían como tales, verdaderas jovencitas (de 18 y 22 años) y ancianas que casi cumplían el siglo de edad, y en total eran alrededor de 86 viudas.

La mayoría de esas viudas, jefes de familia, dependían para sobrevivir de la herencia que había dejado su esposo o bien del trabajo de sus hijos, nietos o yernos que vivían con ellas en la misma casa; algunas otras, que no eran cabeza de familia, se empleaban como sirvientas o domésticas.

El estado matrimonial de la población empadronada muestra un porcentaje importante de solteros (hombres y mujeres); más de la mitad, 54%, tenía este estado. Las parejas casadas constituían 31%, mientras que las viudas y viudos del cuartel representaban el restante 15 por ciento.

Además de las viudas, las doncellas constituían un grupo de mujeres cuantitativamente importante. Representaban 18% de la población del cuartel. Existían doncellas de más de 50 años pero la mayoría, alrededor de 90%, tenían una edad entre los seis y los 16 años y eran solteras. El censor fue cuidadoso en separar a las mujeres solteras de las doncellas.

El tamaño medio de las familias del cuartel menor núm. 3 era de 4.19 miembros. Este tamaño es relativamente más pequeño si lo comparamos con el que prevalecía en otros lugares cercanos a Zacatecas durante la misma época. En Guadalajara, a principios de la segunda década del siglo XIX, era de 5.2, y en la ciudad de México, 3.8.[41]

Lo reducido de la familia en el cuartel menor núm. 3 implica, entre otros aspectos, la existencia de un alta mortalidad y, aún más, de condiciones económicas que impedían que algunos sectores de la sociedad pudieran disponer de recursos suficientes para el mantenimiento y la reproducción de familias extensas cuyo número en este cuartel, como se verá más adelante, era mínimo.

En efecto, la mayoría de las familias que vivían en el cuartel menor núm. 3 estaban integradas por dos a cinco personas, siendo, sin embargo, relativamente numerosas las familias de seis y siete personas.

Existían sólo dos vecindades en el cuartel, ubicadas en la calle de Tres Cruces, habitadas, una por cinco y la otra por cuatro familias.

No eran pocas las familias de solitarios que vivían en el centro de la ciudad de Zacatecas. Constituían 22.4% de las familias de ese cuartel y eran las más numerosas (74) después de las familias simples que prácticamente poblaban todo el cuartel núm. 3. Las casas habitadas por un padre, una madre, casados o viudos, con dos o tres hijos representaban 57.2%, mientras que las casas en que vivían, además de

---

[41] Anderson, 1992, p. 153; Pescador, 1992, p. 231.

la pareja casada y sus hijos, otros parientes, que en muchas ocasiones eran los padres viudos de alguno de los cónyuges, es decir, las familias extendidas, constituían sólo 2.12 por ciento.

Tampoco era importante el número de familias formadas por hermanastros, parientes corresidentes de otro tipo o de personas sin parentesco. Este tipo de familias, las "sin familia" según la casificación de Peter Laslett,[42] representaban 6.9%, siendo más numerosas las casas familiares múltiples que representaban 11.2 por ciento.

Un hecho salta a la vista: la familia extendida casi no existía o era definitivamente minoritaria en el cuartel. Sólo había siete. Esto es importante señalarlo porque viene a desmentir la idea romántica difundida por algunos historiadores de que en épocas anteriores lo que prevalecía y dominaba en las ciudades novohispanas eran las familias extendidas.

Este hallazgo confirma las investigaciones sobre la estructura familiar en Iberoamérica durante los siglos XVIII y XIX, que han confirmado las tesis de Peter Laslett acerca de que la familia extendida no era la prevaleciente en diversas regiones de América y Europa.

Es importante analizar cuál era el número de ocupantes, su relación de parentesco y las funciones de algunos de sus miembros de los diferentes tipos de familia existentes en el cuartel.

En primer lugar, es un hecho que las casas habitadas por familias de solitarios eran espacios en los que ellos siempre estaban, en efecto, solos; es decir, el número de ocupantes de esas casas raramente era mayor a tres personas. Existían en el cuartel 18 casas con un solo ocupante, 22 con dos y 15 con tres.

Del total de las familias del cuartel, 33% estaban encabezadas por mujeres y el restante 67% por hombres.

Fueran familias simples o extendidas, de solitarios o de otro tipo, estuvieran o no al frente de las mismas un hombre o una mujer, todas formaban parte de aquel importante cuartel que se distinguía porque en sus casas vivía gran cantidad de familias de mineros, artesanos y de prestadores de servicios, quienes eran vecinos de importantes residentes, señalados en el padrón con el titulo "don" o "doña" antecediendo su nombre.

Por ejemplo, Manuel Flores, comerciante de 50 años que vivía solo, tenía como vecina a la familia del barbero Manuel Quintero, quien a su vez era vecino del poderoso y rico minero Joaquín Llaguno, casado con doña María del Hoyo.

Lo anterior significa que en el cuartel menor núm. 3, que se podría pensar estaba reservado para que en él vivieran los poderosos de la ciudad, por localizarse exactamente en su centro y frente a importantes edificios eclesiásticos y civiles, era, por el contrario, un vecindario donde habitaban no sólo importantes familias de

---

[42] Utilizo el esquema de análisis definido por Peter Laslett, que ha sido usado por diversos investigadores en diferentes ámbitos geográficos y cronológicos, lo que facilita el análisis comparativo de nuestros hallazgos. Véase Laslett, 1972.

mineros y funcionarios sino también de artesanos, comerciantes, profesionistas y constructores.

En efecto, en el centro de la ciudad vivían familias encabezadas por personas con diversidad de ocupaciones; de hecho eran 50 tipos de oficios. Las familias más numerosas, por ramo de oficio del jefe de familia, eran, en orden decreciente, las de los mineros, artesanos, comerciantes, profesionistas y las de los dedicados a los servicios.

Analizando el promedio del tamaño familiar en relación con el estatus derivado de la posición socioeconómica que guardaba el cabeza de la unidad doméstica, se manifiesta una tendencia caracterizada por una relación directa entre posición alta en la escala social y un tamaño familiar mayor.

De esta forma, el grupo de mineros, los comerciantes, profesionistas y empleados es el de familias más numerosas, en tanto que artesanos y obreros tienen familias realmente pequeñas, sobre todo los artesanos, quienes llegan a poseer familias integradas por tres individuos (el padre, la madre y un hijo).

Por otra parte, al analizar el tipo de hogar en relación con el oficio del cabeza de familia encontramos que, para el caso de las familias de mineros, artesanos y prestadores de servicios, las más numerosas del cuartel, el tipo de hogar prevaleciente es el de la familia simple, siendo también relativamente numerosas las familias múltiples en el caso de los artesanos y mineros, y prácticamente inexistente en las familias de profesionistas.

Como lo señalé al principio de este trabajo, la investigación de la vivienda desde una perspectiva histórica implica considerar diversas dimensiones de la misma: desde su ubicación en el contexto urbano hasta los usos que sus ocupantes hicieron de ella. De hecho, los resultados que he presentado son el punto de partida para ampliar y profundizar el estudio en el caso de la ciudad de Zacatecas. Sin embargo, considero que los datos aportados contribuyen también para abrir la posibilidad de hacer comparaciones con otras ciudades novohispanas y así identificar sus semejanzas y diferencias.

BIBLIOGRAFÍA

Anderson, Rodney, "Cambios sociales y económicos en el 6o. cuartel: 1842-1888", en: José María Muriá y Jaime Olveda (comps.), *Demografía y urbanismo. Lecturas históricas de Guadalajara*, III, México, Instituto Nacional de Antropología e Historia/Gobierno del Estado de Jalisco/Universidad de Guadalajara, 1992.

Ariès, Philippe y Georges Duby, *Historia de la vida privada*, Madrid, Taurus, 1989.

Bachelard, Gaston, *La poética del espacio*, Fondo de Cultura Económica, México, 1990.

Bakewell, Peter, *Minería y sociedad en el México colonial. Zacatecas, 1546-1700*, Madrid, Fondo de Cultura Económica, 1971.

Berghes, Carlos de, *Descripción de la serranía de Zacatecas, formada por I. M. Bustamante, 1828 y 1829, aumentada y combinada con planes, perfiles y vistas, trazada en los años de 1829, 30, 31 y 32*, Méjico, Imprenta de Galván a cargo de Mariano Arévalo, 1834.

Corbin, Alain, *El perfume o el miasma. El olfato y lo imaginario social, siglos XVIII y XIX*, México, Fondo de Cultura Económica, 1987.

Cross, Harry, *The Mining Economy of Zacatecas Mexico in the Nineteenth Century*, Berkeley, University Microfilms International/University of California Press, 1977.

Diego Fernández, Rafael (ed.), *Herencia española en la cultura material de las regiones de México*, Morelia, El Colegio de Michoacán. 1983.

Esparza, Cuauhtémoc, *Leyendas de Zacatecas*, Zacatecas, Universidad Autónoma de Zacatecas, 1983.

Fernández, Joseph, *Ordenanzas de la división de la muy noble y leal ciudad de Nuestra Señora de los Zacatecas en quarteles: creación de los alcaldes de ellos, y reglas de su gobierno*, mandada formar por el Exmo. Señor Marqués de Branciforte, Virrey que fue de este Reyno, y aprobada por el Exmo. Señor D. Miguel Joseph de Azanza, México año de MDCCCI, impresa en la Oficina de D. Mariano de Zuñiga y Ontiveros, 1799.

Garner, Richard, "Precios y salarios en México durante el siglo XVIII", en: *Economías coloniales. Precios y salarios en América Latina, siglo XVIII*, México, Fondo de Cultura Económica, 1992.

———, *Zacatecas, 1750-1821: The Study of a Late Colonial Mexican City*, Ann Arbor, University of Michigan Press, 1970.

Gonzalbo, Pilar, "Familias novohispanas, ilustración y despotismo", *Cincuenta años de historia*, t. I, México, El Colegio de México, 1992.

Laslett, Peter, "Introduction: The History of the Family", *Household and Family in Past Time*, Londres, Cambridge Group for the History of Population and Social Structure, 1972.

Loreto, Rosalva, "La vivienda de los tejedores en la ciudad de Puebla en la década de 1830", mecanuscrito 1992.

Mendizábal, Miguel Othón de, "Carácter de la conquista y colonización de Zacatecas", en: *Obras*, t. V, México, 1946.

Mota y Escobar, Alonso de, *Descripción geográfica de los reinos de Nueva Galicia, Nueva Viscaya y Nuevo León*, México, Editorial Pedro Robredo, 1940.

Ortiz, Luis, *Los palacios nobiliarios de la Nueva España*, México, Seminario de Cultura Mexicana, 1994.

Pardaihlé-Galabrun, Annik, *La Naissance de l'intime. 3 000 foyers parisiens XVII-XVIII siècles*, París, Presses Universitaires de France, 1988.

Pescador, J. Javier, y Cecilia Fernández, "Casas, vecindades y jacales. Los espacios domésticos en Santa Catarina, siglo XVIII", en: Rafael Diego Fernández (comp.), *Herencia española en la cultura material de México*, Morelia, El Colegio de Michoacán, 1992.

Pounds, Norman, *La vida cotidiana: historia de la cultura material*, Madrid, Crítica, 1992.

Rabell, Cecilia, "Estructuras de la población y características de los jefes de los grupos domésticos en la ciudad de Antequera (Oaxaca)", *Familias novohispanas. Siglos XVI al XIX*, México, El Colegio de México/Centro de Estudios Históricos-Seminario de Historia de la Familia, 1991.

Sescosse, Federico, *Las fuentes perdidas*, Zacatecas, Sociedad de Amigos de Zacatecas, 1991.

Staples, Anne, "Familias mineras: diversidad económica y permanencia generacional", ponencia presentada en el coloquio Familia y vida privada en la historia de Iberoamérica, México, El Colegio de México/UNAM/Conacyt, 1993.

Salinas López, Samuel, *Al rodar de los tiempos*, México, Edición Botas, 1964.

Thébert, Yvon, "Vida privada y arquitectura doméstica en el África romana", en Ariés, t. 1, 1989.

Toussaint, Manuel, *El arte colonial en México*, México, UNAM/Instituto de Investigaciones Estéticas, 1983.

LA CASA COMO PROTAGONISTA EN LA VIDA COTIDIANA DE MÉXICO (1750-1856)

Sonya Lipsett-Rivera
Carleton University

El estudio de la casa en las épocas pasadas forma parte de un campo más amplio: la historia del espacio. Este tipo de investigación es realmente una exploración de las maneras en que se percibían los diferentes lugares domésticos. Dentro de este tema se puede ver cómo se clasificaban los diferentes espacios que servían de conexión entre las percepciones de los individuos y la conducta que éstos tenían al interactuar en ellos. Finalmente, es posible tratar de evaluar cómo se clasificaban ciertos espacios asociados con actos sagrados, sexuales e intelectuales, peligrosos o seguros. Estas ideas forman parte no solamente de toda una cultura popular sino también de una educación moral. Este análisis de las actitudes y comportamientos en relación con los lugares de la casa permite un acercamiento a las mentalidades de la época; como señala Norbert Elias, los cuartos pueden servir de modelo para entender ciertos tipos de relaciones sociales.[1]

Para descubrir la manera en que se concebía el espacio, y en particular el espacio doméstico en la época colonial, es necesario recurrir primero a las ideas que regulaban el comportamiento de las personas en él. Estas ideas eran expresadas en guías de educación y etiqueta en las cuales se explicaba a los jóvenes, o a los responsables de la educación de menores, cuáles eran las reglas de comportamiento dentro y alrededor de la casa.[2] Ese tipo de documento tiene una larga historia tanto en México como en España. En la usanza nahua, los huehuetlatolli o discursos de los ancianos presentan una imagen de contrastes entre las personas que sabían manejarse en las casas y las calles circunvecinas y las que desafiaban las reglas de comportamiento.

La tradición española se implanta en México a través de guías de moralidad y

---

[1] Norbert Elias, *The Court Society*, trad. de Edward Jephcott, Oxford, Basil Blackwell Books, 1983, p. 43.

[2] Pilar Gonzalbo Aizpuru (coord.), "Educación y convivencia en la Nueva España", en: *Historia y nación I. Historia de la educación y enseñanza de la historia*, México, El Colegio de México, 1998, p. 31; Gonzalbo señala que esos manuales didácticos eran publicados para un público de la elite pero con la esperanza de que sus modales repercutieran en las clases plebeyas; véase también en el mismo volumen el ensayo "Notas sobre urbanidad y buenas maneras: de Erasmo al *Manual de Carreño*", de Valentina Torres Septién. También, Maureen E. Montgomery, *Displaying Women. Spectacles of Leisure in Edith Wharton's New York*, Nueva York, Routledge,1998, p. 64, señala que los códigos de comportamiento de los espacios interiores se implantan después en los espacios exteriores.

del discurso religioso contenido en las comunicaciones pastorales de los obispos. Estos documentos contienen muchos mensajes sobre la manera de conducirse, presentando una imagen idealizada de la forma en que las personas "decentes" debían comportarse en la casa, así como en la manera en la que los diversos espacios domésticos debían ser percibidos. Dichos textos ofrecen una visión de lo ideal, pues se puede afirmar que no todos vivían estrictamente según esas reglas. No obstante, éstos irían a afectar la forma en que se juzgaba a los que no podían o no querían seguir este diseño espacial.

El modelo espacio-casa-comportamiento que se deriva de estos textos refleja un mundo idealizado de las clases altas, un mundo que los plebeyos difícilmente podían seguir. Es muy problemático buscar fuentes para saber si las ideas de la elite tenían algún peso entre los plebeyos o si tenían ideas de comportamiento equivalentes. Los casos criminales son unas de las pocas fuentes que dejan hablar a los plebeyos, aunque a través de muchos filtros. Si es cierto que estos documentos revelan de manera parcial cómo las clases bajas entendían los espacios domésticos, sólo así se puede hacer una comparación entre el comportamiento de éstos con las ideas derivadas de los libros de etiqueta.

Este ensayo tiene como meta estudiar la representación de la casa como un complejo de espacios, para así acercarse al significado de cada uno de ellos dentro del esquema del honor. Además, se presentará la relación de este modelo con la vida cotidiana de los mexicanos de la segunda mitad del siglo XVIII y las primeras décadas del siglo XIX.

LA CASA MEXICANA

Antes de discutir las ideas relacionadas con las dimensiones espaciales de las casas es imprescindible examinar el modelo arquitectónico de las viviendas coloniales. Las propuestas que manejan los autores que vamos a examinar se relacionan claramente con el modelo hispano de la casa. Para este trabajo, las casas de la ciudad y su variedad de formas serán nuestra preocupación; ya que las del campo difieren del modelo referido, nos limitaremos a las que concuerdan con el modelo de honor-espacio que aparecen en los documentos criminales. La mayoría de estas casas era de varios pisos y tenía un patio en el centro, un zaguán, con una orientación hacia el interior. Este tipo de casa formaba en sí misma la separación entre clases de personas a través de los pisos y los muros de la misma. Este modelo se puede contrastar con el diseñado para las casas inglesas de la misma época. La clase media de Inglaterra empezó en esos años a utilizar setos, cercas, jardines y verjas para distinguir los espacios privados de los públicos en sus propiedades.[3] De igual ma-

---

[3] Leonore Davidoff y Catherine Hall, *Family Fortunes: Men and Women of the English Middle Class, 1780-1850*, Londres, Hutchinson, 1987, p. 351.

nera, la nueva burguesía brasileña empezó en el siglo XIX a distinguir la casa de la calle con jardines rodeados de muros, llenos de árboles y flores muy coloridos; estos espacios verdes proveían de un aislamiento de los ruidos de la calle.[4]

En las casas mexicanas, los pisos de arriba tenían más luz y aire; esta diferenciación de alturas distanciaba a sus habitantes del ruido, los olores y los escándalos de la calle. Normalmente vivían allí o los propietarios o las personas de alto nivel económico.[5] Sus habitaciones incluían cuartos de uso especializado, como oratorios y estrados. El espacio habitacional de la parte alta de la casa llevaba implícito un mensaje de superioridad establecido dentro de las jerarquías de poder. Las calles eran el lugar por excelencia de las clases plebeyas; allí se vendía, se rezaba, cantaba, bailaba y socializaba, convirtiéndose por añadidura en el espacio de toda clase de actos indecentes.[6] Este paisaje urbano se complementaba con los depósitos de inmundicias y los animales muertos en putrefacción que se localizaban en torno a las plazuelas y tianguis.

Durante la época borbónica, las autoridades y las elites mexicanas y españolas empezaron a rechazar el desorden callejero, tratando de imponer una vida más regulada y ordenada en todos los ámbitos de la vida, la cultura y la sociedad. La separación de la calle fue parte de esa práctica; por un lado fue perceptible la tendencia a desligar las actividades cotidianas de las de sociabilidad, y por otro, el alejamiento de los afluentes miasmáticos de las calles. Estas sutiles percepciones de diferenciación fueron un fin compartido por las personas que podían asegurar esta separación de la calle, ofreciendo un mensaje de superioridad asociado a los que vivían en los altos de la casa, quienes tenían no solamente un hogar más agradable y seguro sino que, además, mediante estas prácticas adquirían un estatus de alto rango social.

Este simbolismo era parte de la geografía del honor, el cual afectaba a todos y aun entraba a veces en el lenguaje de los plebeyos. Un ejemplo de ello es el caso de la portera de la casa de don Francisco Molina, quien al responder a una pregunta de los oficiales de la corte sobre ciertos acontecimientos que habían ocurrido en la familia Molina, dijo que no sabía lo que pasaba "en los altos de la casa."[7]

En el nivel bajo de las casas había accesorias que se abrían a la calle (en vez de al patio) y en algunos casos servían también de habitaciones, y se podían rentar a artesanos o tratantes; las actividades muchas veces invadían el espacio callejero.[8] Las personas que vivían en estos espacios, especialmente las mujeres, sufrían una cierta vulnerabilidad por su aislamiento en relación con los del resto de los habi-

---

[4] Sandra Lauderdale Graham, *House and Street. The Domestic World of Servants and Masters in Nineteenth-Century Rio de Janeiro*, Austin, University of Texas Press, 1988, p. 15.

[5] Gabriel Haslip-Viera, *Crime and Punishment in Late Colonial Mexico City, 1692-1810*, Albuquerque, University of New Mexico Press, 1999, p. 12; Lauderdale Graham, p. 15, encuentra el mismo patrón dentro de las clases mercantiles de Río de Janeiro en el siglo XIX.

[6] *Ibid.*, pp. 98-101.

[7] Archivo General de la Nación, legajo 206, sin número de expediente, 1853.

[8] Juan Pedro Viqueira Albán, *Propriety and Permissiveness in Bourbon Mexico*, trad. de Sonya Lipsett-Rivera y Sergio Rivera Ayala, Wilmington, Scholarly Resources Press, 1999, p. 98.

tantes del edificio. A veces, en los pisos bajos había actividades comerciales o también se alquilaban como cuartos o vecindades.

LA CASA Y EL HONOR

Esas ideas son una derivación de un sentido más general del honor basado en conceptos del cuerpo. Según el modelo europeo, la cabeza es el punto central del honor en la imagen corporal, ya que comunicaba la dirección del honor en el eje vertical del honor.[9] Por ejemplo, para demostrar un sentido de respeto y de sumisión, los hombres se quitaban los sombreros ante las personas de rango superior al suyo. En contraste, una humillación común, tanto en Europa como en el México colonial, era la de agarrar a una persona por los cabellos y jalar su cabeza hacia el suelo.

El eje vertical del cuerpo servía también como metáfora dentro de las diferentes instituciones del poder. En la política, el rey era representado como la cabeza, mientras que sus vasallos eran los miembros; en la religión católica, Jesucristo servía de cabeza y sus fieles representaban los miembros, y finalmente, en los matrimonios, el marido tomaba el papel de la cabeza mientras que la esposa era uno de sus brazos. También se puede ver la relación entre este eje vertical del cuerpo-honor en la manera que los mexicanos concebían y organizaban sus espacios habitacionales en correspondencia con las categorías de lo superior-alto e inferior-bajo.

En la literatura de educación moral, la casa se entendía como una clausura. Esa concepción de la casa afectaba a los dos géneros, aun cuando incidía más en las mujeres. En estos libros se limitan muy estrictamente (en lo ideal) las actividades de la mujer fuera de la casa. El acento en el aislamiento femenino se derivaba no solamente de la tradición española, también tenía raíces en la filosofía de los antiguos nahuas. Susan Kellogg demuestra que en su intento por imponer el valor de la virginidad en las doncellas, los misioneros españoles, conjuntamente con los ancianos nahuas, se esforzaban en establecer una ideología que "ayudó a crear un espacio doméstico dentro del cual las mujeres estaban limitadas en un sentido físico y social".[10] María de Jesús Rodríguez enfatiza el aislamiento en que vivía la mujer nahua dentro de la casa y contradice a los que sostienen que ésta tenía un papel más o menos importante en la vida pública.[11]

[9] Mijail Bajtin, *La cultura popular en la Edad Media y en el Renacimiento. El contexto de François Rabelais*, Madrid, Alianza Editorial, 1988, pp. 132, 150.

[10] Susan Kellogg, "From Parallel and Equivalent to Separate but Unequal: Tenochca Mexica Women, 1500-1700", en: Susan Schroeder, Stephanie Wood y Robert Haskett (comps.), *Indian Women of Early Mexico: Identity, Ethnicity, and Gender Differentiation*, Norman, University of Nebraska Press, 1997, p. 23.

[11] María de Jesús Rodríguez, "La mujer y la familia en la sociedad mexica," en: *Presencia y transparencia: la mujer en la historia de México*, México, El Colegio de México, 1987, p. 16. Susan Kellogg cree que las mujeres mexicas tenían un papel fuera de la casa (comunicación personal).

Los antiguos nahuas dividían el mundo en espacios interiores-morales y externos-inmorales. Dicho modelo asignaba también a los espacios ciertas cualidades de orden (interior) y de desorden (exterior). Los espacios interiores, como el pueblo o el altepeme, eran considerados lugares de orden y moralidad, mientras que las afueras (espacios externos) se consideraban inmorales. Por esto mismo, los que pasaban con frecuencia por esos espacios periféricos absorbían esas características de inmoralidad. De ahí que este espacio se asociara especialmente con transgresiones sexuales.[12]

LA CASA COMO MUJER

Para la mujer nahua el hogar era su centro moral. Según el códice Florentino, una buena mujer era una *tlacpeoalli* o "cubierta de cenizas".[13] En uno de los *huehuetlatolli* transcrito por el misionero español Gerónimo de Mendieta, la madre nahua explica a su hija que debe seguir el modelo de buenas mujeres y recomendaba: "no te vayas fácilmente, ni andes en el mercado, ni en la plaza, ni en los baños, ni donde los demás lavan, ni en los caminos, porque todo eso es malo y para las doncellas, camino a la perdición".[14] Desde el mismo momento del nacimiento, las mujeres estaban destinadas al hogar. Al nacer una niña, la partera nahua enterraba el cordón umbilical de la recién nacida en el hogar para simbolizar su ubicación espacial.[15] En contraste, a la mala mujer, a la ramera, se les caracterizaba como seres inquietos sin ninguna orientación hacia la casa.[16]

Es evidente que dentro del esquema espacial de los nahuas, el centro moral de las mujeres era la casa, y por ello, es muy probable que el concepto de aislamiento o de claustro que los españoles instaurarían en la colonia para las mujeres pudo haberse implantado sin mayor dificultad. La moralidad española definía a la casa como un espacio femenino, un espacio en el que las mujeres eran responsables de los

---

[12] Alfredo López Austin, *The Human Body and Ideology. Concepts of the Ancient Nahuas*, trad. de Thelma Ortiz de Montellano y Bernard Ortiz de Montellano, vol. 1, Salt Lake City, University of Utah Press, 1988, p. 260.

[13] Fray Bernardino de Sahagún, *Florentine Codex*, trad. de Charles Dibble y Edward Anderson, parte 10, Sante Fe, 1953, p. 11.

[14] Fray Gerónimo de Mendieta, *Historia eclesiástica indiana*, México, Editorial Porrúa, 1971, p. 119; véase también fray Andrés de Olmos, citado por Louise Burkhart, "Moral Deviance in Sixteenth-Century Nahua and Christian Thought: The Rabbit and the Deer", *Journal of Latin American Lore*, 12:2 (1986), 107-139, p. 124; Alonso de Zorita, *Life and Labor in Ancient Mexico: The Brief and Summary Relation of the Lords of New Spain*, trad. de Benjamin Keen, New Brunswick, University of Rutgers Press, 1963, p. 150.

[15] Esa tradición sigue en el Tenango contemporáneo, según Soledad González Montes y Pilar Iracheta Cenegorta, "La violencia en la vida de las mujeres campesinas: el distrito de Tenango, 1880-1910", *Presencia y transparencia: la mujer en la historia de México*, México, El Colegio de México, 1987, p. 129.

[16] López Austin, vol. 2, p. 281.

quehaceres del hogar; pero también ese mismo lugar establecía los límites de su libertad y poder. Martín de Córdoba describió esta separación espacial según los géneros: "Los oficios del varón y de la muger son repartidos. La del marido ha de procurar lo de fuera de casa; y la muger lo de dentro de casa, pues natural cosa es a la muger estar siempre en casa".[17] Juan de la Cerda consideraba la casa como un tipo de claustro de protección. Declaraba que los padres debían "redar a la donzella".[18] Pedro de Astete puso énfasis en la inseguridad de la calle describiendo los peligros que existían allí, pues "los que andan rodeando la ciudad" podrían encontrar a una mujer para herirla, indagarla y así "le quiten el velo de la honestidad".[19] En el pensamiento de esos autores, la casa no era solamente un lugar de seguridad sino de pureza y de moralidad, mientras que afuera de sus muros "el fuego de la concupiscencia en la tierna edad, comiença a arder".[20] Las mujeres que salían de la casa, aun las niñas muy jóvenes, salían en una área sexualizada, por lo que necesitaban actuar de cierta manera para limitar la transgresión inherente a ese espacio. Debe quedar claro que la reclusión de las mujeres no era un concepto único de la cultura española o nahua pues cruzaba las fronteras y las culturas en este periodo.[21] En el tratado de arquitectura de Alberti del siglo XV, obra maestra sobre los conceptos de la construcción, la casa se transformaba en "un mecanismo para la domesticación de [...] las mujeres".[22]

Cuando salían de sus hogares, las mujeres debían llevar sus casas con ellas de una manera metafórica. Debían armarse de muros simbólicos compuestos de ropa de color oscuro, sencilla y sobria, que les cubriera incluso un ojo, y que no les aumentara sus formas. Aparte de estas defensas, las mujeres decentes debían moverse por las calles sin atraer las miradas de los hombres, con un andar ni muy rápido ni muy lento. De igual manera, la mujer decente en el mundo de los antiguos nahuas, tal y como se describe en los *huehuetlatolli*, no debía llamar la atención con su apariencia ni su andar. Tampoco debían presentarse en la calle con vestidos muy decorados, ni con plumas o índigo en su cabello, ni con dientes de color rojo. Debían andar sin levantar sus pies de forma exagerada ni ir muy despacio. Dentro de las dos tradiciones —nahua y española— había una estructura moral para la mujer en la cual la casa servía de claustro, mientras que la calle representaba el peligro

[17] Martín de Córdoba, *Jardín de nobles donzellas*, parte II, cap. 3, s.l., 1542, sin números de pág.

[18] Juan de la Cerda, *Libro intitulado vida política de todos los estados de mugeres: en el qual dan muy provechosos y Christianos documentos y avisos, para criarse y conservarse debidamente las mugeres en sus estados*, Alcalá de Henares, Casa de Juan Gracián, 1599, p. 10.

[19] Gaspar de Astete, *Tratado del buen govierno de la familia y el estado de las viudas y doncellas*. Burgos, Juan Bautista Varedio, 1603, pp. 150-151.

[20] *Ibid.*, p. 165.

[21] Véase también Montgomery, p. 89; Lauderdale Graham, pp. 17-18, y John F. Kasson, *Rudeness and Civilty. Manners in Nineteenth-Century Urban America*, Nueva York, Hill and Wang, 1990, p. 123.

[22] Mark Wigley, "Untitled: The Housing of Gender", en: Beatriz Colombina (comp.), *Sexuality and Space*, Princeton, Princeton University Press, 1992, p. 332.

latente. Los muros eran el equivalente de la acompañante; garantizaban la castidad de todas las mujeres que se quedaban adentro.[23] Cuando las mujeres salían de estos muros, entraban en un espacio masculino y por eso eran sospechosas, ya que su sexualidad no estaba salvaguardada por los muros de la domesticidad. En 1808, el arzobispo mexicano Francisco Xavier Lizana y Beaumont declaró que las mujeres que salían a las calles sin razón cometían pecado mortal.[24] Las mujeres de alto nivel no salían del espacio protegido de sus hogares sin protegerse con un entorno simbólico. La casa era el lugar en donde se localizaba toda la problemática de la geografía del honor: una isla de moralidad y seguridad.

LA CASA COMO FORTALEZA

Puesto que la casa debía ser una isla de pureza, los moralistas advertían a los padres de familia sobre la protección de la integridad del hogar, convirtiéndolo en una fortaleza. Para eso tenían que prevenir que entrara en ella gente poco seria, que riera demasiado o que conversara de temas vulgares. El doctor don Elías Gómez de Terán escribió que los padres de familia debían tener cuidado de que sus hijas no fueran expuestas a palabras deshonestas que "afuera aprenden".[25] Lo exterior representaba un mundo peligroso y aconsejaba un claustro para las niñas, ya que así estaban protegidas de las palabras ofensivas. Este autor define a las mujeres como seres del interior que no quieren salir "porque no se crían para los negocios de afuera si no es para que se conserve la casa dentro".[26] La mayoría de los moralistas indicaban que salir de la casa para oír misa era una de las únicas salidas legítimas para las mujeres. Sin embargo, Gómez de Terán estaba en contra de que las mujeres fueran a menudo a misa ya que existían iglesias en donde faltaba la devoción pura. Para el autor valía más bien hacer un acto de devoción espiritual "en el retiro y soledad de un aposento donde en su interior oirá la inspiración de Dios sin el ruido de afuera; porque toda la gloria de las hijas del Rey Christo la ha de tener dentro de la cláusula de su alma".[27]

La casa se concebía casi como una isla de tranquilidad, la cual se podía interpretar muy fácilmente dentro de la mentalidad de la clase alta, aun cuando también esta noción se manifestaba dentro del mundo plebeyo. Las clases bajas entendían la importancia de proteger la serenidad de la casa al excluir a las personas que

---

[23] Wigley, p. 336; Mary Elizabeth Perry, *Gender and Disorder in Early Modern Seville*, Princeton, 1990, comenta también sobre esta designación espacial.

[24] *Instrucción Pastoral del Illmo. Señor Don Francisco Xavier de Lizana y Beaumont, Arzobispo de México del Consejo de S.M. & C., Sobre la costumbre de llevar las Señoras el pecho y brazos desnudos*, México, 1808, p. 21.

[25] Juan Elías Gómez de Terán, *Infancia ilustrada y niñes instruida en todo género de virtudes Christianas, Morales, y Políticas, que conducen a la Santa Educación y buena crianza de los niños*, Madrid, Oficina de Antonio Marín, 1735, p. 309.

[26] *Ibid.*, pp. 310-311.

[27] *Ibid.*

causaban escándalo o demasiado ruido. En 1846, María del Carmen Méndez, una portera en Puebla de los Ángeles, defendió este concepto de la casa decente cuando una mujer junto con sus dos hijos se puso a hacer demasiado ruido en la habitación de don Manuel Durán. Primero, la portera les llamó la atención diciéndoles que llevaran su escándalo a la calle, el lugar apropiado para este tipo de conducta. Para evitar un escándalo más serio, la portera cerró el zaguán del edificio. La mujer acusada por la portera se defendió al decir que se encontraba en el patio de la casa cuando ella y sus hijos fueron acusados de hacer ruido. Según ella, estaban en la entrada del zaguán, un espacio fronterizo el cual no era parte de la casa. De este modo argüía que su comportamiento era aceptable ya que lo había hecho en un lugar apropiado para ello.[28]

La casa era vulnerable a muchos de los peligros del exterior ya que no solamente gente de malas costumbres podía entrar a ella, sino también imágenes o libros de mala influencia podían amenazar esa isla de pureza. El moralista doctor don Mariano Rossell aconsejaba limpiar la casa de cualquier pintura que no tuviera un carácter religioso, especialmente si tenían un contenido vicioso. Rossell recomendaba a los padres de familia, celosos del bienestar de sus familias, o a los individuos que debían examinar "el estado y porte" de sus casas, reduciendo la cantidad de muebles y decoraciones.[29] Sus consejos son muy parecidos a las exhortaciones de los moralistas cuando comúnmente recomendaban a las mujeres no vestir o comer con gran lujo o exceso. Rossell impone una estructura moral femenina a la casa en las ideas de equilibrio y moderación. El moralista recomienda particularmente que se expurgue la casa de pinturas o tapicerías que tienen como tema los vicios o las malas acciones. Tenerlas en la casa era casi como invitar a una persona de malas costumbres a comer. En su lugar, Rossell aconsejaba tener imágenes que tuviesen un aspecto educativo, que representaran episodios o de la Biblia o de la historia en donde los personajes lucieran por su buena conducta y fueran dignos de imitación.[30]

Otros resquicios de la casa que debían ser defendidos eran los que formaban parte inherente de su estructura: las puertas y las ventanas.[31] Estos intersticios eran un mal necesario ya que permitían entrar al peligroso mundo de la calle en el interior de la casa. Los moralistas continuamente exhortaban a las mujeres abstenerse de mirar por las ventanas y puertas por que, como Jezabel, se arriesgaban de en-

[28] Archivo Judicial de Puebla, 1846, núm. 2247, 18 julio de 1846, Puebla.

[29] Manuel Rossell, *La educación conforme a los principios de la religión Christiana, leyes y costumbres, de la nación española en tres libros dirigidos a los padres de familia*, Madrid, Imprenta Real, 1786, p. 108; Montgomery, p. 67, señala que en un tiempo más tardío, y en Nueva York, los autores tratan de imponer unas ideas similares. Edith Wharton y Ogden Codman Jr. propusieron en su libro *The Decoration of Houses* que los decorados sencillos y de buen gusto eran más apropiados para las familias decentes.

[30] *Ibid.*

[31] Véase también la discusión muy interesante sobre las puertas en el ensayo de Francisco García González en esta misma antología.

trar en el mundo exterior de los pecados.[32] El teólogo mexicano Vicente Ferrer recordaba a los padres de familia que si permitían a sus hijas quedarse en las puertas o ventanas, esta actitud las hacía acercarse más al pecado porque "a la vista se sigue el pensamiento, a éste el deleyte y al deleyte el consentimiento".[33] Estas exhortaciones pueden explicar la tendencia a limitar las ventanas del lado de la calle en las casas de la época colonial. Don Joaquín Moles contó una anécdota para demostrar la importancia simbólica de las puertas. Cuando un viejo le preguntó por qué no sentía los embates de la tentación y resistencia en su alma, don Joaquín le respondió: "Porque eres como una gran portada de casa grande [...] como una puerta de casa de vecindad, en que entra quien quiere y sale quien quiere, sin que el otro sepa lo que pasa en su misma casa".[34] Moles demuestra un prejuicio de clase, ya que considera que los pobres no podían vigilar sus puertas.

Es natural que las advertencias de los moralistas no hayan sido acatadas siempre. Thomas Gage, en su relato del siglo XVII sobre México, describe a mujeres de alto nivel sacando la cabeza de sus ventanas para llamar a la gente en la calle.[35] Es muy probable que esas señoras no fueran las únicas que quebrantaban las reglas de la moralidad pues habría resultado imposible para la mayoría de las mujeres de todas clases quedarse aisladas en los muros de la casa como lo querían los moralistas, y sabemos que las mujeres estaban presentes en las ventanas, puertas, calles. Esta conducta "infractora" adquiría su más alto significado cuando se encontraba a las mujeres asistiendo asiduamente a las comedias, los corridos y las pulquerías. La importancia de estos preceptos morales radica no tanto en que se hayan podido aceptar como una realidad cotidiana sino que presentan una visión idealizada que formaba la contraparte de la realidad vivida. Aunque no obedecían al pie de la letra estas reglas de manera homogénea, todos los novohispanos las conocían y formaban parte de su concepción inconsciente de la casa y el mundo en torno suyo.

Dentro de la casa había lugares específicos para las mujeres. Los estrados eran un espacio femenino privilegiado del que gozaban las mujeres de las clases altas, un concepto derivado de España, probablemente heredado de la cultura musulmana. El estrado era una plataforma poco elevada, cubierta de tapetes y cojines, ubicado en una sala amplia, relacionado con las tareas femeninas, como hilar o tejer. Estas ocupaciones denotaban el trabajo virtuoso de una mujer por lo que los moralistas exhortaban a todas ellas, aun a las ricas, a ejercerse y ocuparse sanamente para así demostrar su virtud. El estrado también podía ser un espacio de lectura en donde las mujeres leían o escuchaban leer a otras. En otras palabras, era un lugar de so-

---

[32] Astete, p. 55.

[33] Vicente Ferrer, *Suma moral para examen de curas y confesores en que a la luz del sol de las escuelas de Santo Tomás, se desvanecen los perniciosos extremos de laxedad y rigor*, Valencia, 1736, p. 418.

[34] Joaquín Moles, *Doctrina Christiana para niños y adultos, a la mente de San Carlos Boromeo y del catolicismo romano*, Madrid, Imprenta Pantaleón, 1769, p. 150.

[35] *Thomas Gage's Travels in the New World*, introducción de J. Eric Thompson, Norman, University of Oklahoma Press, 1958, p. 68.

ciabilidad, un espacio asociado con una intimidad femenina. Este aspecto del estrado se ve en la queja de Miguel de Alcozer a propósito de su suegra. Su mayor reproche era un argumento muy común: que su suegra intervenía en su matrimonio. Pero su querella se fortalecía con un ataque contra la moralidad de su madre política. Contaba que ella había tenido relaciones ilícitas con un cura y para colmo, aun después de la muerte del cura, ella conservaba su retrato en su estrado.[36] Para Alcozer, este detalle era altamente simbólico ya que revelaba la perversidad de su suegra, pues había colocado un recuerdo de pecados pasados en un lugar tan íntimo y representativo de la virtud femenina.

LOS ESPACIOS DOMÉSTICOS Y EL HONOR

Si los moralistas asociaban la casa con un espacio feminizado, los hombres también tenían reglas que seguir en relación con la geografía del honor. Esas reglas demarcaban los espacios interiores de la casa y sus alrededores. En este trabajo voy a concentrarme en el comportamiento correcto dentro de la casa. Las reglas enunciadas por las guías de la moralidad demuestran que los espacios interiores y muebles de la casa tenían un contenido simbólico de jerarquía y rango. Las personas de buena educación debían aprender a leer este código social y así demostrar su reconocimiento de las jerarquías sociales.

Para empezar, todos los cuartos se clasificaban por su relación con la entrada. Los cuartos interiores, y especialmente los que estaban alejados de la entrada, eran los más íntimos y, por tanto, sólo se admitía en ellos a gente de confianza. Esos cuartos formaban parte del núcleo dentro del modelo espacial del honor. Don Juan de Escoiquiz advertía que una persona de buena educación nunca entraba en esos cuartos interiores sin previo permiso. Se entraba a ellos por intermedio de criados o, a falta de éstos, tocando ligeramente a la puerta (sin repetir).[37] La entrada al cuarto interior se hacía con reverencia, abriendo la puerta suavemente y sin cerrarla bruscamente. Al entrar, una persona de buena educación los recibía, dependiendo de su rango y el de la(s) persona(s) a la(s) cual(es) estaba saludando.[38] Esas reglas formaban para la sociedad novohispana lo que Maureen Montgomery llama "rituales del acceso." El conocimiento de esos rituales caracterizaba a los que formaban parte de la alta sociedad y formaba una barrera a los que querían entrar en ese pequeño mundo.[39]

---

[36] Archivo Judicial de Puebla, 1793B, expediente 194, núm. 6071, 28 de diciembre de 1793, Puebla.

[37] Juan de Escoiquiz, *Tratado de las obligaciones del hombre*, Madrid, Imprenta Real, 1803, pp. 117-119.

[38] *Ibid.*

[39] Montgomery, p. 76; Lauderdale Graham, p. 16, describe esos rituales para casas más humildes en el Río de Janeiro del siglo XIX. Consistían en llamar a los de adentro o hacer un ruido en la ventana para pedir permiso para el acceso.

Las decisiones respecto al modelo espacial del honor no terminaban al entrar. En primer lugar, al penetrar al cuarto, la persona de buena educación debía demostrar que sabía su categoría y respetaba a las personas de clase más alta levantando su sombrero ante ellos.[40] Cuando le ofrecieran tomar asiento, esta persona tenía que juzgar la altura de los asientos y escoger uno que no solamente reflejara su rango sino que demostrara su respeto para las personas de rango superior que se encontraban en el cuarto.[41] El significado del grado de altura de las sillas es punto común en varias obras de etiqueta. Esto refleja el modelo espacial del honor que se aplica al cuerpo y a la casa, en la cual lo más alto se define como superior.

La casa tenía una construcción comparable, analógicamente, a la de una cebolla, con capas de honor marcadas por las líneas divisorias de los cuartos, los corredores, las puertas interiores, las escaleras interiores y la entrada. Cada una de estas unidades tenía un contenido simbólico de honor dependiendo de su distancia relativa del núcleo de la casa. Esas gradaciones del honor se pueden discernir en las instrucciones para saludar y despedirse de los invitados. Escoiquiz aconsejaba a las personas que si saludaban a un invitado de su misma categoría social o más alta, lo hicieran a la entrada de la casa; mas si fuese una persona de mediano nivel, lo hicieran en la culminación de los escalones, mientras que si fuera una persona de baja esfera, lo hicieran en la puerta del cuarto. Las mismas reglas operan en reverso cuando se despedía al huésped.[42] La distancia que un anfitrión tomaba con respecto al núcleo de la casa manifestaba el grado de honor con que se trataba al invitado. Se ven también estas gradaciones en la elección de asiento. Aparte de su altura, las sillas tenían una gradación de honor dependiendo de su proximidad a la puerta.[43] Cuando el anfitrión acompañaba a su invitado a la calle, esperaba hasta que éste no se podía ver desde la casa antes de volver a entrar.[44] De igual forma, cuando una persona de buena educación se despedía de una persona de alto rango no debía subir a su caballo hasta perder de vista a su anfitrión ya que, de lo contrario, se pondría a la misma altura social y le faltaría el respeto a su anfitrión.[45]

Cuando se encontrara en el interior de un cuarto, una persona de buena educación debía mostrar su conocimiento de los modales de respeto de varias maneras. Primero, tenía que demostrar un equilibrio en su forma de hablar. No debía interrumpir las conversaciones sino que tenía que esperar a que la persona de más alto rango le preguntara algo. El tono de su voz tenía que ser moderado, ni muy alto ni muy bajo. No debía dominar la conversación ni tampoco debía

---

[40] Anónimo, *Reglas de la buena crianza civil y christiana, Utilisimas para todos y singularmente para los que cuiden de la educación de los Niños, a quienes las deberían explicar, inspirándoles insensiblemente su práctica en todas ocurrencias*, Puebla, Oficina de don Pedro de la Rosa, 1802, p. 14.
[41] *Ibid.*
[42] *Ibid*, pp. 119-124; véase también Anónimo, p. 14.
[43] Anónimo, pp. 12-13.
[44] Escoiquiz, pp. 121-124.
[45] Anónimo, p. 14.

permanecer mudo. Las conversaciones debían ser agradables e interesantes, sin abarcar temas contrarios a la decencia y los buenos modales. Los participantes debían evitar mofarse de los demás, hacer gestos o proferir palabras indecentes, pero especialmente debían evitar la sátira y los chismes.[46] Una persona de buena educación demostraba su respeto también para el núcleo del honor de una casa evitando que su mirada anduviera sobre los papeles, libros u otros objetos que pudieran estar allí. De lo contrario sería como invadir la vida privada del anfitrión y asumir demasiada confianza con él.[47] De hecho, las personas de buena educación tenían que actuar de una manera que los de la casa no sintieran que tenían en su hogar una persona de la cual los moralistas, como hemos visto en este trabajo, advertían.

Muchas de estas reglas de cortesía parecen ser derivadas de una lógica de sentido común y de una cultura que la mayoría comparte. Es notable la concordancia que estos preceptos sugieren con la estructura del modelo de las casas hispana y novohispana con el eje vertical de su disposición y en relación con el núcleo de la vivienda, que son típicas de un modelo arquitectónico que es coherente con la construcción de una geografía del honor.

LOS PLEBEYOS, LA CASA Y EL HONOR

Las casas comunicaban muchos mensajes, por lo menos a las personas que leían los libros de etiqueta o que crecían dentro de ese ambiente. Pero como hemos visto, las reglas del modelo espacial del honor se aplicaban no solamente a los ricos sino también, hasta cierto grado, a los plebeyos. El lenguaje corporal era la parte más pública e inmediata para establecer las relaciones de poder, determinadas bajo el eje superior-inferior. Los miembros de las clases bajas, cuando encontraban a las personas de la elite en la calle o en la casa, debían hacer una reverencia de manera que sus cuerpos asumieran una curvatura hacia el suelo, evitando una mirada directa a los ojos.

Pero, ¿cómo podía entender la geografía del honor un plebeyo si vivía en un cuarto de vecindad o en un jacalito? Aunque la elite mexicana no lo reconociera, los plebeyos tenían su propio concepto del honor y militaban para protegerlo. Los valores del honor que manifestaban las clases altas tenían su versión en la vida cotidiana de toda clase de personas.[48] Los documentos del ramo criminal revelan

---

[46] Escoiquiz, pp. 129-137.
[47] Escoiquiz, p. 121.
[48] Véase los ensayos y especialmente la introducción en: Lyman L. Johnson y Sonya Lipsett-Rivera, *The Faces of Honor: Sex, Shame, and Violence in Colonial Latin America*, Albuquerque, University of New Mexico Press, 1998. Lauderdale Graham, p. 16, señala que los plebeyos brasileños, aunque vivían en el equivalente de vecindades, buscaban maneras de dividir sus habitaciones para poder tener, de cierto modo, una vida privada y un aislamiento de la vida de la calle.

ciertos patrones del modelo espacial del honor que regían la vida de los plebeyos. La información no es tan rica ni tan detallada como la que se deriva de las guías de comportamiento, sin embargo, de ellas se pueden inferir ciertas reglas. Por ejemplo, se puede ver que las puertas comunicaban una simbología del honor. Las familias o las mujeres solteras que estaban conscientes de esta noción sabían que las puertas tenían que estar abiertas durante el día y cerradas por la noche. La puerta era, como lo decían los moralistas, una zona de frontera entre la seguridad de la casa y el peligro de la calle.

Una puerta cerrada durante el día se entendía como un signo que indicaba que detrás de ella pasaban cosas malas, pecaminosas o violentas. Si un hombre llegaba a su habitación durante el día y encontraba la puerta cerrada podía sospechar automáticamente que dentro estaban ocurriendo actos ilícitos. Así lo entendió Magdaleno Juárez cuando al regresar a su casa se encontró con la puerta cerrada. Inmediatamente desconfió de su esposa a tal grado que le pegó con un palo. Ella explicó que su hijo estaba enfermo y que se había quedado en la casa para cuidarlo con el compadre, a quien su propio marido le había encargado que la ayudara. Según la versión de la esposa, unos niños fueron los que habían cerrado la puerta. Además, cuando su marido tocó a la puerta ella no pudo abrirla tan rápido como Magdaleno quería. Esta serie de factores (la puerta cerrada, la presencia de un hombre en la casa, el tiempo que tardó su esposa en abrir la puerta) tenía un significado claro para Magdaleno, es decir, que su esposa era una adúltera. Para defenderse, ella explicó que si bien la puerta estaba cerrada, no así las ventanas.[49] De cierto modo, sus palabras sostienen la desconfianza de Magdaleno y muestran cómo las puertas y ventanas estaban relacionadas, también entre los plebeyos, con el lenguaje simbólico de la casa.

Éste no es un caso totalmente aislado en el que las clases menos privilegiadas entendían así el simbolismo de las puertas.[50] Otro ejemplo es el caso de un hombre que declara ante las autoridades que, al regresar a la accesoria donde vivía, encontró que la puerta estaba media cerrada, el bebé llorando y un hombre sentado en la cama. Según él, todas estas circunstancias le daban la autoridad legal de matar a su esposa. En este caso sólo la había golpeado con su espada.[51] Es claro que este hombre hacía una alusión al derecho de los maridos de matar a las esposas adúlteras.

Sin embargo, el lenguaje de las puertas no sólo se aplicaba dentro del matrimonio. Bernabé Pedraza usa el pretexto de la puerta media cerrada para violar a una niña de 10 años. Según él, cuando llegó a su casa encontró a la niña sola en la cocina con la puerta casi cerrada, por lo que en ese momento la agarró para así forzarla.[52] Puede decirse que la puerta cerrada o media cerrada durante el día podía

---

[49] Archivo Judicial de Puebla, 1856, paquete 6, ff. 2v-4v.
[50] Archivo Judicial de Puebla, 1856, paquete 6; Archivo General de la Nación, Bienes nacionales, vol. 292, exp. 1, 1790.
[51] Archivo Judicial de Puebla, 1856, paquete 6, ff.. 8-8v.
[52] Archivo General de la Nación, Criminal, vol. 705, exp. 2, ff. 13-14, 1763.

comunicar un mensaje de sexualidad. Aunado a esto tenía un significado de falta de moralidad que proyectaban los que se encontraban adentro, por lo cual daba licencia a los hombres para castigar y violentar.

En la noche, los mensajes de las puertas se invertían. Las personas que tenían sus puertas abiertas durante el día señalaban la transparencia de sus modales y, por tanto, no tenían por qué esconderse de la mirada de los vecinos. Solamente las personas inmorales, que cometían actos perversos, tenían cerradas sus puertas durante el día. Por el contrario, la noche era el momento en el que las mujeres deshonestas abrían sus puertas. Estas reglas que parecen estar basadas en el sentido común tenían su correspondiente en los conceptos nahuas de peligro y seguridad, orden y desorden, moralidad e inmoralidad. Según los antiguos nahuas, al anochecer el mundo se transformaba en un mundo más peligroso y, por ello, era importante tomar refugio adentro. Solamente a una persona inmoral o tonta se le ocurriría salir en la noche.[53] La cultura europea, según Robert Muchembled, asociaba la noche con el desorden y la maldad.[54] El obispo poblano Francisco Fabián y Fuero hizo una condena de las actividades nocturnas apuntando que era el tiempo cuando el diablo tenía mucha más fuerza.[55]

La gente decente cerraba con llave sus puertas. Así, cuando Saturnino Zapata regresó a su casa a las nueve de la noche y encontró la puerta abierta no pudo evitar enojarse. Peleó con su esposa y, sin titubear, sacó su espada para golpearla.[56] En los casos en que se violaba a las mujeres que vivían solas, ellas señalaban enfáticamente que sus puertas estaban cerradas por la noche y que se encontraban recogidas en sus casas cuando había ocurrido el ataque.

Sin embargo, aun cuando los hombres en su afán por cometer una violación rompían la puerta, las autoridades no dejaban de sospechar de las víctimas. Es el caso de Isidora Josefa, una viuda indígena, que se quejó de que Manuel Rodríguez trató de romper su puerta para cometer con ella una ofensa contra Dios. Las autoridades inspeccionaron la puerta y ordenaron a Manuel que pagara los daños causados por él, además de que dejara en paz a Isidora. Pero el sólo hecho de que la puerta de Isidora había estado rota o por lo menos dañada vulneró su reputación moral. Mujeres de la comunidad establecieron una relación entre la puerta quebrada y la falta de moralidad de Isidora. Jacinta de Islas, la esposa de Manuel, sospechaba que Isidora tenía relaciones ilícitas con su marido. La propia Jacinta había ido a la casa de Isidora e insistió en saber todo lo que había pasado entre la viuda

---

[53] James Taggart, *Nahuatl Myth and Social Structures*, Austin, University of Texas Press, 1988, pp. 79-80.

[54] Robert Muchembeld, "Satanic Myth and Cultural Reality," en: Bengt Ankarloo y Gustav Henniingsen (comps.), *Early Modern European Witchcraft: Centres and Peripheries*, Oxford, Clarendon Press, 1990, p. 149.

[55] Francisco Fabián y Fuero, *Colección de providencias diocesanas del Obispado de Puebla de los Ángeles*, Puebla, Imprenta del Real Seminario Palafoxiano, 1770, pp. 451-452.

[56] Archivo Judicial de Puebla, 1856, paquete 6, exp. 321, Puebla.

y su marido. La narración de los acontecimientos que siguieron cambia según el testigo. Parecía que Jacinta había preguntado a los presentes: "¿Quién es la puta a quien descerrajaron la puerta?" Jacinta admitió después que había llevado un envoltorio de chile para colocárselo a Isidora en la vagina, además de haberle cortado la trenza. El cortar los cabellos tenía un significado propio en las culturas nahua y española: la de marcar a la mujer que se había salido de las normas de la moralidad sexual.[57]

La puerta abierta, aun cuando había sido destrozada por un hombre, podía servir como una metáfora para el consentimiento. María Florentina Díaz se quejó ante las autoridades de que dos soldados habían destrozado la puerta de su casa y, enfrente de sus dos hijas, la habían arrastrado fuera de la casa para después violarla. Los soldados no negaron el acto sexual sino que se aferraron a su versión de que la puerta estaba abierta y que María Florentina había consentido en tener relaciones con ellos.[58] Los dos soldados construyeron una imagen de su víctima como una mujer indecente, simplemente por el hecho de que en otra ocasión, según ellos, ella había abierto la puerta durante la noche a unos hombres. Con esta declaración, los acusados la colocaron en la clase de mujeres que abrían sus puertas por la noche, es decir, las prostitutas.[59] Un caso similar a éste se aprecia en la descripción de Rosa, viuda de Simón Albrae, que vivía en una accesoria y se le conocía por el apodo de la "Colchón". La describían como una mujer inmoral ya que los vecinos veían mujeres y hombres "entrar y salir de su casa", además de que se tocaba la vihuela en su casa con la puerta cerrada.[60]

Para los hombres plebeyos, la puerta cerrada representaba una cierta vida privada ya que les permitía actuar sin la intervención de sus vecinos. El pegar a sus esposas con las puertas cerradas fue un patrón común. Para las mujeres plebeyas esa vida privada con las puertas cerradas era peligrosa, por lo que dependían de las porteras y los vecinos para intervenir en caso de ser agredidas. En los documentos se ve muy claro que cuando un hombre cerraba la puerta durante el día era para pegar o violentar sexualmente a una mujer.[61] Esos acontecimientos comunes se pueden comparar en el siguiente caso de la queja de una mujer de clase alta. Cuando vio que su esposo quería golpearla, ella echó a correr de un cuarto a otro para es-

---

[57] Archivo General de la Nación, Criminal, vol. 11, exp. 9, ff. 61-77, 1783, Otumba. Sobre la costumbre de cortar el pelo a mujeres disolutas véase también Ramón Gutiérrez, *When Jesus Came the Corn Mothers Went Away: Marriage, Sexuality, and Power in New Mexico, 1500-1846*, Stanford, Stanford University Press, 1991, pp. 203-206, 208, y Susan Socolow, "Women and Crime: Buenos Aires, 1757-97", *Journal of Latin American Studies*, 12, 1980, p. 49.

[58] Archivo General de la Nación, Criminal, vol. 431, exp. 7, ff. 245-257v, 1816, Atlixco.

[59] Archivo General de la Nación, Criminal, vol. 577, ezp. 9, ff. 225v-226, 1783, Calimaya.

[60] Archivo General de la Nación, Clero regular y secular, vol. 145, exp. 8, ff. 220-229, 1784, México.

[61] Archivo General de la Nación, Criminal, vol. 141, exp. 25, ff. 539-548, 1812, Chalco; Archivo Judicial de Puebla, 1856, paquete 1, Puebla; Archivo General de la Nación, Criminal, col. 682, ff. 203-239, 1780, México.

caparse de él, terminando en la cocina en donde la cocinera y sus asistentes intervinieron para impedir que la matara.[62]

La puerta representaba también una zona de transición entre la seguridad y el peligro, y particularmente, las mujeres la utilizaban para tener un poco de contacto con el mundo exterior, sin dejar totalmente la protección de la casa. Este tipo de patrón se ve en las narraciones de la vida diaria de mujeres que, por ejemplo, se sentaban en la puerta para coser y ver pasar el mundo.[63] Pero era también un lugar donde las mujeres podían esperar que alguien pasara en vez de ir a buscarlo.[64] Era un lugar en el que sentían que podían insultar a otras sin exponerse totalmente al peligro de la calle.[65] Los hombres también entendían la relación entre las puertas como un área para insultar. Antonio Magos, al ser acusado de un ataque, fue a la casa del oficial de justicia y golpeó la puerta dando gritos y profiriendo mil insolencias.[66]

No obstante, los actos en la puerta no representaban siempre el deseo de no abandonar la seguridad o la protección de la casa. Podían significar también una reticencia para entrar a una casa, de pasar la puerta y asociarse con las cualidades interiores del espacio en cuestión. Dichos actos podían interpretarse como insultos. Esto se puede ver en el siguiente incidente: un grupo de personas bebía pulque y cantaban acompañados de una guitarra, cuando vieron a varias personas paradas en la puerta. Los que cantaban y bebían invitaron a entrar a estos últimos y juntarse con ellos a los festejos. Uno de ellos, Casiano, les dijo: "Amigos, entren para dentro que no somos soplones," y otro del mismo grupo repitió la invitación diciendo que no eran libertinos. Pese a ello, los de afuera se rehusaron a entrar, lo cual fue considerado por los de adentro como un insulto grave. Esto hizo que el grupo de adentro atacara al de afuera.[67] El rehusar a entrar fue visto como un rechazo a los de la casa y, por tanto, una impugnación al honor de su espacio. Esto también podía entenderse como una forma de comunicar un sentido de superioridad, asumido por el grupo de afuera y entendido por los de adentro.

---

[62] Archivo General de la Nación, Civil, legajo 206, sin número de expediente, México, 1853.

[63] Archivo General de la Nación, Criminal, vol. 43, expediente 4, ff. 421v-428, 1804, Pachuca. Véase también Sonya Lipsett-Rivera, "*De obra y palabra*: Patterns of Insults in Mexico, 1750-1856", *The Americas*, 54:4, abril de 1998:528.

[64] Archivo General de la Nación, Criminal, volumen 41, expediente 25, ff. 389-389v, 1741, Xochimilco.

[65] Archivo General de la Nación, Criminal, vol. 27, exp. 8, ff. 233-233v, 1773, Teotihuacan; Archivo Judicial de Puebla, 1850, núm. 3390, Puebla.

[66] Archivo General de la Nación, Criminal, vol. 127, expediente 7, ff. 249-249v, 1805, Huichapan.

[67] Archivo General de la Nación, Criminal, vol. 139, exp. 9, ff. 143-143v, 1799, Malinalco.

CONCLUSIONES

¿Cuál es la concordancia entre las formas de entender los espacios interiores de las clases altas y los plebeyos mexicanos? En este ensayo hemos examinado solamente una pequeña parte del tema. Aun así podemos apuntar ciertas conclusiones. Por el reducido espacio de sus habitaciones, los plebeyos no podían expresar una geografía interna del honor de la misma manera que los ricos. Su modelo espacial, entonces, se limitaba a la diferencia entre la casa y la calle. Las casas plebeyas no tenían capas de honor tan complejas como las de las clases altas, representados por los cuartos, los cuales también servían de protección. De tal manera, el honor de la casa plebeya era más sencillo y, por ende, más vulnerable. Así la casa podía representar un recogimiento (puerta abierta en el día y cerrada en la noche) o, por el contrario, un lugar de libertinaje que acogía los vicios y peligros de la calle. No obstante, para pobres y ricos igualmente, las puertas tenían un simbolismo importante dentro de los conceptos espaciales del honor, al formar una parte importante de las metáforas de la virtud y la vergüenza.

VIVIENDAS Y ESPACIOS DOMÉSTICOS EN LA SONORA COLONIAL

Cynthia Radding
University of Illinois at Urbana-Champaign

El presente capítulo trata de los espacios domésticos creados por las comunidades indígenas e hispanas en el ámbito rural de las provincias de Sonora y Ostimuri, el corazón del estado moderno de Sonora, en los siglos XVIII y XIX. Su hilo conductor es lo que podemos llamar "la domesticación del espacio", haciendo hincapié en los procesos de cambio y adaptación de influencia recíproca entre la naturaleza y la cultura. Se trata de los medios ambientes alterados por los grupos humanos, de diferentes raíces culturales, en los espacios que han poblado y en los cuales han construido sus viviendas. Su temática comprende la socialización del paisaje sonorense, es decir, la ecología cultural de las comunidades establecidas históricamente en él, diferentes entre sí y con usuarios rivales de sus recursos materiales.

El material histórico que sostiene este capítulo informa sobre las viviendas indígenas e hispanas conocidas mediante documentos y vestigios materiales, así como los estudios etnográficos más recientes. Los artefactos culturales del paisaje rural de Sonora incluyen las acequias y represas construidas en la zona serrana para irrigar los plantíos, los muros de adobe, los cercos de piedra, y las trincheras de orígenes prehispánicos y coloniales. Las subregiones que se pretende abarcar son la vivienda *cáhita* de los valles del Yaqui y del Mayo; los pueblos ópatas y eudeves de la zona serrana; el poblamiento disperso de los *tohono o 'odham* (pápagos) de la zona árida del noroccidente del estado, y, como ejemplo bien documentado de la vivienda mestiza o hispana, la villa de Pitic en la confluencia de los ríos San Miguel y Sonora.

COMUNIDADES EN EL DESIERTO

La nomenclatura empleada con más frecuencia en los documentos del periodo describe a comunidades de diferentes tamaños y de distintos modos de organización social. *Ranchería*, un término escuchado a menudo, se refiere a los poblamientos indígenas dispersos a lo largo de las terrazas que acentúan el curso de los ríos, o bien, ubicados en el monte de las planicies donde los arroyos ofrecen algún flujo de agua o la posibilidad de encontrar manantiales en niveles no muy profundos debajo de la superficie. La *ranchería* implica un poblado pequeño —tal vez sinóni-

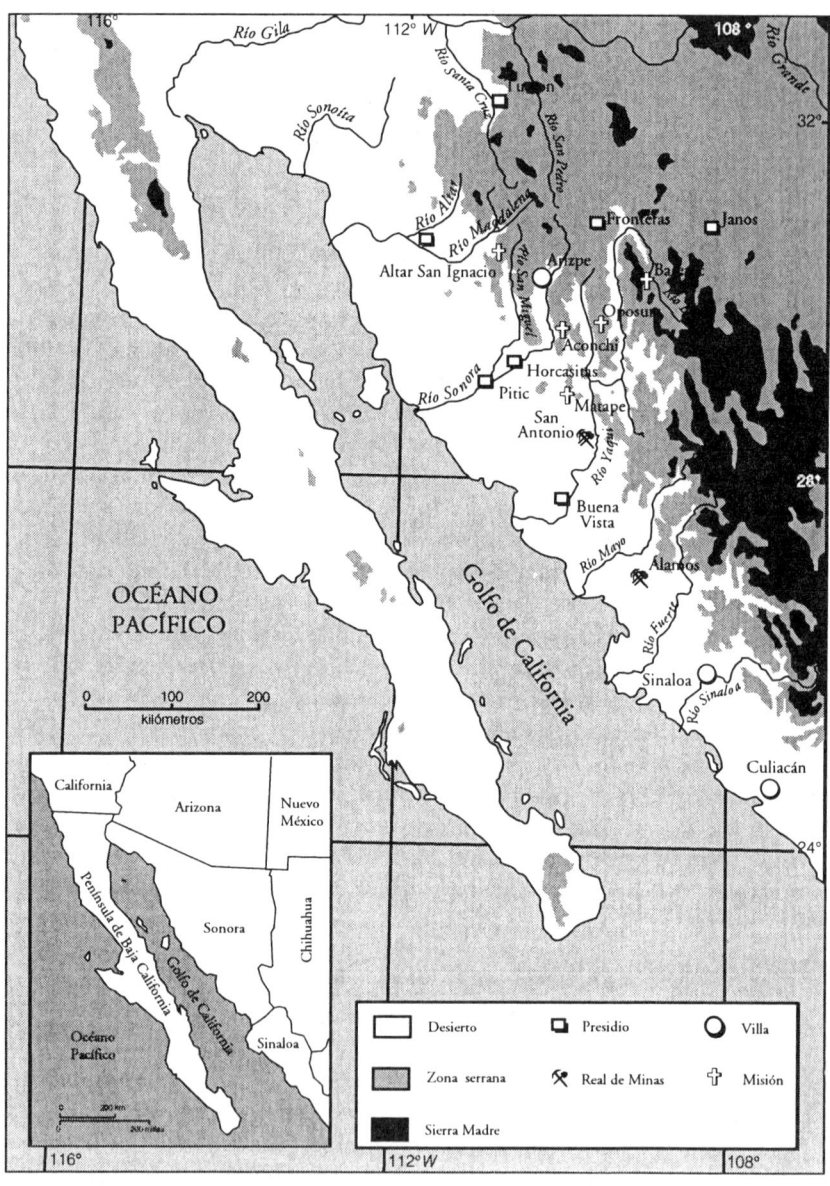

Mapa 1. Comunidades en el desierto, pueblos de la sierra y de los ríos.

mo de *caserío*— cuyas dimensiones en la tierra corresponden a los lineamientos sociales de la familia extendida. La organización espacial de la *ranchería*, pues, responde a las exigencias de un territorio en el cual los recursos para la horticultura y el forraje demandan a sus moradores recorrer grandes distancias, y reproduce sistemas de parentesco que permiten a los individuos esparcirse y reunirse nuevamente según la temporada. Debido a sus necesidades materiales y sociales, la *ranchería* se refiere tanto a los espacios poblados como a la gente que los habita.

Las *rancherías* no están ocupadas necesariamente todo el año sino que marcan los sitios donde las familias establecen sus campamentos estacionales con el fin de recoger distintas clases de recursos naturales, de celebrar sus rituales o de reafirmar sus lazos de parentesco. Los *tohono o 'odham* ilustran bien la dinámica de la *ranchería* en sus adaptaciones ecológicas y en sus prácticas sociales. Durante los meses cálidos del verano, antes del recomienzo de las lluvias torrenciales, las familias *o'odham* forman pequeñas *rancherías* en los bosques de sahuaro (*Carnegia gigantea*), donde las mujeres recogen la fruta para diversos fines alimenticios y ceremoniales. Ahí mismo hacen las primeras etapas del procesamiento de la fruta: con el jugo y la carne producen jarabes, conservas y dulces para su propio consumo y para el intercambio con otras comunidades de pimas y mestizos en la región. Una parte del jarabe se reserva para su fermentación en otro sitio, el *olas ki*, una casa redonda construida con ramos de ocotillo, donde los cantores lo convierten en vino mediante sus canciones. Durante la ceremonia de *nawait* los *tohono o 'odham* se reúnen alrededor del *olas ki* para cantar, tomar vino y "tirar las nubes" que traerán las lluvias de la estación.[1]

Con el advenimiento de las lluvias los *tohono o 'odham* preparan sus siembras cortas en las desembocaduras de los arroyos en el desierto. Su sistema de plantíos, conocido como *'ak-ciñ*, requiere del trabajo de varias familias y da lugar a las *rancherías* de *oidag*, es decir, de sus "milpas" o "campos." La horticultura de los *tohono o 'odham* conserva cuidadosamente la humedad y el contenido nutritivo de los suelos, aprovechando los detritos debajo de los mesquites (*Prosopis velutina*) y construyendo cercos temporales de ramas para captar la corriente de los arroyos.[2] Durante el tiempo necesario para el desmonte del área sembrada, el cultivo, riego y cosecha, los *tohono o 'odham* permanecen en los *oidag*, pero complementan la horticultura con la recolección de diversas plantas que les sirven de comida, de medicinas y de fibras para tejer.

Las serranías bajas que marcan el relieve del noroccidente de Sonora, donde brotan fuentes de agua, proveen el entorno pare las *rancherías* de más larga duración durante el ciclo anual de los *tohono o 'odham*. Ocupan los "pozos" —wahia— en el otoño y el invierno, sitios donde cazan y recogen semillas y frutas silvestres. La cacería, tema central de otro ceremonial llamado *Wi:kita*, desempeña un papel

[1] G. Nabhan, 1982; B. Fontana, 1981.
[2] G. Nabhan, 1986, pp. 61-76.

importante en la subsistencia de los *tohono o 'odham* y en su vida cultural. Conmemorada tradicionalmente en Quitovac y en Gu Achi, *Wi:kita* es la ocasión para bendecir la cacería, recitar de nuevo las canciones que cuentan su historia y, sobre todo, reunir a las familias dispersas de numerosas *rancherías* esparcidas entre las cuencas del Altar-Concepción en el sur, del Santa Cruz en el nordeste y del Gila-Colorado en el noroeste.[3]

La vivienda tradicional de los *tohono o 'odham* complementaba bien los ritmos seminómadas de su modo de subsistencia. Aprovechaban los materiales de poco peso y fácil transporte para construir las casas que los abrigaban en los distintos campamentos del desierto, de los *oidag* y de los *wahia*. Las familias de cada *ranchería* hacían casas circulares de poca altura, mezclando la tierra con ramas y distintas fibras vegetales. Las puertas bajitas les protegían del calor en el verano o bien del frío en el invierno; el humo del hogar central escapaba por un agujero que dejaban en medio del techo, creado por la unión de las ramas del ocotillo, del saguaro o de la pitahaya, que apoyaban los muros de sus viviendas. El espacio social de las familias incluía las áreas dentro y fuera de sus casas. Si bien dormían dentro de estas estructuras, el fuego de la cocina se ubicaba afuera, rodeada por un cerco de ocotillo, y las mujeres se sentaban en la sombra de los muros para platicar, preparar los alimentos y tejer. Los *tohono o 'odham* construían otra morada de importancia especial para las mujeres: el jacalito para el tiempo de la menstruación. Las adolescentes pasaban esos días separadas de sus familias, pero recibían las visitas de mujeres de más edad, quienes les aconsejaban acerca de la importancia del trabajo y les explicaban lo que significaba ser una buena mujer.[4]

Los *tohono o 'odham*, la gente del desierto, se relacionaban cultural y lingüísticamente con los *akimel*, la gente de los ríos, y ambas formaban parte de lo que los españoles llamaban la "nación pima" de Sonora. Los *akimel* vivían en *rancherías* y en pueblos más grandes y consolidados, sobre todo en las terrazas ubicadas cerca de la confluencia de los afluentes que regaban las milpas sembradas en los sedimentos aluviales de los ríos. Sitios como Quiburi en el valle de San Pedro, o bien Hymeris, Cabórica y Tubutama en los valles de Magdalena-Concepción y del Altar, mantenían a comunidades prehispánicas fijas que se convertirían en los núcleos de los sistemas misionales y presidiales de la colonia. Cultivadores de diversas variedades de maíz, frijol y calabaza, los *akimel* levantaron cosechas considerables y guardaban excedentes que les servían para el intercambio y para abastecerse en los años de escasez. Los *tohono o 'odham* visitaban a los *akimel* de tiempo en tiempo para recoger la péchita del mesquite, intercambiar sus conservas de la fruta del saguaro y "mendigar" porciones de maíz y otros granos mediante el baile y el canto.[5]

Los pimas de los ríos no dejaban de ser cazadores y recolectores, y sus *ranche-*

---

[3] R. Jones, 1971, pp.1-29.
[4] R. Underhill, 1985 [1936], pp.3-59; R. Spicer, 1974, [1949], pp. 3-59.
[5] B. Fontana, 1983, pp.125-148.

rías cambiaban de sitio de acuerdo con la estación. No obstante ello, su dominio de los ambientes ribereños ligaba a los *akimel* con la agricultura y con ritmos de vida más sedentarios que los de los *tohono o 'odham*. Por consiguiente, construían viviendas más permanentes en los valles donde establecían sus pueblos, empleando piedras y horcones de madera para establecer las bases de los muros de sus casas. Además de los cercos de ocotillo, los *akimel* aprovechaban las ramas del álamo (*Populus fremontii*) y del sauz (*Salix* sp.) para formar una estructura que llenaban con tierra. Sus sistemas de irrigación alteraban el paisaje fluvial, canalizando las aguas y los suelos que bajaban con las corrientes veraniegas de los arroyos y los ríos. Los pimas construyeron "cercos vivos" con los mismos árboles de álamo y de sauz que les servían para formar las paredes de sus casas, intercalados con ramas que detenían la fuerza de la corriente y levantaban el nivel del agua mediante represas de lodo que atravesaban los ríos. [6]

PUEBLOS DE LA SIERRA Y DE LOS RÍOS

Las comunidades de los *akimel* comprendían, entonces, el núcleo de las viviendas y las estructuras hidráulicas creadas de la misma tierra, que hacían posible los sembradíos en las riberas de los ríos. Su cultura material se asemejaba a la de los ópatas y los eudeves (los *tegüima*) de la zona serrana en el oriente de Sonora. Los ópatas y eudeves, distinguidos de los *o 'odham* y *akimel* lingüística y territorialmente, ocupaban los valles más elevados de la zona serrana sonorense y formaban aldeas —comunidades más compactas, generalmente, que las de los pimas. La evidencia arqueológica y las referencias de las crónicas españolas del siglo XVI hacen suponer que los ópatas procedían de la cultura urbana de Paquimé, o Casas Grandes, en el occidente de Chihuahua, extendiendo sus redes de intercambio y sus sistemas de irrigación hacia las terrazas aluviales al poniente del escarpe de la Sierra Madre Occidental[7] (véase plano 1).

El intrépido Álvar Núñez Cabeza de Vaca pasó por la sierra de los ópatas y eudeves, a lo largo de lo que él llamaba "el camino de maíz":

> ... y de aquí pasamos más de cien leguas de sierra, y siempre hallamos casas de asiento y mucho mantenimiento de maíz y frisoles, y dábannos muchos venados y muchas mantas de algodón, mejores que las de la Nueva España.[8]

Las "casas de asiento" se referían a estructuras de tierra y piedras (mas no construidas de ladrillos de adobe) en comunidades sedentarias. Cabeza de Vaca las aso-

---

[6] G. Nabhan y T. Sheridan, 1977, pp. 97-111; J. Nentvig, 1971 (1762), p.139.
[7] C. Sauer, 1935.
[8] Álvar Núñez Cabeza de Vaca (1555), 1971, pp. 81-82.

ciaba con poblaciones densas de agricultores y con una abundancia de productos cultivados tales como los granos de maíz y frijol, y el algodón, así como la carne seca y los cueros de venado. Cabeza de Vaca, seguido por Marcos de Niza y Vázquez de Coronado, reportaban ciertos indicios de que los aldeanos de la zona serrana mantenían lazos de intercambio con los pueblos *anazasi* del Río Grande de Nuevo México y los *tahuetotorame* de Culiacán. La extensión máxima de estas redes de comunicación así como la organización política de los ópatas y eudeves habían disminuido a principios del siglo XVII, cuando los jesuitas entraron en su territorio. Los primeros informes jesuíticos, sin embargo, hacen referencias específicas y admiradas a los cacicazgos que reunían a varios pueblos serranos para los enfrentamientos guerreros, y que sostenían distintas identidades políticas. Los pueblos serranos no habían abandonado su afán por realizar intercambio comercial sino que trataban con los españoles, adquiriendo implementos de fierro y telas a cambio de comestibles y tejidos de algodón.[9]

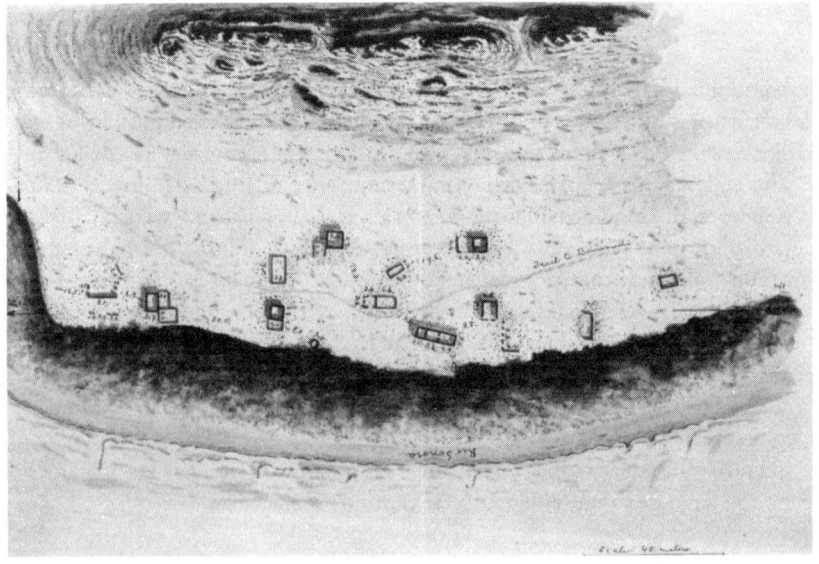

Plano 1. Cimientos de casas, Río Sonora. Dibujo de Adolphe Bandelier.

Las aldeas permanentes de los ópatas, eudeves, y pimas *akimel* proveían la estructura necesaria pare el sistema misional establecido por los jesuitas en Sonora. Económica, demográfica y culturalmente, estos pueblos se convertían en los núcleos para las *reducciones* —los pueblos fijos— que los religiosos y las autoridades civiles y militares del Imperio juzgaban necesarias para la evangelización y el control polí-

---

[9] A. Pérez de Rivas (1645), 1985.

tico de la gente. La arquitectura de las misiones, sin lugar a dudas, alteraba los paisajes culturales de la zona serrana, pero lo hacía con los mismos materiales y la misma tecnología de los pueblos indígenas. Si bien los jesuitas introdujeron la técnica de "cal y canto" para hacer ladrillos y unirlos con la mezcla de cal, el material básico de construcción seguía siendo la tierra. Asimismo, las labores que producían los excedentes agrícolas que sostenían a la economía misional eran fructíferas gracias a los sistemas de riego que hacía varios siglos que los pueblos serranos habían desarrollado.[10] Innovación importante en el repertorio cultural de los pueblos serranos, sin embargo, era la metalurgia de bronce para fabricar chapas, bisagras y campanas para las iglesias y los conventos, y para la hechura de varios implementos de mano.

Las misiones jesuitas se adaptaron con más éxito a las comunidades serranas y a las *rancherías* de los *cáhitas*, en los valles del Yaqui y del Mayo, de la provincia de Ostimuri. Ambas regiones produjeron excedentes agrícolas, pero los yaquis y mayos, a diferencia de los ópatas, eudeves, y pimas *akimel*, se beneficiaban de los deltas fértiles que se nutrían de las corrientes anuales de los ríos que desembocaban en el Mar de Cortés. No les hacía falta construir las represas y cercos vivientes que, en la zona serrana, canalizaban el agua hacia las milpas que se cultivaban en las orillas aluviales de los ríos. La misma abundancia de las cosechas de maíz, calabaza y frijol, aunada a las plantas silvestres y la caza, permitía a los *cáhitas* esparcirse en numerosas rancherías que se unían para las avanzadas bélicas y las ceremonias rituales. No obstante la amplitud de su territorio tradicional, los *cáhitas* se adhirieron al sistema misional a tal grado que su identidad cultural se fortalecía con las instituciones coloniales de la misión.[11]

El rito católico y la gobernación jesuítica dieron lugar a diversas jerarquías políticas y ceremoniales que los *cáhitas* y los pueblos serranos adaptaron para constituir de nuevo sus comunidades dentro de las reducciones. Tanto los *temastianes* (doctrineros indígenas) y los maestros cantores, como el cabildo de gobernadores, alcaldes y fiscales asumieron puestos de autoridad que los distinguían del *común* y los convertían en interlocutores ante los misioneros y los oficiales españoles de la provincia. La estructura política que los *cáhitas* hicieron suya se plasmaba en la arquitectura espacial de los pueblos de misión, a saber, en las plazas que formaban su centro, marcadas con una gran cruz esculpida de madera, en las rutas que seguían sus procesiones y en los atrios de las iglesias que ellos mismos sacralizaron con sus danzas. Rodeando estos espacios sagrados, ordenada en barrios, la vivienda de los yaquis y mayos guardaba la forma y los materiales tradicionales de carrizo y petate, construidos de la propia vegetación de la zona. Los rituales que elaboraron los yaquis y mayos alrededor de la liturgia católica unían los espacios domésticos, adornados con su cruz de patio, con los caminos sagrados que atravesaban los pueblos y se extendían al *huya aniya*, al bosque o monte fuera de las zonas cultivadas.

[10] C. Radding, 1997, pp. 21-102.
[11] E. Spicer, 1962, pp. 45-59.

Muchas fiestas religiosas de los *cáhitas* se realizaban bajo una enramada, combinando el albergue de un techo con el libre contacto de la naturaleza.[12]

PRESIDIOS, VILLAS Y RANCHOS

Los *vecinos* españoles que llegaron a poblar Sonora al lado de las comunidades indígenas y no pocas veces en condiciones de rivalidad con ellas por dominar los recursos de tierra y agua, adaptaron sus modalidades de asentamiento y de vivienda a las exigencias del clima desértico. Extendieron sus estancias de ganado y cereales a lo largo de los ríos y del agostadero, donde aprovecharon los pastizales y el bosque bajo del monte para mantener sus manadas de bovinos, ovejas, caballos y mulas.

El rancho, entonces, vino a caracterizar el patrón rural sonorense, significando la propiedad pequeña o mediana de producción agropecuaria principalmente para la subsistencia, pero con miras a intercambiar los excedentes por dinero o mercancías en el mercado. El *ranchero* de Sonora, así como de otras regiones semiáridas de México, representa a la población rural hispana o mestiza que comparte una buena parte de su cultura material con los pueblos de indios.[13] Su vivienda era sencilla; comprendía unos cuantos cuartos construidos de adobe y piedra, con techo de palmilla tejida, carrizo o cuando más sustancial, de vigas recubiertas con tejas. Cada rancho integraba varias estructuras, entre casas, corrales, patios y enramadas con techumbre. La cocina, así como los espacios pare secar la carne y procesar la comida, a menudo se encontraban medio al aire libre, a semejanza de las rancherías indígenas.

No obstante la importancia de este patrón rural y de la economía agropecuaria que lo sostenía, los vecinos se congregaban en pueblos o villas en busca de la protección así como de las oportunidades comerciales y de una vida sociable. La presencia de los vecinos se hizo sentir en las misiones, donde poco a poco su número iba alcanzando al de los primeros pobladores indígenas. Otros puntos de partida claves pare el vecindario español en Sonora eran los reales de minas, meros campamentos desordenados en un principio que se volvieron núcleos comerciales importantes, como San Juan Bautista, Nacozari, San Antonio de la Huerta y San Ildefonso de Ostimuri. Los presidios militares, cuya presencia en la zona se debía a la frontera nómada y a la preocupación imperial por la defensa territorial de sus colonias mineras, constituían los núcleos de población mezclados entre españoles, indios auxiliares y las etnias mixtas de mestizos y mulatos. Los presidios merecen examinarse con más detenimiento a causa de su manejo del espacio tanto para los fines militares como para la vivienda y las necesidades económicas de sus pobladores.[14]

Los presidios al norte de Sinaloa, fundados en el río de Sinaloa en 1595 y tras-

---

[12] E. Spicer, 1980, pp. 64-92 y L. Varela, 1986.
[13] A. Baroni, 1993, pp. 79-99.
[14] Naylor y C. Polzer (comps.), 1986, y C. Polzer y T. Sheridan (comps.), 1997, pp. 336-480.

ladados al norte, al río Zuaque en 1609, se iniciaron como destacamentos itinerantes llamados "compañías volantes."[15] Comenzando con Santa Rosa de Corodéhuachi de Fronteras, en 1692, y progresando durante el siglo XVIII, estos puestos militares se consolidaron en asentamientos fortificados y, en algunos casos, amurallados. La población de soldados asignados a los presidios y sus familias creció así como aumentó su complemento de ganado. Las inspecciones militares de las Provincias Internas, llevadas a cabo en repetidas ocasiones, han dejado una base documental de censos, mapas y planos que revelan detalles importantes sobre los paisajes alterados por los presidios. Los planos ejecutados por Joseph de Urrutia en 1766-1768 presentan "fotografías" de seis de los presidios de la entonces Provincia de Sonora: Fronteras, Buenavista, San Miguel de Horcasitas, Terrenate, Altar y Tubac[16] (véase plano 2). La construcción era uniformemente de adobe y los edificios principales, incluyéndose la casa del comandante, la capilla y los almacenes, se ubicaban en núcleos compactos sobre las mesas o terrazas que guardaban los valles aluviales y las planicies de bosque desértico. Muchas casas de los vecinos que se acercaron a los presidios se encontraban extramuros, fuera del núcleo principal. Casi todos los presidios mantenían acequias para regar las suertes de tierra asignadas a los soldados, divididas por cercos vivos y canales derivados de la acequia principal, y el de Fronteras contaba con un molino harinero.

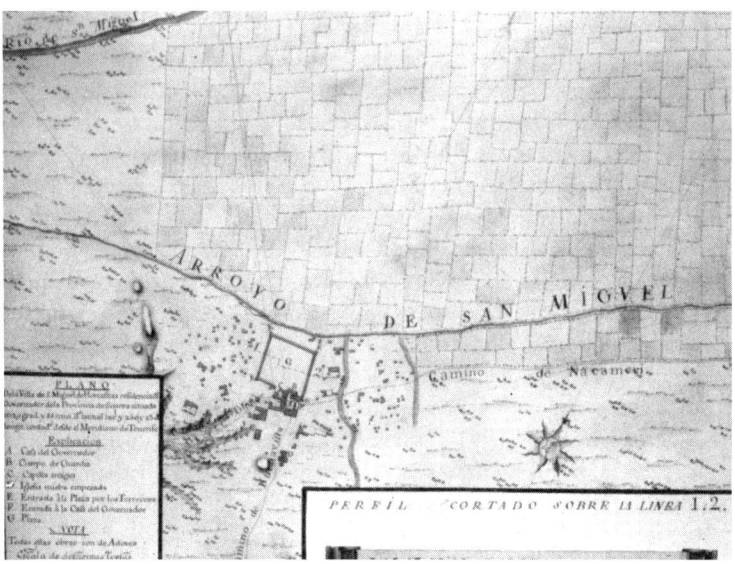

Plano 2. San Miguel de Horcasitas. Plano de Joseph de Urrutia.

[15] S. Ortega Noriega, 1999, pp. 78-80.
[16] J. Urrutia, planos.

Adicionalmente a las plazas formales de soldados asignados a los presidios bajo sueldo, los vecinos agregados formaron caseríos que dieron lugar a villas como las de San Felipe de Santiago de Sinaloa, San Miguel de Horcasitas y San Pedro de la Conquista de Pitic. Algunos labradores prosperaron y obtuvieron títulos de merced de las tierras que trabajaban, legitimando así su calidad de vecinos. Los oficiales militares y los mercaderes-hacendados que acumularon propiedad, tales como los Vildósola, los Urrea, los Escalante y los Campillo, formaron parte de la elite provincial de Sonora, estrechamente asociada con los presidios. La temprana historia de San Pedro de la Conquista de Pitic ilustra bien este proceso.

Los registros notariales de Pitic conservados para las primeras décadas del siglo XIX, en la transición entre la colonia y la república, nos ofrecen un cuadro sobre los medios de subsistencia, el comercio y las "relaciones sociales de producción y de propiedad que caracterizaron las comunidades hispanizadas de la frontera sonorense".[17] En Pitic, ubicado en la confluencia de los ríos San Miguel y Sonora, se unieron tres comunidades étnicas con distintas categorías jurídicas y orígenes culturales: el destacamento militar fundado en 1741, transferido a San Miguel de Horcasitas en 1749 y devuelto a Pitic en 1780; la villa de vecinos reconocida en 1783, y la misión fundada para los seris (*cunca'ac*), cuya estancia en la misión variaba de un año al otro. Los vecinos de Pitic iniciaron la construcción de un acueducto de cal y canto en 1783, con los fines de llevar agua tanto a la villa al norte del río como a la misión de los seris al sur del río. Cuando se realizó el reparto de tierras dos años después, se reservaron áreas en común para los seris y los pimas que vivían en Pitic y para los propios de la villa; al mismo tiempo, se asignaron suertes no iguales a 18 jefes de familia entre los vecinos.[18] Durante cuatro décadas sucesivas, estas hijuelas iniciales se subdividieron, se vendieron y se hipotecaron, proceso que dio lugar a un mercado de tierras en el cual algunas familias acumularon propiedades y otras las perdieron.

Esta dinámica paralela de concentración y de fragmentación de propiedades rústicas y de solares en la villa se plasmó en la configuración del espacio, que se iba transformando con el crecimiento de la población y la complejidad de sus relaciones sociales. Las huertas y los jardines de los vecinos formaron patrones geométricos irregulares cuyos linderos fueron las acequias y los canales de tierra, comunicados entre sí con puentes. La arquitectura vernácula de Pitic era rústica, sin distinguirse mayormente entre las casas de la villa y las moradas del campo. Las familias ocupaban dos o tres cuartos de adobe; sus cocinas se situaban al aire libre, protegidas por petates recubiertos de lodo. En la medida en que los hijos adultos se casaban y crecían las unidades domésticas, se añadían cuartos al núcleo inicial. Además de las estructuras de vivienda, las familias pitiqueñas con frecuencia con-

---

[17] Archivo de Notarías, Hermosillo, libro E-17, A-2, documentos numerados.
[18] Biblioteca Nacional, fondo Franciscano 32/659. Nota individual y comprensiva de las suertes de tierra repartidas en la villa de Pitic.

taban entre sus bienes los plantíos de árboles frutales, los viñedos y el ganado. Los mercaderes y terratenientes prósperos de Pitic construyeron casas más grandes en la villa, con varias piezas ubicadas alrededor del patio central, pero su material básico de construcción era el adobe. Si bien para mediados del siglo XIX Pitic —convertido en Hermosillo— se había urbanizado, la configuración del espacio y los quehaceres principales de sus residentes seguía ligándolo con el medio rural.[19]

CONCLUSIONES: LOS "ESPACIOS DOMESTICADOS" DE SONORA

La transformación colonial de los paisajes sonorenses seguía las distintas zonas ecológicas que definieron la provincia: el desierto y la zona serrana. La domesticación de los espacios de bosque, monte y ribera se había iniciado varios milenios antes con los cazadores, recolectores y agricultores indígenas que manejaron los recursos y construyeron asentamientos de diferentes tamaños y configuraciones. Los fines coloniales de evangelización, explotación y control territorial dieron lugar a núcleos de viviendas y a la arquitectura eclesiástica y militar, a la vez que trajeron nuevas tecnologías a Sonora, pero dependieron en gran medida de la sabiduría autóctona para el manejo del clima y de la sierra misma. El carrizo, el lodo, el adobe y los cimientos de cal y canto formaron la base de las construcciones hispanas e indígenas de las épocas históricas recientes, reflejando el mestizaje cultural que sostiene la evolución de la sociedad sonorense.

BIBLIOGRAFÍA

Baroni, Ariane, "Especialización regional y sus manifestaciones en el Valle de Ures", *Memoria del XVI Simposio de Historia y Antropología de Sonora*, vol. 2, Herrmosillo, Universidad de Sonora, 1993, pp. 79-99.
Braniff, Beatriz, *La frontera protohistórica pima-ópata en Sonora, México. Proposiciones arqueológicas preliminares*, 3 tomos, México, UNAM, 1985.
Doolittle, William, *Pre-Hispanic Occupance in the Valley of Sonora Mexico. Archeological Confirmation of Early Spanish Reports*, Tucson, University of Arizona Press, 1988.
Figueroa Valenzuela, Alejandro, *Los que hablan fuerte... Desarrollo de la sociedad yaqui*, Hermosillo, INAH, 1985, pp. 15-162.
Fontana, Bernard, *Of Earth and Little Rain. The Papago Indians*, Tucson, University of Arizona Press, 1981.
——, "Pima and Papago: Introduction" e "History of the Papago", William C. Sturtevant (comp.), *Handbook of North American Indians*, vol. 10, Alfonso Ortiz (comp.), *Southwest*, Washington, Smithsonian Institution, 1983, pp. 125-148.
García Zamacona, Guillermo, "Pastos, vaqueros y ganadería en Sonora," *Memoria del XVI*

---

[19] C. Radding, 1997, pp. 208-229.

Simposio de Historia y Antropología de Sonora, vol. 2, Hermosillo, Universidad de Sonora, 1993, pp. 100-126.

Jones, Richard, "The Wi'gita of Achi and Quitobac", *The Kiva*, 36, 4, 1971, pp. 1-29.

Nabhan, Gary P., *The Desert Smells Like Rain. A Naturalist in Papago Indian Country*, San Francisco, North Point Press, 1982.

———, "*Ak-ciñ* and the Environment of Papago Indian Fields", *Applied Anthropology*, 6, 1, 1986, pp. 61-76.

Nabhan, Gary P. y Thomas E. Sheridan, "Living Fecerows of the Río San Miguel, Sonora, Mexico", *Human Ecology*, 5, 2, 1977, pp. 97-111.

Naylor, Thomas y Charles W. Polzer (comps.), *The Presidio and Militia on the Northern Frontier of New Spain, 1570-1700*, Tucson, University of Arizona Press, 1986.

Nentvig, Juan, *Descripción geográfica natural y curiosa de la Provincia de Sonora*, México, (1762), AGN, 1971.

Núñez Cabeza de Vaca, Álvar, *Naufragios y comentarios* (1555), Madrid, Espasa-Calpe, 1971.

Ortega Noriega, Sergio, *Breve historia de Sinaloa*, México, Fondo de Cultura Económica/El Colegio de México/Fideicomiso Historia de las Américas, 1999.

Pérez de Rivas, Andrés, *Triunfos de nuestra santa fe* (1645), 2 tomos, Hermosillo, Gobierno del Estado de Sonora, 1985.

Polzer, Charles W. y Thomas E. Sheridan (comps.), *The Presidio and Militia on the Northern Frontier of New Spain*, vol. 2, parte 1, "The Californias and Sinaloa-Sonora 1700-1765", Tucson, University of Arizona Press, 1997.

Radding, Cynthia, *Wandering Peoples. Colonialism. Ethnic Spaces and Ecological Frontiers*, Durham, Duke University Press, 1997.

Sauer, Carl O., *The Aboriginal Population of Northwestern Mexico*, Berkeley, University of California Press, 1935.

Spicer, Edward H., *Cycles of Conquest*, Tucson, University of Arizona Press, 1962.

———, *The Yaquis. A Cultural History*, Tucson, University of Arizona Press, 1980.

Spicer, Rosamond B., "People on the Desert", Joseph, R.B. Spicer y J. Chesky, *The Desert People*, Chicago, University of Chicago Press [1949], 1974, pp. 3-59.

Underhill, Ruth, *Papago Woman*, Prospect Heights, Waveland Press [1936], 1985.

Varela, Leticia, *La música en la vida del yaqui*, Hermosillo, Gobierno del Estado de Sonora, 1986.

LOS CASERÍOS DE PEONES DE LAS HACIENDAS EN EL ESTADO DE TLAXCALA[1]

GUADALUPE DE LA TORRE VILLALPANDO
Dirección de Estudios Históricos, INAH

INTRODUCCIÓN

Las haciendas estaban formadas por un conjunto de edificios entre los que se encontraban aquellos que servían de habitación a los trabajadores. Al grupo de estas construcciones se le denominó calpan o calpanería, término compuesto por *calli*, "casa" y *pan*, desinencia toponímica, es decir, "lugar de casas"; o también por la terminación hispana *ería*, que significa "lugar o sitio". En el estado de Tlaxcala, el uso de esta palabra sigue vigente entre la gente del campo, a diferencia de otras regiones del centro del país en donde se ha dejado de utilizar.

Desde la época colonial, los hacendados tlaxcaltecas, con el fin de reclutar la mano de obra que requerían, comenzaron a arraigar a los trabajadores en la hacienda. El sitio donde fueron alojados durante este periodo se conoce tan sólo a través de documentos, pues las construcciones no se han conservado hasta nuestros días.

Podría pensarse que el paso del tiempo las destruyó, sin embargo, su conservación era posible, como lo fue en el caso de los edificios dedicados a la producción (trojes, silos, eras) muchos de los cuales se encuentran en uso hoy en día. A diferencia de éstos, los espacios que sirvieron de habitación a los peones de las haciendas coloniales fueron modificados sustancialmente a lo largo del siglo XIX, de tal manera que adquirieron una fisonomía totalmente diferente.

Es así que las haciendas tlaxcaltecas conservan exclusivamente las calpanerías construidas sobre todo a fines del siglo XIX y principios del XX. Después de la Revolución y del movimiento agrarista de las primeras décadas del siglo XX, las calpanerías, a diferencia del resto de los edificios de producción, difícilmente se volvieron a utilizar. Consideradas como el símbolo de la dominación que el hacendado ejerció sobre el peonaje, muchas de ellas quedaron en el abandono y el paso del tiempo las ha reducido a escombros.

Su destrucción, en muchos otros casos, ocurrió años después a manos de

[1] Este texto es una versión abreviada del trabajo publicado *Las calpanerías de las haciendas tlaxcaltecas*, Gobierno del Estado de Tlaxcala/INAH, 1988.

quienes heredaron o compraron las haciendas y sus tierras recortadas por la lucha agrarista; con esta acción, los nuevos propietarios evitaban que los antiguos peones acasillados y sus herederos tomaran posesión de las viviendas y exigieran dotación de tierras, ya que el gobierno del general Lázaro Cárdenas había reconocido este derecho.

En contados casos, también sucedió que cuando se establecieron las colonias agrícolas —a partir del reparto agrario— con los peones que habían vivido en las haciendas, éstos desmantelaron las calpanerías y con los materiales construyeron sus nuevas casas.

De las 147 haciendas existentes en el territorio tlaxcalteca,[2] 41 conservan en pie parte de la calpanería, y de estas últimas, tan sólo 10 se encuentran casi completas. En las haciendas restantes, el caserío de peones se halla semidestruido, o bien, quedan restos de su construcción pero no los suficientes como para reconstruir el número o el tipo de vivienda que los componían (véase el plano 1 en el anexo, localización de las haciendas con calpanerías).

En el municipio de Tlaxco —al norte del estado— se conserva el mayor número de calpanerías, mientras que en las zonas más cercanas a la ciudad de Tlaxcala, y en general en la región sudoeste del territorio, casi han desaparecido. El sur del estado es una zona densamente poblada, por lo que las haciendas han sido absorbidas por las poblaciones y en general se encuentran semidestruidas; por otra parte, muchas de estas haciendas debieron haber tenido calpanerías muy pequeñas o simplemente no las tuvieron puesto que su cercanía a los poblados les permitía contar con jornaleros que no necesitaban establecerse en la hacienda.

Una primera parte del texto está dedicada a explicar los orígenes y la formación del peonaje en las haciendas tlaxcaltecas, ya que ese proceso se dio en forma paralela al surgimiento y desarrollo de la calpanería. Se muestra también el importante papel que desempeñó la casa como elemento de sujeción y arraigo de los trabajadores a la hacienda.

En la segunda parte se describe la arquitectura de las calpanerías. De las coloniales se hace en forma breve con base en evidencias documentales; de las calpanerías porfirianas de manera más analítica y amplia a partir del estudio de las edificaciones que aún se conservan.

En la última parte se exponen los diversos factores que incidieron en la conformación de las calpanerías como fueron la densidad demográfica del territorio tlaxcalteca, la dependencia o relativa independencia económica de los poblados cercanos a las haciendas, el carácter del proceso de producción, y la escala de la economía mercantil y de autosuficiencia de cada hacienda, entre otros aspectos.

---

[2] Véase *Catálogo de las haciendas del estado de Tlaxcala*, Seminario de Estudios de Historia del Arte, Dirección de Estudios Históricos, 1982 (Biblioteca Manuel Orozco y Berra).

LOS TRABAJADORES DE LAS HACIENDAS

Durante casi toda esta época, las labores agrícolas de las haciendas las realizaron indígenas dados en repartimiento. La solicitud era dirigida directamente al virrey por parte del hacendado que, a cambio de la concesión, se comprometía a pagar un salario a los jornaleros, darles alimentación a cuenta de jornal, no maltratarlos físicamente y permitirles regresar a su localidad al término del periodo de labor.[3]

Desde el punto de vista del hacendado, el sistema de repartimiento tenía sus limitaciones puesto que dependía de las autoridades virreinales para que se le otorgara la fuerza de trabajo; además, consideraba que no le eran suficientes ni el número de jornaleros ni el periodo de repartimiento.[4]

Dadas estas circunstancias, los hacendados comenzaron a ingeniárselas para obtener el mayor beneficio posible de este sistema. Con la complicidad de los alcaldes mayores de los pueblos, lograron conseguir mayor número de jornaleros de los legalmente cedidos y ampliar su tiempo de permanencia en la hacienda; sin embargo, seguían dependiendo de negociaciones de carácter político.

Los hacendados encontraron entonces otra solución al problema mediante una nueva estrategia. Comenzaron a contratar por cuenta propia indios de poblaciones vecinas, presionándolos para que aceptaran préstamos en dinero o en especie a cuenta de su jornal; generalmente, los indígenas no podían pagar el crédito y así, los hacendados los retenían en la hacienda, aduciendo que debían permanecer en ella hasta devengar con trabajo las deudas contraídas.

Las autoridades virreinales, aunque en principio no admitieron ese procedimiento, terminaron por legalizar el comportamiento de los hacendados fijando el límite del monto de los préstamos y el tiempo de permanencia en la hacienda. A este tipo de trabajadores se les conoció con el nombre de *gañanes*.[5]

En ciertas épocas del año (particularmente las temporadas de siembra y de cosecha), en la hacienda se multiplicaban las tareas y para esto se requería un mayor número de trabajadores.

Surgió entonces la contratación de los llamados *tlaquehuales* o peones alquilados quienes laboraban en la finca por tiempo determinado.[6] Éstos provenían re-

---

[3] Isabel González, 1966, p. 242.

[4] Los casados tenían que cumplir con el repartimiento tres semanas al año; a los solteros, se les exigían cuatro semanas.

[5] En los documentos de fines del siglo XVII y principios del XVIII se puede observar que ante la petición de los hacendados, los gobernantes fueron modificando su posición hasta que finalmente la costumbre de retener a los jornaleros se aceptó como un hecho natural. Biblioteca Orozco y Berra (DEH), fondo de microfotografía, serie Tlaxcala (en adelante BOB, fm, sT), rollo 4, núm.142, f. 3v, año 1672; rollo 4, núm.147, ff. 3v-4, año 1674, y Archivo General del Estado de Tlaxcala (en adelante AGET), fondo documental Colonia, exp. 8, año 1719, ff. 2v-3.

[6] Este tipo de trabajador fue el que terminó por suplir a los últimos jornaleros obtenidos por repartimiento, no obstante, el sistema subsistió hasta la segunda mitad del siglo XVIII.

gularmente de pueblos aledaños desde donde se desplazaban a diario; cuando venían de poblaciones alejadas permanecían en la finca por lo menos un mes y hasta periodos de un año.

Se ejerció sobre ellos el mismo tipo de control que con los gañanes; muchos de los peones alquilados, cuando terminaba su temporada de labor, ya estaban "endeudados" y eran "reducidos" en la hacienda hasta devengar su deuda, convirtiéndose muchos de ellos en gañanes.

En la segunda mitad del siglo XVIII, en el noroeste del ahora estado de Tlaxcala, algunas haciendas se dedicaban ya al cultivo del maguey y a comercializar la producción del pulque. En estas fincas, además de los gañanes y los tlaquehuales que realizaban las labores agrícolas, había también *tlachiqueros*; ellos estaban encargados de recolectar el aguamiel (*tlachique*) de los magueyes y llevarlo al tinacal de la hacienda (local donde se almacenaba, se fermentaba el líquido y se llevaba a cabo la elaboración del pulque). Como la producción del maguey requiere de trabajo durante todo el año, es probable que los tlachiqueros se establecieran en la hacienda.

Formalmente, la paga de los jornaleros debía ser semanal y en efectivo —"en dinero y tabla y mano propias"— como lo estipulaba textualmente el bando de 1784. Sin embargo, los hacendados frecuentemente no llevaban a cabo el "ajuste de cuentas" de los trabajadores ni les liquidaban su salario sino hasta que éstos pedían la intervención de las autoridades. Esta negligencia, obviamente, tenía como intención retenerlos.[7]

Cuando se implantó el alquiler voluntario, las autoridades ordenaron que la ración alimenticia recibida por los trabajadores libres o "de pie" debía proporcionarse aparte del sueldo.[8] En Tlaxcala, por lo menos en algunas regiones, se acostumbró que, además del salario, los gañanes recibieran una ración de maíz y medio real de plata semanal llamado *chiltomín* (del náhuatl *chiltic*, "menudo" y *tomín*, "dinero").[9]

Como parte de la remuneración que el gañán recibía por su trabajo estaba considerado además el *pegujal* o *piojal*, que consistía en una pequeña porción de tierra que el hacendado cedía al peón, quien la sembraba para su propio consumo. Esta costumbre surgió a iniciativa de los hacendados, quienes desarrollaron diversas estrategias para desarraigar al peón de su lugar de origen, y el pegujal fue una de ellas.

El patrón lo que pretendía con esto era dotarlo de uno de los rasgos que co-

---

[7] Las peticiones de ajustes de cuentas frecuentemente formaban parte de las demandas que los trabajadores dirigían a las autoridades para que se les administrara justicia por malos tratos y retención "ilegal" en la hacienda. AGET, fondo documental Colonia, exp.7, ff. 1-1v, año 1716; Biblioteca del Museo Nacional de Antropología, fondo de microfotografía, serie Tlaxcala (en adelante BMNA, mf, sT), rollo 7, núm. 285, f. 1, año 1729 y rollo 29, núm. 36, ff. 1v-2, año 1786.

[8] Isabel González, 1966, p. 443.

[9] BMNA, fm, sT, rollo 29, núm. 31, f. 7v, año 1785.

mo campesino tenía el indígena en su comunidad, aunque en realidad el pegujal no fuera de su propiedad.[10]

Los tlaquehuales o peones eventuales, por su parte, percibían un salario mayor, sin embargo, esto no los colocaba en mejor situación pues, a diferencia de los gañanes, no recibían ni chiltomín ni tampoco les era repartido pegujal; sus condiciones de vida en la hacienda eran incluso desfavorables y el trato con ellos más coercitivo. Además de que también se les retrasaba el ajuste de sus cuentas y se les retenía.[11]

La situación de los tlachiqueros no se encontraba definida ya que no eran ni trabajadores permanentes ni eventuales; la producción pulquera, aunque considerable, aún no se había desarrollado en gran escala. Estos trabajadores eran pagados de acuerdo con la cantidad de aguamiel que entregaban, es decir, laboraban a destajo; no se les proporcionaba ración de maíz ni adelantos en especie a cuenta de su paga, y no hay referencia de que se otorgara tampoco pegujal.[12]

Hacia la segunda mitad del siglo XIX, las haciendas se habían venido expandiendo en perjuicio de las comunidades aledañas, las cuales se vieron despojadas de sus tierras y recursos comunales; este despojo dio comienzo a partir de 1856 con la Ley de Desamortización. Una de las consecuencias fue que las comunidades perdieran su autoridad jurídica, anulándose así la relativa autonomía de los ayuntamientos y municipios. Las comunidades desde entonces tuvieron que subordinarse directamente al poder central y los gobiernos locales empezaron a ser controlados por los hacendados.[13] En Tlaxcala se dio el caso incluso de que el gobierno destacara alguna "autoridad oficial" para que se estableciera en la hacienda.[14]

Posteriormente, entre 1880 y 1906, la expropiación de los recursos de las comunidades en beneficio de las haciendas se acrecentó. Otras veces, el despojo tuvo que ver con la construcción de la red ferroviaria; las haciendas peleaban (y en la mayoría de los casos ganaban el pleito) la posesión de los terrenos beneficiados por el tendido del ferrocarril, para de esta manera tener mayor acceso a los mercados de sus productos.

Las haciendas, al expandirse, no sólo lograron apoderarse de los recursos comunales (tierras, aguas, bosques) sino también de los miembros de las comunidades quienes se vieron obligados a trabajar para estas propiedades al ser expropiados sus recursos, pues perdieron la capacidad de desarrollar una economía de autoconsumo, así como cubrir los gastos de impuestos y festividades religiosas.

[10] En Tlaxcala, al menos desde el siglo XVIII, el uso del pegujal ya aparece mencionado en documentos. Véase BMNA, fm, sT, rollo 29, núm. 31, ff. 9-9v, año 1785.

[11] BMNA, fm, sT, rollo 29, núm. 31, ff. 7v y 11, año 1785.

[12] Juan Felipe Leal y Mario Huacuja, 1982, p. 41.

[13] A fines del siglo XIX y principios del XX fueron francamente escasas las quejas y demandas que tan comúnmente dirigieron los trabajadores a las autoridades durante el periodo virreinal. La razón evidentemente no era que los hacendados o administradores, capataces y mayordomos hubieran cambiado su trato para con los peones, sino que el propietario era quien imponía su autoridad en la hacienda con la anuencia de los funcionarios locales y municipales.

[14] AGET, Tlaxcala, 18 de diciembre de 1907; Barrón-Escandón, 22 de mayo de 1908.

Las haciendas decimonónicas siguieron funcionando como unidades económicas autosuficientes y de producción diversificada, al igual que las coloniales, pero en mayor escala y destinando la mayor parte de sus productos al mercado externo. Con escasas excepciones (donde se contaba con sistema de riego o maquinaria), las fincas realizaban sus actividades agrícolas y ganaderas con las técnicas tradicionales por lo que, en consecuencia, la calificación de la mano de obra requerida en las haciendas de finales del siglo XIX no había cambiado, aunque si aumentó de acuerdo con la expansión económica de cada hacienda.

En el siglo XIX, los antiguos gañanes de las fincas coloniales se convirtieron en los llamados peones acasillados a los que se les pagaba anualmente de acuerdo con los días trabajados. El pago se hacía en efectivo, si es que restaba algo, ya que se les descontaban del sueldo los adelantos a cuenta, los chiltomines y los productos comprados en la tienda de raya; si quedaba a deber el peón, la deuda se anotaba en la cuenta del año siguiente.

El mecanismo de endeudamiento siguió siendo común durante este periodo, pero ya no era una razón estrictamente económica (la escasez de mano de obra) lo que llevaba a los hacendados a sujetar al peón por este medio; lo hicieron como muestra de su autoridad y así, el endeudamiento se convirtió sobre todo en una eficiente forma de control y en un compromiso sobreentendido del peón con el patrón.[15]

Muchos de los peones acasillados descendían de familias que por generaciones habían permanecido y trabajado en la hacienda; peones arraigados en la propiedad que se sentían parte de ella puesto que ahí habían nacido y crecido, lo mismo que sus antepasados. Este sentimiento de pertenencia estaba reforzado por la relativa seguridad que disfrutaban al tener asegurada su subsistencia dentro de la hacienda, no a través de un salario, sino de las otras formas de pago —el pegujal, la ración de maíz y la vivienda.[16]

Los acasillados se encargaban principalmente de las labores agrícolas pero también se ocupaban de la ganadería, de tareas domésticas, de la construcción de acequias, bordos, canales, presas y del mantenimiento del casco de la hacienda en las épocas de poco trabajo en el campo.

Por otra parte, las haciendas, en temporadas de trabajo intenso, seguían requiriendo de mano de obra estacional. Los llamados semaneros sustituyeron a los peones eventuales de la época colonial (tlaquehuales). Como lo indica su nombre, esos trabajadores eran retribuidos semanalmente, aunque en muchos lugares se les llevaba una cuenta y se les liquidaba cuando dejaban la hacienda. A semejanza de los peones coloniales, los semaneros venían de poblaciones cercanas a la hacienda; en

---

[15] Aunque escasas, algunas demandas de los peones lograron llegar hasta el gobernador del estado y son muestra del autoritarismo y del abuso del hacendado y sus empleados de confianza. AGET, Sanctorum, 25 de abril de 1905; Tlaxcala, 7 de octubre de 1908.

[16] Fue por esta razón que durante la Revolución los peones acasillados defendieron la hacienda, fuente de su subsistencia y de su forma de vida.

ella trabajaban durante el día y de noche regresaban a su localidad si ésta se encontraba próxima; cuando procedían de lugares alejados, permanecían en la finca y el fin de semana se iban a sus casas.

La situación de los trabajadores eventuales era mucho peor que la de los acasillados puesto que en sus comunidades ya no contaban con medios de subsistencia suficientes, por lo que el jornal ganado en la hacienda era su principal fuente de ingresos.

El caso de los tlachiqueros fue diferente. Durante las dos últimas décadas del siglo XIX, la construcción del ferrocarril permitió a las haciendas dedicadas a la producción del maguey —en la zona noroeste del estado— comercializar el pulque en gran escala.

Las propiedades pulqueras comenzaron a emplear a un elevado número de tlachiqueros, los que mantuvieron en producción constante las magueyeras y expandieron las plantaciones. El trabajo de los tlachiqueros era indispensable para llevar a cabo diariamente, y durante todo el año, la extracción del aguamiel y su acarreo al tinacal, por lo que los hacendados comenzaron a asegurar la mano de obra fijándola en la propiedad.

Los tlachiqueros eran remunerados por su trabajo en efectivo y a destajo como lo habían sido desde la época colonial. El salario era semanal, más una ración fija de pulque (*tlachilole*) que se les entregaba diariamente, además de vivienda dentro de la hacienda.[17]

La relación del tlachiquero con el hacendado debió haber sido diferente a la de los acasillados, a pesar de su condición de "trabajadores permanentes". La vivienda fue el único elemento que de alguna manera los ligaba a la finca pues, al ser remunerados de acuerdo con el volumen de trabajo realizado y no facilitárseles adelantos ni préstamos, no tenían una relación de dependencia con el patrón como los peones acasillados y por consecuencia su libertad de movimiento era mayor.

ARQUITECTURA DE LAS CALPANERÍAS

Antecedentes coloniales

En este periodo, los trabajadores vivieron en construcciones integradas indistintamente a cualesquiera de los edificios del complejo arquitectónico de la hacienda (casco). En los documentos de la época, estas construcciones se designan con el nombre de "portales" y "galeras".

En un inventario del año de 1750 de la hacienda de San Lorenzo Soltepec se mencionan las dimensiones y el avalúo de estas dependencias:

---

[17] Información oral del señor Manuel de Haro.

Iten, por el *portal en que viven dichos casados*, de treinta y siete varas de largo en 220 pesos. Iten por la cochera y cuatro cuartos seguidos en el zaguan y *galera en que duermen los solteros*, que todo cae debajo de la vivienda alta, en 1 650 pesos.[18]

Tanto los solteros como los casados a que hace referencia el citado documento eran los gañanes retenidos en la hacienda a quienes se les instalaba, de acuerdo con su estado civil, en edificios separados. Las galeras y los portales eran, pues, espacios comunes donde vivían los gañanes con sus familias.

Los trabajadores alquilados (tlaquehuales), por su parte, como residían en la hacienda tan sólo por temporadas, eran "metidos" en edificios destinados al almacenamiento de semillas (trojes) como lo muestra, entre otras, ejemplos documentales, la siguiente cita contenida en un inventario de la hacienda de San Buenaventura:

> y por la acera de enfrente la *troje de encerrar los tlaquehuales* con una troje encima de cuarenta y ocho varas cada largo y cuatro de alto, techadas de vigas y por torta su enladrillado.[19]

Al igual que las trojes, las *tlapixqueras* (del náhuatl *tlapixcan*, "lugar donde se guarda algo"), que originalmente eran bodegas de grandes dimensiones para aperos de labranza, enseres y materiales, también fueron usadas como dormitorios para los peones alquilados.

> los demás indios que nombran tlaquehuales, estos solo tienen líquido su salario en la pensión de estar *encerrados en tlapixquera* durante su existencia en dicha hacienda.[20]

Estos jornaleros temporales eran literalmente "encerrados bajo llave" por las noches, y éste parece ser el punto de partida para que el término tlapixquera se asociara posteriormente al de cárcel. De hecho, desde el siglo XVIII ya se le menciona como un lugar de castigo para los peones.

> Para evitarles sus recursos como les compete, en vista de la mala vida que se les da, hace un mes que tienen encerrados en la tlapixquera toda la cuadrilla, sin dejarla salir ni aún a hacer aguas, castigándoles, de suerte que a mas de los azotes que les ministran los meten de pies en un cepo.[21]

Para principios del siglo XIX, al aumentar el número de peones permanentes, los requerimientos de vivienda dentro de la propiedad fueron distintos; el tipo de

---

[18] AGET, fondo documental Colonia, exp. 37, ff. 141v-142, año 1750.
[19] AGET, fondo documental Colonia, exp. 15, f. 147v, año 1717.
[20] BMNA, fm, sT, rollo 29, núm. 39, f. 9v.
[21] BMNA, fm, sT, rollo 29, núm. 36, ff. 1-1v.

construcciones donde hasta entonces habían vivido en las fincas coloniales se había modificado.

El cambio no fue tan sólo en las dimensiones sino en la concepción de la arquitectura de las viviendas de los trabajadores. Ahora éstos habitaban en espacios particulares con su familia. Las "casillas" o cuartos son mencionadas en diversos documentos como es el caso del inventario de la hacienda de Santiago Ameca, del año de 1809:

> y al propio hilo de la casa principal y lado del sur, sigue un tinglado de tejamanil, que hace en veintisiete varas de su tramo, seis *casillas* con sus respectivas puertas.[22]

Durante buena parte del siglo XIX, las casillas se convirtieron en el tipo de vivienda más común; de ahí el nombre de peones acasillados.

Las calpanerías de las haciendas porfirianas

A finales del siglo XIX, la distribución de los espacios tanto productivos como habitacionales que conformaban el complejo arquitectónico de las haciendas, había cambiado. De hecho, surgió en una parte de las fincas un área, definida y delimitada, destinada expresamente para las viviendas de los trabajadores. Éstas ya no eran construcciones integradas al casco; la calpanería se había venido diferenciando y había adquirido importancia y carácter propios. Algunos caseríos incluso constituían un cuarto del total de la construcción de la hacienda y llegaron a ocupar hasta un tercio de la superficie del casco (éste fue el caso de las haciendas al norte del estado).

El caserío y su ubicación en la hacienda

En las haciendas tlaxcaltecas del porfiriato era frecuente que un muro alto encerrara y delimitara la zona de la calpanería; en este caso, las casas se distribuían en torno a un gran patio central. Como ejemplo están las haciendas de Xalpatlahuaya, San José Atlanga (plano 2), Santiago Ameca, San Diego Notario e Ixtafiayuca.

Otros caseríos, en cambio, se distribuyeron siguiendo el muro perimetral de la hacienda (o tapia) al cual se adosaron las viviendas; en este caso, la calpanería estaba integrada directamente al "patio de trabajo" o "plazuela". Entre otros ejemplos, están las haciendas de Mazaquiahuac (plano 3), Tlatzalan, San Miguel Te-

---

[22] AGET, fondo documental Colonia, exp. 2, f. 23, año 1809. Véase también AGN, Tierras, v. 1891, exp.1.

palca, San Lorenzo Soltepec, San Blas, Tepeyahualco (Tlaxco) y San Pedro Ecatepec.

En algunas otras haciendas, las viviendas no estaban encerradas ni tampoco delimitada la zona habitacional, o al menos, no hay evidencia de que lo estuviera. Es el caso de las calpanerías de Tepetzala (plano 4), Delicias, Tecomalucan, Zocac, Guadalupe (Huamantla), San Andrés Buenavista, Las Toltecapa y Zotolucan.

Ordenamiento del caserío

Las calpanerías tenían una fisonomía diferente, dependiendo del modo en que se articulaban las casas y de cómo se organizaban en su conjunto. De acuerdo con estos dos factores, predominaron dos formas de ordenamiento: en calles y en hilera.

Cuando las casas formaban calles, casi siempre eran construcciones independientes o en pares. Algunos ejemplos se encuentran en las calpanerías de Las Delicias (plano 5 y foto 1, véase en el anexo), San Andrés Buenavista (foto 2), Zotolucan, Tlatzalan, San Lorenzo Soltepec y Tepeyahualco (Tlaxco).

En menor número estaban las casas dispuestas de manera contigua, adosadas unas a otras. Como ejemplo están las calpanerías de San Diego Notario (plano 6 y foto 3), Zoquiapan y Tecomalucan.

Otro tipo de ordenamiento del conjunto de las viviendas era en hilera; en este caso, la solución que predominó fue la de casas contiguas y adosadas a un muro, que podía ser el que encerraba al caserío o la tapia que delimitaba al casco de la hacienda. Como ejemplos del primer caso estaban las haciendas de Santiago Ameca (plano 7 y foto 4), Xalpatlahuaya (foto 5), San Lorenzo Soltepec, San José Atlanga y San Joaquín; son ejemplos representativos de viviendas adosadas a la tapia las de San Blas, San Miguel Tepalca, Mazaquiahuac (véase plano 3 y foto 6), Xochuca y Tepeyahualco (Tlaxco).[23]

En la mayor parte de las haciendas, el caserío de peones estaba constituido por un solo tipo de casas. Fueron menos numerosas las calpanerías con casas de diversos tipos y ordenadas en grupos, de acuerdo con diferencias en su construcción. Destacan por la diversidad de sus viviendas y la extensión del caserío las haciendas de Tepeyahualco (Tlaxco), San Lorenzo Soltepec (plano 8) y Mimiahuapan; y con calpanerías menos extensas las de Zoquiapan, Tlatzalan, San Diego Notario y Toltecapa.

---

[23] Desgraciadamente en haciendas tan importantes como San Nicolás el Grande y San Bartolomé del Monte, los caseríos han sido destruidos.

Tipos de casas

En general, la vivienda de los peones estaba constituida por dos cuartos: una amplia habitación de uso múltiple y otro espacio más pequeño en el que se colocaba el fogón para cocinar.[24]

Ahora bien, la disposición de estos espacios variaba (plano 9). La primera de las variaciones consistió en ubicar los cuartos seguidos sobre el mismo eje (muy rara vez comunicados entre sí). Como ejemplo están Tepetzala (foto 7), San Andrés Buenavista, Xalpatlahuaya, Mimiahuapan y Toltecapa.

La segunda variante fue disponer los cuartos separados uno frente al otro, tal es el caso de la hacienda de Zocac (foto 8) y San Diego Notario. La tercera solución consistió en situar los cuartos en forma perpendicular uno del otro, como en las haciendas de San Diego Recoba (foto 9), Tlatzalan y Las Delicias.

Algunas de las casas tenían, además de los dos cuartos ya descritos, un espacio abierto al frente, delimitado por un muro o un muro bajo; en este patio se instalaba el lavadero (cuando lo había) y también servía de corral (plano 10). Ejemplos de este tipo de vivienda se encuentran en Mazaquiahuac (foto 10), Zoquiapan, Santiago Ameca, San Pedro Batán, San Joaquín, Mimiahuapan, Tecomalucan y Xalostoc. Este espacio algunas veces estaba techado y formaba un pórtico, como en el caso de varios grupos de viviendas en las haciendas de San Lorenzo Soltepec y Tepeyahualco (Tlaxco) (foto 11).

Menos numerosas fueron las calpanerías donde las casas de los peones constaban de un solo cuarto, obviamente de uso múltiple;[25] en éstas, el lugar para el fogón se construyó con materiales perecederos (ramas, paja, pencas de maguey), y es por esto que no se conserva[26] (plano 11). Los sitios en donde quedan muestras de estas viviendas son Xochuca (foto 12), San José Atlanga (foto 13), San Pedro Ecatepec, Cuetzcontzin, El Carmen, San Cristóbal Xalapasco, Toltecapa, Mimiahuapan, Xometla y Zotolucan.

Había un cuarto tipo de casa formada por tres cuartos y patio o pórtico; dos de los espacios eran de las mismas dimensiones y de mayor tamaño que el tercero, el cual se usaba como cocina[27] (plano 12). Eran pocas las viviendas de este tipo, pues estaban destinadas a los capataces y mayordomos. Las dos primeras habitaciones se disponían una al lado de la otra y se situaban en forma perpendicular al ter-

---

[24] El mayor llega a medir desde 6 × 4 m y varía hasta 3.50 × 3 m. Las dimensiones del cuarto pequeño van desde 3.90 × 2.70 m hasta 2 × 1.75 m. Las haciendas que conservan este tipo de vivienda son Tepetzala, Zocac, Santa Ana Dos Ríos, Guadalupe, San Diego Notario, San Francisco Soltepec, Xalpatlahuaya, San Diego Recoba, San Blas, Tlaltzalan, Ahuatepec, Tenexac, Tepeyahualco (Terrenate), San Andrés Buenavista, Las Delicias, Mimiahuapan, San Lorenzo Soltepec, Tepeyahualco (Tlaxco), Toltecapa y Zotolucan.

[25] Las dimensiones de la habitación varían desde 5.30 × 4.50 m hasta 4 × 4 m.

[26] Información oral del señor Manuel de Haro.

[27] Los primeros miden 4.20 × 3.25 y 2.30 × 2.30 m, mientras que el cuarto menor tiene alrededor de 2.55 × 1.15 m.

cer cuarto y al patio o pórtico, como en las haciendas de Tlatzalan (foto 14), Tepetzala, Zoquiapan y La Concepción.

Servicios anexos

Algunas calpanerías contaban con servicios como lavaderos, pilas, fuentes y temascales. Los lavaderos podían estar agrupados en alguna zona del patio del caserío o ubicados junto a la noria y el pozo (foto 15); en el primero de los casos, al lado de los lavaderos había pilas de donde tomaban el agua para lavar. Esto se puede observar todavía en las calpanerías de las haciendas de Santiago Ameca (foto 16) y Zoquiapan. En Tecomalucan y Xalostoc, cada casa tenía su lavadero en el pequeño patio de la vivienda.

Para surtirse de agua, los caseríos tenían cerca grandes fuentes o pilas; en las haciendas de San Miguel Tepalca (foto 17), Ixtafiayuca y San Andrés Buenavista existen todavía estas construcciones.

El *temascal* estaba siempre junto a la calpanería, pues eran los peones quienes lo usaban; este baño de vapor de origen prehispánico (del náhuatl *temascalli*, "casa de baños") tenía primordialmente una función curativa.

Las haciendas de San Diego Notario, Mazaquiahuac, San Pedro Batán y Guadalupe (Huamantla), entre otras, todavía conservan el temascal en uso; en la actualidad, la costumbre de tomar este tipo de baño perdura entre la gente del campo.

Construcción de las viviendas

En su mayoría, las viviendas de los peones estaban construidas con cimientos de piedra y muros de adobe; en escasas ocasiones, los muros se recubrían con aplanado. Los cerramientos (marcos de las puertas) eran generalmente de ladrillo pero también los había de madera.

El techo era indistintamente de una o de dos aguas, de acuerdo con la disposición de la casa; por lo común, los materiales usados eran tejamanil, zacate o teja, sostenidos por vigas o morillos.

Menos comunes fueron las casas de piedra o las techadas con cubierta plana, a base de vigas de madera y terrado (ladrillo y lodo). El suelo era de tierra apisonada en todas las viviendas.

Los elementos naturales —como el barro, la piedra, la madera— que se usaban en la elaboración de los materiales de construcción, eran obtenidos dentro de los terrenos de la misma hacienda o en sus cercanías; para la fabricación de los materiales de construcción muchas de las propiedades contaron con hornos para la cocción del ladrillo y de la teja, y esporádicamente, con hornos para la obtención de la cal (en la actualidad algunas de las haciendas todavía los conservan).[28] El costo de los materiales, por lo tanto, era muy reducido y casi no significaba desembolso para la hacienda, ya que ésta tan sólo pagaba la mano de obra para llevar a cabo tales trabajos.

Cuando se construyeron los caseríos, por la magnitud de la obra, se habría requerido de mano de obra capacitada (albañiles y oficiales). Para esto, la hacienda debió contratar trabajadores del ramo que la dirigieran y efectuaran, asistidos muy probablemente por peones de la finca. Para las reparaciones y ampliaciones de las edificaciones también se emplearon albañiles, pero los trabajos sencillos de mantenimiento los realizaban los propios peones de la hacienda.[29]

Había varias diferencias entre la manera de construir la vivienda del peón dentro de la hacienda y la de la casa campesina en general. Ésta era y es autoconstruida, edificada poco a poco de acuerdo con los recursos materiales con que cuenta su dueño y ampliada cuando su morador necesita de mayor espacio y tiene posibilidades de hacerlo. En la hacienda, todas las casas de los peones, o al menos la mayoría de ellas, fueron levantadas juntas, construidas en serie. Otra de las diferencias sería la calidad de los materiales constructivos y de la construcción misma ya que la hacienda contrataba personal capacitado que llevaba a cabo dichas obras, por lo que la manufactura resultaba de mejor calidad.

La vivienda del peón, sin embargo, no difería mucho de la casa campesina en cuanto a la concepción del espacio. Comúnmente, el campesino habita en un cuarto cerrado, sin ventanas y con una sola puerta, ya que el espacio le sirve principalmente de resguardo. En la hacienda —como se observó— las viviendas fueron diseñadas de la misma manera. Sin embargo, quedó siempre al arbitrio del hacendado tlaxcalteca el número de cuartos de la vivienda así como la amplitud de las habitaciones y el tipo de material usado en su construcción.

Si hemos de creer en lo que afirma *La Revista Agrícola* —portavoz oficial de los hacendados del centro del país—,[30] los dueños no ponían interés en las habitaciones de los peones, las cuales se encontraban en mal estado. Esta revista en reiteradas ocasiones hace a sus lectores recomendaciones dirigidas a mejorar las condiciones de vida de los trabajadores. El mejoramiento de las viviendas se aprecia como una medida que reditúa en un mayor rendimiento físico del peón y por consecuencia en una mayor producción para la hacienda. Pero también tras este interés hay una actitud paternalista, ya que el proporcionar al trabajador un lugar ade-

---

[28] Véase Antonio Terán, 1996, capítulos 2, 3 y 4.

[29] AGET, "Distribuciones diarias y semanarias que manifiestan las operaciones de los peones semaneros que trabajan en la finca de Atotonilco en el año de 1878". En este libro de cuentas se especifica el número de albañiles y peones que desempeñan trabajo de reparación y mantenimiento del caserío, y el sueldo semanal que perciben.

[30] *La Revista Agrícola. Periódico quincenal destinado exclusivamente a la propagación de los conocimientos y adelantos agrícolas y a la defensa de los intereses de la agricultura.* Esta revista se publicó durante los años de 1885 a 1909.

cuado donde vivir no es considerado como un derecho laboral sino como un favor del hacendado.[31]

La casa que ocupaba el peón en la finca no era peor que la que pudiera tener en su lugar de origen; de todas formas, la denigrante situación que vivía no se debía a las malas condiciones de la vivienda sino al trato de explotación y servilismo de que era objeto (foto 18).

FACTORES QUE INTERVINIERON EN LA CONFORMACIÓN DE LOS CASERÍOS

El tamaño, la composición y la ubicación de la calpanería estaban definidos por una serie de factores. Por su origen, en relación con la propia hacienda, estos factores pueden agruparse en externos e internos.

Entre los externos, está la densidad y distribución demográfica de la región. Las propiedades enclavadas en las partes norte y oeste del estado contaban con los caseríos más extensos, mientras que las calpanerías en las fincas de las zonas centro y sur eran las más reducidas. Esto se explica, en parte, porque en el norte apenas si habitaba un tercio de la población del estado en unos cuantos asentamientos: "las cabeceras municipales eran prácticamente los únicos pueblos".[32] La mano de obra, por tanto, en su mayoría era acasillada y radicaba en la hacienda. Por el contrario, las partes centro y sur de Tlaxcala estaban densamente pobladas; en estas zonas, las haciendas dependían para obtener la mano de obra de los poblados que las rodeaban. En este caso era mucho menor el número de jornaleros acasillados que vivían en las haciendas.

Otro factor externo que intervenía en el tamaño de la calpanería era la dependencia o relativa independencia económica de los poblados aledaños a las haciendas y, por consiguiente, la facilidad o dificultad de obtención de mano de obra. Así, en las partes centro y sur del territorio, las poblaciones todavía contaban con tierras comunales, pastizales, montes y las estribaciones de la Malintzin, y se dedicaban también a otras actividades económicas complementarias como la manufactura textil, el comercio y la arriería (podrían añadirse a estas actividades el establecimiento en el último tercio del siglo XIX de varias fábricas textiles).[33] Por lo tanto, las haciendas dependían primordialmente de mano de obra temporal y sus calpanerías en consecuencia eran reducidas.

También influyó en las dimensiones del caserío el carácter, intensivo o no, del proceso productivo de la hacienda, el cual podía depender tanto de la fertilidad natural de las tierras como de la inversión que el hacendado hiciera en sistemas de

---

[31] Véase C. Moreno, "Habitaciones para jornaleros", 15 de marzo de 1886 y E.L. Gallo, "La arquitectura rural", 15 de septiembre de 1890.
[32] R. Buve, "Haciendas in Central Mexico from Late Colonial Times to the Revolution", p. 217.
[33] R. Buve, *op. cit.*, p. 216.

irrigación y de maquinaria agrícola, como fue el caso de las fincas del municipio de Natívitas.[34]

En el sureste de Tlaxcala —que era uno de los sectores agrícolas más prósperos y cuyos productos eran destinados al mercado urbano—, las haciendas, gracias a la ventajosa situación geográfica de la región, habían podido desarrollar un cultivo intensivo de cereales a base de riego a pesar de que éstas eran de extensión reducida —de entre 250 y 1 000 hectáreas.[35]

En estos casos, la necesidad de mano de obra era proporcionalmente menor a la de las haciendas de otras regiones del territorio tlaxcalteca.

Elementos internos —de otra naturaleza— como son los relacionados directamente con el proceso productivo, llegaron también a definir el tamaño y la composición de la calpanería. El tipo de producción por un lado (agrícola, ganadera, pulquera) y la escala de la economía mercantil y de autosuficiencia de cada hacienda en particular, por el otro, determinaban la cantidad y el carácter de la mano de obra, es decir, el tipo de contrato que establecían los peones y la finca (eventual o permanente).

No sólo el tipo de producción definía el número de peones acasillados requerido sino también la manera particular en que cada hacienda explotaba sus tierras. Se puede decir que las condiciones de explotación en cada propiedad determinaban la proporción de la superficie que la hacienda cultivaba directamente y, en consecuencia, el número de peones que residían en ella.

Otro factor, igualmente interno, que intervino particularmente en la constitución del caserío y su ubicación dentro de la hacienda fue la coerción que se ejerció sobre los trabajadores, y por lo tanto, la necesidad de controlarlos físicamente. Los extensos caseríos y el crecido número de jornaleros requerían para su vigilancia medidas de control estratégicas, más complicadas que las usadas en la época colonial (encerrar a los peones en un local o integrar sus viviendas al resto del conjunto arquitectónico). Por esta razón, algunas calpanerías estuvieron constituidas por diversos tipos de casas agrupadas de acuerdo con sus semejanzas formales, lo cual facilitaba la vigilancia de los trabajadores.

En varias haciendas existen zonas bien delimitadas o diferenciadas destinadas a alojar, por separado, a los peones de campo, a los tlachiqueros y a los artesanos.

Estas diferencias formales también fueron simplemente consecuencia de las diversas etapas constructivas de las calpanerías. El número de casas aumentaba de acuerdo con la necesidad de habitación, y las viviendas no siempre se construían a semejanza de las ya existentes, además de que se adecuaban al sitio que iba quedando disponible dentro del casco.

Por otra parte, la diversidad arquitectónica obedece en algunas ocasiones a la diferenciación que se hacía de los trabajadores en la hacienda. De acuerdo con la

---

[34] AGET, "Memoria administrativa del Estado correspondiente al distrito de Zaragoza", 1907.
[35] R. Buve, *op. cit.*, pp.216-217.

situación laboral del peón y del trabajo que desempeñaba, era la clase de vivienda que ocupaba; las diferencias formales en este caso correspondían más a una división técnica del trabajo que a una jerarquía social entre los trabajadores. Hasta donde es posible observar, el tipo de vivienda que ocupaba el peón de campo acasillado no muestra ventajas sobre una de tlachiquero. La diversidad arquitectónica radica tan sólo en la distribución de los cuartos interiores de la vivienda y en la disposición y el ordenamiento del caserío.

Otro era el caso de las viviendas destinadas a los capataces y mayordomos; éstas sí se distinguían del resto del conjunto: eran más amplias, tenían mayor número de espacios o estaban construidas con materiales de mejor calidad. Dicha distinción hacía patente el mayor estatus social del morador, quien era "compensado" de esta manera por su cargo de responsabilidad, supervisión y control sobre las cuadrillas de los trabajadores.

Las casas estaban dispuestas estratégicamente cerca de la puerta de campo o próximas al acceso de la hacienda; esto tenía por objeto que los "mandones", como les llamaban, vigilaran a los peones incluso fuera de las horas de trabajo. Esta costumbre existía desde el siglo XVIII, según consta en la siguiente cita:

> ...anunció nombrarse Juan Salvador y ser capitán de gañanes de la hacienda de Soltepec que su ejercicio es el de cuidar de los demás gañanes, así en las casas de la hacienda, como en el campo.[36]

No se puede hablar, por lo tanto, de una determinada tipología arquitectónica de calpanería en cierta región del territorio tlaxcalteca, ni tampoco se puede decir que exista una tipología que responda a determinado tipo de producción de la hacienda (ganadera, agrícola, pulquera).

CONSIDERACIONES FINALES

Las legislaciones virreinales fueron bastante explícitas en cuanto a las condiciones laborales de los peones de las haciendas, por lo que si el proporcionar vivienda al trabajador hubiera sido considerado como una obligación, con seguridad habría aparecido mencionada en dichas leyes; el hecho es que no lo fue. Independientemente de que estuviera o no legislado es claro que al hacendado le convenía fijar la mano de obra en la finca. La costumbre de proporcionar al peón un lugar donde vivir se convirtió en el siglo XIX en una especie de prestación a la que tenía "derecho" todo trabajador permanente.

La vivienda, de hecho, se constituyó en otra de las formas de pago no salarial, junto con la ración de maíz y el peguial. Para los capataces y mayordomos, a quie-

---

[36] BMNA, fm, sT, rollo 29, núm. 31, f. 17.

nes se les otorgaban mejores casas que al resto de los peones, la vivienda significaba además una recompensa a su labor de vigilancia.

Para el hacendado, el edificar el conjunto de casas significaba una inversión necesaria, pues si bien no era un espacio donde se llevaba a cabo propiamente dicho el proceso de producción, sí constituía un lugar destinado a satisfacer las necesidades de resguardo y alojamiento, donde el peón se alimenta y duerme para recuperar sus fuerzas.

La vivienda significó para el peón un elemento más de arraigo a la hacienda y de identificación con su vida de campesino en el interior de la misma. Esto debieron advertirlo los hacendados decimonónicos, pues si bien en el periodo colonial los trabajadores tuvieron "un lugar donde vivir", éste no estuvo concebido para ser un sitio donde la familia tuviera cabida y donde el peón viviera en forma semejante a como lo hacía en su comunidad.

Sin embargo, aunque la hacienda dotó al peón de los elementos que lo identificaban como campesino, por las características de estos elementos en el interior de la hacienda, el modo de vida del peón fue bien diferente a la del campesino en general. Para éste, la vivienda significaba, junto con la parcela y la familia, uno de los elementos básicos de su economía; para el peón, en cambio, no era posible llevar una economía de este tipo: la superficie del pegujal no daba para producir lo suficiente y alimentar a la familia; por otra parte, el peón no podía dedicarle el tiempo necesario a su cultivo pues tan sólo lo trabajaba cuando la hacienda se lo permitía.

Respecto a la vivienda, aunque el peón la habitara no podía disponer de ella; si necesitaba de arreglos o de alguna ampliación porque la familia crecía, al trabajador no le convenía hacer ninguna de estas reparaciones pues, a fin de cuentas, era propiedad de la hacienda. En este aspecto, el peón se encontraba supeditado a la voluntad del hacendado y a las posibilidades económicas de la finca.

La calpanería se constituyó en un "poblado" en el interior de la finca, inserto no sólo físicamente dentro del casco sino en un "universo cerrado" creado por la propia hacienda. En la colonia, las autoridades virreinales mediaron entre el hacendado y los trabajadores; en el siglo XIX, y sobre todo durante el porfiriato, por el contrario la hacienda gradualmente interiorizó al Estado. Muestra de este proceso fue la existencia de autoridades gubernamentales y de escuelas oficiales reconocidas por el Ministerio de Educación dentro de la finca. La hacienda, en este sentido, creó un mundo autónomo incluso con los medios necesarios para garantizar la reproducción de la mano de obra permanente.

Aunque las viviendas de los peones estaban agrupadas en un sitio determinado formando un poblado, su concepción arquitectónica, sin embargo, no corresponde a la de una comunidad campesina. En lo individual, la casa del peón acasillado era semejante a la del campesino tanto por el tipo de su construcción como por los espacios que la constituían; pero la calpanería en conjunto no formaba un poblado rural sino una especie de "unidad habitacional".

La vivienda campesina formaba una unidad junto con la parcela o huerta, de ahí que las casas se encontraran aisladas y separadas unas de otras, ya fuera que estuvieran diseminadas u organizadas en calles. En la hacienda, por el contrario, las viviendas se agruparon sin guardar esta distancia espacial y se construyeron lo más cerca posible una de otra. Varias fueron las razones prácticas para un ordenamiento de este tipo: la hacienda economizaba materiales y mano de obra si colocaba una casa pegada a la otra, ya que algunos muros eran compartidos; al agruparse las casas en un solo sitio, los servicios de abastecimiento de agua y lavaderos podían tener un uso comunitario y no se necesitaba dotar a cada vivienda de ellos, por otro lado, la vigilancia y el control de los peones acasillados se facilitaba mientras menos diseminadas estuvieran las casas.

La idea de unidad habitacional es una concepción arquitectónica innovadora para su tiempo. Las fábricas decimonónicas utilizaron posteriormente este modelo arquitectónico originado en la hacienda para construir las viviendas de los obreros y tomaron de aquéllas el patrón de la casa y del conjunto habitacional. Habrá únicamente una diferencia entre los dos casos: la distribución interior de los espacios; en el caso de la vivienda obrera, el patio se ubicó en la parte posterior de la casa (traspatio o azotehuela de la vivienda urbana), mientras que en la casa del peón acasillado —como se observó— este espacio siempre estuvo al frente.[37]

Por último, la calpanería era una población sin historia propia: sus pobladores no escogieron su ubicación ni su arquitectura, ni definieron la dinámica de su crecimiento. Fue el hacendado quien, de acuerdo con las necesidades económicas de su finca y su gusto personal, determinó estos aspectos.

FUENTES

Archivo General del Estado de Tlaxcala; Biblioteca del Museo Nacional de Antropología, fondo de microfotografía; Biblioteca Orozco y Berra (DEH), fondo de microfotografía, Hemeroteca Nacional.

INFORMACIÓN ORAL

Señor Manuel de Haro, propietario de la hacienda de San José Laguna; señor Esteban Tapia, antiguo trabajador de la hacienda de San Lorenzo Soltepec.

---

[37] Véase Santos Ruiz, 1983.

BIBLIOGRAFÍA

Barrera Bassols, Jacinto, "La producción maicera en el porfiriato", *Historia gráfica del trabajo en México*, 1984 (trabajo sin publicar).

Bellingeri, Marco, *Las haciendas en México. El caso de San Antonio Tochatlaco*, México, Instituto Nacional de Antropología e Historia, 1980. (Colección Científica/Historia Económica).

Boils, Guillermo, *Las casas campesinas en el porfiriato*, México, SEP/Martín Casillas Editores, 1982. (Colección Memoria y olvido: imágenes de México, 5).

Buve, Raymond, "Movimientos campesinos y reforma agraria durante la Revolución (1910-1917) en: Tlaxcala", *Trabajo y trabajadores en México*, México, El Colegio de México, 1972.

——, "Agricultores, dominación política y estructura agraria en la Revolución mexicana: el caso de Tlaxcala (1910-1918)", *Haciendas in Central Mexico from Late Colonial Times to the Revolution*, en: R., Buve (comp.), Amsterdam, CEDLA, 1984. (Icidentele Publicaties 28).

Fabila, Gilberto *et al., Tlaxcala, tenencia y aprovechamiendo de la tierra*, México, Centro de Investigaciones Agrarias, 1955.

González Sánchez, Isabel, "La retención por deudas y los traslados de trabajadores tlaquehuales o alquilados en las haciendas como sustitución de los repartimientos de indios durante el siglo XVIII", *Anales del Instituto Nacional de Antropología e Historia*, México, Instituto Nacional de Antropología e Historia, 1966.

——, "Condiciones de los trabajadores de las haciendas de Tlaxcala durante la época colonial", *Actas del XLI Congreso Internacional de Americanistas*, vol. 2, México, 1976.

Islas Escárcega, Leovigildo, *Vocabulario campesino nacional. Objeciones y ampliaciones del vocabulario agrícola nacional*, México, Instituto Mexicano de Investigaciones Lingüísticas, 1945.

Katz, Friedrich, *La servidumbre agraria en México en la época porfiriana*, México, Ediciones Era, 1980. (Colección Problemas de México).

Leal, Juan Felipe y Mario Huacuja Reuntree, *Economía y sistema de haciendas en México. La hacienda pulquera en el cambio, siglos XVIII, XIX y XX*, México, Ediciones Era, 1982. (Colección Problemas de México.

Narváez López, Zeferino, *Los campesinos de México en sus dos épocas*, México, Talleres Gráficos de la Nación, 1949.

Nickel, Herbert J., *Morfología social de la hacienda mexicana*, Weisbaden, Franz Steiner Verlag/GMBH, 1978.

Nickel, Herbert J., *Peonaje e inmovilidad de los trabaiadores agrícolas en México. Situación de los peones acasillados en las haciendas de Puebla-Tlaxcala*, trad. de Catalina Valdivieso de Acuña, Bayreuth, 1980.

Ruiz Gómez, Santos E., *La vivienda obrera en las fábricas de La Magdalena y Santa Teresa*, México, Delegación Magdalena Contreras, 1983.

Santiesteban, J.B. de, *Indicador particular del administrador de hacienda. Breve manual basado sobre reglas de economía rural, inherentes al sistema agricola en la República mexicana*, Imprenta Artística, Puebla, 1901.

Ponce, Fernando, *El alcoholismo en México*, México, Antigua Imprenta Murguía, 1911.

Santamaría, F.J., *Diccionario de mejicanismos*, México, Editorial Porrúa, 1959.

Terán Bonilla, José Antonio, *La construcción de las haciendas de Tlaxcala*, México, INAH, 1996. (Colección Científica).

Trautmann, Wolfang, *Las transformaciones en el paisaje cultural de Tlaxcala durante la época colonial. Una contribución a la historia de México bajo especial consideración de aspectos geográfico-económicos y sociales*, Weisbaden, Franz Steiner Verlag/GMBH, 1981.

Zavala, Silvio, *Fuentes para la historia del trabajo en Nueva España*, vol. 1, México, Fondo de Cultura Económica, 1939.

ANEXO DE PLANOS Y FOTOS

Plano 1. Estado de Tlaxcala. Haciendas con caserío de peones.

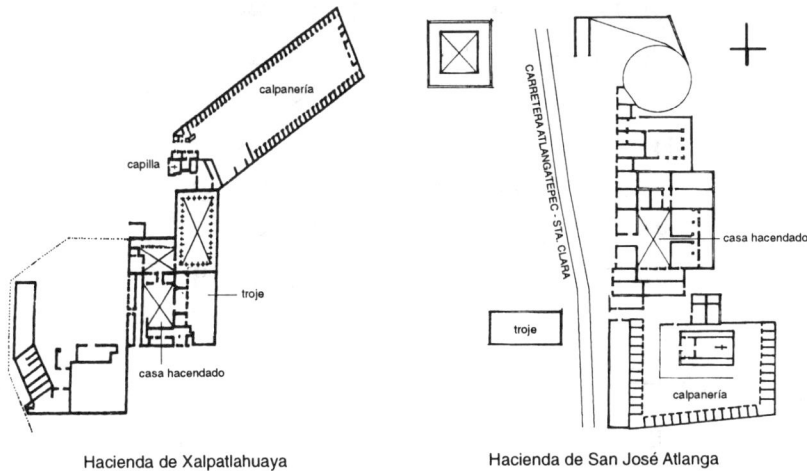

Plano 2. Caseríos alrededor de patio.

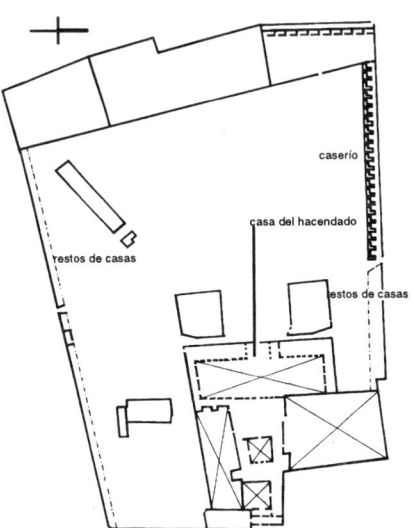

Plano 3. Caserío adosado a muro perimetral de la hacienda.

282 CASAS, VIVIENDAS Y HOGARES

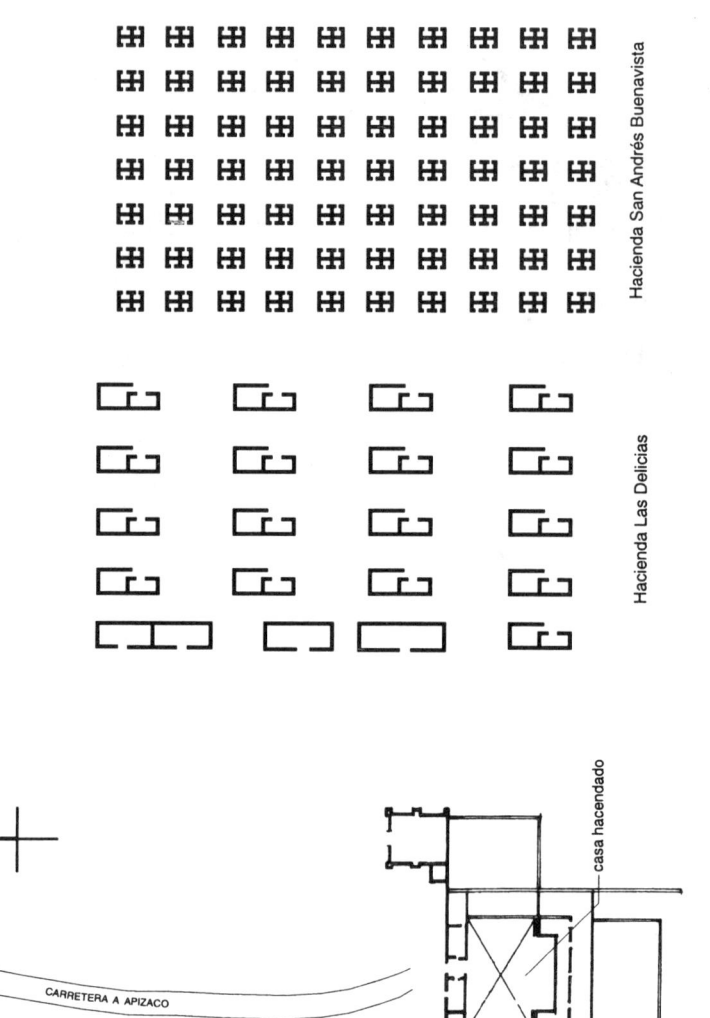

Plano 5. Caseríos en calles; casas separadas.

Plano 4. Caserío sin delimitación.

CASERÍOS DE PEONES DE HACIENDAS EN TLAXCALA   283

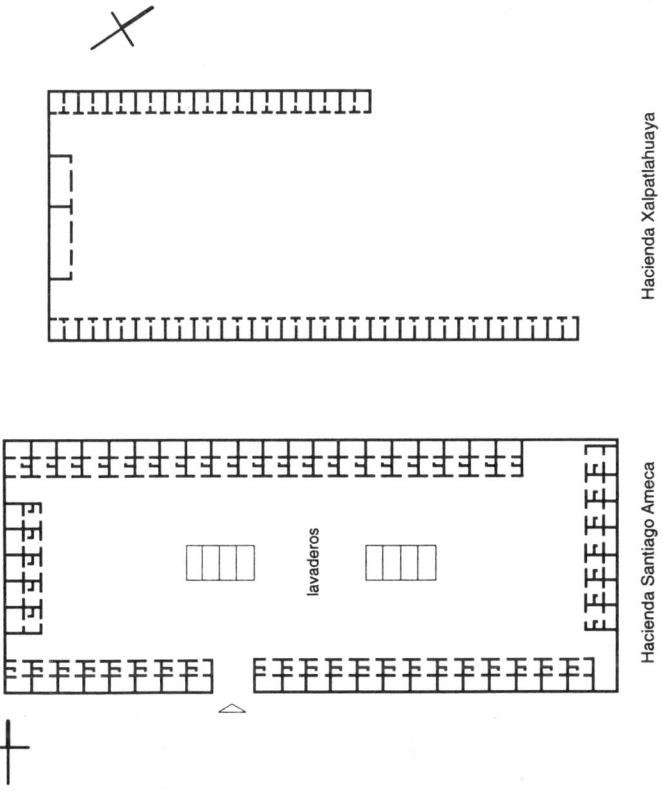

Plano 7. Caseríos en hilera.

Plano 6. Caserío en calles; casas contiguas.

284 CASAS, VIVIENDAS Y HOGARES

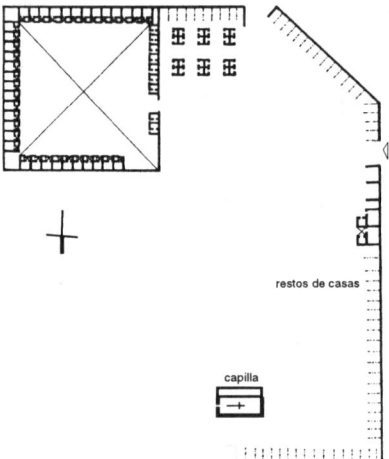

Hacienda San Lorenzo Soltepec

Plano 8. Calpanería.

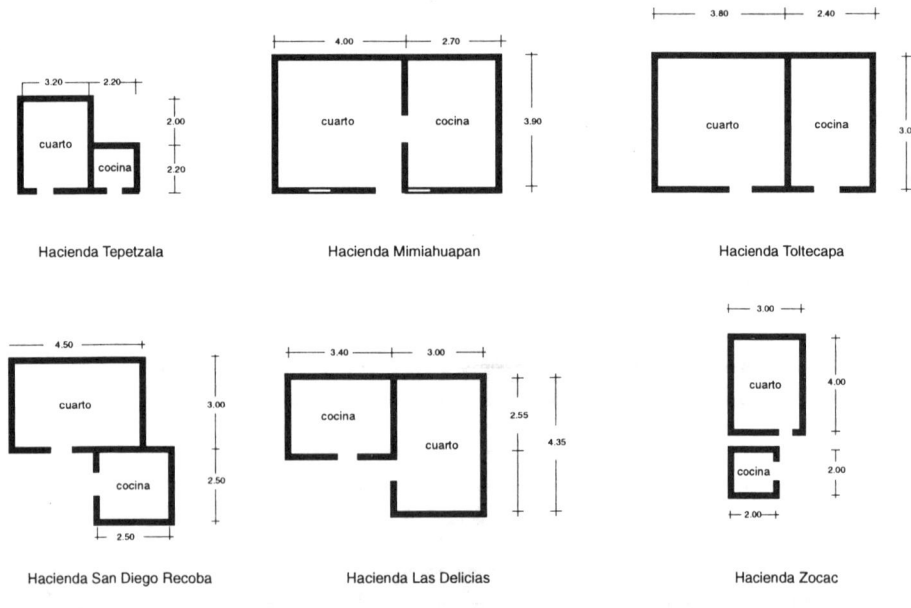

Plano 9. Tipos de casa.

CASERÍOS DE PEONES DE HACIENDAS EN TLAXCALA 285

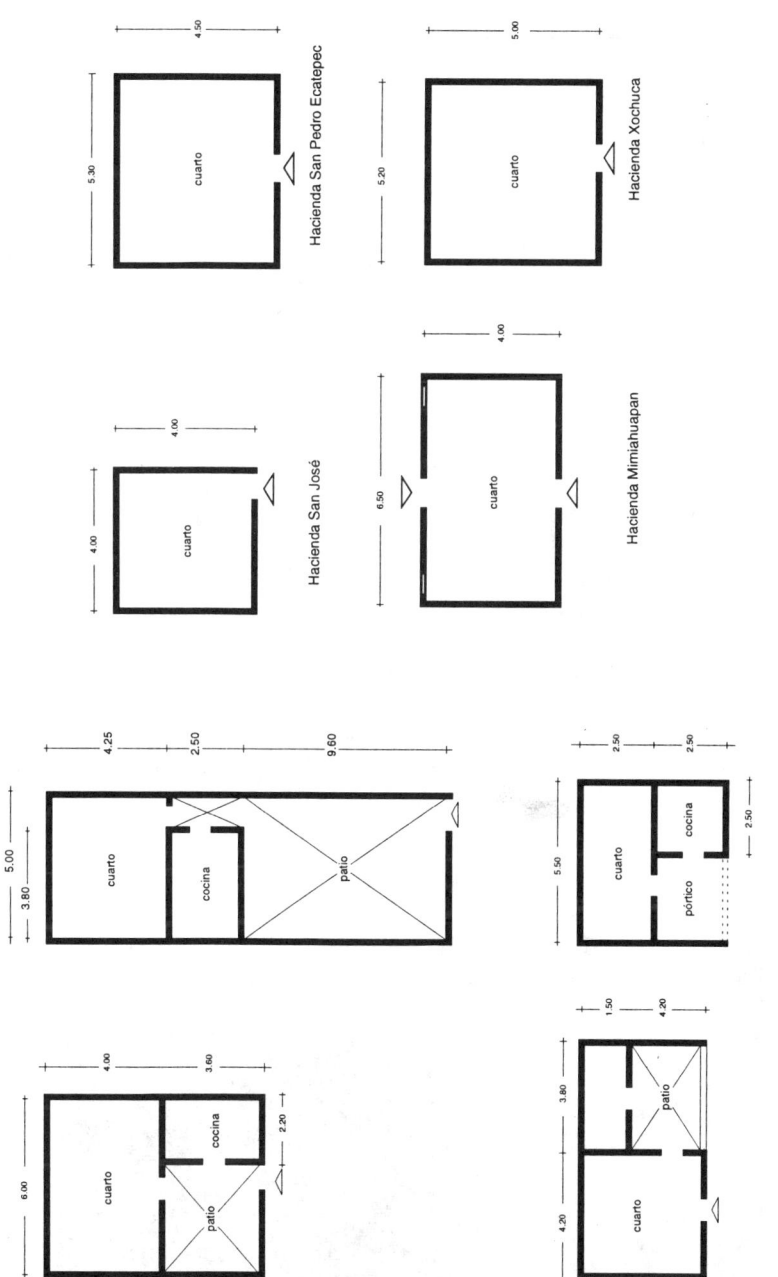

Plano 11. Tipos de casa.

Plano 10. Tipos de casa.

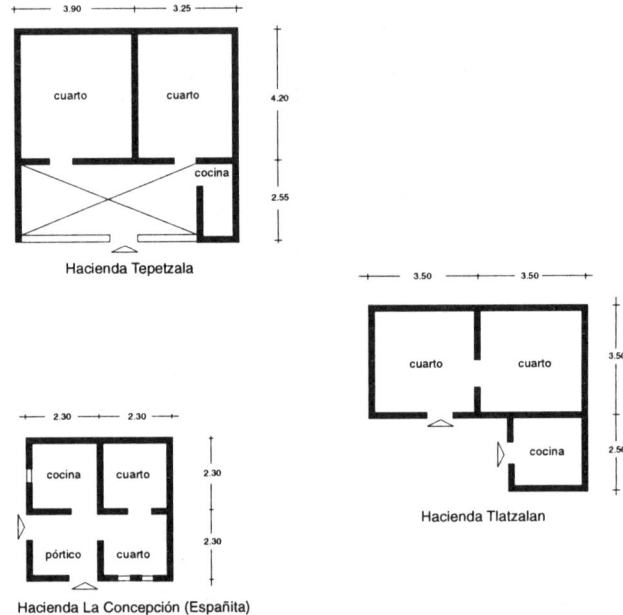

Plano 12. Tipos de casa.

Foto 1. Las Delicias.

Foto 2. San Andrés Buenavista.

Foto 3. San Diego Notario.

Foto 4. Santiago Ameca.

Foto 5. Xalpatlahuaya.

Foto 6. Mazaquiahuac.

Foto 7. Tepetzala.

Foto 8. Zocac.

Foto 9. San Diego Recoba.

Foto 10. Mazaquiahuac.

Foto 11. Tepeyahualco.

Foto 12. Xochuca.

Foto 13. San José Atlanga.

Foto 14. Tlatzalan.

Foto 15. Servicios anexos.

Foto 16. Santiago Ameca; lavaderos.

Foto 17. San Miguel Tepalca; fuente.

Foto 18. Construcción de las viviendas.

CARACTERIZACIÓN, DISTRIBUCIÓN Y VALOR DE LA PROPIEDAD EN LA CIUDAD DE OAXACA A PARTIR DEL PADRÓN DE CASAS DE 1824

CARLOS LIRA
UAM-Azcapotzalco

INTRODUCCIÓN

La tarde del 8 de febrero de 1824, por solemne bando, se publicó en Oaxaca el Acta Constitutiva de la Federación. "Hubo por la noche iluminación extraordinaria de ocote [...] Los vecinos manifestaban su regocijo colocando frente a sus respectivos domicilios anafres de barro convertidos en pequeñas piras. Hubo colgaduras en los balcones y serenata en la plaza."[1] De la casa que albergaba al Congreso, ubicada frente a Catedral, salió aparatoso desfile a caballo compuesto por diputados, la tropa de la guarnición comandada por el coronel Antonio de León y los miembros del ayuntamiento. La comitiva iba presidida por el gobernador Murguía y Galardi y el presidente del Congreso, José López Ortigosa. Después de recorrer las principales calles de la ciudad, los funcionarios ingresaron a las casas consistoriales y don José López Ortigosa lanzó un discurso a favor de la Federación que fue contestado en el mismo tono por el gobernador. Una de las intenciones de esta celebración, como bien señala Iturribarría, era "calmar la exaltación de las facciones divididas desde 1821 en federalistas y centralistas" conocidas en Oaxaca como "aceites" y "vinagres",[2] y cuyos enfrentamientos ya habían ocasionado una grave inestabilidad social, política y económica. De hecho, aunque ésta se vivía desde la guerra de Independencia, con el paso del tiempo los conflictos existentes entre el gobierno, el clero y el ayuntamiento se fueron haciendo más visibles.[3]

A pesar de ello, y seguramente con un trasfondo político de por medio, el ayuntamiento inició algunas mejoras urbanas que harían más cómoda la vida de los oaxaqueños.[4] Así, el cabildo empedró la plaza mayor y colocó en ella algunas bancas de piedra. Buscó asimismo dar servicio de limpieza a las calles y alumbrar-

---

[1] Iturribarría, 1982, I, p. 35.

[2] Iturribarría, 1982, I, p. 35. Zárate, 1995, p. 3, señala que a los yorkinos y escoceses se les llamó "aceites y vinagres", respectivamente.

[3] Véase Iturribarría, 1982, I, p. 7-58; Ibarra, 1996, p. 73-106.

[4] Digo con cierto trasfondo político pues los militares de los cuarteles de Oaxaca, comandados por don Antonio de León, se oponían a que tanto el gobierno federal como el local, incluyendo el ayuntamiento, conservara en sus puestos a empleados españoles. Los militares exigían no sólo su destitución

las en la noche por medio de faroles de aceite, en vez de los ocotes que tradicionalmente se usaban. Esta última medida no sólo implicaría una mayor seguridad para los transeúntes nocturnos, sino que además permitiría al gobierno conjurar el peligro de posibles enfrentamientos pues con las calles eficientemente iluminadas con faroles de aceite podría vigilar adecuadamente las actividades nocturnas de "aceites", "vinagres", miembros de las tropas y pueblo en general.

Estos proyectos de limpieza y alumbrado se incluyeron en un informe hecho por una comisión del ayuntamiento que tenía como fin elaborar un *Plan de Policía* que el cabildo presentó al Congreso del Estado el 9 de febrero de 1824, apenas un día después de la publicación del Acta Constitutiva de la Federación.[5] Dicho informe incluyó un "estado del ingreso y egreso [anual] de caudales del muy noble ayuntamiento" y un "estado del rendimiento por cada uno de sus ocho cuarteles menores, del uno y medio por ciento sobre los alquileres de las fincas de la ciudad".[6] Por ello sabemos que, para solventar económicamente ambos proyectos, el *Plan* proponía establecer una contribución a los inquilinos o arrendatarios de las casas de la ciudad equivalente al uno y medio por ciento anual sobre el valor del alquiler de las fincas. Para llevar a cabo esto, el propio ayuntamiento levantó un *Padrón de casas* que le permitió conocer el rendimiento de cada cuartel y establecer una contribución fija a cada inquilino o propietario de las fincas urbanas. Debido a que éste era el objetivo principal, otras referencias importantes sobre las casas, como pudieron haber sido su número de cuartos, niveles, etcétera, no fueron consignadas por los encuestadores. A partir de este *Padrón* de 1824 me propongo en este trabajo reconstruir algunos aspectos sobre la propiedad urbana de la ciudad de Oaxaca de ese momento.[7]

EL PADRÓN DE CASAS DE 1824

Este documento es en realidad un listado en el que se indica el nombre de cada una de las calles de la ciudad, el número de fincas por calle, el nombre del propietario o de la institución a la que pertenece la finca, el del inquilino, cuando lo hay, y la contribución designada a cada casa o finca en pesos y reales. No nos dice cuántas personas habitaban en cada casa ni las dimensiones de éstas. Sí sabemos gracias a

---

sino además su expulsión del país. Véase Iturribarría, 1982, I, p. 36. No es difícil pensar entonces que el cabildo, para afianzar su lugar y el apoyo ciudadano, iniciara una serie de arreglos a la ciudad que, además, resultaban urgentes por el descuido acumulado desde que las tropas de Morelos la habían tomado en 1812.

[5] Iturribarría, I, 1982, p. 39.

[6] Iturribarría, I, 1982, p. 39-41, se refiere a este "plan" sin citar su fuente. Más tarde se publicó este *Plan* en el *Padrón de casas*, 1981, p. 115-122.

[7] El *Padrón* puede consultarse en AHMO, *Actas de cabildo, 1824*, ff. 228 a 276. Asimismo en *Padrón de casas de la ciudad de Oaxaca, 1824*, 1981.

él, que hubo casas individuales que tenían una tienda incluida en su predio, que había casas de vecindad, tiendas y accesorias solas, cocheras y solares, y que en ocasiones, dentro de éstos, había construcciones rudimentarias consideradas a veces como "casas" por quienes levantaron el *Padrón*.

En éste se organizó la información subdividiendo la ciudad en ocho cuarteles. Aunque la información del *Padrón* no incluyó lamentablemente un plano ni la indicación de qué calles delimitaban cada cuartel, pude ubicar los límites de cada uno gracias a dos circunstancias. La primera es que, en ocasiones, en él se consigna una misma calle en dos diferentes cuarteles, lo que puede significar que precisamente cuando se menciona la primera vez en un determinado cuartel se esté considerando su acera derecha y la siguiente vez, en otro cuartel, su acera izquierda. La segunda es que, como se verá más adelante, algunas calles o bien conservaban en 1824 sus anteriores nombres o los que tuvieron en ese año fueron conservados años después, lo que facilitó su identificación y ubicación exacta en mapas de distintas épocas. Así, teniendo perfectamente localizadas algunas calles que según el *Padrón* eran límite de cuartel, he podido concluir que la subdivisión de los cuarteles de 1824 corresponde a la que aparece en el plano de 1795 levantado por orden del virrey Branciforte.[8] Respecto a la nomenclatura de las calles que presenta el *Padrón*, adelanto que no corresponde totalmente a otras anteriores o posteriores; tampoco se menciona en él —como a veces sucede en otros padrones o censos— el nombre de la calle que se consigna acompañado del antiguo. Por esta razón pude ubicar con precisión en el plano de la ciudad sólo algunas calles.[9] Hacerlo en su totalidad hubiera sido útil para saber, por ejemplo, cuántas propiedades había en cada manzana y así poder plantear, entre otras cosas y al menos aproximadamente, la intensidad constructiva de cada manzana y de cada cuartel.

Es importante señalar que quien o quienes levantaron el *Padrón*, parecen no haber seguido un criterio lógico en el recorrido que hicieron a través de las calles de la ciudad. En principio, nunca levantaron de una sola vez los datos de una única calle; es decir primero tomaron los de una de sus aceras y más tarde, en un segundo recorrido, los de la acera de enfrente. Por ello siempre se consigna cada calle dos veces en distintas partes del texto. Además, tampoco hay un recorrido lógico como el que, por ejemplo, sería comenzar el levantamiento a partir de una calle ubicada al norte y bajar por una perpendicular hacia el sur hasta el límite del cuartel que se está consignan-

---

[8] En la reproducción que presento de éste, separé cada cuartel para diferenciar más fácilmente sus límites. Véase plano 1. Una primera versión de los planos que presento puede consultarse en Lira, 1997. (Anexo gráfico). Agradezco a Consuelo Córdoba Flores la actualización que hizo de ellos para esta publicación.

[9] Como veremos más adelante, en el apartado correspondiente a la nomenclatura de las calles, algunas recibieron su nombre por edificios importantes, religiosos o civiles, que se encontraban en ellas; otras tomaron el nombre de algún personaje notable que vivía o había vivido en esa calle. Afortunadamente, la mayoría de estas propiedades, aunque algunas con considerables modificaciones, todavía se encuentran en pie; por ello, cuando éste fue el caso, resultó fácil localizar su ubicación en la traza.

do, para subir nuevamente en dirección norte por la calle paralela a la que se acaba de recorrer (oriente o poniente), llegar a la calle norteña donde se comenzó el recorrido, bajar nuevamente hacia el sur y continuar el levantamiento con ese mismo criterio.

Para levantar el *Padrón*, el recorrido de quienes lo hicieron se parece más al del cualquier transeúnte que, al encontrarse con un conocido en la calle, prefiere cambiar momentáneamente su ruta con tal de compartir un momento de plática hasta que, al llegar a cierto punto del trayecto y después de haber "intercambiado información", retoma su recorrido desde otro punto y en otra dirección. Este sistema complicó mucho la identificación y ubicación exacta en el plano de todas las calles citadas en el *Padrón*.

LA DIVISIÓN DE LA CIUDAD EN CUARTELES MENORES

Como ya dije, según el *Padrón*, la ciudad de Oaxaca estaba dividida en ocho cuarteles, los mismos en los que había sido organizada desde el plano de Branciforte elaborado a fines del siglo XVIII, años después de la división de Nueva España en 12 intendencias. Corresponden también con los que presenta el mapa de la ciudad hecho en 1848 por Antonio Conde Diebitech de Sabalkansky.[10]

A partir del estudio de diversos planos sabemos que entre 1794 y 1824 la ciudad no sufrió transformaciones significativas ni en su traza ni en la construcción de edificios relevantes.[11] Sí se presentó en cambio una intensa labor de reconstrucción —sobre todo en lo que se refiere a la arquitectura habitacional— debido a los devastadores sismos de 1795 y 1801 que incluso arruinaron importantes construcciones.[12]

Distribuidos en los ocho cuarteles había edificios religiosos y civiles significativos, así como plazas que cubrían diversas funciones; también se localizaban las casas o comercios de algunos oaxaqueños notables, como veremos más adelante. La ausencia o concentración de estos espacios en determinados cuarteles jerarquizaba su importancia y seguramente afectaba el valor de los predios, la calidad de la construcción, el monto de las rentas, etcétera. Compárese el siguiente cuadro con el plano 2.

No intentaré por ahora una caracterización mayor de cada cuartel; destaco solamente que los cuarteles 1o., 3o. y 4o. eran los más importantes por la concentración de espacios públicos y edificios significativos, en tanto que el 8o. y el 2o. eran, desde esta perspectiva, los menos relevantes.

---

[10] Las únicas diferencias son que los cuarteles 3o. y 4o. del de Branciforte corresponden respectivamente al 4o. y al 3o. del de Diebitech. Asimismo, la Alameda o "Llano de Guadalupe" forma parte del cuartel 6o. según datos del Padrón y del 5o. en los otros planos. Véase los planos 4 a 8 en donde reproduzco, dividido en cuarteles, este magnífico plano elaborado a petición de Juárez.

[11] Branciforte, 1795 (plano 1); Gijón, 1803; Anónimo y sin fecha (plano 2); perteneciente a la *British Library of London*, parece ser del primer tercio del siglo XIX pues algunas referencias que da sobre la ciudad coinciden con las de la época de nuestro *Padrón*.

[12] Vásquez, 1931, p. 6-7; Gay, 1986, p. 428 y 442.

LA PROPIEDAD EN LA CIUDAD DE OAXACA   301

Cuadro 1. Distribución de plazas y edificios
significativos en los ocho cuarteles de la ciudad (1795-1824)

Plazas	Conventos	Templos	Otros edificios
Cuartel 1o.			24 manzanas
Del Mercado	San Juan de Dios	San Juan de Dios	Casas consistoriales, senado
—	—	—	y cárcel
—	—	—	Alhóndiga
San Francisco	San Francisco	San Francisco	La Carnicería
Plaza de armas	La Concepción*	La Concepción	—
—	—	Consolación	—
Cuartel 2o.			26 manzanas
—	—	Coronación	Cuartel de Dragones
Cuartel 3o.			24 manzanas
—	Carmen Alto	Carmen Alto	Colegio de Niñas
Plazuela del Rosario	La Concepción	La Concepción	Colegio de Infantes
Sangre de Cristo	—	Sangre de Cristo	Antiguo Colegio de San Bartolomé
—	—	—	Seminario de la Santa Cruz
Plaza de Cántaros	—	Catedral	Colegio de San Bartolomé
—	—	Sagrario	Palacio episcopal
—	—	Carmen de Abajo	Estanco de tabaco
—	—	—	Factoría
—	—	—	Casa de correo
—	—	—	Palacio del Congreso y Audiencia
Cuartel 4o.			23 manzanas
—	Capuchinas españolas	San José	Tesorería y Aduana
—	—	San Cosme	
—	—	y San Damián	Hospital Real
—	Mónicas recoletas	La Soledad	Estanco de pólvora
—	—	San Felipe	Comisaría de Guerra
—	—	El Calvario	—
Cuartel 5o.			23 manzanas
—	Santo Domingo	Santo Domingo	Los Gallos
—	San Pablo	San Pablo	Juego de pelota
—	Santa Catarina	Santa Catarina	La Perpetua
—	—	Las Nieves	—
Cuartel 6o.			28 manzanas
Alameda	Betlemitas	Guadalupe	El Matadero
—	La Merced	La Merced	Tenerías
—	—	El Patrocinio	—
Cuartel 7o.			21 manzanas
—	San Agustín	San Agustín	Recogidas de Abajo
—	Capuchinas indias	Los Príncipes	Artillería
—	—	—	Cuartel de infantería
Cuartel 8o.			18 manzanas
—	—	La Defensa	

* En el cuartel 1o. se localizaba el templo y convento de la Concepción que ocupaba el antiguo templo y convento de la Compañía de Jesús ya que el de las concepcionistas se había arruinado durante el sismo de 1801.
Fuente: AHMO, *Actas de cabildo, 1824,* ff. 228-276; *Padrón de casas, 1824.*

UNA CARACTERIZACIÓN GEOGRÁFICA Y TOPOGRÁFICA DE LOS CUARTELES

No sólo la existencia o ausencia de cierta infraestructura es lo que caracterizaba a los distintos cuarteles. A partir del conocimiento de la ciudad actual, de la litografía *Environs de Oajaca* y del plano 2, incluidos en el anexo cartográfico, puede verse que cada cuartel tenía además una caracterización geográfica e incluso topográfica distinta que no sólo modificaba la imagen urbana por las extraordinarias vistas que ofrecían los cerros circundantes, o la ubicación de sus edificios, sino que también facilitaba un cierto uso del suelo o una determinada actividad económicamente productiva.

Así, los cuarteles 1o. y 2o., que comprendían la parte suroccidental de la ciudad, contaban con dos zonas de características distintas. Una de ellas, hacia el norte, formaba parte de las estribaciones del cerro de la Soledad. De terrenos todavía rocosos y con algunas significativas pendientes, esta zona entraba en contacto hacia el sur con la que estaba formada por las tierras bajas, menos duras y más fértiles, que colindaban con el río Atoyac.

Las pendientes naturales de esta zona seguían dos direcciones; la primera hacia el sureste, congruente con la del río Atoyac, y otra de norte a sur que dependía de la inclinación natural de los cerros de la Soledad y del Fortín. La parte baja estaba ocupada por tierras fértiles que eran regadas en tiempo de lluvias tanto por los arroyos que bajaban del cerro del Fortín, como por los desbordamientos del Atoyac. Su parte central, menos ruralizada, era ocupada por edificios cuyos usos se asociaban al funcionamiento del mercado y de los abundantes comercios. La más urbana era la franja que corría limítrofe a los cuarteles 3o. y 4o. y marcaba de manera natural la diferencia topográfica entre la parte alta y baja de la ciudad.

Desde la actual calle de Independencia, y viendo al norte hacia el grandioso cerro de San Felipe, todavía es perceptible un desnivel que se hace más fuerte en las actuales calles de Crespo, Tinoco y Palacios, Porfirio Díaz y García Vigil. Todas ellas, con la nomenclatura que en el plano 2 corresponde a las letras p, o, n y m, eran calles que de sur a norte formaban parte de los cuarteles 3o. y 4o. La zona de la ciudad que quedaba dentro de estos cuarteles era y sigue siendo la que presenta una topografía más accidentada y de hecho es la parte más alta. Por esto no resulta incongruente el empleo de los calificativos que se dieron "de abajo" o de "arriba" a los dos templos del Carmen, al igual que se hiciera con los dos edificios de "Recogidas" que se calificaron también así, dependiendo de la parte de la ciudad en que se ubicaban. No es extraño tampoco que esta zona diera origen al barrio del "Peñasco", bautizado así por las características del terreno.

Recordemos también que el poblado de Xochimilco, colindante al norte con el cuartel 4o., descansa en las laderas de la cadena montañosa que se une después al cerro de San Felipe, y que por el carácter rocoso y la considerable pendiente de su terreno nunca fue benéfico para la siembra, por lo que sus habitantes buscaron un medio de subsistencia distinto a la agricultura convirtiéndose en expertos tejedores. Este desnivel natural definió incluso la trayectoria y la escasa altura del acueducto que desde el norte, en las proximidades del pueblo de San Felipe del Agua, bajaba a la ciudad para aprovisionarla de agua. Después de pasar a un lado de Xochimilco, el acueducto se introducía a la ciudad hasta una caja de distribución que todavía permanece en la esquina suroccidental del atrio del Carmen de Arriba y continuaba por medio de caños o "tarjeas" hasta las fuentes públicas y particulares. Tanto el excedente de este agua como la pluvial eran conducidas por caños a cielo abierto, que siguiendo la pendiente natural del suelo hacia el suroeste regaban las tierras de la Trinidad de las Huertas y de la "Nohoria". Esta zona formaba la parte más sureña del cuartel 8o. y sus terrenos, al ser inundados además por el desbordamiento frecuente de los ríos en esa parte baja, fueron los más fértiles próximos a la zona urbana, por lo que se asentaron en ellos algunas labores y huertas.

En esta parte suroriental de la ciudad, la densidad urbana era menor y se limitaba a unas cuantas casas de endebles materiales, las cuales se encontraban dentro de fértiles solares que pertenecían en su mayoría a la Iglesia o a propietarios de rango elevado que las alquilaban a otros habitantes de la ciudad de distinto nivel socioeconómico.[13]

La parte más urbana del cuartel 7o. estaba formada por las manzanas inmediatas al templo de San Agustín y por las que lo limitaban con el cuartel 5o. A partir de la zona aledaña al templo y convento de la Merced, colindante ya con el cuartel 6o, sus manzanas conservaban también ciertas características rurales y en sus terrenos, por la calidad de su arcilla, se asentaron algunas "fábricas de ladrillos, tejas y adobe" que servían para abastecer a la ciudad de dichos materiales.[14]

El cuartel 5o., a pesar de estar en una zona de menor pendiente que la que contenía al 3o. y 4o., tuvo y tiene el prestigio de ser —en su parte norte— el que posee el suelo más estable y por tanto más resistente a los temblores. Así, el terreno ocupado a principios del XIX por la "alameda", originalmente conocido como "Llano de Guadalupe" por su vecindad con el templo dedicado a la guadalupana, era albergue acostumbrado de los oaxaqueños cuando la intensidad de los terremotos les impedía seguir habitando sus viviendas ya que, se decía, en esta zona los temblores se sentían menos.

El río de Jalatlaco definió y ha definido de alguna manera el destino del cuartel 6o. Como podemos ver también en el plano anónimo, el río separaba esta parte de la ciudad del pueblo de Jalatlaco que ya desde fines del XVIII era famoso por sus talabarterías. Hacia el oriente, y vecino a los terrenos de Jalatlaco, se localizaba la "cantera antigua" que permaneció como tal hasta principios de este siglo y que sumada a las de Ixcotel, dio a los oaxaqueños la piedra más utilizada en las cons-

---

[13] Según veremos más adelante, el *Padrón de casas* de 1824 confirma lo que digo. Asimismo, vale la pena ver este cuartel en el plano de Sabalkansky pues los solares aparecen perfectamente diferenciados de las fincas construidas por la representación en ellos de árboles y campos cultivados. Véase los planos 4 y 8.

[14] Véase la localización de éstas, representadas por el núm. 64 en el plano 2.

trucciones de su ciudad.[15] Aquélla colindaba con la parte sur del barrio de Tepeaca que conservaba su plaza y su templo, ya para entonces en ruinas.

LA NOMENCLATURA DE LAS CALLES

La nomenclatura de las calles es mucho más que sólo nombres. Tal vez en la actualidad los nombres de numerosas calles de nuestras ciudades carezcan de significado para la gran mayoría de sus habitantes. En la cultura contemporánea en la cual vivimos, en la que la permanencia de la gente en sus espacios cotidianos es tan inestable, en la cual los significados de las palabras "hogar", "barrio", "colonia", "ciudad" son tan diversos y variables, puede ser que efectivamente el nombre de una calle no sea más que eso, un nombre que sólo sirve para diferenciarla de entre miles de otras que, incluso, pueden llegar algunas de ellas a tener un notable parecido físico entre sí.

Pero esto no ha sido siempre así. A través de la historia, la sociedad ha mostrado muy diversas formas de apropiación del espacio en que vive y, con seguridad, la apropiación de éste obedece hoy a códigos muy distintos de los que establecieron los oaxaqueños del siglo XIX. Es claro que los nombres impuestos a las calles pueden ser vistos como una de las manifestaciones de esa apropiación del espacio cotidiano; pero también es posible que podamos leer a través de ellos ciertos parámetros de control que los grupos dominantes pretenden ejercer en los habitantes que recorren día a día ese espacio público que es la calle.

Gracias al *Padrón* sabemos que el cuartel 1o. contaba con 45 nombres de calles; el 2o. tenía 31; el 3o., 56; el 4o., 47, y del 5o. al 8o. tenían respectivamente 54, 41, 44 y 22 nombres para sus calles.[16] Por ello puedo decir que de las 372 cuadras que conformaban la traza de la ciudad, 340 contaban cada una con un nombre distinto, lo cual resulta verdaderamente complejo y un tanto extraño si se compara con las nomenclaturas de otros tiempos. Así, por ejemplo, según el plano elaborado por Juan Manuel Gijón en 1803, la ciudad contaba únicamente con 40 nombres de calles que servían para identificar y organizar las 176 manzanas que formaban su traza. De esos 40 nombres, hacia 1824 sólo se conservaban 29.

Ahora bien, ¿qué sucede al revisar brevemente los 340 nombres de calles que nos arroja el *Padrón*? La primera característica notable de esta nomenclatura es que de los 54 nombres de las calles comprendidas sólo dentro del cuartel 5o., 47 estaban asociados a la religión: 37 tenían directamente el nombre de algún santo cristiano y las 10 restantes se referían al nombre de algún templo (por ejemplo de Nieves o Merced), de algún pasaje o personaje de la historia sagrada (Samaritana) o de alguna advocación (Purísima, Dolores). Además, había cerca de 40 calles más, re-

---

[15] En un plano titulado "Plano del pueblo de San Matías Jalatlaco", calcado por L. Yáñez y fechado el 5 de abril de 1907, todavía aparece indicada esta cantera. Mapoteca Orozco y Berra, plano 3407.

[16] Aunque en lenguaje coloquial el término "calle" es equivalente al término "cuadra", en éste trabajo entiendo por "calle" una vialidad de longitud indeterminada compuesta por una o más "cuadras".

partidas en los otros cuarteles, que llevaban los nombres de conventos, templos y órdenes religiosas o congregaciones (San Felipe, San Francisco, Consolación, Capuchinas indias, etcétera); por esta razón podemos sumar aproximadamente 87 calles asociadas a la religión que, comparadas con las 340 que incluye el *Padrón*, implican poco más que una cuarta parte.

Este porcentaje resulta significativo si lo identificamos como un posible rastro de la influencia que la Iglesia comenzó a ejercer nuevamente en la vida cotidiana de la ciudad después de la guerra de Independencia, frustrando y derrotando totalmente aquella iniciativa borbónica preindependentista de convertir en laica la vida diaria de la sociedad, entre otras cosas, para restar poder a la Iglesia.[17] Y qué mejor manera tenía la Iglesia para recobrar poder que "sugerir" o "imponer" una nomenclatura que recordara a los habitantes de Oaxaca, al recorrer una buena parte de las calles de su ciudad, no sólo una nutrida parte del santoral (San Onofre, Santa Tecla, San Basilio, San Camilo, Santa Efigenia, San Isidro, etcétera), sino además la enumeración de pecados, defectos y tentaciones humanas reflejadas por ejemplo en las calles de los "Siete pecados", pasando por las llamadas del "Cruel", de los "Melindres", del "Desertor", de las "Ninfas" y de las "Amazonas".

Para establecer un contraste con lo anterior, pero sin dejar de referirse a la religión, se enumeraron también algunas de las virtudes como podemos verlo en las calles del "Hijo pródigo", de la "Buena obra", de la "Honestidad", "Justicia", del "Amor" y la llamada de los "Píos". Igualmente se advierte en el nombre de otras calles el destino futuro de las almas descarriadas que vivirán como "Ánimas" siempre en el "Desconsuelo", en el "Olvido" y en el "Llanto" por haberse separado del buen camino. Pero para todo hay un remedio y el "Retiro",[18] junto con la devoción constante al rezo del "Rosario", la ayuda de la "Providencia" y la vigilancia de la potestad evangélica representada por las calles del "Serafín" y del "Ángel", serán capaces de vencer los terrores y sufrimientos eternos de las almas que, como muchas que moran en la ciudad, penan y se lamentan en sus calles como sucede en la del

---

[17] Desde la Edad Media se registraron en Europa diversas acciones sociales y políticas en contra del poder económico de la Iglesia y las consecuencias culturales y espirituales derivadas de ese poder. De hecho, la Reforma y la Ilustración fueron dos momentos culminantes de esos impulsos laicistas que, en especial en la España del siglo XVIII, tuvieron fuertes consecuencias antieclesiásticas manifiestas en el acendrado "regalismo" regio, las desamortizaciones de bienes de "manos muertas" y la expulsión de los jesuitas promovida ante el Vaticano directamente por los Borbones de España, Francia e Italia, que culminó con la extinción de la orden. Sobre este aspecto de la Ilustración española véanse Serrailh, 1957, p. 612-707; Vilar, 1978, p. 76-78; Anes, IV, 1983, p. 63-89. La Iglesia en Oaxaca recobró terreno incluso en la educación. Así, a pesar de que supuestamente el Instituto de Ciencias y Artes se fundó para impartir la educación laica, durante tres periodos consecutivos que coinciden con la fecha que estamos manejando, la dirección del Instituto corrió a cargo de gente de Iglesia.

[18] La calle del Retiro corresponde a la actual 4a. calle de Reforma y en ella se localizaba, en la acera de enfrente al convento de Santo Domingo, una casa de "retiro" y "ejercicios espirituales" a la cual asistían regularmente un buen número de cristianos.

"Susto" o en el "Callejón del Muerto" que, "Perseguido" y "Desgraciado" por la perenne culpa, no podrá alcanzar nunca la paz eterna.[19]

Pero así como esta nomenclatura parecería efectivamente llevar a los habitantes de la ciudad a una reflexión de los misterios y dogmas de la religión, es decir, a la reflexión en el campo de lo espiritual, también una parte de sus calles pone acento en la parte material y física representada por las riquezas y haberes de sus más afamados habitantes, muchos de los cuales seguramente reafirmaban, por sus virtudes o defectos, la reflexión sobre la parte espiritual. Así, la ciudad contaba con 32 calles que llevaban el apellido de alguno de sus más notables vecinos —ya sea de ese momento o de tiempo atrás—, concentrándose el uso de este criterio en los cuarteles 1o. y 4o. Tenemos por ejemplo la calle de "Mantecones" en cuya cuadra, y haciendo esquina con el Portal de Mercaderes, se encontraba la casa propiedad de "D. Antonio Mantecón y hermanos". Igualmente entra en este esquema la calle de "Maneros", en donde habitaba don Victores Manero y alquilaba además otras dos casas contiguas. Sucedía lo mismo con la calle de "Carriedo", en la cual vivía D. Lorenzo Carriedo, familiar de don Juan B. Carriedo, notable cronista oaxaqueño que produjo su importante obra a mediados del siglo XIX; la del "Alesón", llamada así por su colindancia con una propiedad de D. Pedro Alesón; la de "Rivero", en donde habitaba y alquilaba una tienda el presbítero D. Andrés Rivero; la calle de "Gil Pérez", en donde él mismo habitaba una casa, y la de "Villarraza", en la cual tenía su residencia doña Josefa Villarraza y cuyo noble apellido daba nombre a su residencia y a la calle. Otras eran la de los "P.P. Martínez" o padres Martínez, así nombrada por vivir en ella D. Manuel Martínez y su hermano, y la de "Ramírez", por encontrarse en ella una de las casas de D. Ramón Ramírez de Aguilar, uno de los más fuertes propietarios de aquel tiempo.

Pero no sólo los personajes de abolengo "tuvieron el honor" de dar nombre a las calles; de algunos otros, tal vez más humildes, se refiere solamente su oficio: "Tamalera" y "Organista"; su origen racial o incluso patrio: "Indio" y "Moro", o "Griegos", cerca de la cual vivía un personaje llamado doña Gregoria "la Griega", o se les menciona llanamente como sucede con las calles de "Juan Carbonero", "Matea" y "Tío Calixto".

Igual que se hiciera en el sistema de nomenclatura utilizado en 1803, en éste también varias calles recibieron su nombre de acuerdo con los edificios relevantes que se localizaban en ellas. Entre éstas menciono las calles de la "Lotería vieja", de la "Carnicería", de la "Aduana", de la "Botica", de los "Gallos viejos", de los "Gallos", del "Correo", del "Estanco", del "Mesón de la Soledad", del "Coliseo", etcétera; y para no hacer a un lado la parte popular, cito también la de la "Pulquería del Sopilote". Varios nombres se referían a las características físicas de la calle: de las "Escalerillas", del "Empedradillo" y de la "Barranca"; o a elementos urbanos que se encontraban en ella: "de los Arquitos", del "Desagüe", "Salto

---

[19] Para la localización de las calles véase el plano 3.

del Agua", "Solares", "Cercas", "Pila de los príncipes" y "Pila de San Francisco", entre otras.[20]

Aunque no sé con certeza el origen del nombre de la calle de "La Amargura", por su proximidad al monte Calvario o Jerusalén[21] y a su templo que daba nombre a la calle del "Calvario", es posible que esté asociado a las procesiones que se efectuaban en Semana Santa, que salían tanto del Carmen de Abajo como de Santo Domingo y la antigua Veracruz o Carmen de Arriba.

Desconozco el significado del nombre que lleva la calle del "Pitihuai" y en ningún diccionario consultado he encontrado esta palabra. Existen sin embargo dos palabras que se le parecen y que consigno enseguida. La primera, "pitihuina", de origen peruano, sirve para designar un cordoncillo de lana que usan las mujeres para atarse el cabello; la segunda "pitihue" es de origen chileno y se aplica para denominar a un "niño pequeño y encanijado" o a un ave trepadora que vive en matorrales y en el hueco de los árboles y que se alimenta de insectos.[22] Es muy posible que el nombre de esta calle tenga su origen en el nombre de esta ave pues en Oaxaca existió una "cuya especie se ha extinguido por completo, la salta-pared, que circulaba libremente en todas las casas de la ciudad, limpiando techos y paredes de toda clase de alimañas: cucarachas, moyotes, zancudos y alacranes".[23] Aunque puede sonar extraño que un nombre de origen chileno fuera utilizado en Oaxaca, no olvidemos que durante el virreinato, a través de Huatulco, se tenía un contacto con la ruta del Mar del Sur y no es remoto que algunas gentes de aquellas latitudes hayan llegado a Antequera.

Resulta interesante que para 1803 —año todavía inmerso dentro de las costumbres complejas del barroco— se empleara un sistema de nomenclatura tan simple como fue nombrar a todas las cuadras que formaban una calle con un solo nombre, acompañado de su número progresivo: 1a. calle del Sol, 2a. calle del Sol, 3a. y así sucesivamente. Por ello, en 1803 la nomenclatura se reducía a 22 nombres aplicados a las calles cuya orientación era norte-sur y a 18 para las que corrían en dirección oriente-poniente. En cambio, en 1824, como ya se vio, el sistema de nomenclatura se complicó, volviendo también más compleja la identificación espacial, pues en vez de los 40 nombres que había en 1803, éstos aumentaron a 340.

Es posible que la complejidad de la nomenclatura de 1824, tal como la hemos descrito, haya implicado también ciertos problemas administrativos; a pesar de esto, aunque algunos nombres fueron cambiados por otros con el tiempo, tanto del *Padrón de solteros, casados sin hijos y viudos sin hijos* de 1839[24] como del *Padrón ge-*

---

[20] Ambas pilas pueden verse en el plano de Sabalkansky, la primera en el cuartel 7o. y la segunda en el 1o.; planos 8 y 5.

[21] Este nombre se dio durante el virreinato al que se llamó después "cerro de La Soledad". Véase Gay, 1982, p. 382.

[22] Alonso, III, 1982, p. 3 301.

[23] Bradomín, 1976, p. 30.

[24] Este *Padrón* fue consultado también por Bustamante, 1992, p. 74.

neral de los habitantes de Oaxaca que deben pagar el derecho de capitación, de 1842, se desprende que se siguió la costumbre de asignar un nombre a cada cuadra, por lo menos hasta 1848 en que Juárez promovió el levantamiento del plano de la ciudad hecho por Sabalkansky, en el cual el criterio para la nomenclatura se simplificó. Es significativo que en los dos últimos padrones los nombres de santos cristianos que tenían las calles en 1824 fueron cambiados por otros que no tenían asociación alguna con la religión. Sólo conservaron este carácter las calles aledañas a los conventos y a los templos.

LA OCUPACIÓN DE LAS FINCAS

La ciudad de Oaxaca, con aproximadamente 17 000 habitantes,[25] contaba según el *Padrón de casas* con 1 338 casas, 115 solares, 174 tiendas, 71 accesorias, una huerta, cuatro cocheras y un mesón.[26] La distribución de estas propiedades en cada uno de los cuarteles se registra en el cuadro 2.

A partir de este cuadro, y exceptuando por supuesto los solares, puede verse que la mayor densidad constructiva se concentraba en el cuartel 5o. con 325 propiedades, le seguía el cuartel 3o. con 274 y luego el 4o. con 246. A continuación estaba el 1o. con 228, el 7o. con 222, el 6o. con 152, el 2o. con 119 y finalmente el 8o. con sólo 23. Por el contrario, los cuarteles que contaban con un mayor número de superficie libre eran el 8o. y el 1o., ambos con 32 solares, seguía el 6o. con 28, luego el 5o. con 11, el 2o. con 8, el 4o. con 3 y por último el 7o. con un único solar.[27]

[25] Iturribarría, I, 1982, p. 39. Taylor, 1998, p. 31, basado en Murguía y Galardi, establece 18 118 vecinos para 1826. Rabell, 1996, p. 76, a partir del censo levantado por orden del virrey Antonio de Bucareli en 1777, indica una población total de 19 286, incluidos 159 "vagos" y 1 066 personas que vivían en diversas instituciones, que se encontraban "retraídos" o "refugiados", o que pertenecían al clero secular. En 1792 un nuevo censo arrojó el número de 18 008 habitantes. Chance, 1978, p. 194. Esto indica una disminución considerable respecto a los 19 286 que tenía la ciudad en 1777. Es muy posible que la población de Oaxaca haya continuado en declive entre 1792 y 1824. Un fuerte sismo en 1794, dos devastadores terremotos en 1795 y 1801, y la toma de la ciudad por Morelos y sus tropas (1812-1813) acabaron por desestabilizar económica y socialmente a buena parte de la población oaxaqueña que, como en otras ocasiones, se vio obligada a emigrar. Sin duda todo ello modificó no sólo el número de los habitantes de la ciudad sino además su perfil, organización, estructura y valores. En qué medida y en qué aspectos es algo que está por estudiarse.

[26] Aunque sólo se indica una huerta, muchos solares tenían ese uso. Esto puede verse en el plano de Gijón de 1803 y más claramente en el de Sabalkansky que, a pesar de ser de 1848, no presenta grandes cambios en los usos del suelo que el *Padrón* señala. Véase los planos 4, 5 y 8.

[27] Las cifras que doy no coinciden con las que señala Esparza, 1981, p. III. Aunque en su listado de "Número de casas y solares por cuartel" indica que está considerando sólo estas propiedades, los números que da son altos. De cualquier manera, proporcionalmente coincide con las cifras que doy. Altamirano, 1992, hace una revisión de las características que tenía la ciudad entre 1812 y el *Padrón de casas* de 1824. Su apoyo cartográfico es el plano de Gijón. Incluye en sus fuentes diversos protocolos

Cuadro 2. Propiedades totales distribuidas en cada uno de los cuarteles

Cuartel	Calles	Casas	(De vec.)	Solares	(De vec.)	Tiendas	(De vec.)	Accesorias	(De vec.)	Huertas	Cocheras	Mesones	Totales
1o.	45	137	(15)	32	(2)	73	(—)	18	(—)	—	—	—	260 15.25%
2o.	31	110	(9)	8	(—)	8	(—)	—	(—)	—	—	1	127 7.45%
3o.	56	201	(19)	—	(—)	57	(—)	14	(—)	1	1	—	274 16.07%
4o.	47	219	(15)	3	(2)	6	(1)	18	(1)	—	3	—	249 14.61%
5o.	54	297	(43)	11	(—)	16	(—)	12	(—)	—	—	—	336 19.71%
6o.	41	149	(21)	28	(3)	1	(—)	2	(—)	—	—	—	180 10.56%
7o.	44	202	(18)	1	(—)	13	(—)	7	(—)	—	—	—	223 13.08%
8o.	22	23	(8)	32	(5)	—	(—)	—	(—)	1	—	—	55 3.22%
Total	340	1 338	148	115	12	174	1	71	1	1	4	1	1 704

Nota: las vecindades están abreviadas con las letras "vec." e indican el número de esas casas, solares, tiendas y accesorias que el *Padrón* consigna como "de vecindad." En el número de casas de cada cuartel se incluye las que se indican en el *Padrón* como "de vecindad"; así por ejemplo, en el cuartel 1o. había 137 casas de las cuales 15 eran de vecindad. El mismo criterio seguí para los solares, tiendas y accesorias que el *Padrón* indica como de "vecindad".

Fuente: AHMO, *Actas de cabildo, 1824*, ff. 228-276, *Padrón de casas, 1824*.

Respecto a los usos de suelo puede verse que eran fundamentalmente tres: habitacional, comercial y de cultivo. En cuanto al habitacional, el cuartel 5o. contaba con 297 casas, le seguían el 4o., 7o. y 3o. con 219, 202 y 201 casas, respectivamente. El 6o., 1o. y 2o. contaban con menos pues tenían cada uno, 149, 137 y 110 edificios de habitación. En el cuartel 8o. había menos casas que en todos las demás: sólo 23 que contrastan notablemente con sus 32 solares.

No hay que olvidar sin embargo que la ciudad tenía algunas casas de vecindad. Pero debo aclarar que el término "vecindad" se emplea indistintamente en el *Padrón* para consignar por ejemplo que la casa núm. 2 de la calle de Neri "es de vecindad" o para indicar que hay "20 casas de vecindad" en la calle de Las Columnas, calculándose una contribución de "medio real al mes por vecino". Igualmente enlista que en la calle del "Tropezón" viven "varios vecinos".[28] Si bien el *Padrón* indica claramente "41 casas de vecindad" en la calle de San Andrés, no por ello debemos pensar que ese número corresponde al de las fincas que se ocupaban como "casas de vecindad" en una determinada cuadra. Digo esto porque no es posible que en 1824 alguna manzana de Oaxaca tuviera 20 predios, mucho menos 41, pues ni siquiera en el plano de Sabalkansky, en el cual se indica cuidadosamente la extensión de cada finca, podemos encontrar una sola manzana que se divida en tal número de propiedades.[29] Asimismo, debo mencionar que en una nota del *Plan de Policía* se aclara que en el listado que se hace en el *Padrón* de las fincas "tampoco están [consideradas] 153 casas de vecindad".[30] Así que a las 148 casas de vecindad que sí se consignan y ubican cuidadosamente en su cuartel correspondiente debemos añadir 153 más, de las cuales no sabemos bien a bien ni en qué cuarteles se localizaban ni en cuántas fincas se concentraban. Considerando únicamente las 148, veremos que significan tan sólo 11.06% de las 1 338 casas que registra y ubica el *Padrón*. En cambio, si sumamos a las primeras las 153, nos da un total de 301 vecindades y el porcentaje se eleva a 20.18 por ciento.

Desafortunadamente, no se cuenta aún con la información necesaria para conocer el número de pobladores que vivían en estas vecindades y así poder calcular su densidad. Sin embargo, con los datos que tenemos, sí puede afirmarse que el cuartel con el porcentaje más alto de casas de vecindad era el 8o., con 34%, y

---

de notarios y algunas actas de cabildo de 1824. Desafortunadamente hay en el estudio muchas imprecisiones y supuestos. En principio, la división que propone para los cuarteles 7o. y 8o. no corresponde ni a la del plano de Branciforte ni al listado de las calles que el propio *Padrón* indica. A partir de esta inexactitud, lógicamente, el número de casas, accesorias y demás propiedades, así como su caracterización son incorrectas.

[28] Otros ejemplos son los de la calle de "San Pasqual" en el cuartel 5o., en la cual además de otras casas hay "15 casas de vecindad"; la de las "Amazonas" en el cuartel 7o. que tiene "22 casas de vecindad". También hay, entre otras, "20 casas de vecindad" en la calle de las "Escalerillas" del cuartel 6o. y "41 casas de vecindad" en la calle de San Andrés.

[29] Si se revisa a Portillo, 1910, puede verse también que aún en ese año ninguna manzana tenía tal número de fincas.

[30] *Padrón de casas*, 1981, p. 119.

el más bajo, el 4o., con sólo 6.8%. El porcentaje de casas de vecindad que tenían los cuarteles 5o. y 6o. con respecto al número total de casas era de 14.48 y 14.09 por ciento, en tanto que en el 1o. era de 10.94% y en el 3o. de 9.45%. Por último, los porcentajes del cuartel 2o. y 7o. eran de 8.18 y 8.91 por ciento, respectivamente.

En cuanto al uso comercial, eran los cuarteles 1o. y 3o. los que contaban con más tiendas y accesorias; uno con 91 y el otro con 71. Aunque en el *Padrón* no se indica el uso específico que se daba a las accesorias, puede suponerse que éstas se usaron como talleres o como taller con vivienda anexa. Así por ejemplo, según el *Padrón*, se alquilaba una accesoria en la calle del "Alesón" al "maestro platero Paulino, que la habita". El cuartel con menos infraestructura comercial era el 6o. que contaba únicamente con una tienda y dos accesorias. No debemos olvidar sin embargo que en este cuartel se concentraban las tenerías de la ciudad, por lo que seguramente existía una actividad comercial importante.[31]

Como ya dije, los cuarteles que tenían más solares eran el 1o., el 8o. y el 6o. El uso del suelo de los solares, tanto del cuartel 1o. como del 8o., era de tipo agrícola, ya sea para el cultivo de hortalizas o árboles frutales; el uso que se daba mayoritariamente a los del cuartel 6o., en cambio, era para labores propias de las tenerías.[32]

LOS PROPIETARIOS

Gracias al *Padrón* podemos saber cómo estaban repartidas las propiedades de la ciudad entre los distintos grupos que formaban la sociedad oaxaqueña y perfilar además algunas preferencias de los propietarios respecto a la ubicación de sus fincas. De las 1 703 propiedades consignadas, un buen número pertenecía a particulares y otro tanto a la Iglesia en sus dos ramas: secular y regular.[33] Las fincas que pertenecían a la "Noble ciudad" eran realmente escasas. A continuación presento un extracto de esta suma:

Según estos datos, las 623 propiedades que pertenecían a la Iglesia significaban 36.56% del total. Un 61.65% —es decir 1 051 fincas— correspondía a particulares y sólo 1.76% a la Noble ciudad que contaba únicamente con 30 propiedades. Cabe señalar que la cifra de las propiedades eclesiásticas resulta extrañamente significativa pues está lejos, tanto de las 870 que cita Taylor para 1792,[34] como de las

---

[31] Véase planos 2 y 7.
[32] Podemos ver esto en los planos 4, 5, 7 y 8.
[33] El *Plan de Policía*, 1981, p. 119, advierte que la relación de propiedades incluidas en el *Padrón* no consideró algunas de las eclesiásticas, pues dice que "en los ocho cuarteles no están consideradas las Iglesias, comunidades y establecimientos de beneficencia...", es decir, ninguno de los hospitales, conventos masculinos y femeninos, casas de congregación, colegios, etcétera.
[34] Taylor, 1998, p. 212; Esparza, IV, 1981.

Cuadro 3. Propiedades de la Noble ciudad, de la Iglesia y particulares

	Casas	Solares	Tiendas	Accesorias	Huertas	Cocheras	Mesón	Subtotal		Total
Cuartel 1o.										
Noble ciudad	2	—	4	2	—	—	—	8	3.07%	
Iglesia	42	5	12	7	—	—	—	66	25.38%	
Particulares	93	27	57	9	—	—	—	186	71.53%	260
Cuartel 2o.										
Noble ciudad	—	—	—	—	—	—	—	—	—	
Iglesia	44	4	1	—	—	—	1	50	39.37%	
Particulares	66	4	7	—	—	—	—	77	60.62%	127
Cuartel 3o.										
Fac. tabaco	1	—	—	—	—	—	—	1	0.36%	
Iglesia	79	—	8	5	1	—	—	93	33.94%	
Particulares	121	—	49	9	—	1	—	180	65.69%	274
Cuartel 4o.										
Noble ciudad	8	—	1	—	—	—	—	9	3.61%	
Iglesia	112	—	—	14	—	—	—	126	50.60%	
Particulares	99	3	5	4	—	3	—	114	45.78%	249
Cuartel 5o.										
Noble ciudad	1	2	—	—	—	—	—	3	0.89%	
Iglesia	97	1	3	10	—	—	—	111	33.03%	
Particulares	199	8	13	2	—	—	—	222	66.07%	336
Cuartel 6o.										
Noble ciudad	—	1	—	—	—	—	—	1	0.55%	
Iglesia	17	6	—	—	—	—	—	23	12.77%	
Particulares	132	21	1	2	—	—	—	156	86.66%	180
Cuartel 7o.										
Noble ciudad	1	—	—	—	—	—	—	1	0.44%	
Iglesia	121	1	8	1	—	—	—	131	58.74%	
Particulares	80	—	5	6	—	—	—	91	40.80%	223
Cuartel 8o.										
Noble ciudad	—	7	—	—	—	—	—	7	12.72%	
Iglesia	14	9	—	—	—	—	—	23	41.81%	
Particulares	9	16	—	—	—	—	—	25	45.45%	55

Totales		
Noble ciudad	1.76%	30
Iglesia	36.56%	623
Particulares	61.67%	1 051
Total de propiedades		1 704

Fuente: AHMO, *Actas de cabildo, 1824*, ff. 228-276; *Padrón de casas, 1824*.

818 que he podido rastrear para 1865.[35] Aunque podría considerarse como posible el hecho de que entre 1824 y 1865 las posesiones eclesiásticas hubieran aumentado en un número de 195 fincas por distintos mecanismos como cesiones, limosnas, herencias, embargos y aun la compra de nuevas propiedades, no resulta lo mismo si se piensa en el descenso de 239 propiedades de 1792 a 1824.

Dos cosas podrían explicar, entre otras, esta disminución. Por un lado la venta real de algunas propiedades eclesiásticas para frenar su propia inestabilidad económica y la del naciente imperio mexicano, consecuencia inmediata de la guerra de Independencia. Por otro lado, la venta simulada de algunas de sus propiedades ante el temor de una expropiación real, como ya había sucedido en la Metrópoli; "venta" que debió hacerse, evidentemente, entre los años que van de 1792 a 1821, en que quedaba conjurado el peligro de una expropiación.

Según el documento que estamos revisando, la Iglesia tenía distribuidas sus 623 posesiones entre conventos, templos, congregaciones, obras pías, cofradías, archicofradías, capellanías, etcétera. Podemos ver que las propiedades eclesiásticas se concentraban en los cuarteles 7o. y 4o; y que éstas eran fundamentalmente casas habitación. Además poseía 54 de vecindad repartidas en los ocho cuarteles. Las tiendas para alquilar que eran de su propiedad se localizaban en cinco de los ocho cuarteles, encontrándose 12 en el 1o., ocho en el 3o., ocho en el 7o. y las cuatro restantes entre el 2o. y el 5o. De todas las propiedades consignadas sólo hay una huerta y un mesón, ambas pertenecientes a la Iglesia. A continuación incluyo un resumen de las propiedades eclesiásticas registradas en 1824[36] (véase el cuadro 4).

Según este extracto podemos ver que tres conventos tenían el mayor número de propiedades: la Concepción con 80, Santa Catarina con 75 y San Pablo con

---

[35] Iturribarría dice que la Administración General de Alcabalas de Oaxaca "publicó una lista de las 814 fincas urbanas situadas en esa ciudad cuya propiedad correspondía a las… corporaciones eclesiásticas", desafortunadamente como sucede siempre en su obra, no cita su fuente. Iturribarría, II, 1982, p. 60. Los documentos que localicé y consulté para establecer 818 propiedades fueron: "Junio de 1865. Alquileres de fincas nacionalizadas. D. Jacinto Pacheco. Comprobante al estracto [sic] núm. 44"; "Junio de 1865. Alquileres de fincas nacionalizadas. D. Ygnacio [sic] Varela. Comprobante al estracto núm. 45"; "Julio de 1865. Alquileres de fincas nacionalizadas. D. Francisco Romero. Estracto núm. 49"; "Julio de 1865. Alquileres de fincas nacionalizadas. D. Martín Barsalobre. Estracto núm. 50"; "Julio de 1865. Alquileres de fincas nacionalizadas. D. Luis Cruz. Estracto núm. 51"; "Año de 1865, julio. Alquileres de fincas nacionalizadas. D. Ygnacio Varela. Estracto núm. 52"; "Julio de 1865. Alquileres de fincas nacionalizadas. D. Jacinto Pacheco. Estracto núm. 56"; "Julio de 1865. Alquileres de fincas nacionalizadas. D. Wenceslao Barcelos", AGEO, Adjudicaciones: legajo 7, Exp. 13 "Cuenta de 1865". También complementé la información con el expediente "Noticia de las fincas…", en AGEO, LE. Tesorería, 1862 c. De gran ayuda fue la "Lista de bienes desamortizados e instituciones religiosas en las calles de la ciudad de Oaxaca. Nomenclatura de la ciudad de Oaxaca antes del año de 1884 comparada con la actual. Concentración y notas del C. Fausto Mejía", fechada en agosto de 1931 y que me facilitó, fotocopiado, el Lic. Luis Castañeda Guzmán de su archivo personal. Todos estos documentos transcritos y analizados pueden verse en Lira, 1997, p. 589-641.

[36] Una relación y recuento pormenorizado de estas propiedades puede consultarse en Lira, 1997, pp. 521-555 y 589-604.

Cuadro 4. Propiedades eclesiásticas registradas en 1824

Instituciones	Casas		Solares		Tiendas		Accesorias	Huertas	Mesones	Total
Belén	8		1		—		—	—	—	9
Capuchinas españolas	6		—		—		—	—	—	6
Capuchinas indias	8		—		—		—	—	—	8
Concepción	61	(3 v)	4	(1 v)	11		4	—	—	80
Carmen de arriba	20	(6 v)	—		—		1	—	—	21
Merced	36	(5 v)	1		1		—	—	—	38
San Agustín	29	(3 v)	1		—		—	—	—	30
San Juan de Dios	16	(3 v)	1		4		2	—	—	23
San Pablo	59	(5 v)	7	(1 v)	—		7	—	—	73
Santa Catarina	66	(5 v)	1		4		4	—	—	75
Santo Domingo	20	(2 v)	3	(1 v)	4	(1 v)	—	—	1	28
Soledad	28	(2 v)	2		2		3	—	—	35
Oratorio de San Felipe	40	(2 v)	1		—		8	—	—	49
San Francisco	1		1		—		—	—	—	2
Tercera Orden S. Fco.	2	(2 v)	—		—		5	—	—	7
Cofradía Sma. Trinidad	7		—		—		—	—	—	7
Cofradía del Santísimo	6		—		1		—	—	—	7
Cofradía de San Antonio	2		—		—		—	—	—	2
Cofradía de San José	2		—		—		—	—	—	2
Cofradía del Santísimo*	2	(1 v)	—		—		—	—	—	2
Sr. de los Desamparados	1		—		—		—	—	—	1
Obras Pías	1		—		—		—	—	—	1
Obras Pías foráneas	2		—		—		—	—	—	2
Obra Pía de huérfanas	1		—		—		—	—	—	1
Obra Pía de Tepeaca	1		—		—		—	—	—	1
Obra Pía de las Ánimas	55	(9 v)	1		1		2	—	—	59
Calvario	2		—		—		—	—	—	2
Carmen de abajo	3		—		—		1	—	—	4
Consolación	3	(2 v)	1		—		—	—	—	4
Defensa	1		2		—		—	—	—	3
Sangre de Cristo	10	(2 v)	—		—		—	—	—	10
Nieves	2	(1 v)	—		1		—	—	—	3
San Cosme y San Damián	1		—		—		—	—	—	1
Hospital Real	1		—		—		—	—	—	1
Tesorería Hospital	3		—		—		—	—	—	3
Santa Iglesia	5		—		2		—	1	—	8
Sagrario	2		—		—		—	—	—	2
Clavería	2		—		—		—	—	—	2
Juzgado eclesiástico	1		—		—		—	—	—	1
Haceduría de diezmos	1		—		—		—	—	—	1
Colegio de Niñas	3	(1 v)	—		—		—	—	—	3
Seminario	6		—		—		—	—	—	6
Totales	526	(54 v)	27	(3 v)	31	(1v)	37	1	1	623
	84.43%		4.33%		4.97%		5.9%	0.16%	0.16%	100%

Nota: abrevié las vecindades con la letra inicial "v".
* Había dos cofradías con el mismo nombre, una pertenecía al poblado de Jalatlaco.
Fuente: AHMO, *Actas de cabildo, 1824*, ff. 228-276; *Padrón de casas, 1824*.

73.[37] Las fincas que sumaban estos dos últimos conventos, junto a las 28 propiedades que pertenecían a Santo Domingo, reúnen 176 propiedades que significan 28.25% del total de las propiedades eclesiásticas. Esto no es extraño si consideramos que la orden dominicana fue la primera en iniciar la evangelización de Oaxaca en el siglo XVI y que por lo tanto venía acumulando propiedades a lo largo de casi 300 años.

La Archicofradía de las Ánimas contaba también con un importante número de propiedades pues reunía 59, en tanto que el Oratorio de San Felipe y los conventos de la Merced, Soledad y San Agustín, tenían cada uno y en ese orden 49, 38, 35 y 30 fincas que significaba 24.4% del total. Aunque resulta muy claro en las tablas anteriores, quiero poner acento en que la Iglesia preferentemente invirtió o recibió en donación casas, pues de sus 623 propiedades, 526 eran de habitación.

Por su parte, el registro de las propiedades de la Noble ciudad es realmente exiguo pues sólo contaba con 13 casas, 10 solares, cinco tiendas y dos accesorias, es decir, con 30 propiedades que significaban 1.76% del total de casas que tenía Oaxaca para esas fechas.

Respecto a las 1 051 propiedades particulares, debo decir que los propietarios mayoritarios eran 47 y sólo entre ellos se repartían 462 del total de fincas. Es decir que 44% de las fincas particulares estaban en manos de 47 personajes que tenían desde 159 casas (caso verdaderamente excepcional) hasta aquellos que tenían mínimamente tres.[38]

Casimiro Hernández Ramos, a quien a veces se antepone el "don", era el personaje que más propiedades tenía: 159, de las cuales, 153 eran casas, cuatro eran accesorias y contaba también con un solar y una tienda. Sus propiedades se concentraban en los cuarteles 5o. y 6o. que tenían respectivamente 194 y 128 pertenecientes a particulares. Es decir, el señor Casimiro era dueño de 33.5% de las propiedades particulares del cuartel 5o. y de 57.81% del 6o. Recordemos que el cuartel 5o. era el más densamente construido y que el 6o., por el contrario, contaba todavía con amplios solares y pequeñas construcciones que se levantaban en extensos terrenos. Parecería pues encontrar en este personaje una cierta estrategia en la localización de sus propiedades, pues en el 5o. cuartel aseguraba fuertes rentas por ser ésta una zona muy poblada de la ciudad y con las propiedades del 6o. aseguraba mejores rentas a futuro ya que era un tanto lógico pensar en el crecimiento de la ciudad hacia esa zona.

Resulta verdaderamente curioso que a pesar de la riqueza de don Casimiro no se sepa más de él, ni siquiera de sus propiedades, las cuales no parecen haber sido importantes arquitectónicamente hablando. Algunas de las casas que hoy son consideradas patrimonio monumental y que se dice pertenecieron a "ricas hembras" o

---

[37] Taylor da otras cifras para 1792. Véase Taylor, 1998, p. 212. Preferí citar el convento de Santa Catalina como Santa "Catarina" pues además de nombrarse así en los documentos consultados, actualmente en Oaxaca es común llamarla así.

[38] Puede consultarse un "Resumen de propietarios mayoritarios" en Lira, 1997, pp. 586-588.

a "ricos y nobles varones" han quedado como muestra de la opulencia de personajes como doña Bárbara Magro, doña Francisca Villarraza, don Victores Manero, don Mariano Magro, don Justo Pastor Núñez y aun de herederos de Mayorazgos como don José Ximeno Bohórquez y don Ignacio Lazo. Todos estos nombres aparecen en el *Padrón* y en él también se indican cuál de esas propiedades era la casa que habitaron ellos o sus descendientes.[39]

En el caso de don Casimiro se consignan a detalle cuántas y cuáles eran sus propiedades, quiénes eran sus inquilinos y cuántas se encontraban vacías, pero en ningún momento se indica en donde vivía él. ¿Será simplemente que su riqueza no proviniera de un "rancio abolengo" y que por tal razón su inclusión en una sociedad conservadora y todavía con fuertes resabios virreinales no fuera reconocida a pesar del liberalismo reinante? ¿O era tal vez un propietario que no radicaba en la ciudad y que sólo de vez en cuando la visitaba para administrar sus bienes? No está de más pensar también en que el origen de tantas posesiones se debiera a que don Casimiro funcionara simplemente como "prestanombres" de algunas propiedades eclesiásticas y que simplemente en 1824 éstas todavía no regresaban oficialmente a manos de la Iglesia. Esto último parece posible puesto que si sumamos las 159 propiedades a nombre de don Casimiro con las 623 que se registraron como bienes de la Iglesia en 1824, tenemos en total 782 propiedades, número que se aproxima más al que da Taylor para 1792 (870) y al que he consignado para 1865 (818).

De cualquier forma y mientras no se estudie más profundamente a este personaje y sus propiedades, frente a éstas, la riqueza de los antes citados se diluye por lo menos en cuanto a propiedades se refiere; así, doña Bárbara Magro tenía únicamente seis bienes, doña Francisca Villarraza contaba sólo con su propia casa, don Victores Manero tenía tres, don José Mariano Magro cuatro, don Justo Pastor Núñez una y tanto José Ximeno Bohórquez como Ignacio Lazo sólo tres. Algunos otros, famosos también por sus grandes fortunas, eran don Ramón Ramírez de Aguilar, doña Manuela Arrazola, don Francisco Ibáñez de Corbera, don Antonio Maza y el afamado comerciante don Juan José de la Estrella; sus propiedades, sin embargo, ascendían respectivamente a doce, once, seis, cuatro y ocho posesiones entre casas, tiendas y accesorias.

Don José María Gris Cruz era otro gran propietario que contaba con 48 fincas repartidas de la siguiente manera: 33 casas, nueve tiendas, cinco accesorias y un

---

[39] Pocas casas virreinales se han conservado hasta la época actual y todas han sufrido modificaciones a lo largo de los años. Entre las más relevantes están algunas que pertenecieron a estas familias, por ejemplo la que se encuentra en la esquina de 5 de Mayo e Independencia, perteneciente a los Magro; la que fuera del Mayorazgo de Pinelo y Lazo, en la 1a. calle de Alcalá, sede actual del Museo de Arte Contemporáneo de Oaxaca; la casa de doña Josefa Villarraza, en la 4a. de Morelos, que alberga hoy al Museo Rufino Tamayo; la que perteneciera primero a Cristóbal de Oñate y después a Justo Pastor en la esquina de Independencia y Tinoco y Palacios, frente a la puerta lateral de San Felipe Neri. Otras son la casa ubicada en la 1a. calle de Guerrero, de Antonio Mantecón, y la de Bárbara Magro, hoy Hotel Monte Albán. La localización de todas ellas puede verse en el plano 3.

solar, y era el único de los 47 propietarios que repartía sus dominios en los ocho cuarteles de la ciudad.

Don Pedro Fandiño tenía en cambio 20 propiedades, de las cuales 18 eran casas y las dos restantes solares. Se concentraba también éstas principalmente en los cuarteles 5o. y 6o. Los demás propietarios mayoritarios eran don Pedro José de la Vega, que tenía cinco casas en la calle de los "Padres Díaz", próxima a San Francisco, y que se conocieron como "casas de Vega". Contaba además con 11 casas más repartidas en los cuarteles 1o., 2o., 3o., 4o. y 7o. en donde tenía también un solar y una tienda. José de Acuña era dueño de 15 casas; Manuel Capitán de nueve; Josefa Villalobos de ocho, al igual que José María Tobías. Los 28 propietarios restantes se repartían 108 propiedades que se ubicaban preferentemente en los cuarteles 1o., 3o. y 5o. Entre sus dueños estaban algunos nombres conocidos en el historial genealógico de los oaxaqueños: Tomás Ogarrio, Antonio Mantecón, Josefa Aragón, Manuel Mimiaga, Francisco Llaguno, Francisco Armengol, Manuel Guendulain, Mariano Monterrubio, José Alarcón, Francisco Crespo, Nicolasa León y José Gutiérrez de Villegas.

Ahora bien, gracias al *Padrón* también podemos añadir algunos datos sobre los servicios que la ciudad ofrecía a través de sus ciudadanos y cómo se distribuía en ella la elite y algunos que sin ser parte de ella eran reconocidos en sus oficios. Por ejemplo, en el cuartel 1o., vivían el maestro sastre José Isidoro y el maestro platero Paulino, ambos en la calle del Alesón; en la calle de Consolación vivía Vicente "el sombrerero" y en la del Campo de San Juan de Dios, José Roldán que se dedicaba al mismo oficio.

También en la calle de Consolación vivía José "el mantero" y en la de la Plaza de San Juan de Dios, el cohetero Paulo Ríos. En la calle del Villar había "un zapatero" y en la esquina de esta calle con la de Mantecones se ubicaba un "villar" que posiblemente dio origen al nombre de esa calle. Es claro que se trata de un "billar" —juego que desde el siglo XVIII se practicó en Europa y en Nueva España— y que no tiene que ver con el apellido Villar. Decimos esto porque en el padrón se anota claramente que se alquila una "tienda [en] dos pesos, por el villar un peso",[40] lo cual obviamente no podría referirse a una persona sino a un establecimiento en que se practicaba el juego.

El "Batallón de la Reyna", que ocupaba la casa de "Larrazábal", se encontraba en la calle de Mantecones, "Las Recogidas" o cárcel para mujeres en la calle vecina de San Agustín y la Capellanía de Catedral en la de Maneros. Don Francisco Pérez estaba "labrando" su casa en la calle del Campo de San Juan de Dios número 7, y varios personajes importantes vivían en este cuartel. Algunos eran don Antonio Maza, padre de Margarita Maza, quien fuera después esposa de Benito Juárez, el gobernador Ignacio Goytia que alquilaba una de las casas de Victores Manero y doña Gertrudis "La Mariscala" en la de Rosas.

---

[40] Véase *Padrón de casas*, 1981, p. 2.

En el cuartel 2o. y en la calle de la Cochera del Santísimo alquilaba una casa y vivía en ella Juan Manuel Gijón, autor del plano de la ciudad de 1803; algunas casas de esa misma calle estaban reedificándose. El Mesón de Santo Domingo, en la calle del mismo nombre, estaba arrendado por "la Roldán" y en la calle del Gavilán vivía el capellán del Calvario.

En el cuartel 3o. había un Cuartel de Milicia en la calle de Ninfas y ofrecían sus servicios "Ramón el carpintero" en la calle de Regina Coeli y "un maestro sastre" en el Portal de Clavería. Varios personajes importantes vivían en esta parte de la ciudad: el padre Antonio Salanueva, quien fuera instructor y tutor de Juárez, en la calle del Carmen, José Mariano Magro en la del Correo, la ya citada Bárbara Magro en la esquina sur de la Plaza de la Catedral. En la calle de Ramírez estaba la casa de Pedro Alesón, que hacía esquina con la calle que llevaba su apellido; la casa de José María Murguía estaba en la de la Luz; la de Ignacio Lazo en la de la Fábrica y la de Manuel Mimiaga en la esquina noreste de la plazuela de la Sangre de Cristo.

Vivían también en este cuartel Bartola Guisado en la calle del Chorro, Manuel Capitán en la del Desgraciado, Pedro Fandiño en la de Las Columnas y José María Gris en la del Sagrario, todos ellos pertenecientes al grupo de propietarios relevantes de fincas citadinas. Menos importantes eran desde el punto de vista económico pero no desde el social, la presencia en ese cuartel de la casa del señor cura de Mitla en la calle de Ninfas, la del cura mayor del Sagrario en la de San Bartolomé, las del sacristán y el patrono de la Sangre de Cristo, ambas en la calle del Sapo, así como las vecindades de las hermanas Arrazola que se localizaban en la calle del Moro.

En el cuartel 4o. vivían el maestro sastre Pedro José Paz en la calle del Capitán y el maestro herrero José de la Luz en la del Mesón de la Soledad. Estaba además la botica de Dionisio Espinoza en la calle del Hospital y dos cocheras en las calles de Tesorería y Capuchino que se alquilaban a Eligio Alonso. Algunas casas del cuartel 4o. eran habitadas por funcionarios como las que ocupaban el administrador y el contador de la Aduana, ambas en la calle del mismo nombre, y la del contador y del tesorero del Hospital Real en la calle de la Tesorería. Vivían también en esta parte de la ciudad José Manuel Tobías y Juan Armengol —ambos del grupo de los 47 terratenientes mayoritarios—, uno en la calle de la Tesorería y el otro en la de Capuchinas.

En el cuartel 5o. vivían entre el pueblo llano Isidro "el chilhuaclero" y Teodoro "el dulcero" en las calles del Muerto y Santa Rosalía, respectivamente. Las casas de los personajes importantes se ubicaban en las calles de San Juan Nepomuceno, donde vivía don Manuel de Jesús Ortega, padre de Delfina Ortega quien fuera años después esposa de Porfirio Díaz; en la de Fernando Rey vivían doña Juana Manuela de Silva y Moctezuma y José Mariano Magro. Pedro José de la Vega habitaba una casa en la calle de San Bartolomé y Ramón Ramírez de Aguilar "ocupaba" una casa que alquilaba a Vicente Villaverde en la calle de San Pablo.

En el cuartel 6o. vivían Manuel "el cantor", José "el cantor", Rutia "el carpintero", Julián "el algodonero" y "un dulcero" en las calles del Mezquite, Mieses, Petenera, Salgado y San Nicolás, respectivamente. Don José María Bustamante vivía en la calle del Desconsuelo y tenía otra propiedad en la del Espejo. Don Marcos Pérez, gobernador de Oaxaca años después y gran amigo y formador de Porfirio Díaz, alquilaba por entonces una casa de Pedro José de la Vega en la calle de San Vicente Ferrer. En este cuartel, en la calle de las Amazonas, se localizaba el Colegio de las capuchinas indias.

Como podemos ver, la habitación de la elite se concentraba en los cuarteles 1o. y 3o., y era el 8o. el menos habitado, no sólo por la elite sino por las demás clases sociales debido a su carácter rural por la presencia de solares útiles para la siembra y cultivo de diversos productos.

PROPIETARIOS E INQUILINOS

Ya he mencionado que las fincas de la ciudad estaban repartidas entre la Iglesia, la Noble ciudad y particulares. Trataré ahora de mostrar cómo y en qué proporción usufructuaban sus propiedades y de paso diferenciaré, por género, tanto a los propietarios como a los inquilinos. Es necesario también, para dar una caracterización más precisa de cada cuartel, señalar en qué cuarteles se alquilaban más fincas y en cuáles los propietarios preferían usarlas para sí.

Recordemos que de las 1 704 propiedades consignadas, 30 pertenecían a la Noble ciudad, 1 051 a particulares y 623 a la Iglesia. Ésta alquilaba la mayor parte de sus propiedades a particulares para que fueran usadas como vivienda o como talleres y comercios; muy pocas fueron usadas para otras funciones. Por ejemplo, significativamente, la finca donde se levantaba el Palacio Episcopal en el cuartel 3o., pertenecía al convento de la Concepción y por su alquiler recibía 600 pesos anuales. En el cuartel 5o., los mercedarios daban en alquiler una casa para ser usada como "palenque de gallos" y por ello recibían 226 pesos al año. En el cuartel 2o., el convento de Santo Domingo alquilaba a "La Roldán" una propiedad para mesón por 166 pesos al año.

Numerosas tiendas y accesorias pertenecían a la Iglesia y algunas se localizaban próximas o integradas a sus conventos; así sucede por ejemplo con las pertenecientes al de San Francisco, al de San Juan de Dios, al dominico de San Pablo y al de las recoletas de La Soledad. Sin embargo, las rentas anuales que recibían por el alquiler de éstas no eran muy altas comparadas con las que obtenían por las propiedades usadas como vivienda.

Podemos ver por el cuadro siguiente que el alquiler anual de las propiedades eclesiásticas usadas como vivienda redituaba 87.49% del ingreso anual total de fincas urbanas. En cambio, por el alquiler de las propiedades que se usaban de otra forma, la Iglesia recibía únicamente 12.5%. Es significativo que sólo en el cuartel 8o., el porcentaje es mayor para las propiedades urbanas que se usaban como solares —53.33%—, sin embargo es ese cuartel el que aportaba menos ingresos, pues los 750 pesos que se obtenían del alquiler anual de sus fincas, significaban tan solo 1.36% del acumulado en los demás cuarteles. En este sentido, es claro que los cuarteles 3o. y 4o. eran los que más aportaban —19.63 y 19.32 por ciento, respectivamente—; le seguían los cuarteles 7o. y 5o. con porcentajes del 17.83 y 17.15 por ciento, y luego el 1o. con 12.75 por ciento.

Cuadro 5. Monto de los alquileres de las propiedades eclesiásticas

Cuarteles	Alquiler recibido por casas	%		Alquiler recibido por otras propiedades	%	Total
1o.	5 024	71.56	Accesorias, tiendas y solares	1 996	28.43	7 020
2o.	4 121	91.84	Mesón, tiendas y solares	366	8.15	4 487
3o.	9 468	87.63	Accesorias, tiendas y huerta	1 336	12.36	10 804
4o.	9 984	93.88	Accesorias	650	6.11	10 634
5o.	8 824	93.46	Accesorias, tiendas y solares	617	6.53	9 441
6o.	1 628	78.53	Solares	445	21.46	2 073
7o.	8 743	89.11	Tiendas	1 068	10.88	9 811
8o.	350	46.66	Solares	400	53.33	750
Total	48 142			6 878		55 020
%		87.49			12.5	100%

Fuente: AHMO, *Actas de cabildo, 1824*, ff. 228-276; *Padrón de casas, 1824*.

Respecto a las 30 propiedades de la Noble ciudad vale la pena mencionar que únicamente usaba tres para sí: el edificio de la factoría de tabaco, la Aduana y una casa junto a ésta. De sus demás propiedades obtenía 650 pesos anuales por el alquiler de casas y 1 118 pesos por el de solares y tiendas, es decir un total de 1 768 pesos que, comparados con los 55 020 que obtenía la Iglesia por el alquiler de sus propiedades, resultan verdaderamente insignificantes.

Como podemos observar en el cuadro 3, el número de propiedades particulares que tenía la ciudad en 1824 era de 1 051. De éstas, 799 eran casas y el resto —252 fincas— se alquilaban como tiendas, solares, accesorias y cocheras. El monto total anual de los alquileres de todas estas propiedades particulares puede calcularse brevemente si tomamos en cuenta que según el *Plan de Policía*, el ingreso anual total era de 177 508 pesos. Por lo tanto, si a esta cantidad se restan los 55 020 pesos que son los ingresos de las propiedades eclesiásticas y enseguida los 1 768 de los de la Noble ciudad, se obtiene la cantidad de 120 720 pesos. Así, puede concluirse que el monto anual generado por el alquiler de las propiedades particulares significaba 68% del total del alquiler de todas las fincas de la ciudad.

Siguiendo los datos del cuadro 6, respecto a los propietarios, podemos ver que 306 particulares, 29.14% del total incluidos Iglesia y Noble ciudad, ocupaban sus propiedades ya sea para vivir en ellas o usándolas como comercios propios. De esos 306, 21.89% ocupaba propiedades en el cuartel 3o., 20.26% en el 5o. y 16.01%

en el 1o. En el cuartel 8o., sólo 3.92% de las propiedades eran usadas por sus propios dueños y en el 6o. únicamente 5.55%. Quiere decir que en los cuarteles centrales, 3o., 5o. y 1o., se concentraba el mayor número de propietarios que vivían y ocupaban como negocios casas de su propiedad, en tanto que en el 8o. y 6o. era mayor el número de fincas que los propietarios alquilaban. En cuanto a los inquilinos, según vemos en los totales, el *Padrón* registra 1 394 de los cuales 744 son de particulares, 623 de la Iglesia y 27 de la Noble ciudad; es decir, que 53.37% de los inquilinos de la ciudad pagaba a particulares, 44.69% a la Iglesia y 1.93% al ayuntamiento. Es importante ver los matices de estas cantidades, por ello destaco que en el cuartel 6o., por ejemplo, el número de inquilinos de particulares (139) con respecto al número total de los inquilinos de ese cuartel (163) era de 85.27%, en tanto que en el 8o. era tan sólo de 30.23%. Si comparamos estos porcentajes con los de los que eran inquilinos de la Iglesia vemos que en el cuartel 6o. apenas alcanzaba 14.11%, mientras que en el 8o. era de 53.48 por ciento.

Los inquilinos de la Iglesia con respecto al total de inquilinos se concentraban más en el cuartel 7o. con un 66.49%; en el 4o. con 62.06%; en el 8o. con 53.48%; en el 2o. con 51.02%, y menos en los cuarteles 3o., 5o., 1o. y 6o. con porcentajes de 45.36, 40.51, 31.27 y 14.11, respectivamente. Los inquilinos de particulares mantenían cierto equilibrio entre los cuarteles 4o., 7o. y 8o. con 34.48, 32.99 y 30.23 por ciento cada uno, mientras que en el cuartel 6o. ocupaban el máximo —85.27%—. Nuevamente existía cierto equilibrio entre los cuarteles 1o., 5o. y 3o. con 64.92, 58.39 y 54.63 por ciento, respectivamente. Ya en términos generales, el cuartel con mayor número de inquilinos era el 5o., lo que no resulta extraño si vemos en el cuadro 2 que este cuartel era el que contaba con más fincas.

Finalmente, respecto al género de los inquilinos de particulares puede verse que 49.78% eran hombres, 21.30% eran mujeres y del resto —26.97%— no se indican sus nombres, por lo que no podemos saber su género. El mayor número de inquilinos se concentraba en los cuarteles 1o., 3o. y 5o., mientras que el de inquilinas lo hacía en los cuarteles 5o. y 6o. Por su parte, los de la Iglesia —de ambos géneros— se agrupaban en los cuarteles 4o., 5o. y 7o. Puede ser significativo que el cuartel 8o. tuviera el menor número de inquilinas pues coincide con el hecho de que estaba compuesto fundamentalmente de solares que servían para la agricultura, actividad atribuida más al género masculino.

De 567 propietarios particulares, 410 eran hombres y 157 eran mujeres; es decir, 72.31% de las propiedades particulares estaba en manos de hombres y 27.68% en manos femeninas. Había más propietarias en los cuarteles 5o., 3o. y 4o., que coincidentemente tenían pocos solares, pero que también eran en los que, incluyendo el 1o., se localizaban más accesorias. Las propiedades en el cuartel 8o. estaban repartidas entre cinco mujeres y 15 hombres, que, en ambos casos, es el número de propietarios más bajo comparado con el de los demás cuarteles. Así, en el cuartel 1o., había 100 propietarios, 66 en el 5o. y 62 en el 3o. En todos los demás cuarteles el número de propietarios era menor.

Cuadro 6. Relación de propietarios e inquilinos por cuartel

Cuartel	Núm. de propiedades particulares	Núm. de propietarios particulares			Propietarios que ocupan sus propiedades		Núm. de inquilinos de particulares				Inquilinos de la Iglesia				Inquilinos de la Noble ciudad	Total de Inquilinos
		Hombres	Mujeres	Totales	Núm.	%	Hombres	Mujeres	Sin especificar	Total	Hombres	Mujeres	Sin especificar	Total		
1o.	186	100	19	119	49	16.01	86	19	32	137	35	11	20	66	8	211
2o.	77	49	17	66	29	9.47	30	13	5	48	29	9	12	50	—	98
3o.	180	62	29	91	67	21.89	63	5	44	112	48	18	27	93[1]	—	205
4o.	114	55	28	83	44	14.37	36	10	24	70	76	36	14	126[2]	7	203
5o.	222	66	33	99	62	20.26	58	45	57	160	56	31	24	111	3	274
6o.	156	21	17	38	17	5.55	54	43	42	139	11	9	3	23	1	163
7o.	91	42	9	51	26	8.49	35	15	15	65	58	30	43	131	1	197
8o.	25	15	5	20	12	3.92	9	1	3	13	10	2	11	23	7	43
Totales	1 051	410	157	567	306	100%	371	151	222	744	323	146	154	623	27	1 394
										53.37%				44.69%	1.93%	100%

[1] En el cuartel 3o. la Iglesia usa para sí seis propiedades. La primera es el palacio episcopal; otras son casas que ocupan un arcediano, capellanes diversos, el "mandadero" de la Concepción y el sacristán y patrono de la Sangre de Cristo. Una propiedad perteneciente al Seminario se alquila para cuartel de milicia.

[2] En el cuartel 4o. la Iglesia ocupa una casa para la tesorería del Hospital de San Cosme y Damián.

Fuente: AHMO, *Actas de cabildo, 1824*, ff. 228-276; *Padrón de casas, 1824*.

Los datos que da el *Padrón*, que son los que nos importa manejar aquí, no son suficientes para sustentar por ahora otras asociaciones y contestar otras preguntas: ¿qué actividades realizaban cotidianamente las inquilinas y los inquilinos? ¿Cuál era su estado civil? ¿De dónde obtenían el dinero para pagar las rentas? ¿Cuántos eran los miembros de sus familias? ¿Quiénes eran y cómo habían llegado a ser propietarias o propietarios las mujeres y los hombres registrados? ¿Qué otros ingresos, además de los alquileres, podían tener para su manutención? ¿A qué se dedicaban las propietarias además de las labores domésticas? ¿Cuántas administraban sus propiedades? ¿Cuántas y cuántos se dedicaban al comercio y tenían tiendas? ¿Cuántas y cuántos eran dueñas de casas de vecindad? ¿Cómo era su comportamiento con sus inquilinos? Sin duda será interesante complementar a futuro la información del *Padrón* con otras que permitan realizar un perfil más amplio y preciso de los inquilinos y propietarios, hombres y mujeres, de la Oaxaca de entonces.

MONTO DE LOS ALQUILERES POR CUARTEL

El *Plan de Policía* presenta el "estado del rendimiento por cada uno de sus ocho cuarteles menores del uno y medio por ciento sobre los alquileres de las fincas"[41] que se presenta a la izquierda. Por éste podemos establecer el valor de los alquileres de las fincas para cada cuartel que incluyo a la derecha (véase el cuadro 7).

Cuadro 7. 1 1/2% anual sobre el alquiler y rendimiento total anual

Cuartel	1 1/2 anual sobre el alquiler	Rendimiento total anual del alquiler
1o.	536 pesos 1/2 real	35 733 pesos 4 reales
2o.	201 pesos 2 reales	13 417 pesos 2 reales
3o.	575 pesos 5 reales	38 375 pesos 2 reales
4o.	348 pesos 7 reales	23 200 pesos 7 reales
5o.	474 pesos 1 reales	31 600 pesos 1 real
6o.	184 pesos 4 reales	12 300 pesos
7o.	307 pesos 5 reales	20 508 pesos 3 reales
8o.	35 pesos 5 reales	2 375 pesos
Ingreso anual	2 663 pesos 5 1/2 reales	177 510 pesos 3 reales

Fuente: AHMO, *Actas de cabildo, 1824*, ff. 228-276; *Padrón de casa, 1824*.

Según lo anterior, es claro que el cuartel 8o. era el que menos producía, seguido por los cuarteles 2o. y 6o. Los más productivos eran el 3o., 1o. y 5o. —en ese orden—, en tanto que los cuarteles 4o. y 7o. eran medianamente productivos. Esto resulta congruente —como ya se vio— no sólo con las características físicas de la ciudad y por lo tanto de los lógicos usos del suelo, sino también con la presen-

[41] *Plan de Policía*, 1981, p. 118.

cia en estos cuarteles de edificios religiosos y civiles importantes, en la concentración de actividades comerciales, en el número de propietarios mayoritarios que vivían en ellos, etcétera.

Con la intención de dar una idea general de cuál era el monto de los alquileres de las fincas de la ciudad, elaboré un cuadro en el que organicé la información del *Padrón* separando las propiedades de acuerdo con el uso que tenían: casas, vecindades, solares, accesorias, tiendas, mesones, cocheras y huertas. Enseguida establecí parámetros entre los distintos montos de los alquileres. Para las casas asenté seis parámetros. En el primero ubiqué las casas cuyo alquiler anual era menor a los 100 pesos; en el último consigné aquéllas cuyo alquiler era entre 501 y 750 pesos, que corresponde al monto de alquiler anual más alto que obtuve del cálculo que hice, para cada finca, a partir de las cifras que se dan en el *Padrón* y que son producto del impuesto de 1.5% anual sobre los alquileres de las casas.[42] Entre estos parámetros límite hay cuatro más con montos intermedios. Finalmente, en otra columna enumeré las casas cuyo monto no se indica en el *Padrón*.

Para las tiendas manejo tres parámetros y en una última columna incluyo aquéllas cuyo monto no se indica. Para los demás usos (vecindades, solares, accesorias, mesones, cocheras y huertas), sólo manejo un parámetro para cada una pues en realidad no hay grandes diferencias entre los montos del impuesto que se les aplica.

Me parece que para ubicar el monto de los alquileres en una realidad económica más amplia vale la pena relacionarlo con algunos salarios y costos que el mismo *Plan de Policía* consigna. Por ejemplo, el sueldo mensual de un sereno era de 10 pesos y el de un "regidor obrero mayor" de 54 pesos 4 reales. Un "alcayde de cárcel" recibía 40 pesos y un maestro alarife 16 pesos 2 reales por mes. Un barril de vino costaba dos pesos y uno de aguardiente tres; las escaleras que usaban los serenos para encender los faroles de las calles costaban dos pesos y los faroles chicos de mano 10 reales. Una mula valía 30 pesos y las sillas o guarniciones de tiro 10 pesos.

Por lo anterior supongo que, por ejemplo, un sereno podía aspirar a vivir en una casa cuyo alquiler anual debía ser menor a 100 pesos. Si se toma en cuenta que el alquiler más bajo de una casa era de 50 pesos al año, es decir 4 pesos y 1 1/3 reales mensuales, es obvio que un sereno tenía que usar casi 48% de su salario para vivir en una casa de éstas. Otra opción más congruente con su salario era vivir en una vecindad en donde el alquiler mensual solía ser de "1/2 real por vecino". En contraste, un regidor obrero mayor podía pagar, con el salario que recibía, un alquiler entre los 100 y 200 pesos anuales —8 pesos 2 reales o 16 pesos 4 reales al mes—, es decir, 15 o 30 por ciento de su salario.

---

[42] La contribución más alta que se indica en el *Padrón* es de 11 pesos y tres reales que dividido entre 1.5 y multiplicado por 100 da un total aproximadamente de 758 pesos. El valor del real en 1824 era de 0.125 pesos aproximadamente, es decir que ocho reales sumaban un peso.

Ante esto, parece claro que los montos del alquiler de las propiedades estratificaban el espacio habitacional de la ciudad de manera definitiva y que si bien es cierto que había casas de vecindad en todos los cuarteles, el mayor número, como se ve en el cuadro 8, se localizaba en el cuartel 5o., seguido del 6o., 3o. y 7o. Vemos también que la concentración de propiedades con alquileres más altos se daba en los cuarteles 1o. y 3o., dos de los cuarteles en donde los grandes propietarios de la ciudad preferían vivir. Es posible que debido a que en los cuarteles 8o., 6o., 7o., 4o. y 2o. se concentraban las casas cuyo alquiler era menor a 100 pesos, en ellos el común de la población oaxaqueña también tuvo, en un momento dado, la posibilidad de convertirse en propietaria, pues las fincas eran más baratas que las de los cuarteles 1o. y 3o.

En cuanto a las tiendas puede verse que su alquiler en los cuarteles 5o., 2o. y 7o. era menor a los 100 pesos, mientras que en el 1o. la mayoría —34 tiendas— pagaban entre 200 y 270 pesos anuales. En el cuartel 3o. el número de tiendas era semejante en cada parámetro.

Según el cuadro 8, el número de casas de la ciudad cuyo alquiler era menor a 100 pesos mensuales significaba 59.74% del total; 25.54% pagaba entre 100 y 200 pesos y el resto se repartía de la siguiente forma: 7.22% para las propiedades cuyo alquiler quedaba comprendido entre 201 y 300 pesos; 2.77% para aquéllas con un alquiler entre los 301 y 400 pesos; 1.26% para las que pagaban entre 401 y 500 pesos, 1.42% para aquéllas cuyo alquiler era de 500 a 750 pesos, y sólo para 2% de las propiedades no se consignó el monto de su alquiler.

El mayor número de casas con alquiler menor a 100 pesos —150 casas— se localizaba en el cuartel 5o., 138 pertenecían al cuartel 4o. y 130 al 7o. En cambio, el menor número de casas con ese monto se encontraba en el cuartel 8o. —15 casas— y seguían el 1o. con 34 y el 2o. con 61. Debo decir que el mayor número de casas de la ciudad de Oaxaca —117 casas que significan 59.74% del total— pagaban menos de 100 pesos de alquiler. Seguían las 334 que pagaban entre 100 y 200 pesos —que significaban 25.54%— y sólo 1.42%, es decir 17 casas, pagaban entre 500 y 750 pesos. De éstas, siete se ubicaban en el cuartel 3o., seis en el 1o., dos en el 5o. y dos más se repartían entre los cuarteles 4o. y 7o.

Respecto a las 174 tiendas, 5.17% no registra su alquiler, 32.18% tenía un alquiler menor a los 100 pesos anuales, 31.60% era de 100 a 150 pesos y 31.03% se alquilaba entre 200 y 270 pesos. El mayor número de tiendas con alquiler menor a 100 pesos se localizaba en el cuartel 3o. y le seguían las del cuartel 1o. Las que pagaban entre 100 y 150 pesos se concentraban en los cuarteles 1o. y 3o., y las 34 que tenían el alquiler más alto, entre 200 y 270 pesos, se concentraban en el 1o., seguidas por las 16 del 3o.

Cuadro 8. Monto de los alquileres de las propiedades por cuartel y tipo de propiedad

Cuartel	Casas								Vecindades		Solares	Accesorias		Tiendas				Mesón	Cochera	Huerta	Total
Montos en $	-$100	100 a 200	201 a 300	301 a 400	401 a 500	501 a 750	sin $		sin $	Vecindades	$50 a $150	$50 a $67	-$100	100 a 150	100 a 200 a 270	sin $	$				
1o.	34	48[1]	15	13	6	6	—		15[2]	27[3]	18	13[4]	25	34	1	—	—	—	—	260
%	27.8	39.3	12.2	10.6	4.9	4.9	—		100	84.4[5]	100	17.8	34.2	46.5	1.3	—	—	—	—	
Totales	122								15	32	18	73					1[10]	—	—	
2o.	61[6]	277	9	3	1	—	—		9[8]	8[9]	—	6	2	—	—		1	—	—	127
%	60.4	26.7	8.9	2.9	1	—	—		100	100	—	75	25	—	—		100	—	—	
Totales	101								9	8	—	8								
3o.	77	53	30	6	6	7	3		19	—	14	18	22	16	1	—	1	1	274
%	42.3	29.1	16.5	3.3	3.3	3.8	1.6		100	—	100	31.6	38.6	28	1.8	—	100	100	
Totales	182								19	—	14	57					1	1	
4o.	138	50	12	1	—	1	2		15[11]	3	18	1	3	—	2[12]	—	3	—	274
%	67.6	24.5	5.88	0.5	—	0.5	1		100	100	100	16.6	50	—	3.33	—	100	—	
Totales	204								15	3	18	6					3	—	249
5o.	150	74	13	5	—	2	10		43	11	12	8	2	1	5	—	—	—	336
%	59	29.1	5.1	2	—	0.8	4		100	100	100	50	12.5	6.3	31.3	—	—	—	
Totales	254								43	11	12	16					—	—	
6o.	106	20	1	—	—	—	1		21	28	2	1	—	—	—	—	—	—	180
%	82.8	15.6	0.8	—	—	—	0.8		100	100	100	100	—	—	—	—	—	—	
Totales	128								21	28	2	1							
7o.	130	32	6	5	2	1	8		18	1	7	9	1	3	—	—	—	—	223
%	70.65	17.4	3.26	2.71	1.1	0.5	4.3		100	100	100	69.23	7.7	23	—	—	—	—	
Totales	184								18	1	7	13							
8o.	15	—	—	—	—	—	—		8	32	—	—	—	—	—	—	—	—	55
%	100	—	—	—	—	—	—		100	100	—	—	—	—	—	—	—	—	
Totales	15								8	32	—	—							
Sumas	711	304	86	33	15	17	24		148	110	71	56	55	54	9	1	4	1	
Totales	1 190								148	115	71	174					4	1	1 704

[1] Una es "Capellanía de esta Sta. Yglesia [Belén]", localizada en la calle de Maneros. [2] De 15 vecindades, una paga 83 pesos, otra 1/2 real al mes por vecino y a las 13 restantes no se les indica impuesto. [3] De éstos, 2 son "de vecindad", 1 está "destruido", 4 no pagan "por infelices" y a 1 no se le consignó impuesto. [4] Una es el "villar" ya citado. [5] El 15.6% restante son solares sin valor. [6] Una casa se consigna como "Capellanía del Calvario"; pagaba 66.66 pesos de alquiler al año. [7] Una se consigna como "capellanía", sin indicar a qué templo pertenecía; pagaba 166.66 pesos al año. [8] A una vecindad se cobraría un impuesto de "1/2 real al mes" pero no se indica, como en otros casos, si es por vecino o por vivienda. [9] De estos solares uno se consigna como "infeliz". [10] Paga 2 pesos 4 reales de impuesto por lo que su alquiler anual se calcula en 166 pesos. [11] Una propiedad se consigna como "14 casas de vecindad a 1/2 real al mes por vecino" lo que haría ur total de 7 reales si se considera un vecino por casa. [12] Una es "botica". Fuente: AHMO, Actas de cabildo, 1824, ff. 228-276; Padrón de casas, 1824.

CONSIDERACIONES FINALES

En la caracterización, distribución y valor de la propiedad en la ciudad de Oaxaca en 1824 parecen coexistir varios factores: por una parte, los recursos naturales derivados de su geografía y por otro, los humanos; ambos actuaron siempre de manera conjunta. A pesar de que los ocho cuarteles tuvieron como límite sólo en uno de sus lados al propio paisaje, las características de éste influyeron en su uso, expansión y por tanto en su valor. Por ejemplo, el crecimiento del cuartel 2o. estaba prácticamente imposibilitado por dos motivos: primero porque el río Atoyac bañaba sus bordes hacia el surponiente y segundo porque, a partir de la "raya del Marquesado" terminando la finca del convento de las mónicas recoletas de la Soledad, la tierra ya no pertenecía a la ciudad sino a la Villa del Marquesado. Así, no fue raro que en esa zona de la ciudad se originaran con cierta frecuencia pleitos por límites de terrenos y por problemas de jurisdicción. El cuartel 6o. tenía los mismos inconvenientes: la proximidad y límite físico del río de Jalatlaco y su inmediata vecindad, en la otra banda, con los pueblos de Tepeaca y Jalatlaco. Los conflictos por límites y jurisdicción también fueron frecuentes, pero además los hubo por la insalubridad que ocasionaba la actividad fundamental del pueblo de Jalatlaco —la talabartería— por los malos olores y la acumulación de desperdicios que generaba. Se sumó a esto la presencia de canteras, que se explotaban para la construcción, y de un amplio terreno calificado años más tarde por Carriedo como "llanura macilenta".[43] Ésta había sido elegida desde 1781 para convertirse en cementerio provisional ante una terrible epidemia de viruela.[44]

Por otra parte, entre las propiedades de la Iglesia, particulares y de la Noble ciudad, la ciudad adquirió una imagen urbana en donde la presencia de tal o cual edificio, o de tal o cual plaza, dio significación, presencia estética, "nobleza", utilidad y plusvalía a determinados cuarteles. Respecto a los propietarios particulares recordemos que por lo general tanto "nobles varones" como "ricas hembras" descendientes de familias virreinales, para 1824, no eran propietarios mayoritarios; sin embargo, su casa —a veces su única propiedad— continuaba dando nombre a la calle y por supuesto una jerarquía que se reflejaba en el valor de las propiedades vecinas. En cuanto a las propiedades eclesiásticas, particularmente en el cuartel 5o. se ubicaban los tres templos y conventos dominicos de la ciudad: el de Santo Domingo, que era el único edificio que había requerido para su construcción la superficie de cuatro manzanas, el de San Pablo, que ocupaba dos, y el de monjas dominicas de Santa Catalina.[45] Los dos primeros no sólo impactaban físicamente al romper la traza regular de la ciudad sino que, sumados al de las catarinas, también significaban protección y seguridad moral y espiritual para una sociedad que se en-

---

[43] Carriedo, I, 1949, p. 137-138.
[44] Lira, 1997a, p. 80.
[45] Véase los planos 2, 3 y 7.

contraba titubeante entre la firme vivencia de su pasado virreinal y el incierto futuro independiente. Además, algunas fincas que la Iglesia alquilaba al pueblo salvaban de la indigencia a buen número de inquilinos que, por diversos motivos, no podían pagar renta. Aunque es cierto que la Iglesia no fue suave en el cobro a sus deudores que sí podían pagar, también lo es que en otros casos actuó prácticamente como institución de beneficencia.

No es extraño que el cuartel 3o. ocupara el primer puesto en la productividad económica de sus fincas pues a él pertenecín la Catedral y un buen número de edificios religiosos y civiles relevantes.[46] Tampoco lo es que lo siguiera en importancia el 1o., pues en el se ubicaban las Casas reales, la Plaza del Mercado y la Alhóndiga, es decir el gobierno de la ciudad y sus espacios de abasto y comercio más significativos.[47]

La presencia en la ciudad de los edificios pertenecientes a la Noble ciudad, por su parte, aseguraban el orden civil acostumbrado en tiempos virreinales, prometían hacer cumplir el proyecto independentista y garantizaban la movilidad económica: casas reales, Aduana, Tesorería, Comisaría, estanco de pólvora, cuarteles de Dragones, mataderos, factoría de tabaco, etcétera, entremezcladas con propiedades particulares o eclesiásticas, daban cuenta de un nuevo régimen que deseaba sobreponerse al eclesiástico. Las escasas propiedades que alquilaba a particulares, sin embargo, eran símbolo de su inestabilidad económica y de su verdadera imposibilidad para echar a andar proyectos de mejoras urbanas como el de limpieza y alumbrado de calles que fueron los que generaron el *Padrón* que hemos revisado.

SIGLAS

AGEO. Archivo General del Estado de Oaxaca.
AHMO. Archivo Histórico Municipal de la Ciudad de Oaxaca.

BIBLIOGRAFÍA

Artola, Miguel, *Historia de España Alfaguara*, 7 vols., Madrid, Alianza Editorial, 1983. (Alianza Universidad, 44).
Anes, Gonzalo, "El Antiguo Régimen: los Borbones", en: Artola, vol. IV, 1983.
Alonso, Martín, *Enciclopedia del idioma*, 3 vols., Madrid, Aguilar, 1982.
Altamirano Ramírez, Hugo, *La ciudad de Oaxaca que conoció Morelos*, Oaxaca, s.e., 1992.
Bradomín, José María, *Crónicas (del Oaxaca de hace cincuenta años)*, México, La Impresora Azteca, 1976.
Bustamante Vasconcelos, Juan I., *Intento de correlación de las diferentes nomenclaturas de la*

---

[46] Véase el plano 6.
[47] Véase el plano 5.

ciudad de Oaxaca, a partir de 1792 hasta la fecha, Oaxaca, Instituto Nacional de Antropología e Historia, 1992. (Estudios de Antropología e Historia, 33).

Carriedo, Juan Bautista, *Estudios históricos y estadísticos del estado libre y soberano de Oaxaca*, 2 vols., México, Adrián Morales, 1949.

Chance, John K., *Razas y clases de la Oaxaca colonial*, México, Instituto Nacional Indigenista, 1978.

Esparza, Manuel, "Introducción", *Padrón de casas de la ciudad de Oaxaca, 1824*, 1981, p. I-IV.

Gay, José Antonio, *Historia de Oaxaca*, México, Porrúa, 1982. (Sepan cuantos,373).

Gonzalbo A., Pilar y Cecilia Rabell (comps.), *Familia y vida privada en la historia de Iberoamérica*, México, El Colegio de México/Universidad Nacional Autónoma de México, 1996.

Ibarra, Ana Carolina, *Clero y política en Oaxaca: biografía del doctor José de San Martín*, México, Instituto Oaxaqueño de las Culturas/Universidad Nacional Autónoma de México, 1996.

Iturribarría, Jorge Fernando, *Historia de Oaxaca*, 4 vols., México, Talleres de la Imprenta Ajusco, 1982.

Lira, Carlos, "La ciudad de *Oaxaca*. Una aproximación a su evolución urbana decimonónica y al desarrollo arquitectónico porfiriano", tesis de Maestría, México, Facultad de Arquitectura/Universidad Nacional Autónoma de México, 1997.

——, "Donde yace, viva, la historia. El Panteón de San Miguel de Oaxaca", *Espirales fugaces. Umbrales del eterno retorno*, México, Universidad Autónoma Metropolitana-Azcapotzalco, 1997, pp. 61-107.

Ordenanza para el establecimiento e instrucción de los alcaldes de barrio de la ciudad de Oaxaca mandada hacer por el marqués de Branciforte, virrey, 1796, en: Bustamante, 1992, pp. 5-13.

Padrón de casas de la ciudad de Oaxaca, 1824, transcripción de Manuel Esparza, Oaxaca, Instituto Nacional de Antropología e Historia,1981. (Estudios de Antropología e Historia, 26).

Padrón general de los habitantes de Oaxaca que deben pagar el derecho de capitación conforme al supremo decreto del 7 de abril de 1842, transcripción de Manuel Esparza, Oaxaca, Instituto Nacional de Antropología e Historia, 1981. (Estudios de Antropología e Historia, 29).

"Plan de Policía elaborado por una comisión del cabildo de la ciudad de Oaxaca, 1824 ", *Padrón de casas*, 1981, pp. 115-122.

Portillo, Andrés, *Oaxaca en el centenario de la independencia nacional*, Oaxaca, Imprenta del Estado, 1910.

Rabell Romero, Cecilia, "Trayectoria de vida familiar, raza y género en la Oaxaca colonial", en: Pilar Gonzalbo A. y Cecilia Rabell (comps.), *Familia y vida privada en la historia de Iberoamérica*, México, El Colegio de México/Universidad Nacional Autónoma de México, 1996.

Serrailh, Jean, *La España ilustrada de la segunda mitad del siglo XVIII*, traducción de Antonio Alatorre, México, Fondo de Cultura Económica, 1957.

Taylor, William B., *Terratenientes y campesinos en la Oaxaca colonial*, traducción de Belinda Cornejo, Oaxaca, Instituto Oaxaqueño de las Culturas, 1988.

Vásquez, Genaro, *Para la historia del terruño*, México, s.e., 1931.

Vilar, Pierre, *Historia de España*, traducción de Manuel Tuñón de Lara y Jesús Suso Soria, Barcelona, Crítica, 1978. (Temas hispánicos, 25).

Zárate Aquino, Manuel, *Pequeño diccionario enciclopédico de Oaxaca*, México, Universidad José Vasconcelos de Oaxaca, 1995.

CARTOGRAFÍA

British Library of London: plano anónimo de la ciudad de Oaxaca, primer tercio del siglo XIX. Archivo General de la Nación: "La más Noble y Leal Ciudad de Oaxaca dividida en quarteles de orden del exmo. Señor Marques de Branciforte Virei de esta Nueva España", 1795. Mapoteca Manuel Orozco y Berra: "Plano de la ciudad de Oajaca", 1803, Juan Manuel Gijón, 787, núm. 31. "Oajaca por orden del Exmo. Sr. Gobernador D. Benito Juárez", 1848, Antonio Conde Diebitech de Sabalkansky, 784, núm. 29.

GRABADO

Environs de Oajaca, publicado en el *Journal Universel* hacia 1886; perteneciente a la Mapoteca Manuel Orozco y Berra.

ANEXO DE FOTOS Y PLANOS

Vista de la ciudad de Oaxaca desde Monte Albán. Al fondo, la cordillera de San Felipe; de lado izquierdo, el cerro del Fortín con el templo de la Soledad a sus pies; a la derecha, la estructura cuadrangular del "Panteón" entre los llanos vecinos a Jalatlaco; al frente de éste, las torres de La Merced; al centro de la ciudad, la plaza mayor, la alameda nueva y las torres de Catedral; a la derecha, el mercado y hacia atrás, San Agustín; al norte, hacia el cerro de San Felipe, Santo Domingo y el Carmen Alto. Grabado perteneciente a *Environs de Oajaca*, publicado en el *Journal Universel* hacia 1886. Mapoteca Orozco y Berra.

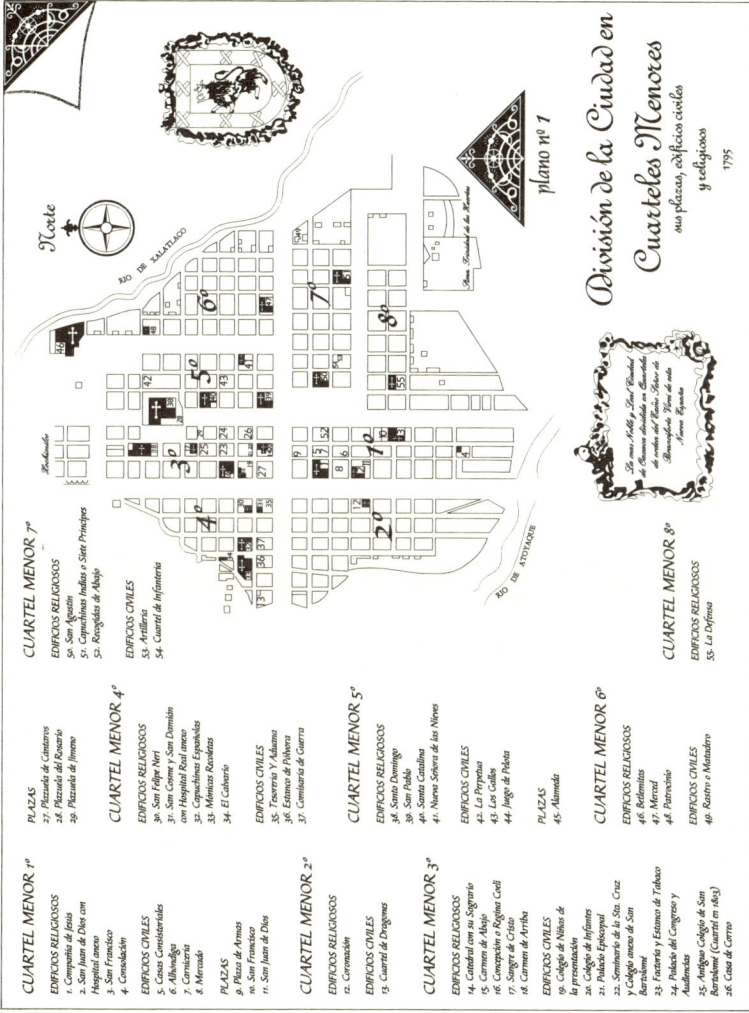

Plano 1. División de la Ciudad en cuarteles menores (sus plazas, edificios civiles y religiosos, 1795).

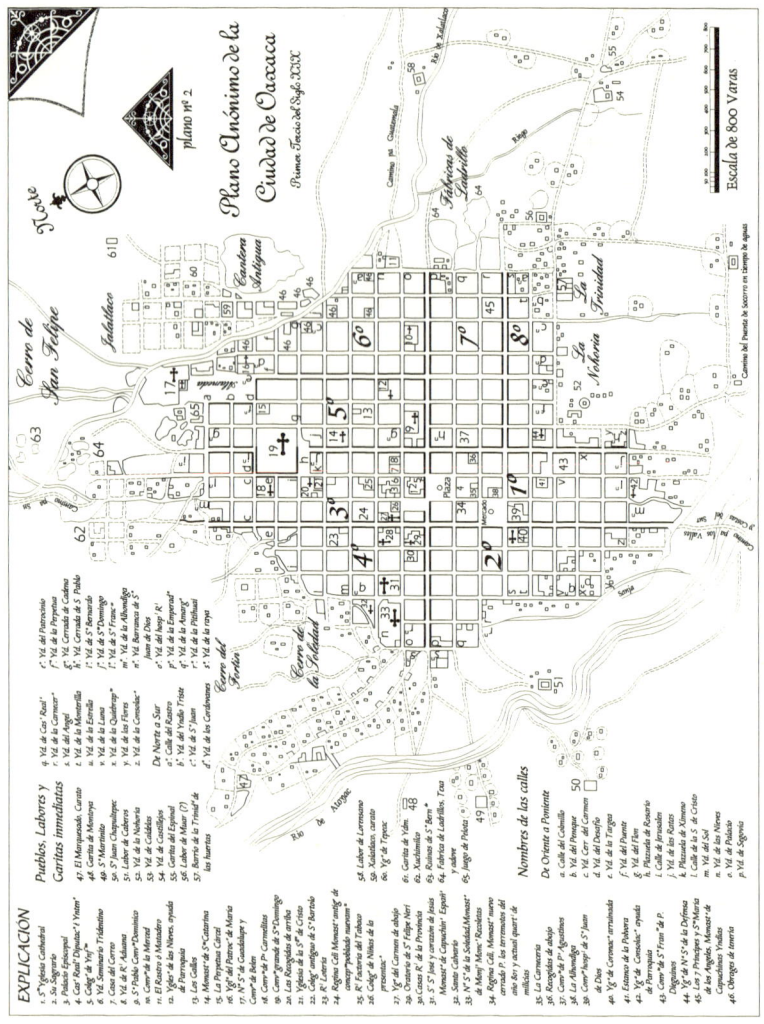

Plano 2. Plano anónimo de la ciudad de Oaxaca (primer tercio del siglo XIX).

LA PROPIEDAD EN LA CIUDAD DE OAXACA

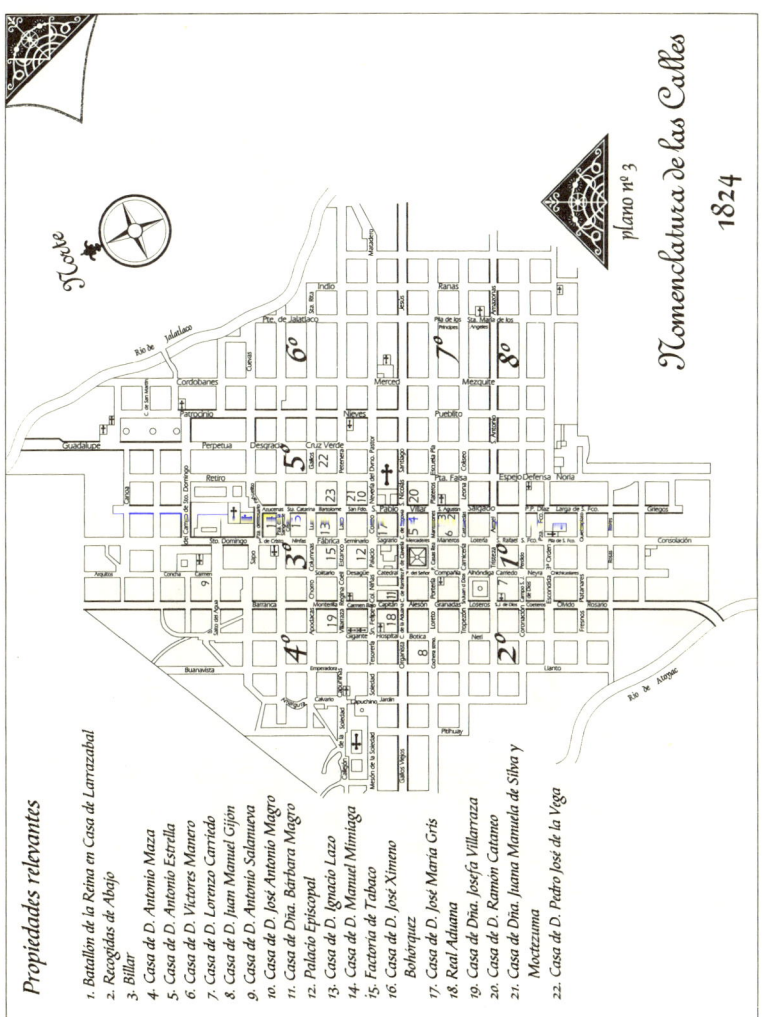

Plano 3. Nomenclatura de las calles, 1824.

334   CASAS, VIVIENDAS Y HOGARES

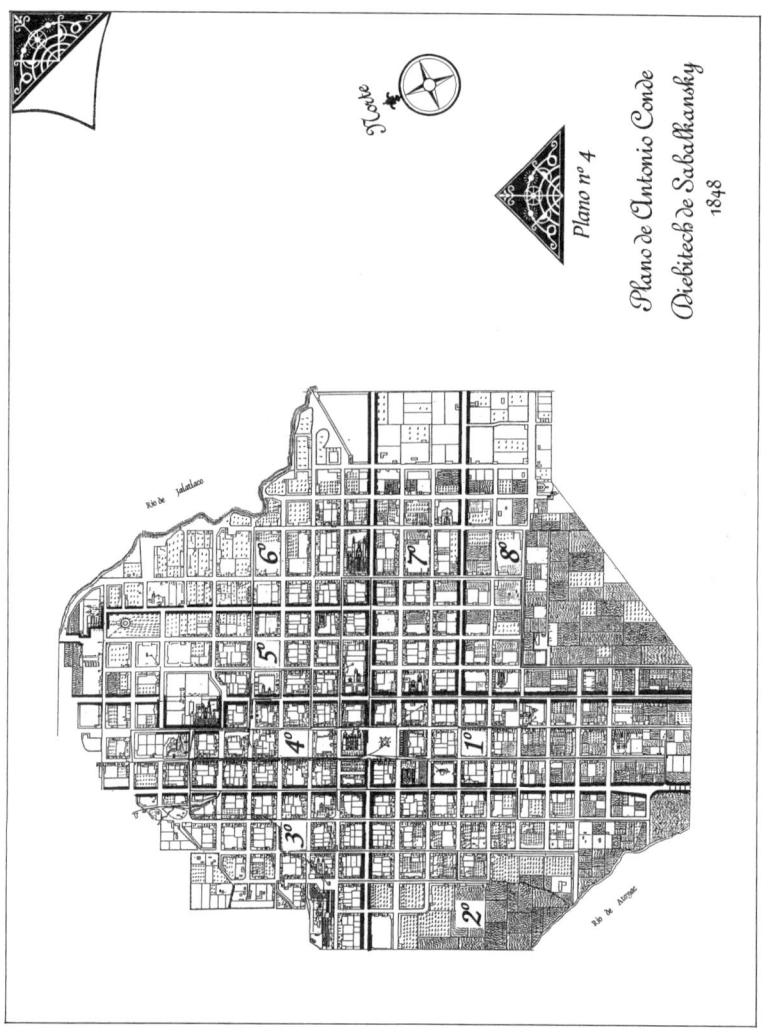

Plano 4. Plano de Antonio Conde Diebitech de Sabalkansky, 1848.

LA PROPIEDAD EN LA CIUDAD DE OAXACA 335

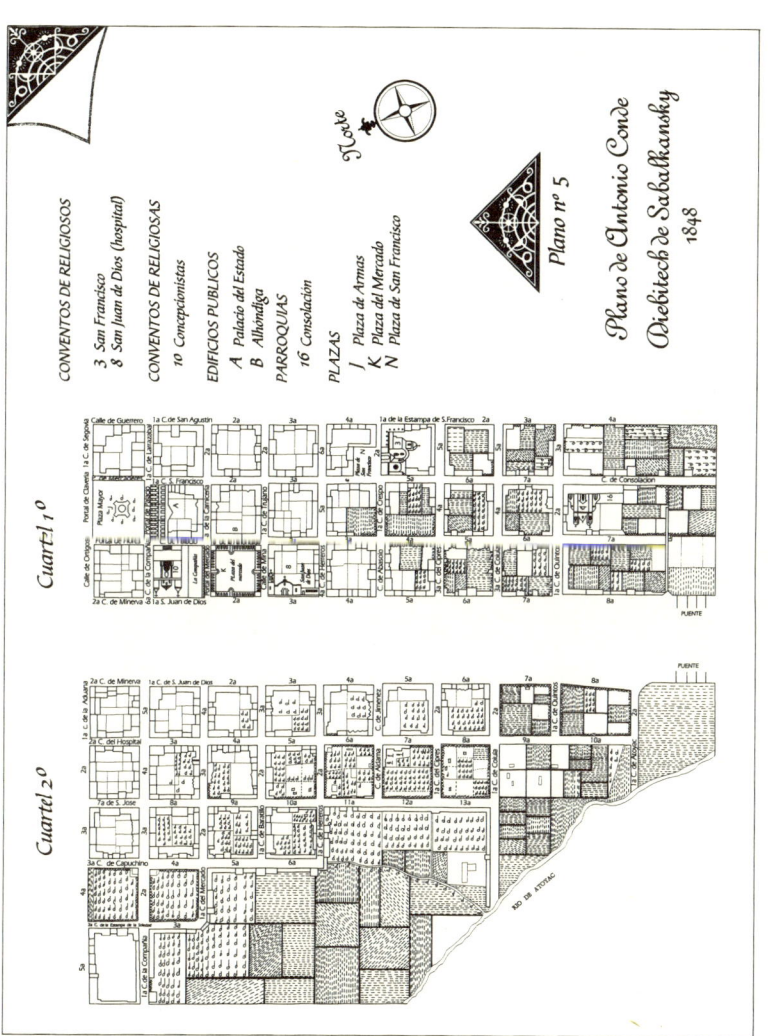

Plano 5. Plano de Antonio Conde Diebitech de Sabalkansky, 1848.

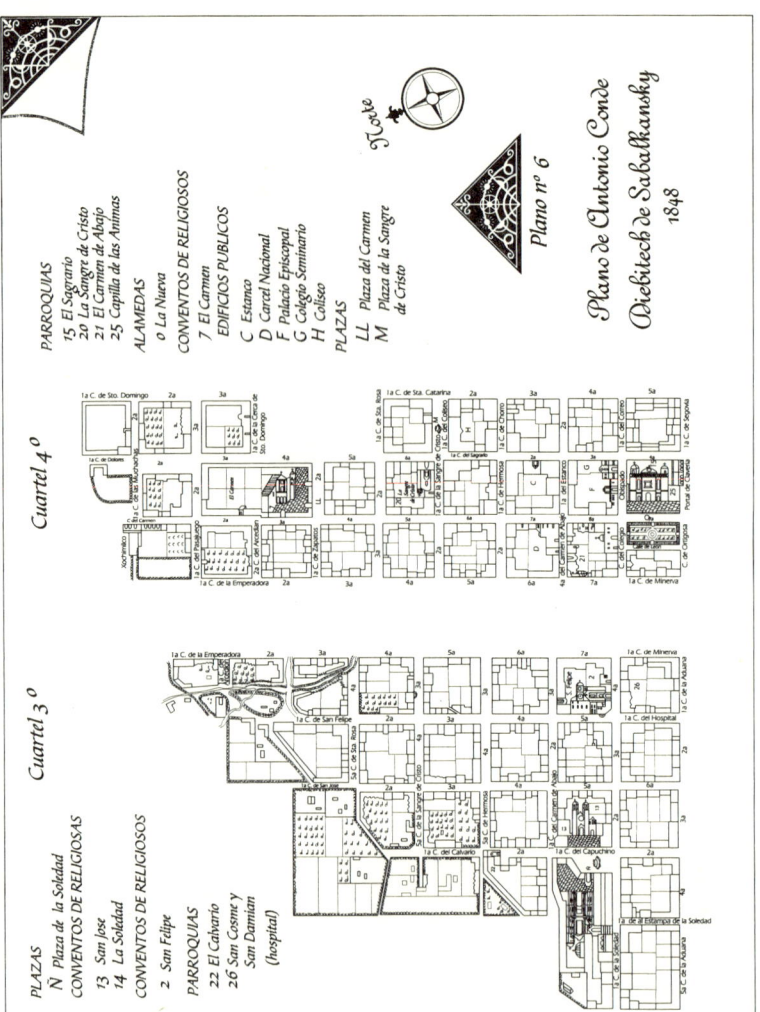

Plano 6. Plano de Antonio Conde Diebitech de Sabalkansky, 1848.

LA PROPIEDAD EN LA CIUDAD DE OAXACA 337

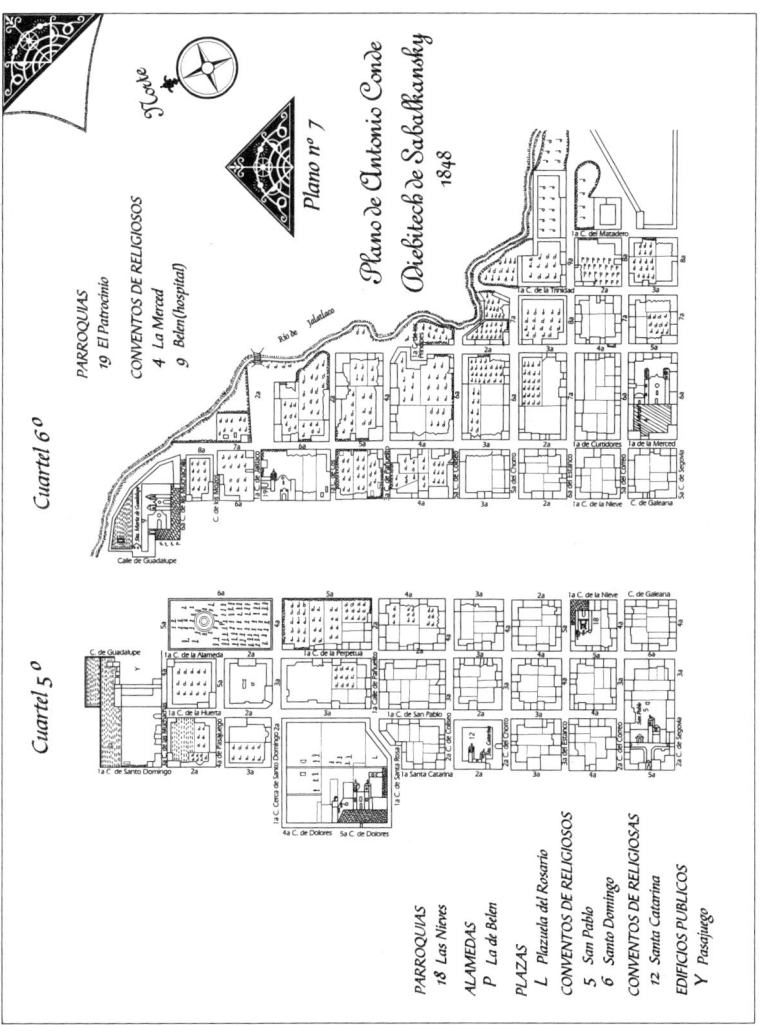

Plano 7. Plano de Antonio Conde Diebitech de Sabalkansky, 1848.

338 CASAS, VIVIENDAS Y HOGARES

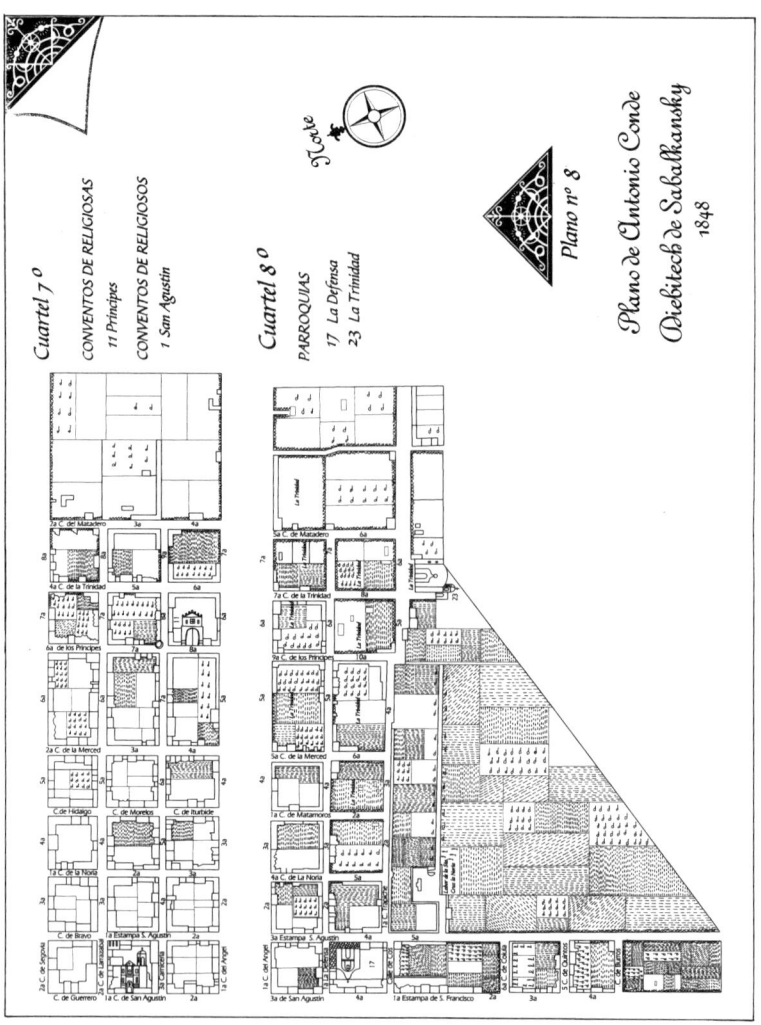

Plano 8. Plano de Antonio Conde Diebitech de Sabalkansky, 1848.

VIVIENDAS, CASAS Y USOS DE SUELO EN LA CIUDAD DE MÉXICO, 1848-1882[1]

Ma. Dolores Morales y María Gayón
Dirección de Estudios Históricos, INAH

INTRODUCCIÓN

El análisis de los espacios domésticos en la capital decimonónica y de la manera en que los diferentes grupos sociales los concibieron y vivieron en el pasado es un tarea pendiente en la historiografía. Pocas veces se ha relacionado la organización de estas formas constructivas habitacionales —que no son autonónomas— con el tipo de sociedad que las produjo y las explica. El tema ha sido más estudiado desde el punto de vista formal y la mayoría de los trabajos se centran en el análisis de las grandes residencias de la elite y pocas veces examinan las construcciones donde vivía la mayor parte de la población.[2]

El objetivo de este trabajo es realizar un estudio comparativo de la vivienda, durante dos momentos del siglo XIX, a partir del análisis de los padrones de población de 1848 y 1882.[3]

El padrón de 1848 fue realizado en un momento muy especial; el país estaba en guerra con Estados Unidos y la ciudad de México se encontraba ocupada y go-

---

[1] Este trabajo forma parte del proyecto INAH-Conacyt: "Espacio y estructura social de la ciudad de México, 1753-1882".

[2] Enrique Ayala Alonso, *La casa de la ciudad de México: evolución y transformaciones*, México Conaculta, 1996; Israel Katzman, *La arquitectura del siglo XIX en México*, UNAM, 1973; Luis Cuevas Barajas, *La casa de Guillermo Prieto en la Parcialidad de San Juan Moyotlán*, México, UNAM/Escuela de Arquitectura, 1979; Vicente Martín Hernández, *Arquitectura doméstica de la ciudad de México (1890-1925)*, México, UNAM, 1981; Vicente Martín Hernández, "La vivienda del porfiriato en algunas colonias de la ciudad de México", *Revista Arquitectura Autogobierno*, México, UNAM, sept-dic., 1977; Francisco de la Maza, *Del neoclasicismo al art nouveau*, Sep-Setenta, México, 1974; Josefina Muriel de la Torre, "La habitación plurifamiliar en la ciudad de México", *La ciudad y el campo en la historia de México. Memoria de la VII Reunión de historiadores mexicanos y norteamericanos*, Oaxaca, 23-26 de octubre de 1985, México, UNAM, 1992, pp. 268-282; Juan Javier Pescador, "Casas, vecindades y jacales: los espacios domésticos en Santa Catarina, siglo XVIII", *De bautizados a fieles difuntos. Familia y mentalidades en una parroquia urbana. Santa Catarina de México, 1568-1820*, El Colegio de México, 1992, pp. 190-211, Elena Segurajáuregui, *Arquitectura porfirista. La colonia Juárez*, UAM/Tilde Editores, 1990.

[3] María Gayón, Base de datos del padrón de 1848; Ma. Dolores Morales, Base de datos del padrón de 1882. Proyecto INAH-Conacyt: "Censos históricos de la ciudad de México, 1753-1910".

bernada por las tropas de ese país. El levantamiento del padrón estuvo a cargo de la Asamblea Municipal y tuvo como objetivo recabar información sobre los habitantes, el valor de las casas que ocupaban y la renta de las viviendas. Es muy completo en los rubros de casas, viviendas, rentas, valores, propietarios de las casas, origen y ocupación de los habitantes.[4] Sin embargo presenta un subregistro de los pobladores debido principalmente a que una décima parte de las casas se encontraban vacías en ese momento, ya que el Gobierno Nacional se había trasladado a Querétaro, el ejército mexicano se había dispersado y un gran número de personas temerosas de las tropas estadunidenses habían abandonado la ciudad o se ocultaban. Asimismo, contribuyeron los hechos de que en las casas ocupadas por oficiales y soldados norteamericanos no se recabó información y de que algunos de los comisionados encargados de levantar el padrón sólo censaran a los jefes de familia de cada vivienda.

El padrón de 1882 fue levantado por el Ayuntamiento de México de acuerdo con un proyecto del regidor Agustín Reyes. La información se recabó en un momento en que la ciudad vivía la transición hacia la modernidad, cuando el Estado liberal impulsaba la reorganización del uso del espacio, recién recuperado el territorio de las manos corporativas, y promovía cambios para transformar un modelo de ciudad conventual en una ciudad que expresara a la naciente sociedad secular. Los principales objetivos para levantar el padrón fueron conocer las características demográficas de los habitantes de la ciudad y reunir información para formar un catastro de la estadística comercial, fabril, manufacturera y de la enseñanza.[5]

TÉRMINOS UTILIZADOS Y PROBLEMAS PARA CARACTERIZAR
LOS TIPOS DE VIVIENDA

El análisis de los padrones de población, la lectura de trabajos sobre la vivienda y la consulta de diccionarios actuales y de la época en que se levantaron los padrones permitieron observar la gran ambivalencia y complejidad de los términos que se utilizan para identificar los espacios habitacionales y la confusión con que se emplean vocablos como *casa* y *vivienda*, constatando que no se trataba sólo de un problema nuestro.

Resultó difícil averiguar a qué se referían los empadronadores cuando llenaron las formas del padrón con los vocablos *casa* en el caso de 1848, o los de *habitación* o *vivienda* en 1882. Los utilizan indistintamente al referirse a una finca independiente, a una parte de ella o a un tipo específico de construcción.

Así, por ejemplo, mientras que en el padrón de 1848, titulado *Padrón de los habitantes de las casas de esta ciudad*, el término casa se utiliza para identificar cual-

---

[4] Padrón de los habitantes de las casas de esta ciudad. AHCMN, vols. 3408 y 3409.
[5] Padrón de la municipalidad de México. AHCM, vols. 3424 a 3430.

quier finca independiente, en el padrón de 1882 el vocablo casa aparece muy poco, sólo se menciona en algunas construcciones rústicas de la colonia Santa María y en los barrios indígenas localizados en algunas manzanas periféricas donde no se menciona calle sino se numeran las casas dentro del barrio. Con respecto a los tipos de vivienda, el término "habitación" no se emplea en 1848, en tanto que en el padrón de 1882 se usa en algunas manzanas y es confuso ya que parece referirse más al uso que al tipo.[6]

Como mencionamos anteriormente, en los diccionarios actuales y de la época en que se realizaron los padrones encontramos también confusiones. Se define a la casa como edificio para habitar uno o más individuos, mansión, morada, vivienda, residencia, domicilio, hogar, establecimiento comercial o productivo. A la vivienda como casa, cuarto de habitación o espacio destinado a habitación. A la habitación como cualquiera de los cuartos o piezas de una casa.[7]

Aun el término "cuarto" no es siempre claro. Lo encontramos en un trabajo sobre la ciudad de Madrid, utilizado de manera genérica, y el término edificio como sinónimo de casa, como observamos en la siguiente cita: "En 1845 los 7 496 edificios que existían en Madrid albergaban un total de 40 263 cuartos [...] De este total de cuartos, se utilizaban para vivienda 32 467 y los restantes 7 796 estaban destinados a establecimientos comerciales e industriales".[8]

Por todo ello y para evitar confusiones, en este trabajo utilizamos los términos casa y vivienda en dos sentidos. Por una parte consideramos a la casa como una finca que, independientemente del tamaño o tipo de construcción, tiene un número en una calle determinada y cuyo uso es habitacional, comercial, productivo, de servicios o mixto. El vocablo vivienda identifica un espacio interno que forma parte de una finca y es ocupado de manera independiente. Así podemos decir por ejemplo que en el padrón de 1848 se registran 5 596 casas y 30 616 viviendas, y en el de 1882 hay 7 778 casas y 52 284 viviendas.

En un segundo sentido, los términos casa y vivienda los consideramos como un tipo específico de construcción cuando analizamos la tipología de las viviendas de los padrones de población.[9] En este caso nos referimos, por ejemplo, a que de las 7 778 casas del padrón de 1882, 2 218 son casas solas, otras son casas con ac-

---

[6] En el padrón de 1882 el tipo de vivienda y el piso que ocupa se anotan en una columna y el destino que tienen en otra. Sin embargo, no todos los empadronadores fueron sistemáticos para hacer sus anotaciones en la columna correspondiente, sino que a veces utilizaron indistintamente cualquiera de las dos o escribieron en las dos columnas como si fuera una. Cuando se anota la información sobre el tipo y el uso no hay problema, pero en 15% de los casos sólo se pone "habitación" por lo que no queda claro si se refiere al tipo o al uso.

[7] Emiliano Bustos. *Diccionario enciclopédico de México del idioma español*, 1882, 6 vols. *Diccionario de Autoridades*, Real Academia Española, Madrid, Editorial Gredos, 1976, 3 tomos. *Diccionario enciclopédico* UTEHA, México, Unión Tipográfica Editorial Hispano-Americana, 1950, 10 tomos.

[8] Dolores Brandeis, *El paisaje residencial en Madrid*, Ministerio de Obras Públicas y Urbanismo, Dirección General de Acción Territorial Urbanismo, 1983, pp. 73 y 74.

[9] En el texto se usan cursivas en estos casos.

cesorias, viviendas y cuartos, tantas más son casas de vecindad, tantas otras casas de jacales, algunas más son casas especiales (mercado, garita, iglesia, etc). Asimismo mencionamos, por ejemplo, que de las 30 616 viviendas que había en la ciudad en 1848, 15 373 eran cuartos, 6 099 eran accesorias, 1 916 casas, 452 piezas o 3 164 viviendas, etcétera.

CAMBIOS EN EL NÚMERO DE CASAS, DE VIVIENDAS Y DE POBLACIÓN

El padrón de 1848, como ya mencionamos, tiene un subregistro importante de población, por ello se tomó como base para los cálculos de la población total de 1848 la cifra de 120 000 personas.[10]

En el periodo comprendido entre 1848 y 1882, la ciudad de México registró un cambio fundamental originado por la aplicación de las leyes de desamortización y nacionalización que tuvieron como resultado una importante transmisión de la propiedad de manos corporativas a un grupo de particulares, lo que se vio reflejado espacialmente tanto en el centro de la ciudad como en la periferia.

En el centro se dio un rompimiento de los núcleos conventuales que se dividieron en lotes y se abrieron nuevas calles (véase en el anexo la ilustración 1). En el plano comparativo 1848-1882 podemos apreciar el área urbana en los dos periodos (véase la ilustración 2). En la periferia, al entrar al mercado, los terrenos que eran propiedad de las parcialidades indígenas se trazaron y se alinearon calles que conformaron nuevas manzanas.

El cambio más notable se dio en los barrios indígenas de Santa Ana, Santiago Tlatelolco, la Concepción Tequipehuca y los Ángeles, en donde con las alteraciones en el uso de suelo, principalmente comercial, y el incremento de viviendas se registra una transformación de la zona. Para ello contribuye de manera importante la construcción de tres estaciones de ferrocarril, Guadalupe Hidalgo junto a la garita de Peralvillo, Irolo al lado de la iglesia de la Concepción Tequipehuca y Buenavista al noroeste, así como la edificación de la Aduana en los alrededores de la plaza de Santiago Tlatelolco. Asimismo, se conformaron manzanas en la periferia oriente y sur y en el barrio de Tepito, en donde se formó la colonia Violante.[11] Otro cambio relevante que se percibe es el inicio de un primer crecimiento de la ciudad

---

[10] Esta cifra de población fue obtenida con base en dos indicadores. Sonia Pérez Toledo y Herbert Klein en su trabajo "La estructura social de la ciudad de México en 1842", *Población y estructura urbana en México, siglos XVIII y XIX*, Universidad Veracruzana, 1996, pp. 251-275, calculan una población de 118 125 habitantes. Asimismo, se realizó un cálculo estadístico a partir de las cifras del padrón de 1848 considerando las manzanas donde se censó a todos los habitantes de la ciudad y que nos dio un total de 119 402 habitantes.

[11] Ma. Dolores Morales, "La expansión de la ciudad de México en el siglo XIX: el caso de los fraccionamientos", *Ciudad de México: ensayo de construcción de una historia*, México, 1978. (Colección Científica 61).

hacia el norponiente y poniente, con la creación de las colonias Santa María, Arquitectos y Guerrero. (Lámina 1).

En estos años, el número de casas, viviendas y población se incrementó de manera significativa. La población pasó en números cerrados de 120 000 a 193 000 personas, lo que corresponde a un aumento de 60%. El número de casas se incrementó en 40% y el de viviendas en 70%. Las casas censadas en 1848 eran 5 596 y 7 778 en 1882; las viviendas eran 30 616 en el primer padrón y 52 284 en el segundo (véase el cuadro 1 y la gráfica 1 en el anexo).

Estos aumentos diferenciados de casas y viviendas muestran una ciudad que experimenta dos fenómenos. El primero es un interesante proceso de densificación de las casas existentes, lo que significa una subdivisión interna de las fincas con fines de arrendamiento o para dar cabida a otras familias como las de migrantes o las de los hijos casados, y el segundo, la construcción de nuevas casas, varias de ellas con múltiples viviendas que ocuparon nuevos espacios en la periferia.

El promedio de viviendas por casa aumentó de 5.4 en 1848 a 6.7, lo que denota un mayor número de viviendas en el interior de las casas. Al mismo tiempo, el promedio de personas por casa también se incrementó de 22.2 a 25.9. Este aumento de personas por casa no se refleja en el promedio de personas por vivienda, ya que éste disminuye de 4.9 a 4.3 personas por vivienda, lo que muestra un decrecimiento del número de individuos que componen una familia o unidad doméstica.

Así, algunas de las casas que en 1848 eran casas solas o casas con accesoria, en 1882 se encuentran subdivididas y convertidas en casas con cuartos, viviendas y accesorias. Un caso especial que ejemplifica el primer proceso es el de los conventos, que por la Ley de Nacionalización cambian de uso de suelo y se convierten en varias casas y numerosas viviendas, ya sea aprovechando fragmentos de la misma construcción como celdas, partes de claustros, patios etc., o siendo sustituidos por nuevas edificaciones. Veamos por ejemplo el convento de la Concepción, ubicado en las calles de la Concepción Norte, Rejas de la Concepción Poniente, San Andrés Sur y que al dividirse en lotes quedó atravesado por las calles del Progreso y Cincuenta y siete (lámina 2). En 1882, el convento más extenso y suntuoso de los monasterios femeninos, habitado en 1848 por 47 religiosas, 13 niñas de convento y 50 sirvientas, había sido sustituido por 45 casas divididas en 181 viviendas, un colegio católico, un templo protestante y su colegio anexo. Se conservó la iglesia del convento. La mayor parte de las viviendas (84.5%) de las casas formadas en el espacio del monasterio se destinaron exclusivamente a habitación, 5.5% permanecieron vacías, 5.1% se dedicaron a comercios, 2.7% a servicios, 1.1% a producción y venta, y el restante 1.1% a servicios educativos.

Un ejemplo de la subdivisión interna de las casas con fines de arrendamiento es el de tres fincas, las números 2 y 3 de la 3a. calle de Santa Catarina Mártir y la 1 del Callejón del Órgano Norte, valuadas en 1848 en 33 000 pesos. En ese año, la primera estaba formada por una casa y una accesoria donde había una tocinería y una tienda, la segunda por una casa y una cochera donde se alojaba una jarciería, y la última se componía de cuatro cuartos y una vivienda. El propietario de las tres casas era el comerciante Francisco Escudero, quien en 1864 aparece todavía como propietario de los inmuebles, que conservaban casi el mismo valor.[12]

En 1882 el proceso de subdivisión interna ya se había registrado y estas fincas aparecen como una sola casa de dos pisos formada por 52 viviendas que eran cuartos en su mayoría. Lo que permanece de manera notable son los giros comerciales así como las familias que los administraban. Después de 34 años se conservaban la tocinería y la jarciería en manos de los hijos de los comerciantes Sotres y Luna, censados en 1848. La tercera accesoria, que era una tienda, cambió su giro al de empeño.

Un ejemplo de construcción de nuevas casas de múltiples viviendas es la número 5 de la plazuela de Tepito Sur. En la zona donde se construyó esta casa había en 1848 solamente jacales habitados principalmente por albañiles, alfareros y algunos tejedores. En 1882 esta nueva finca se componía de 81 cuartos y siete accesorias en los que habitaban 264 personas, en su mayoría artesanos dedicados a la producción de textiles y algunos albañiles.

DISTRIBUCIÓN DE LA POBLACIÓN EN RELACIÓN
CON LA COMPOSICIÓN DE LAS CASAS

En 1848 y 1882 la mayor parte de la población de la ciudad de México (48 y 60 por ciento) vivía en 20% de las casas citadinas que se subdividían entre 10 y hasta 105 viviendas. Aproximadamente un tercio de los habitantes (30 y 26 por ciento) residía en 35% de las fincas formadas por tres a nueve viviendas. Sólo 18 y 12 por ciento de la población habitaba en casi la mitad de las casas de la ciudad (48 y 42) formadas por una o dos viviendas (véase el cuadro 2).

Por otra parte, la mayoría de las viviendas (58 y 65 por ciento) se concentraba en las casas compuestas por más de 10 viviendas. Alrededor de 30% de las viviendas se ubicaban en fincas compuestas por tres a nueve viviendas. Una minoría de las viviendas (12 y 8 por ciento) se ubicaba en las casas de una y dos viviendas.

Hay que destacar que en 1882 hubo un importante incremento de la población que habitaba en casas de más de 10 viviendas (de 37 918 a 115 083), en tanto que las personas que vivían en las casas de una y dos viviendas registran un aumento menor (14 433 a 23 566).

La comparación de los dos momentos analizados permite constatar que en 1882 las casas que más se incrementaron fueron las de más de 10 viviendas (1 015 a 1 721) que concentraban a la mayor parte de la población de la ciudad, en tanto que las de una o dos viviendas registraron un aumento menor (2 708 a 3 237).

---

[12] AGN. Padrón de la contribución del ocho al millar sobre fincas urbanas, 1864. Hacienda, siglo XIX. Ramo Contribuciones directas, subramo Fincas urbanas y rurales, vol. 457.

En estos años, la ciudad presentaba una mezcla de grupos sociales en el espacio doméstico. Buena parte de las grandes casas albergaba población muy heterógenea. Era común la cohabitación de diferentes clases sociales en una misma finca. Gran parte de las casas citadinas estaban subdivididas en diversos tipos de vivienda. Había casas solas, de accesorias, de viviendas, de cuartos, de jacales, casas de viviendas y accesorias, viviendas y entresuelo, viviendas, cuartos y accesorias, etcétera.

Era usual que una familia rica de comerciantes, hacendados o incluso descendientes de nobles ocupara la vivienda principal de una casa, mientras una de empleados vivía en el entresuelo, otra de artesanos en la accesoria y cigarreros o lavanderas en los cuartos. Un ejemplo de estas casas divididas en varios tipos de vivienda es la ubicada en Santa Clara Sur 14 que en 1882 tenía un pozo, un carruaje, dos bestias de tiro y una de silla. En los altos vivía Miguel Cordero, médico de 30 años de Toluca, con su esposa Concepción Buenrostro de su misma edad, dos hijos, Concepción y Miguel, de un año y de tres meses, respectivamente, y cuatro domésticos al servicio de la familia. En el entresuelo vivía Pedro Fontaine, tapicero, viudo de 36 años, con su hermano Enrique de 22 años, soltero, empleado, y tres hermanas de 19, 17 y 16 años. Había dos cuartos; uno de la portería ocupado por Juana Bojorges, doméstica soltera de 17 años, Gregorio Bojorges, zapatero de 38 años, con su esposa María Sabas de 30 años y dos hijos de tres años y de cinco meses. Otro cuarto lo ocupaban Severiano Sánchez, doméstico de 37 años, su esposa Juliana, también doméstica, y dos hijas de nueve y 10 años. Había además una accesoria de tapicería, de Pedro Fontaine que habitaba el entresuelo, en donde trabajaban tres operarios.

TIPOLOGÍA DE LA VIVIENDA

El análisis de los tipos de vivienda y de la población que las habitaba en los padrones estudiados mostró de manera sorprendente el gran número de cuartos que había en la ciudad de México (50% en 1848 y 45% en 1882) y el alto número de población que habitaba en ellos (alrededor de 40% en ambos momentos). Esto nos indica que el cuarto es el tipo de vivienda predominante en la ciudad y en donde habita una gran parte de la población (véase el cuadro 3 y la gráfica 2).

En general, los cuartos eran espacios de una sola habitación donde vivía una familia y cuya principal función era la de dormitorio; los servicios eran comunes para toda la casa. Predominaban en toda la ciudad, con excepción de la zona cercana a la plaza mayor y la periferia donde había más jacales y casitas. Este dominio del cuarto sobre los demás tipos de vivienda de la ciudad muestra la gran polarización de la riqueza social, concentrada en pocas manos, y el bajo nivel de vida de la mayor parte de la población citadina, que sólo les permitía pagar una renta de dos pesos mensuales en promedio.

No obstante que la mayoría de los cuartos tenían un uso exclusivamente habitacional (86%), también había algunos dedicados a servicios (4%), destacando los destinados a bodega y los cuartos de hotel. Asimismo, había un pequeño número de cuartos, alrededor de 1%, en los que se realizaban labores productivas, además de utilizarse como habitación familiar. Por ejemplo, en 1882 encontramos 95 telares en cuartos que en su mayoría tenían también uso habitacional.

Las accesorias y las viviendas representan cada una más de 15% del total de las viviendas. En 1848 es mayor el porcentaje de accesorias que el de viviendas (20 y 11 por ciento, respectivamente) y en 1882 a la inversa, es mayor el porcentaje de viviendas que el de accesorias (18.5 y 16 por ciento). Ambos tipos de vivienda concentran 29.5 y 34.6 por ciento de la población, respectivamente.

Las accesorias eran construcciones contiguas a otra, tenían acceso directo a la calle y uso separado del edificio principal. Generalmente su uso era sólo comercial, productivo o de servicios o combinado con el de habitación, como tienda y habitación, taller artesanal y habitación, que eran espacios mixtos donde se vendía, trabajaba y vivía. Asimismo, también había accesorias dedicadas exclusivamente a habitación. En 1882, 31% de las accesorias tenía uso comercial, 24% se destinaba a la producción, 8% a servicios y 28% estaba dedicado exclusivamente a habitación.

La diferenciación de los espacios productivos, comerciales y de servicios en las accesorias es más evidente en el interior de las dedicadas a servicios y comercio, en donde 49 y 43 por ciento no estaban habitadas, que en el de producción, donde la gran mayoría coexistía todavía con la habitación (65 por ciento).

Una vivienda era un espacio destinado a la habitación dentro de una construcción, estaba compuesta por varios cuartos y tal vez tenía servicios integrados.

En los padrones analizados encontramos viviendas principales, viviendas exteriores, viviendas interiores, viviendas altas y viviendas bajas. Las viviendas principales eran más espaciosas que las demás, generalmente se localizaban en los altos y tenían baño. En muchas del centro, sus inquilinos podían utilizar las cocheras y caballerizas que había en la planta baja para sus carruajes. Las viviendas exteriores tenían vista a la calle; las interiores daban a segundos o terceros patios, y las bajas o altas se localizaban en primero o segundo piso.

Tanto las accesorias como las viviendas eran de una diversidad enorme. No era lo mismo una accesoria que ocupaba toda la planta baja de una gran casa en la 3a. calle de San Francisco Sur, ocupada por un relojero alemán que pagaba 50 pesos mensuales de renta, que una accesoria ocupada por un herrero, allá por el rumbo de San Salvador el Seco, sin número, que colindaba con cuartos y jacales y cuyo arrendamiento era de 2.25 pesos. Eran también muy distintas una vivienda principal en el callejón del Espíritu Santo poniente, ocupada por una señora, su hijo y cuatro sirvientes, que pagaba 44 pesos de renta, que una vivienda en el callejón del Pinto oriente donde habitaba un sastre que pagaba 4 pesos de alquiler.

En conjunto, los cuartos, las accesorias y las viviendas representan 80% del total de las viviendas empadronadas y en ellas habita más de 70% de la población urbana.

En el censo de 1848, el término habitación no es utilizado, en tanto que en el padrón de 1882, las habitaciones representan 15% del total de viviendas donde se concentra 20% de la población. Un primer análisis de estos espacios, revisando el conjunto de las casas y comparando casos concretos de fincas en los dos momentos, permitió deducir que se trata de tipos de vivienda diversos en los que se incluyen cuartos, viviendas, pisos o casas, y que requieren de un análisis más profundo para reagruparlas. Asimismo, entre las diferencias que encontramos entre los dos padrones al analizar los tipos de vivienda, tenemos que en 1848 se registra 6% de casas, mientras que en 1882 las casas constituyen menos de 1%. Esto nos hizo confirmar nuestra hipótesis de que los términos casa y habitación se utilizan de manera diversa por los censores en ambos momentos.

A las casas las encontramos en el padrón de 1848 con diferentes calificativos que nos muestran la diversidad de ellas y la necesidad de un análisis más cuidadoso: casas solas, casas altas, casas bajas, casas chicas, casas de altos y bajos, casas entresoladas, casas particulares, casas de vecindad, casitas, etc. Así, las casas podían ser casas señoriales de familias prominentes o casitas de los barrios periféricos habitadas por población pobre.

Además de los tipos de vivienda a los que nos hemos referido se registran en los padrones, otros cuya participación relativa en el conjunto de tipos de vivienda era de entre 3 y 0.2 por ciento. Éstos eran: jacales, piezas, entresuelos, pisos y partes de pisos, cajones, covachas, cocheras y corrales. Los jacales eran las habitaciones más modestas, construidas de materiales perecederos como madera o adobe, con pisos de tierra compactada y techos de tejamanil o paja. Generalmente estaban aislados, aunque también había casas compuestas por varios jacales. Las habitaba la población más pobre. Las piezas, según el diccionario, eran cualquier sala o aposento de una casa; los padrones muestran que en ocasiones se rentaban por separado. Los entresuelos eran pisos intermedios, de menor altura que los pisos normales, situados entre el piso bajo y la planta alta. Los cajones eran puestos del mercado donde se vendían diferentes productos y también espacios de comercio donde también se vivía. Las covachas eran aposentos situados bajo la escalera. Los corrales eran lugares cercados que servían para distintos usos: para cría de animales, para representar comedias, para guardar coches, para habitación, etcétera.

Cuando un mismo individuo o familia ocupaba dos tipos de vivienda unidos, las identificamos como viviendas combinadas. Generalmente se trataba de accesoria y cuarto, accesoria y vivienda, cuarto y corral, jacal y corral, vivienda y cuarto, etc. En un grupo que denominamos *otros* incluimos aquellos tipos de vivienda que aparecen unas cuantas veces, entre éstos: cuevas, departamentos, galeras, huertas, jardines, potreros, salones, solares, sotabancos, torres y zahuanes.

A las edificaciones que por el uso a que se destinan tienen elementos físicos que diferencian su construcción de cualquier otra las agrupamos en un tipo de vivienda que denominamos *específico*; tal fue el caso por ejemplo de los mercados, las garitas, el hipódromo, las estaciones, los cuarteles, los baños y las cárceles. De este grupo separamos a las que por su número consideramos importante destacar, como los conventos y ex conventos, las iglesias, los colegios y los hospitales.

DISTRIBUCIÓN ESPACIAL DE LOS TIPOS DE VIVIENDA

Con objeto de presentar un panorama claro de cómo se distribuían los distintos tipos de vivienda en la ciudad realizamos una serie de planos comparativos, por tipo, que muestran las manzanas en donde se localizaban. Los planos se realizaron con base en el porcentaje de las viviendas de cada tipo analizado, con respecto al total de viviendas de la manzana. El grado de concentración se indica en los planos de acuerdo con el tono de la manzana que va del gris claro al negro. Es importante aclarar que el padrón de 1882, que es muy completo, no censó sin embargo a la población de la colonia Guerrero, por lo que en los planos aparece en blanco.

La comparación de los planos de cuartos de 1848 y 1882 muestra que el cuarto, que era el tipo de vivienda predominante en la ciudad, se distribuye en toda su área (véase los planos 1 y 2). En ambos planos es notable la formación de un amplio anillo concéntrico más oscuro que rodea las manzanas cercanas a la plaza mayor, anillo en donde el peso de los cuartos es más alto y representa entre 40 y 97 por ciento.

En 1882 se puede apreciar un aumento importante de los cuartos en la periferia nororiente, oriente y norponiente en el barrio de los Ángeles, donde hay una regularización de las calles. Surgen cuartos nuevos en el sector de expansión de la ciudad al norponiente y poniente en las colonias Santa María y Arquitectos. Sin embargo, se registra también una disminución de cuartos al sur de la Alameda, en la línea de manzanas ubicadas a lo largo de las calles de Balderas y Revillagigedo, y en las aledañas a la plaza de San Juan.

En el plano de distribución de las viviendas podemos observar que en 1848 se concentraban en la parte central de la ciudad, en su mayoría en el interior del círculo que marcan los cuartos, no había en la periferia con excepción de algunas sobre el eje de Ribera de San Cosme (véase el plano 3). En 1882 el patrón es similar aunque hay manzanas con mayor concentración de viviendas en el área central y sobre el eje de Ribera de San Cosme. Es notorio que no hay viviendas en el cuartel menor 13 (formado por las manzanas situadas al norte de la plaza mayor entre las actuales calles de Argentina y Brasil) y en gran parte del 5 y el 7 (manzanas ubicadas al poniente de la plaza mayor, limitadas al norte por Madero, al oriente por la plaza y 5 de Febrero, al sur por Uruguay, y al poniente por el Eje central Lázaro Cárdenas). Esto se debe a que los empadronadores que levantaron el censo en esos cuarteles designaron a la mayoría de las construcciones como habitación, término que como ya mencionamos no es claro en tanto que designa diversos tipos (cuarto, vivienda, casa o piso), por lo que se requiere de un análisis más profundo (véase el plano 4). Asimismo, se observa que en 1882 hay un aumento de viviendas en la periferia: en la calle Real de Santa Ana, que conducía a la garita de Peralvillo, y en las nuevas colonias de Santa María y Arquitectos.

Los planos de accesorias muestran que éste es un tipo de construcción que se distribuye en toda la ciudad incluida la periferia, ya que las encontramos en más de 8% en casi todas las manzanas (véase los planos 5 y 6). Sin embargo, en 1848 hay un mayor porcentaje de accesorias en el centro de la ciudad, en especial al poniente de la plaza mayor. En 1882, aunque se mantiene la alta concentración de accesorias en el centro, se observa un aumento de este tipo de vivienda en la periferia norte a ambos lados de la calle Real de Santa Ana, en algunas manzanas del sureste, al sur de la avenida Reforma, en la manzana de la Ciudadela y en las colonias Santa María y de los Arquitectos.

Los planos de jacales nos permiten observar que en 1848 se distribuyen en toda la periferia de la ciudad (véase el plano 7), en tanto que en 1882 sólo hay en la periferia norponiente, sureste y uno que otro al poniente. En la zona norte y sur puede apreciarse la notable disminución de los jacales, al igual que en el sector oriente donde éstos han sido sustituidos por cuartos (véase el plano 8). Otro cambio importante se aprecia en la zona sur de la Alameda que en 1848 tenía una concentración considerable de jacales que para 1882 han desaparecido para sustituirse por viviendas, cuartos, accesorias y habitaciones. Esto indica que la zona se ha convertido en un sector destinado a una población de mayor nivel socioeconómico.

Los planos de entresuelos muestran que en 1848 este tipo de vivienda se ubicaba en un amplio sector de la parte central de la ciudad (véase el plano 9). En 1882 se observa una disminución importante de los entresuelos; los que se conservan como vivienda independiente se ubican en el mismo sector pero en manzanas dispersas (véase el plano 10). Sólo tres manzanas localizadas al sur de la avenida San Cosme presentan entresuelos que no estaban en 1848.

Los planos de Corrales nos permiten apreciar que este tipo de vivienda se ubicaba principalmente en la periferia, aunque en 1848 hay algunas manzanas centrales que tienen corrales (véase los planos 11 y 12). En 1882 se perciben algunos cambios; desaparecen la mayoría de los que había en 1848 en el centro, entre ellos los localizados en la manzana del convento de San Francisco. Los corrales de la periferia disminuyen también hacia el oriente, norte y sur. Asimismo se suprimen los localizados al sur y al poniente de la Alameda. Surgen sin embargo algunos corrales nuevos al oriente de la Ciudadela, en dos manzanas de la colonia Santa María y a ambos lados del Paseo de la Reforma.

USO DE SUELO

Los padrones de población de 1848 y 1882 proporcionan una interesante información sobre el uso de suelo de las viviendas que hemos agrupado en cinco rubros. Éstos son: habitación, comercio, producción y venta, servicios y agropecuario; dejamos fuera a las viviendas sin uso o de uso no especificado.

Las viviendas sin uso son aquéllas que anota el padrón como "no se ocupa", "en ruina" o "vacía". Las viviendas con uso no especificado son las que decían: "uso no especificado", "familia empadronada en donde vivían antes", "ocupada por transeúnte", etc. El porcentaje de las viviendas sin uso o uso no especificado es mucho mayor en el padrón de 1848 que en el de 1882 (19 y 8 por ciento, respectivamente). Es posible que esto se deba en parte a que el censo de 1848 fue levantado durante la ocupación militar estadunidense, cuando muchas personas y familias se habían refugiado fuera de la ciudad (véase el cuadro 4).

Tomando como universo las viviendas que tienen uso, en los dos momentos analizados hay un marcado predominio en la ciudad de viviendas dedicadas exclusivamente a habitación, que eran poco más de 80%. El 20% restante tenía uso comercial, productivo o de servicios, ya fuera sólo o combinado con el de habitación.[13]

En 1848, en general, las viviendas con otro uso eran también habitaciones ya que en ellas los comerciantes y productores tenían sus negocios y vivían con sus familias. En 1882, en cambio, empieza a darse una diferenciación de los espacios comerciales, productivos o de servicios de la habitación. Así, del total de viviendas con otro uso, 40% no estaban habitadas, en tanto que 60% seguían siendo mixtas y combinaban los otros usos con el habitacional. La separación de la habitación es más evidente en los rubros de servicios y comercio (58 y 57 por ciento) que en los de producción y venta y agropecuario, en donde se conservan más viviendas mixtas que coexisten con la habitación (65 y 85 por ciento) (véase el cuadro 5).

En 1848 las viviendas dedicadas al comercio eran 8%, las ocupadas para la producción y venta 6%, y las dedicadas a los servicios 2%, en tanto que las destinadas a labores agropecuarias dentro del área urbana llegaban apenas a 0.4% (véase el cuadro 4).

En 1882 las viviendas de uso comercial, las de producción y venta, y las de servicios representaban alrededor de 6% cada una y las ocupadas en la producción agropecuaria no llegaban a 1% del total.

La comparación de los porcentajes en ambos momentos muestra una ligera disminución del comercio, mientras que la producción y venta se mantiene muy semejante. En el rubro de los servicios es donde se reflejan las transformaciones más importantes que se dan entre estos años (véase la gráfica 3). Veamos las diferencias y similitudes en cada uno de estos rubros.

Entre 1848 y 1882 en el ramo del comercio se observa un descenso porcentual de las tiendas de abarrotes y tendajones, y un incremento de los comercios de textiles y de metales. Sin embargo, en ambos momentos destacan las tiendas y tendajones y los establecimientos destinados a la venta de alimentos y bebidas, en es-

---

[13] En el padrón de 1848 no se anota como en 1882 cuáles viviendas estaban destinadas solamente a habitación, por ello, para obtener el número de éstas viviendas tomamos el conjunto de las que no especificaban ningún uso o "giro" y tenían gente censada.

pecial las pulquerías y carnicerías, las vinaterías en 1848 y las recauderías en 1882 (véase los cuadros 6 y 9).

En el rubro de producción y venta se agruparon todos aquellos establecimientos en que se elaboraban productos manufacturados, como talleres o fábricas, y también aquellos en que se realizaba la producción, aun cuando tuvieran también funciones comerciales; es el caso por ejemplo de las tortillerías o las panaderías, donde además del expendio se realiza la producción.

Entre 1848 y 1882 se notan aumentos porcentuales en los establecimientos dedicados a la madera, los productos químicos, el papel y la imprenta, la construcción y el arte.

En los dos periodos destacan los establecimienntos dedicados a la producción y venta de alimentos y bebidas, y los de productos textiles. Siguen en importancia los establecimientos relacionados con los metales, cuero y piel, y la madera (véase el cuadro 7).

En la producción de alimentos predominan en ambos momentos las tortillerías, panaderías y bizcocherías, y las tocinerías. En la rama textil destacan las sastrerías, seguidas por las sombrererías en 1848 y los telares en 1882 (véase el cuadro 9).

En los metales predominan en los dos periodos las herrerías y las hojalaterías. La producción de cuero y piel está representada básicamente por zapaterías, y en el rubro de la madera sobresalen las carpinterías.

Entre 1848 y 1882 se registra un cambio importante en los establecimientos dedicados a los servicios, no sólo en cuanto al número de ellos, que casi se quintuplican (de 580 a 2 696), sino también en el tipo de servicios que ofrecen, mostrando una ciudad que al modernizarse amplía su infraestructura. Aparecen las estaciones de tranvías, las oficinas y estaciones de los ferrocarriles, las oficinas del telégrafo, los despachos de profesionistas y los bancos; se incrementa de manera notable el número de instituciones educativas y culturales (de 36 a 359) (véase el cuadro 8).

Asimismo, la administración pública del nuevo estado liberal se hace más compleja y aumenta los espacios para alojar sus servicios. Los cafés, restaurantes, albercas, tivolís y lugares de reunión y recreación para la clase alta se incrementan, sin que por ello desmerezcan las fondas y figones.

Los servicios de hospedaje en 1848 estaban compuestos por unos cuantos hoteles y numerosos mesones, en tanto que en 1882 se había establecido un buen número de hoteles nuevos, como Bilbao, Refugio, San Carlos, Universal, Iturbide, Central y Gillow, algunos de ellos situados en partes de los antiguos conventos demolidos.

DISTRIBUCIÓN ESPACIAL DE LOS USOS DE SUELO

Para realizar este análisis se elaboraron planos de los usos de suelo comercial, productivo, de servicios y agropecuario, incluyendo tanto las viviendas dedicadas sólo a estos usos como las mixtas que los combinan con la habitación. Los resultados obtenidos son muy generales aunque importantes, debido a la utilización de rubros tan amplios en donde se valora por igual un almacén que un pequeño expendio de carbón, una fábrica textil que un pequeño taller familiar de velas de cebo o a las oficinas del ferrocarril y una peluquería. Por tanto, se requiere realizar un análisis más exhaustivo.

Al igual que se hizo con los planos de tipo de vivienda, se realizaron planos para cada uso de suelo por porcentajes del uso, analizado con respecto al total de viviendas por manzana.

La comparación de los planos de viviendas dedicadas al comercio en 1848 y 1882 muestra que no se distribuyen en un círculo concéntrico, como algunos estudios afirman, sino que aunque se encuentran por toda la ciudad, se concentran principalmente en la parte poniente y sur de la plaza mayor, destacando un semicírculo formado por un grupo de manzanas del poniente donde se localizan los porcentajes más altos y los comercios de mayor rango y capital (véase los planos 13 y 14).

En la periferia hay también establecimientos dedicados al comercio aunque su concentración es menor. En ambos planos se observa al poniente un corredor comercial sobre la Alameda hacia San Cosme, que se prolonga en 1882. Se nota también en ambos planos otro corredor comercial que parte de la acequia mayor, hacia el suroriente sobre el Paseo de la Viga, por donde entraban a la ciudad las legumbres y frutas. A lo largo de este corredor hay un número importante de tendajones de alimentos y en 1882 se localizan también numerosas bodegas y varias recauderías y fruterías. Asimismo, en las colonias Santa María, Arquitectos y a ambos lados del Paseo de la Reforma surgen nuevos comercios.

Los planos de distribución de las viviendas dedicadas a la producción dejan claro que en ambos momentos estos establecimientos se concentraban principalmente en el área central de la ciudad, por lo que aún no se daba una expulsión importante de ellos hacia la periferia (véase los planos 15 y 16).

Sin embargo, en 1882 empiezan a surgir zonas de producción en manzanas periféricas como las del sureste del ex convento de la Merced, que concentra un buen número de curtidurías, talleres de rebocería, fábricas de cola, de velas y una de salitre y pólvora. Asimismo, al nordeste se establecen algunas ladrilleras y hacia el poniente, en la colonia de los Arquitectos, una fábrica de cerveza, herrerías y una curtiduría. La manzana del Palacio Nacional que en 1848 tenía viviendas dedicadas a la producción porque alojaba a la Casa de Moneda, en 1882 se destinaba sólo a servicios públicos. En 1848 en la manzana de la Ciudadela se encontraba instalado un importante taller de costura de ropa para el ejército estadunidense de ocupación.

El cambio más notable entre 1848 y 1882 en el uso de suelo se da en el sector de servicios (véase los planos 17 y 18). En ambos planos podemos observar que la mayor parte de las manzanas con este uso se concentraban en la parte central y formaban un semicírculo al poniente de la plaza mayor. En 1848 es el uso que tiene menos establecimientos en las manzanas periféricas. El plano de 1882 muestra el importante incremento de los establecimientos dedicados a servicios, se nota una consolidación del semicírculo del poniente de la plaza y el surgimiento de un largo corredor de manzanas dedicadas a este uso al norte y sur del Palacio Nacional; las primeras son sobre todo colegios y las del sur son casas de huéspedes, posadas y fondas. Se observa también un incremento de los servicios hacia el poniente, en la calzada de San Cosme, y el surgimiento de nuevos establecimientos en las colonias Arquitectos, Santa María y a ambos lados de Reforma, donde se establecen la Alberca Pane y los Baños Rusos.

Con respecto a los planos de las viviendas dedicadas al uso de suelo agropecuario es claro que en los dos momentos se localizaban principalmente en la periferia (véase los planos 19 y 20). Hay sin embargo algunas manzanas del centro con este uso, lo que se debe a que además de establos y zahúrdas se incluyeron en este grupo caballerizas, huertas y jardines de plantas. En 1882, en la parte trazada de la ciudad, hay varios corrales, un establo de vacas en el ex convento de Santo Domingo y la huerta del ex convento de Santa Catarina. Se observa también que se registra un incremento de las viviendas de este tipo hacia el nororiente sobre la calle que desemboca en la garita de Peralvillo, en el barrio de los Ángeles, y al sureste, en donde hay corrales y establos de vacas. En las nuevas colonias como la de Santa María hay varios ranchos, huertas, hortalizas y establos de vacas, y en la de los Arquitectos, corrales y establos.

CONCLUSIONES

Este trabajo muestra los cambios y permanencias en las viviendas, casas y usos de suelo de la ciudad de México entre 1848 y 1882.

La culminación del proceso desamortizador ocurrido durante el periodo analizado tuvo un impacto importante sobre las modificaciones espaciales de la ciudad. En los planos observamos algunos cambios notables, como la reestructuración de las calles de los antiguos barrios de Santa Ana, Santiago Tlatelolco y la Concepción Tequipehuca que, al desamortizarse, sus tierras se venden a particulares. Esto origina una transformación de la zona que se perfila como comercial. Lo mismo ocurre al norponiente, en el barrio de los Ángeles, que presenta una traza de calles definida que antes no existía, y en la periferia oriente y sur de la ciudad. Pudimos apreciar también la importante expansión de la ciudad hacia el poniente y surponiente con la creación de las colonias Santa María, Arquitectos y Guerrero.

En los casi 40 años transcurridos entre los dos padrones estudiados, la población tuvo un importante aumento que se vio reflejado en el incremento de viviendas y en el promedio de personas por vivienda que se conservó semejante. Sin embargo, esta correspondencia no se dio con el número de casas, cuyo aumento fue proporcionalmente menor al de las viviendas y al de los habitantes a pesar de la expansión de la ciudad. Estos aumentos diferenciados de casas y viviendas nos muestran una ciudad que experimentó dos fenómenos: un proceso de densificación de las casas existentes, por una subdivisión interna de las fincas, y el de la construcción de nuevas casas, muchas de ellas con múltiples viviendas.

Como siempre ocurre, este proceso no fue homógeneo y la geografía de estos cambios habitacionales que profundizaron el proceso de polarización social y económica se reflejó indiscutiblemente en las variaciones de los tipos y usos de las viviendas.La mayor parte de la población habitaba en cuartos, que era el tipo predominante en la urbe. Los cuartos se localizaban por toda la ciudad: en menor número en las casas de las calles más céntricas, aumentaban conforme se alejaban de la plaza mayor y disminuían al llegar a la periferia. La localización de los cuartos se reflejó en los planos como un amplio anillo concéntrico mucho más oscuro. Para 1882 se había construido un buen número de casas con cuartos en la periferia, en puntos en los que antes se observaban grandes espacios poco poblados y donde predominaban los jacales.

La distribución espacial de las viviendas era más céntrica que la de los cuartos; de ellas hallamos numerosos casos en las principales calles de la ciudad y en los planos resalta su ausencia en la periferia. En una amplia zona las encontramos como parte de casas compuestas por viviendas, cuartos y accesorias.

Las accesorias, espacios que nos traen a la mente el comercio y la desolación nocturna, las descubrimos en este estudio como habitaciones de familias enteras, diseminadas por todos los rumbos y rincones de la ciudad y no siempre asociadas a la producción y a la venta. Predominan hacia la plaza mayor, sobre todo al poniente; allí las encontramos en mayor número como almacenes, tiendas, restaurantes, talleres y otros negocios, en general también habitadas, algunas veces por los comerciantes o los propietarios y más frecuentemente por sus empleados y dependientes.

Con respecto a los usos de suelo, aunque el análisis realizado es muy general, merecen destacarse varios puntos importantes. En los dos momentos estudiados, la gran mayoría de las viviendas estaba dedicada exclusivamente a la habitación. Las destinadas al comercio y a la producción y venta se conservaron semejantes, sin embargo, esta aparente permanencia está matizada por pequeños cambios cualitativos como la disminución porcentual del comercio de pequeñas tiendas y tendajones que expendían toda clase de mercaderías, la mayor especialización, sobre todo en las ramas textil y del vestido, los productos químicos, los metales, el papel y la imprenta, la construcción y el arte. Finalmente, los enormes cambios ocurridos en el sector de servicios, en cuanto a su expansión y diversificación, muestran la ampliación de la infraestructura de una ciudad que iniciaba su modernización, reflejada en el notable incremento de las instituciones educativas y culturales, los servicios de hospedaje, financieros, recreativos, los despachos de profesionistas y el surgimiento de las estaciones de tranvías y ferrocarriles.

FUENTES DOCUMENTALES

Archivo Histórico de la ciudad de México.
Padrón de los habitantes de las casas de esta ciudad, vols. 3408 y 3409.
Padrón de la Municipalidad de México, vols. 3424 a 3330.

BIBLIOGRAFÍA

Ayala Alonso, Enrique, *La casa de la ciudad de México. Evolución y transformaciones*, México, Conaculta, 1996.

Brandeis, Dolores, *El paisaje residencial en Madrid*, Ministerio de Obras Públicas y Urbanismo, Dirección General de Acción Territorial Urbanismo, 1983, pp. 73 y 74.

Bustos, Emiliano, *Diccionario enciclópedico de México del idioma español*, 6 vols., 1882.

Diccionario Enciclópedico UTEHA, 10 tomos, México, Unión Tipográfica Editorial Hispano-Americana, 1950.

Martín Hernández, Vicente, *Arquitectura doméstica de la ciudad de México (1890-1925)*, México, UNAM, 1981.

Morales, Ma. Dolores, "La expansión de la ciudad de México en el siglo XIX: el caso de los fraccionamientos", *Ciudad de México. Ensayo de construcción de una historia*, México, 1978. (Colección Científica, 61).

Muriel, Josefina, "La habitación plurifamiliar en la ciudad de México", *La ciudad y el campo en la historia de México. Memoria de la VII Reunión de Historiadores Mexicanos y Norteamericanos*, UNAM/Instituto de Investigaciones Históricas, 1992, pp. 267-282.

Pérez Toledo, Sonia y Herber Klein, "La estructura social de la ciudad de México en 1842", *Población y estructura urbana en México, siglos XVIII y XIX*, Universidad Veracruzana, 1996.

Pescador, Juan Javier, *De bautizados a fieles difuntos. Familia y mentalidades en una parroquia urbana: Santa Catarina de México, 1568-1820*, México, El Colegio de México, 1992.

Real Academia Española, *Diccionario de Autoridades*, 3 tomos, Madrid, Editorial Gredos, 1976.

ANEXO DE ILUSTRACIONES, CUADROS, GRÁFICAS, PLANOS Y FIGURAS

Ilustración 1. Apertura de calles a través de los conventos como consecuencia de las Leyes de Nacionalización, 1856-1870.

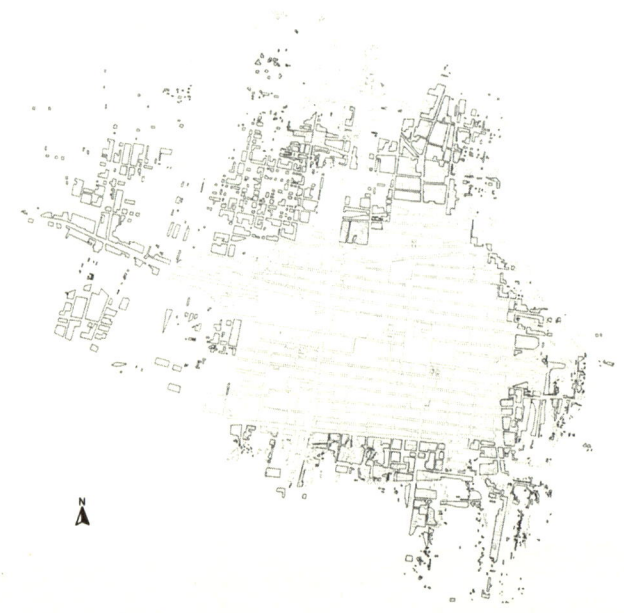

Ilustración 2. Planos comparativos del área urbana de la ciudad de México, 1848 y 1882. El área urbana de la ciudad de 1848 aparece en gris sobre el área de la ciudad de 1882.

Cuadro 1. Casas, viviendas y personas.
Padrones de la ciudad de México, 1848 y 1882

	1848	1882
Total de casas	5 596	7 778
Número de casas vacías	203	324
Número de casas habitadas	5 393	7 454
Total de viviendas	30 616	52 284
Número de viviendas vacías	6 042	7 727
Número de viviendas habitadas	24 574	44 557
Promedio de viviendas por casa	5.47	6.72
Población empadronada	78 441	193 133
Población estimada	120 000	
Promedio de personas por casa habitada	22.25	25.91
Promedio de personas por vivienda habitada	4.88	4.33

Cuadro 2. Número de casas, viviendas y personas en relación con el número de viviendas por casa. Padrones de la ciudad de México, 1848 y 1882

Viviendas por casa	Número de casas		Número de viviendas		Número de viviendas vacías		Número de viviendas no vacías		Número de personas	
	1848	1882	1848	1882	1848	1882	1848	1882	1848	1882
1 a 2	2 708	3 237	3 563	4 256	360	579	3 203	3 677	14 433	23 566
3 a 4	964	1 516	3 262	5 192	350	966	2 912	4 226	10 913	22 710
5 a 9	909	1 304	6 030	8 535	976	1 527	5 054	7 008	15 177	31 774
10 a 14	453	649	5 327	7 685	1 087	978	4 240	6 707	11 808	26 796
15 a 19	269	446	4 537	7 486	1 111	969	3 426	6 517	9 667	25 698
20 a 29	225	398	5 255	9 387	1 301	1 196	3 954	8 191	11 422	32 046
30 a 50	64	180	2 348	6 644	769	952	1 579	5 692	4 615	22 221
51 a 105	4	48	294	3 099	88	557	206	2 542	406	8 322
Suma	5 596	7 778	30 616	52 284	6 042	7 724	24 574	44 560	78 441	193 133

Viviendas por casa	Porcentaje de casas		Porcentaje de viviendas		Porcentaje de viviendas vacías		Porcentaje de viviendas no vacías		Porcentaje de personas	
	1848	1882	1848	1882	1848	1882	1848	1882	1848	1882
1 a 2	48.39	41.62	11.64	8.14	5.96	7.50	13.03	8.25	18.40	12.20
3 a 4	17.23	19.49	10.65	9.93	5.79	12.51	11.85	9.48	13.91	11.76
5 a 9	16.24	16.77	19.70	16.32	16.15	19.77	20.57	15.73	19.35	16.45
10 a 14	8.10	8.34	17.40	14.70	17.99	12.66	17.25	15.05	15.05	13.87
15 a 19	4.81	5.73	14.82	14.32	18.39	12.55	13.94	14.63	12.32	13.31
20 a 29	4.02	5.12	17.16	17.95	21.53	15.48	16.09	18.38	14.56	16.59
30 a 50	1.14	2.31	7.67	12.71	12.73	12.33	6.43	12.77	5.88	11.51
51 a 105	0.07	0.62	0.96	5.93	1.46	7.21	0.84	5.70	0.52	4.31
Suma	100	100	100	100	100	100	100	100	100	100

Cuadro 3. Viviendas y personas por tipo de vivienda.
Padrones de la ciudad de México, 1848 y 1882

	Viviendas				Personas			
	1848		1882		1848		1882	
Tipo de vivienda	Núm.	%	Núm.	%	Núm.	%	Núm.	%
Cuarto	15 373	50.21	23 456	44.86	32 867	41.90	75 428	39.05
Accesoria	6 099	19.92	8 484	16.23	12 792	16.31	22 443	11.62
Vivienda	3 264	10.66	9 658	18.47	10 365	13.21	44 489	23.04
Casa	1 916	6.26	345	0.66	9 532	12.15	1 121	0.58
Jacal o casa barrio	976	3.19	747	1.43	2 177	2.78	3 449	1.79
Mixta o combinada	873	2.85	227	0.43	2 932	3.74	1 058	0.55
Pieza	452	1.48	104	0.20	967	1.23	114	0.06
Entresuelo	430	1.40	235	0.45	1 498	1.91	1 246	0.65
Altos y bajos o piso	427	1.39	366	0.70	2 528	3.22	1 260	0.65
Cajón	143	0.47	43	0.08	120	0.15	0	0.00
Covacha	138	0.45	22	0.04	287	0.37	51	0.03
Cochera	137	0.45	13	0.02	197	0.25	4	0.00
Corral	120	0.39	113	0.22	257	0.33	411	0.21
Parte de la casa o parte de piso	46	0.15	361	0.69	160	0.20	870	0.45
Convento y ex convento	18	0.06	12	0.02	577	0.74	79	0.04
Colegio y escuela	15	0.05	52	0.10	266	0.34	1 095	0.57
Iglesia y templo (Catedral)	13	0.04	69	0.13	55	0.07	17	0.01
Hospital	8	0.03	15	0.03	257	0.33	486	0.25
Habitación	0	0.00	7 847	15.01	0	0.00	39 199	20.30
Específico	81	0.26	34	0.07	419	0.53	117	0.06
Otro	87	0.28	81	0.15	188	0.24	196	0.10
Total	30 616	100	52 284	100	78 441	100	193 133	100

Cuadro 4. Viviendas y personas según el uso de suelo de la vivienda. Padrones de la ciudad de México, 1848 y 1882

	Viviendas			
	1848		1882	
Viviendas según el uso de suelo	Núm.	%	Núm.	%
Total de viviendas	30 616	100	52 284	100
Viviendas sin uso o uso no especificado	5 887	19.23	4 278	8.18
Viviendas con uso de suelo	24 729	80.77	48 006	91.82

	Viviendas				Personas			
	1848		1882		1848		1882	
Viviendas con uso	Núm.	%	Núm.	%	Núm.	%	Núm.	%
Habitación	20 501	82.90	39 177	81.61	65 625	83.66	168 690	87.34
Comercio	2 058	8.32	2 983	6.21	5 115	6.52	6 913	3.58
Producción	1 501	6.07	2 837	5.91	4 904	6.25	8 007	4.15
Servicios	580	2.35	2 696	5.62	2 523	3.22	8 251	4.27
Agropecuario	89	0.36	313	0.65	274	0.35	1 272	0.66
Total	24 729	100	48 006	100	78 441	100	193 133	100

Cuadro 5. Viviendas con uso comercial, productivo y de servicios, con o sin habitación. Padrón de la ciudad de México, 1882

Uso de suelo	Número de viviendas	% dentro de la rama	% de viviendas con habitación	% de viviendas sin habitación
Producción agrícola y habitación	266	84.71	3.01	0.55
Producción agrícola	48	15.29		
Total producción agrícola	314	100		
Producción y venta, y habitación	1 839	64.82	20.83	11.30
Producción y venta	998	35.18		
Total producción y venta	2 837	100		
Comercio y habitación	1 699	56.96	19.24	14.54
Comercio	1 284	43.04		
Total comercio	2 983	100		
Servicios y habitación	1 580	58.61	17.89	12.64
Servicios	1 116	41.39		
Total servicios	2 696	100		
Total general	8 830		60.97	39.03

Cuadro 6. Viviendas con uso de suelo comercial; número de viviendas y personas. Padrones de la ciudad de México, 1848 y 1882

	Viviendas				Personas			
	1848		1882		1848		1882	
Viviendas con uso comercial	Núm.	%	Núm.	%	Núm.	%	Núm.	%
Comercio (tiendas, abarrotes, etc.)	958	46.55	1 002	33.59	2 860	55.91	3 741	54.12
Com. alimentos y bebidas	772	37.51	1 107	37.11	1 620	31.67	1 733	25.07
Com. carbón, leña (gas y combustible)	138	6.71	264	8.85	256	5.00	500	7.23
Com. textil y vestido	59	2.87	176	5.90	78	1.52	344	4.98
Com. paja y zacate	41	1.99		0.00	94	1.84	0	0.00
Com. tlapalería	25	1.21	39	1.31	50	0.98	26	0.38
Com. loza, cerámica y vidrio	12	0.73	49	1.14	24	0.47	62	0.90
Com. papel e imprenta	10	0.58	31	1.64	40	0.78	2	0.03
Com. madera	6	0.49	50	1.04	6	0.12	32	0.46
Com. jarcia	6	0.29	16	1.68	4	0.08	0	0.00
Com. tabaco	6	0.29	14	0.54	21	0.41	25	0.36
Com. metales	4	0.29	88	0.47	4	0.08	164	2.37
Com. construcción	3	0.19	18	2.95	12	0.23	25	0.36
Com. productos químicos	1	0.15	10	0.60	6	0.12	12	0.17
Com. arte	1	0.05	7	0.34	1	0.02	3	0.04
Com. cera y velas	1	0.05	3	0.23	1	0.02	0	0.00
Com. objetos usados		0.05	39	0.10	0	0.00	75	1.08
Com. mixto		0.00	36	1.31	0	0.00	105	1.52
Com. otros	15	0.00	34	1.21	38	0.74	64	0.93
Total	2 058	100	2 983	100	5 115	100	6 913	100

Cuadro 7. Viviendas con uso de producción y venta; número de viviendas y personas. Padrones de la ciudad de México, 1848 y 1882

	Viviendas				Personas			
	1848		1882		1848		1882	
Viviendas con uso de producción y venta	Núm.	%	Núm.	%	Núm.	%	Núm.	%
Prod. alimentos y bebidas	407	27.12	705	24.85	1 748	35.64	2 918	36.44
Prod. textiles y vestido	259	17.26	512	18.05	759	15.48	1 211	15.12
Prod. metales (preciosos y no)	220	14.66	384	13.54	651	13.27	694	8.67
Prod. cuero y pieles (y calzado)	178	11.86	358	12.62	512	10.44	902	11.27
Prod. madera	177	11.79	419	14.77	516	10.52	1 188	14.84
Prod. cera y velas	66	4.40	59	2.08	224	4.57	157	1.96
Prod. loza, cerámica y cristal	44	2.93	12	0.42	96	1.96	59	0.74
Prod. jarcia	30	2.00	19	0.67	73	1.49	41	0.51
Prod. papel e imprenta	27	1.80	78	2.75	68	1.39	91	1.14
Prod. productos químicos	24	1.60	78	2.75	110	2.24	234	2.92
Prod. relojería	19	1.27	47	1.66	30	0.61	50	0.62
Prod. pintura	15	1.00	10	0.35	35	0.71	10	0.12
Prod. arte	9	0.60	30	1.06	21	0.43	68	0.85
Prod. polvora y salitre	5	0.33	36	1.27	11	0.22	123	1.54
Prod. construcción	3	0.20	47	1.66	2	0.04	135	1.69
Prod. tabaco	3	0.20	20	0.70	7	0.14	75	0.94
Prod. otros	15	1.00	23	0.81	41	0.84	51	0.64
Total	1 501	100	2 837	100	4 904	100	8 007	100

Cuadro 8. Viviendas con uso de servicios; número de viviendas y de personas. Padrones de la ciudad de México, 1848 y 1882

Viviendas con uso de servicios	Viviendas				Personas			
	1848		1882		1848		1882	
	Núm.	%	Núm.	%	Núm.	%	Núm.	%
Servicios personales	154	26.55	200	7.42	378	14.98	420	5.14
Serv. alimentos y bebidas	98	16.90	362	13.43	284	11.26	1 011	12.36
Serv. hospedaje	79	13.62	756	28.04	133	5.27	993	12.14
Serv. comerciales	76	13.10	292	10.83	95	3.77	34	0.42
Serv. educativos	36	6.21	359	13.32	515	20.41	3 121	38.16
Serv. eclesiásticos	30	5.17	122	4.53	621	24.61	212	2.59
Serv. recreativos	29	5.00	98	3.64	96	3.80	349	4.27
Serv. comunicaciones y transporte	18	3.10	128	4.75	47	1.86	308	3.76
Serv. financieros	14	2.41	55	2.04	31	1.23	195	2.38
Serv. administración pública	11	1.90	94	3.49	20	0.79	408	4.98
Serv. beneficencia y salud	10	1.72	48	1.78	267	10.58	840	10.27
Serv. militares, policía y vigilancia	7	1.21	38	1.41	7	0.28	116	1.42
Serv. profesionales	0	0.00	45	1.67	0	0.00	29	0.35
Serv. otros	18	3.10	99	3.67	29	1.15	143	1.75
Total	580	100	2 696	100	2 523	100	8 179	100

Cuadro 9. Establecimientos por ramas de comercio y producción. Padrones de la ciudad de México, 1848 y 1882

	1848		1882	
	Núm.	*%*	*Núm.*	*%*
Comercio. Alimentos y bebidas				
Pulquerías	280	36.27	495	44.72
Carnicerías	135	17.49	203	18.34
Vinaterías	104	13.47	7	0.63
Maicerías	57	7.38	102	9.21
Recauderías	43	5.57	195	17.62
Otros	153	19.82	105	9.49
Total	772	100	1 107	100
Producción. Alimentos y Bebidas				
Tortillerías	113	27.76	327	46.38
Panaderías y bizcocherías	122	29.98	140	19.86
Tocinerías	43	10.57	92	13.05
Otros	129	31.70	146	20.71
Total	407	100	705	100
Producción y venta. Textiles				
Sastrerías	89	34.36	177	34.57
Sombrererías	31	11.97	44	8.59
Telares	16	6.18	108	21.09
Otros	123	47.49	183	35.74
Total	259	100	512	100
Producción y venta. Metales				
Herrerías	51	23.18	99	25.78
Hojalaterías	51	23.18	92	23.96
Otros	118	53.64	193	50.26
Total	220	100	384	100
Producción y venta. Cuero y piel				
Zapaterías	133	74.72	269	75.14
Otros	45	25.28	89	24.86
Total	178	100	358	100
Producción y venta. Madera				
Carpinterías	112	63.28	304	72.55
Otros	65	36.72	115	27.45
Total	177	100	419	100

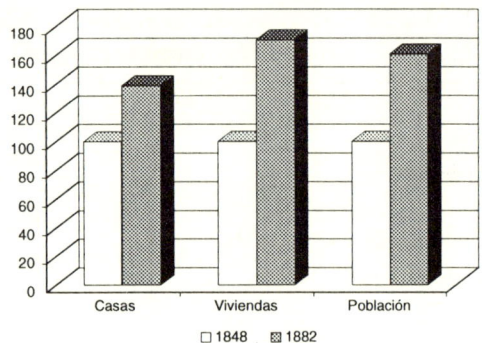

Gráfica 1. Índice de crecimiento de las casas, las viviendas y la población (1848 = 100). Padrones de población de la ciudad de México, 1848 y 1882.

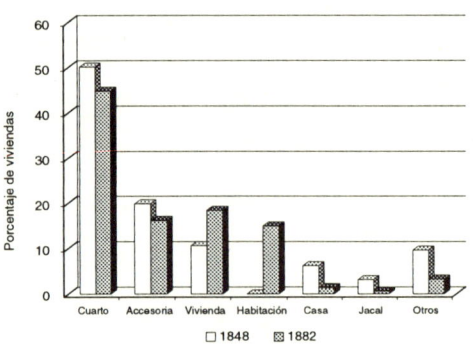

Gráfica 2. Tipos de vivienda en la ciudad. Padrones de la ciudad de México, 1848 y 1882.

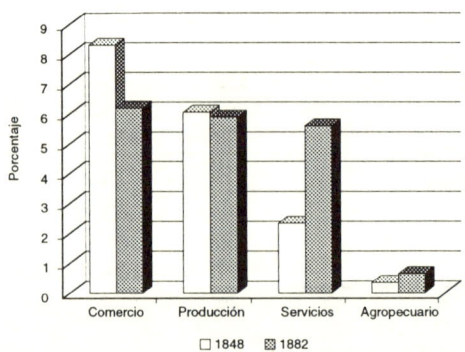

Gráfica 3. Viviendas dedicadas al comercio, la producción manufacturera, los servicios y la producción agropecuaria. Padrones de la ciudad de México, 1848 y 1882.

Plano 2. Ciudad de México, 1882.
Porcentaje de cuartos del total de viviendas por manzana.

Plano 1. Padrón de la ciudad de México, 1848.
Porcentaje de cuartos del total de viviendas por manzana.

366 CASAS, VIVIENDAS Y HOGARES

Plano 4. Ciudad de México, 1882.
Porcentaje de viviendas del total por manzana.

Plano 3. Padrón de la ciudad de México, 1848.
Porcentaje de viviendas del total por manzana.

VIVIENDAS, CASAS Y USOS DE SUELO EN LA CIUDAD DE MÉXICO, 1848-1882 367

Plano 6. Ciudad de México, 1882.
Porcentaje de accesorias del total de viviendas.

Plano 5. Padrón de la ciudad de México, 1848.
Porcentaje de accesorias del total de viviendas por manzana.

368   CASAS, VIVIENDAS Y HOGARES

Plano 8. Ciudad de México, 1882.
Porcentaje de jacales del total de viviendas.

Plano 7. Padrón de la ciudad de México, 1848.
Porcentaje de jacales del total de viviendas por manzana.

VIVIENDAS, CASAS Y USOS DE SUELO EN LA CIUDAD DE MÉXICO, 1848-1882 369

Plano 10. Ciudad de México, 1882.
Porcentaje de entresuelos del total de viviendas por manzana.

Plano 9. Padrón de la ciudad de México, 1848.
Porcentaje de entresuelos del total de viviendas por manzana.

370 CASAS, VIVIENDAS Y HOGARES

Plano 11. Padrón de la ciudad de México, 1848.
Porcentaje de corrales del total de viviendas por manzana.

Plano 12. Ciudad de México, 1882.
Porcentaje de corrales del total de viviendas por manzana.

VIVIENDAS, CASAS Y USOS DE SUELO EN LA CIUDAD DE MÉXICO, 1848-1882   371

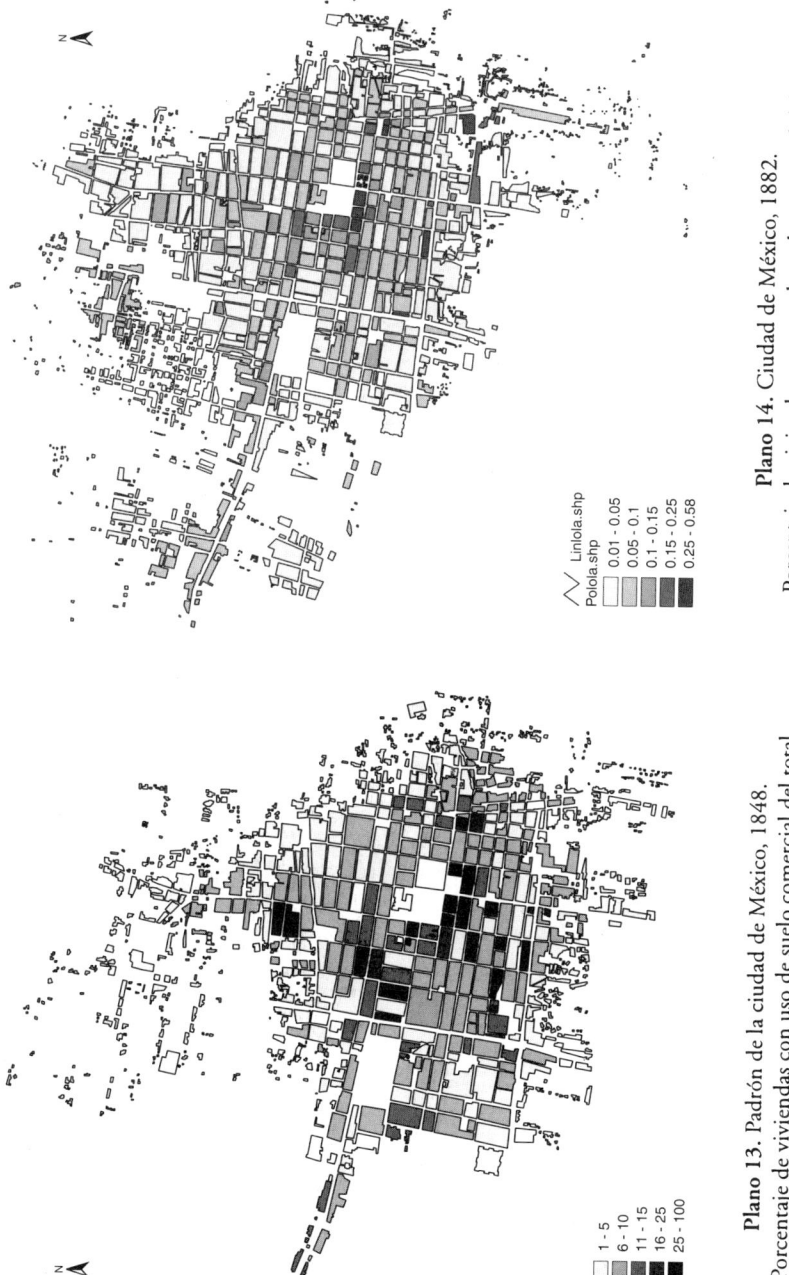

Plano 14. Ciudad de México, 1882.
Porcentaje de viviendas con uso de suelo comercial del total de viviendas por manzana.

Plano 13. Padrón de la ciudad de México, 1848.
Porcentaje de viviendas con uso de suelo comercial del total de viviendas por manzana.

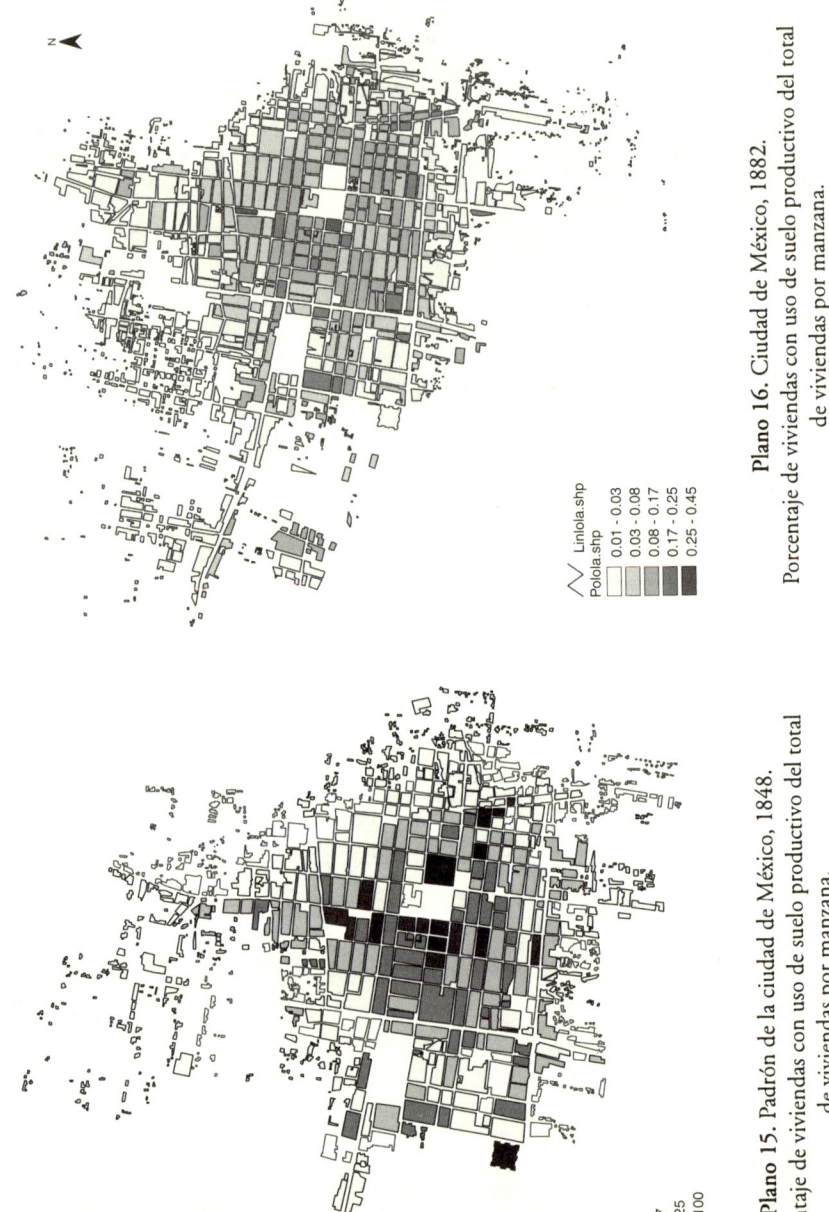

Plano 16. Ciudad de México, 1882.
Porcentaje de viviendas con uso de suelo productivo del total de viviendas por manzana.

Plano 15. Padrón de la ciudad de México, 1848.
Porcentaje de viviendas con uso de suelo productivo del total de viviendas por manzana.

VIVIENDAS, CASAS Y USOS DE SUELO EN LA CIUDAD DE MÉXICO, 1848-1882 373

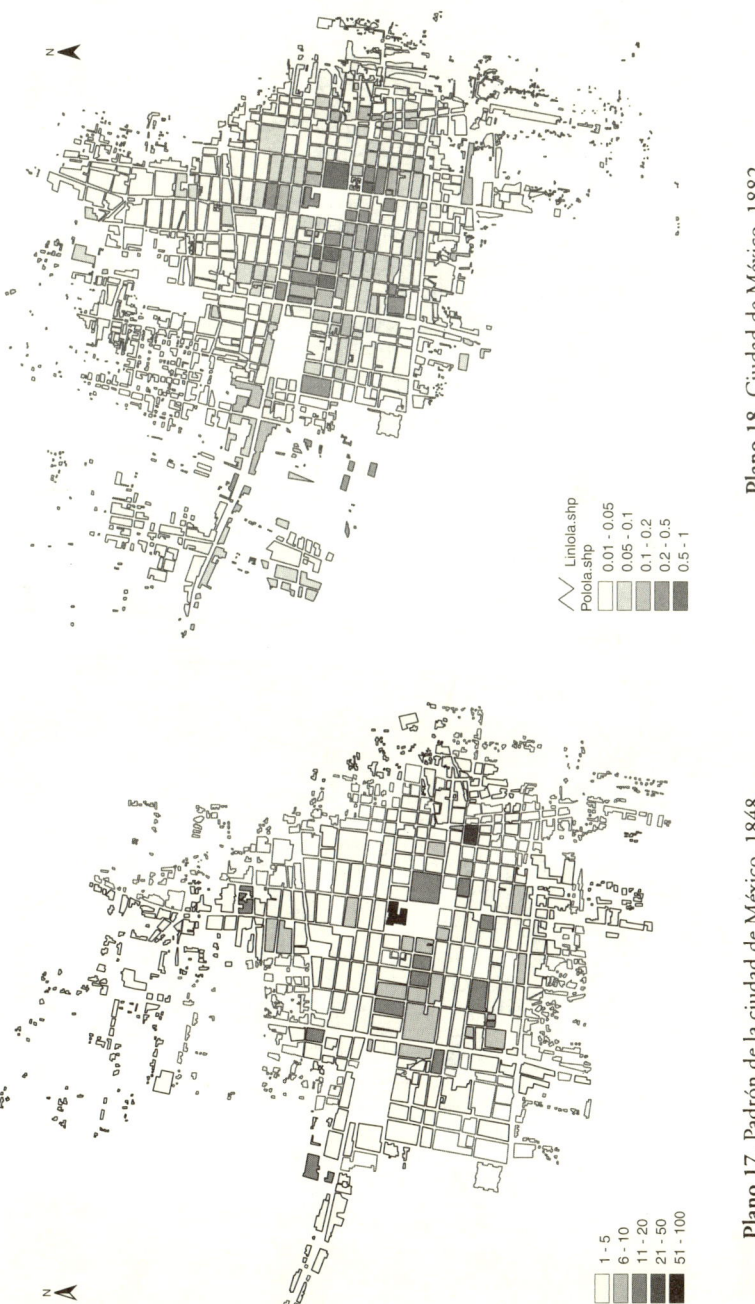

Plano 18. Ciudad de México, 1882.
Porcentaje de viviendas con uso de suelo servicios del total de viviendas por manzana.

Plano 17. Padrón de la ciudad de México, 1848.
Porcentaje de viviendas con uso de suelo de servicios del total de viviendas por manzana.

Plano 19. Padrón de la ciudad de México, 1848.
Porcentaje de viviendas con uso de suelo agropecuario del total de viviendas por manzana.

Plano 20. Ciudad de México, 1882.
Porcentaje de viviendas con uso de suelo agropecuario del total de viviendas por manzana.

Figura 1. Panorámica de la ciudad de México en 1841 desde la Torre de San Agustín, donde se observa el convento de San Francisco a la izquierda y la Casa Profesa y el Espíritu Santo a la derecha. Litografía de Pedro Gualdi. (Fototeca Culhuacán).

Figura 2. Foto de la primera calle de Palma en 1860. Al fondo, se observa el templo de Capuchinas demolido en 1861. (Fototeca Culhuacán).

Figura 3. Foto de la primera calle de Plateros, acera norte, hacia 1865. (Fototeca Culhuacán).

Figura 4. Litografía de Murguía de la avenida Cinco de Mayo, abierta sobre el Oratorio de San Felipe Neri y el convento de Santa Clara. Al fondo, el Teatro Nacional. (Fototeca Culhuacán).

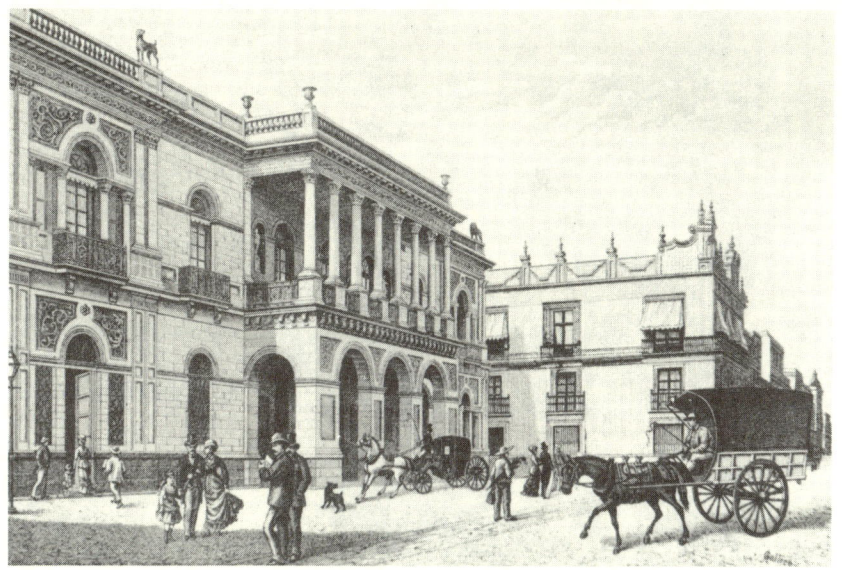

Figura 5. Litografía de A. Gallice de la plazuela de Guardiola, donde se observa la casa de Escandón. (Fototeca Culhuacán).

Casas, viviendas y hogares en la historia de México
se terminó de imprimir en noviembre de 2001
en los talleres de Encuadernación Técnica Editorial, S.A.
Calz. San Lorenzo No. 279-45, Col. Granjas Estrella
México 09880, D.F.
Se tiraron 1 000 ejemplares, más sobrantes para reposición.
Tipografía y formación: Socorro Gutiérrez, en Redacta, S.A. de C.V.
Cuidaron la edición Gabriela Said, la coordinadora
y la Dirección de Publicaciones de El Colegio de México.